FINANCE 21世纪高校金融学核心课程系列教材

JINRONG XUE

金融学

（第2版）

卞志村 主 编

徐筱雯 刘敏楼 毛泽盛 副主编

人民出版社

第二版前言

2009年版的《金融学》是人民出版社重点推出的“21世纪高校金融学核心课程系列教材”之一。本教材出版后，受到社会广泛关注，目前已被全国多所高等院校使用，全国各大图书馆均有馆藏。

最近，我们基于以下三点原因，对2009年第一版《金融学》进行了修订和更新，推出了现在的《金融学（第2版）》。

一是时效性的要求。金融业是发展最快、变革最活跃的领域，货币形式日新月异，金融工具层出不穷，金融市场变化迅速，为使学生更好地了解21世纪金融业发展的最新特点和金融学理论发展的最新动态，以及WTO框架下中国金融改革开放的新形势，需对2009年版《金融学》教材进行修改与充实，力求在理论、方法、内容上与时俱进。

二是学生需求变化的要求。近年来，随着社会对应用性、专业化人才需求的增加，学生对金融学课程的实用性和专业性要求提高。为此，课程所配套的教材应适时进行内容更新和体系完善，保证课程与教材建设的应用性、开放性和科学性，满足不断细化的金融领域对人才培养质量和规格的要求。

三是扬弃的要求。第一版教材经过五年多、数万人的广泛使用，使我们积累了大量的经验、教训与相关资料，为精益求精并进一步提高学生阅读教材的兴趣与效率，有必要遵循“继承、扬弃、发展”原则，对原教材进行修订。

《金融学（第2版）》由卞志村教授任主编，徐筱雯、刘敏楼、毛泽盛副教授任副主编，参加本版修订的人员及分工如下：卞志村（第一章）、孙玲玲（第二章）、陈金霞（第三章）、刘敏楼（第四章）、莫媛（第五章）、高艳（第六章）、毛泽盛（第七章）、张小荣（第八章）、黄玉书（第九章）、张力美（第十章）、徐筱雯（第十一章）、张中锦（第十二、十三章）。

在本教材修订过程中，得到了人民出版社有关编辑的大力支持，在此表示衷心感谢。我们也诚挚地希望同行专家与读者对本书的不足给予指正，以便我们在下次修订时加以改进。

卞志村

二〇一四年五月于南京财经大学

目　录

第一章　货币与货币制度 …… 1
第一节　货币的起源与发展 …… 1
第二节　货币的职能 …… 12
第三节　货币的本质 …… 19
第四节　货币制度及其演变 …… 22
本章小结 …… 41
重要概念 …… 42

第二章　信　用 …… 43
第一节　信用概述 …… 43
第二节　信用的形式 …… 48
第三节　信用工具 …… 68
本章小结 …… 75
重要概念 …… 76

第三章　利息与利息率 …… 77
第一节　利息及其本质 …… 77
第二节　利率及其种类 …… 82
第三节　利率水平的决定 …… 88
第四节　利率的功能 …… 99
第五节　利率的风险结构与期限结构 …… 103
第六节　利率管理体制 …… 112

本章小结 …… 120
重要概念 …… 120

第四章　金融市场 …… 121
第一节　金融市场及其构成要素 …… 121
第二节　货币市场 …… 131
第三节　资本市场 …… 143
第四节　金融衍生工具市场 …… 160
第五节　其他金融市场 …… 174
本章小结 …… 184
重要概念 …… 185

第五章　金融机构 …… 186
第一节　金融机构的产生与分类 …… 186
第二节　银行金融机构 …… 190
第三节　非银行金融机构 …… 196
本章小结 …… 208
重要概念 …… 208

第六章　商业银行 …… 209
第一节　商业银行概述 …… 209
第二节　商业银行的业务 …… 220
第三节　商业银行的经营管理及发展趋势 …… 243
本章小结 …… 255
重要概念 …… 256

第七章　中央银行 …… 257
第一节　中央银行的产生与发展 …… 257
第二节　中央银行的性质与职能 …… 263
第三节　中央银行制度的类型与组织结构 …… 268

第四节　中央银行的主要业务 …… 274
第五节　中央银行的独立性 …… 291
本章小结 …… 297
重要概念 …… 298

第八章　货币需求 …… 299
第一节　货币需求的内涵 …… 299
第二节　货币需求的决定因素 …… 301
第三节　西方货币需求理论 …… 304
本章小结 …… 334
重要概念 …… 335

第九章　货币供给 …… 336
第一节　货币的计量 …… 336
第二节　存款创造 …… 341
第三节　货币供给的模型分析 …… 347
第四节　西方当代货币供给理论 …… 350
第五节　货币控制 …… 354
本章小结 …… 365
重要概念 …… 366

第十章　通货膨胀和通货紧缩 …… 367
第一节　通货膨胀的定义及其衡量 …… 367
第二节　通货膨胀的成因 …… 374
第三节　通货膨胀对经济的影响 …… 382
第四节　通货膨胀的治理 …… 389
第五节　通货紧缩理论概述 …… 391
本章小结 …… 401
重要概念 …… 401

第十一章　货币政策 …… 402
第一节　货币政策及其目标体系 …… 402
第二节　货币政策工具 …… 419
第三节　货币政策传导机制 …… 436
第四节　货币政策效果 …… 441
第五节　货币政策与财政政策的配合 …… 447
本章小结 …… 450
重要概念 …… 451

第十二章　金融监管 …… 452
第一节　金融监管概述 …… 452
第二节　金融监管的目标与原则 …… 461
第三节　金融监管的内容与方法 …… 466
第四节　金融监管体制 …… 474
第五节　中国金融监管体制 …… 484
本章小结 …… 488
重要概念 …… 489

第十三章　金融创新与金融发展 …… 490
第一节　金融创新 …… 490
第二节　金融发展与经济增长 …… 504
第三节　金融抑制与金融深化 …… 509
本章小结 …… 520
重要概念 …… 521

附　录　各章词汇表 …… 522

参考文献 …… 536

第一章　货币与货币制度

在现代社会生活中，货币虽然已成为人们每时每刻都不可或缺的东西，人们几乎时时处处接触货币，但一旦论及什么是货币、货币是如何产生的、货币有哪些职能、现代信用货币制度是如何逐渐演变形成的等基本问题时，人们可能就嗫嚅难言了。本章将以马克思主义为指导，从货币与商品经济的关系入手，揭示货币的起源和发展过程，通过讨论货币的职能、货币的定义以及货币制度的演变，把握货币这个经济金融领域最基本也是最重要的经济事物的历史与逻辑的联系，从而对货币有一个较为全面的认识。

第一节　货币的起源与发展

人类社会在地球上生存已有数百万年的历史，但货币却是在几千年前才出现的。长期以来，无数经济学家、货币理论专家都竭力想揭开货币之谜，并对货币的产生与发展进行了大量有意义的探索，产生了种种影响深远的经济流派与学说。

一、货币的起源

根据史料记载，世界各地的交换都经历过两个发展阶段，即物物交换阶段和通过媒介交换的阶段。物物直接交换的方式只能在较简单的商品经济社会中进行，当经济发展到一定阶段后，物物交换已不能满足经济发展的需要，取而代之的必然是通过媒介的交换，这种媒介就是货币。那么，这种货币媒介到底是如何产生的呢？关于这个问题，历史上有很多不同的看法。

（一）货币国定说

早在公元前384—公元前322年，古希腊学者亚里士多德（Aristotle）就提出了货币国定说的观点，即认为货币是由国家规定和创造的。他认为，每种货物都有两种用途，一种是它能满足人们某一方面的需要，即物的使用价值；另一种就是用它去交换别的物品，即物的交换价值。物品之所以能互相交换，是因为他们之间有着等同的东西，没有相等就不能有交换，没有可通约性就不能相等。货币是价值的共同尺度，是交换的媒介。但同时，亚里士多德又认为，货币不是自然产生的，而是根据协议或国家法律而确定的，货币的价值可以由法律加以规定，也可以根据法律废除货币。

类似货币国定说的思想在中国古代也出现过，称为“先生制币”说，代表人物是管子。该学说在《管子》一书中多处提及，最具有代表性的是《国蓄》。管子论述道：“玉起于禺氏，金起于汝汉，珠起于赤野，东西南北距周七千八百里，水绝壤断，舟车不能通。先王为其途之远，其至之难，故托用于其重，以珠玉为上币，以黄金为中币，以刀布为下币。三币握之则非有补于暖也，食之则非有补于饱也，先王以守财物，以御民事，而平天下也。”这一观点产生后影响深远，几乎成为定论，是我国探索货币起源思想上的主流认识。

（二）商品交易说

17世纪末产生的古典学派，在对重商主义的否定中，逐渐形成了货币交易说的观点。重农学派的杜尔阁（A. R. Turgot）较早对货币起源问题进行了理论探讨。他从商品交换的不同形式出发，将货币的产生分为三个阶段：首先，在一种商品同另一种商品孤立的交换行为中，商品的交换价值是不确定的；其次，在一个对每种商品都有许多供给和许多需求的国家里，每种商品对其他商品都会保有一种现行价格，即可以把它当作代表各种其他商品的一种担保品；最后，并非每种商品都可以作为取得其他商品的普遍担保品，这要取决于这种商品是否容易运输、保存和不变质。金银由于其自然属性而最终成为人们普遍保存的这种担保品。

古典学派的杰出代表英国经济学家亚当·斯密（Adam Smith）则认为，货币是聪明人为了克服直接物物交换的困难而协商出来的。他认为，人类具有互相交换的意向，这种意向引起了社会分工，有了分工以后人们就要互相交换其劳动产品，所有人都要依赖交换而生存。开始的交换是直接的物物交换，但如果对方不具有自己所需要的商品，则交换不能成功。各时代社会中有思想的人，为了避免这种不便，除自己的劳动生产物外，都随时携带一定数量的某种物品，这种物品在他想象中是可以和任何人的生产物相交换的，这种物品就是货币。亚当·斯密认为，货币不是由国家随意规定并随意取消的，而是在交换过程中自发产生的。

在中国，货币交易说的杰出代表是司马迁。在《史记·平淮书》中，司马迁作了如下论述："农工商交易之路通，而龟贝金钱刀布之币兴焉。所从来久远，自高辛氏之前尚矣，靡得而记云"，即货币产生于交换的发展之中。

上述各个流派从不同的角度分析了货币的起源问题，尤其是以亚当·斯密为代表的古典经济学家已经认识到货币是商品，货币的价值是由生产货币所耗费的劳动决定的，这是具有历史进步意义的。但是，他们没有理解商品与货币的内在联系，没有研究商品价值的形成及其发展过程，因而也就没有真正懂得货币是如何产生的这一问题。正如马克思所说："两千多年来人类智慧在这方面进行探讨的努力，并未得到什么结果。"[①] 真正对货币起源问题作出科学的解答，是在马克思建立了科学的劳动价值论以后。

（三）马克思的货币起源理论

货币是与商品相伴而生的经济范畴，要解开货币产生之谜，必须从分析商品入手。马克思指出："我们要做资产阶级经济学从来没有打算做的事情：指明货币的起源，就是说，探讨商品价值关系中包含的

① 马克思：《资本论》第一卷，人民出版社1975年版，第7页。

价值形式。这样，货币的谜就会随之消失。"① 马克思正是从分析商品生产和商品交换入手，通过研究价值形式的发展过程来揭示货币起源的。

1. 货币是商品经济内在矛盾发展的产物

在人类社会的初期，由于没有商品交换，货币并不存在。在原始的氏族公社时期，社会生产力水平极其低下，人们集体劳作，共同占有劳动成果，劳动产品统一分配。随着社会生产力的进步，开始出现了剩余产品，氏族也开始分化瓦解，社会分工出现并逐步细化，私有制也开始形成，这时出现了商品生产和商品交换。

商品是为了交换而生产的劳动产品。由于社会分工的存在，使得商品生产者的劳动成为社会总劳动的一部分，具有社会劳动的性质；但又因为生产资料和劳动产品私有制的存在，使得商品生产者的劳动直接表现为私人劳动。这样就产生了私人劳动和社会劳动的矛盾。要解决商品生产的私人劳动和社会劳动之间的矛盾，商品生产者生产的产品必须进行交换，只有将产品交换出去，他们的私人劳动才能被社会所承认，私人劳动也才能转化为社会劳动。

商品还是价值与使用价值的统一体，具有价值和使用价值两个属性。使用价值是商品的有用性，是商品的自然属性。价值是凝结在商品中的无差别的人类劳动，它决定于商品的社会属性。对商品生产者来说，对他有意义的是自己生产的劳动产品的价值而不是使用价值。但是，商品的价值不能通过自己表现出来，只有通过交换商品的使用价值进入消费领域，商品的价值才能再现在与之相交换的商品当中。

2. 货币是商品价值形式演变的必然结果

在商品交换过程中，为了贯彻等价交换的原则，必须衡量商品价值的大小。但一种商品的价值，不能由其自身来表现，而必须用其他具有相同价值的商品来表现。这种以一种商品的价值来表现另一种商品价值的方式就称为价值表现形式，简称价值形式。在商品交换发展的过程中，商品的价值形式经历了由低级到高级的发展过程，即由简

---

① 《马克思恩格斯全集》第23卷，第61页。

单的偶然的价值形式，经过扩大的价值形式和一般价值形式，最后发展到货币形式。

（1）简单的或偶然的价值形式

在人类社会有了商品交换的初期，只是因为有了剩余而交换，并没有专门为了交换而生产，所以，那时的交换带有偶然性质，产品的价值只是偶然地通过另一种商品表现出来，如1只绵羊 =2 把斧头。这一等式看起来非常简单，但它包含的内容却极其丰富，正如马克思所说："一切价值形式的秘密都隐藏在这个简单的价值形式中。"[①] 这里，1只绵羊处于相对价值形式，2把斧头处于等价形式，它们既对立又互为条件。但2把斧头只是1只绵羊的个别等价物，此时的价值表现是不充分的。

（2）总和的或扩大的价值形式

随着社会生产力的进步和发展，在出现了第一次社会大分工，即农业和畜牧业分离后，产品交换逐渐成为一种经常的现象。这时，一种商品已经不是偶然地和另一种商品相交换，而是经常地和许多商品相交换。于是，一种商品的价值也就不是偶然地在另一种商品身上表现出来，而是经常地表现在许多种商品身上。价值的这种表现形式，即为"扩大的价值形式"。在这种扩大的价值形式中，处于等价形式上的商品不再只是一种，而是许多种商品。如：

$$1\text{只绵羊}\begin{cases}2\text{把斧头}\\ \text{或}10\text{斤茶叶}\\ \text{或}15\text{尺布}\\ \text{或}20\text{斤米}\\ \text{或其他商品}\end{cases}$$

总和的或扩大的价值形式使商品价值的表现不完整、不统一，缺少共同的单位来表现商品价值。因此，直接物物交换的实现必须以交换双方相互需要对方的劳动产品为前提，这对商品交换来说是极其困难的。

---

① 马克思：《资本论》第一卷，人民出版社1975年版，第62页。

（3）一般价值形式

随着社会分工和商品交换关系的发展，生产者逐渐把自己的商品先换成一种大家都愿意接受而又可经常用来交换的商品，然后再去换取自己所需的商品。这样一来，就自发分离出一种作为交换媒介的商品，所有的商品交换都通过这一媒介物进行。当所有的商品同时用一种商品来表现自己的价值时，就是一般价值形式。如：

2 把斧头
或 10 斤茶叶
或 15 尺布
或 20 斤米
或其他商品 } 1 只绵羊

从公式来看，与扩大的价值形式相比，似乎只是进行了简单换位，但实际上已发生了质的变化：一是扩大的价值形式是一种商品的价值由一系列商品来表现，而一般价值形式是各种商品的价值统一地由同一种商品来表现；二是扩大的价值形式表现为商品交换是商品直接与商品相交换，而一般价值形式表现为商品交换却是通过一般等价物作为媒介的间接交换，即这时的绵羊已不只是普通商品，而是媒介商品交换的特殊商品了。

当然，一般价值形式虽然克服了直接物物交换的种种困难，大大促进了商品交换的发展，但并没有完全固定在某一种商品上，这又妨碍了商品交换的进一步发展，有必要向货币价值形式过渡。

（4）货币形式

当一切商品的价值都固定地由一种特殊商品（即货币）来表现时，就是货币形式，它是价值形式的最高阶段。需要说明的是，一般价值形式与货币价值形式并没有根本区别，不同之处只在于，一般价值形式中的一般等价物是不固定的，而货币价值形式中的一般等价物却是固定的，并且由于贵金属的天然属性使得黄金、白银等贵金属在货币形式的长期演变中逐渐取得了一般等价物的独占权。

综上所述，货币的产生是商品内在矛盾发展的必然结果，同时货币的出现又大大促进了商品生产和商品交换的进一步发展。马克思以完整的劳动价值论为基础，通过价值形式的发展推导出货币的起源，即货币是在商品交换的长期发展过程中起一般等价物的特殊商品，它是经过价值形式发展的各个阶段而产生的。马克思运用这种方法科学地揭示了货币产生之谜。

二、货币形态的演变与发展

货币的形态也称为货币形式，是指以什么货币材料（即币材）来充当货币。不同的货币形态适应了不同的社会生产阶段和历史阶段的需要。纵观货币的发展历史，货币形态的发展演变大体上经历了实物货币、金属货币、代用货币、信用货币、电子货币五个阶段，这个过程也是货币价值不断符号化的过程。

（一）实物货币

实物货币也叫商品货币，是指作为交易媒介的价值与作为商品的价值基本一致的货币。在社会生产力还不发达，商品交换仅仅是满足必要的生活和生产要求的简单商品交换时代，货币主要是由作为自然物的商品来充当的。商品货币是兼具货币与商品双重身份的货币，它在执行货币职能时是货币，而不执行货币职能时又是商品。能够作为货币的商品一般具有以下特征：第一，它们都是劳动产品，都具有价值和使用价值，而且价值比较稳定；第二，它们具有特殊的使用价值，即能够和其他商品相交换；第三，它们具有普遍接受性。

在中外历史上有许多实物商品充当过货币，如牲畜、贝壳、布帛、粮食等等。中国最早的货币是贝，大约在公元前2000年左右就被大量使用，古书上就有“夏后以玄贝”之说，并在考古中屡有证实。这种货币文化也渗透到了中国的汉字中，许多与财富有关的汉字，其偏旁都从“贝”字，如货、财、贫、贱、贷、贸等。在日本、东印度群岛以及美洲、非洲的一些地方，也有用贝作货币的历史。在古代欧洲的雅利安民族，在古波斯、印度、意大利等地，都有用牛、羊作为货币的记载。拉丁文的“Pecunia”（意为“金钱”）来源于“Pecus”（意为“牲畜”）；印度现代的货币名称“Rupee”则来源于“牲畜”的古文“Rupye”。此外，如古代埃塞俄比亚曾用盐作货币；非洲和印度等地曾用象牙作为货币；而在美洲，曾经充当古老货币的有烟草、可可豆等。

但是，许多实物货币均有不适合作为货币的缺点，如笨重、不便携带、不能分割、不便保管等。再加上由于实物货币的数量较少和内在价值较低的原因，随着商品生产和商品交换的发展，实物形态的商品货币就逐步退出了流通领域，而由内在价值稳定、质地均匀、易于分割、便于携带的金属货币所替代。

（二）金属货币

金属货币取代自然物商品充当货币，几乎是世界各国货币发展的共同历史。严格来讲，金属货币也是实物货币的一种，但由于金属货币已经脱离了货币金属的原始形态，而是铸成一定形状的金属货币，并在货币历史上发挥了极其重大的作用，故一般对金属货币进行单独的讨论。人们之所以选择金属作为货币的材料，这是由货币金属的特点决定的。金属货币，特别是贵金属货币，具有价值大、体积小、易携带、易保管等特点，而且也易于分割和计量，正是这些特点使得金属货币更适合用于充当一般等价物，更能促进商品交换范围的扩大和商品流通的发展，于是贵金属的天然属性使其逐步排挤了实物货币而独占货币地位。正如马克思所说："金银天然不是货币，但货币天然是金银。"①

金属货币在早期的流通中是以条块形式出现的，在每一笔交易的支付过程中，都需要称重量和鉴定成色，如果交易价值较大时还要经常进行分割，因此很不方便。随着商品生产和交换的发展，金属货币逐渐演变成了按一定重量、成色铸造成的铸币。初期的铸币，往往是由私人铸造，标明重量、成色与标记，仅在一定范围内流通。随着交易规模的扩展与市场范围的扩大，铸币的成色和重量最终都演变成由国家统一规定，国家统一铸造规定成色和重量的金属货币。

金属货币的流通也有其缺点：第一，在大额交易时，携带大量铸币风险较大；第二，金属货币在日常流通过程中极易磨损，流通费用较高；第三，如果交易额小于铸币面值，就难以发挥交换媒介的职能。

---

① 马克思：《资本论》第一卷，人民出版社1975年版，第107页。

为了克服上述缺陷，出现了用耐磨损的贱金属铸造的辅币（如铜钱等），以满足小额零星交易之需；出现了某种可随时兑换为金属货币的信用凭证（如银票等），以满足大额交易之需。但这些行为使得花费在货币上的费用提高了，更何况金属特别是贵金属还有自然资源和劳动生产率的限制问题，于是，渐渐出现了代用货币。

（三）代用货币

代用货币是指由政府或银行发行的、代替金属货币执行货币职能的纸制货币，它是作为实物货币特别是金属货币的替代物而出现的。这种纸制的代用货币，尽管其自身价值低于货币价值，是一种不足值货币，但由于它们都有十足的金银等贵金属作为保证，随时可以兑换成贵金属，因而代用货币能在市场上广泛流通，被人们所普遍接受。最早的代用货币产生于16世纪的英国，最初这些代用货币是由伦敦的金匠业发行的，作为保管凭证或借据，承认其相当于一定数量的金币或银币的债权，持有人提出要求即可以收回相应数量的金币或银币。美国在1900—1933年间的代用货币则采取了黄金券的形式，这种代用货币代表对金币的法定债权，其持有者有权要求美国财政部将其兑现为金币。①

代用货币之所以能产生，是因为这种货币与金属货币相比具有明显的优点：第一，代用货币的发行节省了铸造费用。代用货币是用纸张作为材料制成的货币，它当然也有一定的印制成本，但相对于铸造金属货币所需成本而言是微不足道的。第二，与金属货币相比，代用货币更易携带和运输。第三，避免了金属货币流通所产生的一些问题，如流通中的日常磨损，可能遭受的故意切削、熔擦等。另外，在金属货币流通条件下，如果金属货币的法定价值和实际价值发生偏差，人们往往会把实际价值较高的金属货币收藏、熔化或输出国外，而实际价值较低的金属货币则继续在本国流通，就会出现“劣币驱逐良币”现象，在代用货币流通过程中，这种现象则不会发生。

当然，代用货币也有缺陷，如易被伪造和损坏等，但由于比之金

---

① 参见范从来、姜宁编著：《货币银行学》，南京大学出版社2003年第二版，第10页。

属货币有明显的优越之处，所以它在近代货币史上持续了很长时间。这种货币之所以被历史所遗弃，主要是因为以黄金作为保证和准备，满足不了日益扩大的商品生产和商品交换发展的需要。在此过程中通常会对代用货币进行改良变革，由原来的全额准备方式，即有十足的贵金属作为发行纸币的准备，变为部分准备方式，但仍因满足不了商品生产和交换的发展需要，最终纸币还是和黄金脱钩了。纸币的发行彻底从制度上、名义上摆脱黄金的束缚，是从1973年国际货币基金组织正式宣布黄金非货币化开始的。

（四）信用货币

信用货币是以信用作为保证，通过一定信用程度发行，充当流通手段和支付手段的货币形态，是货币发展过程中的现代形态。信用货币是代用货币进一步发展的产物，而且也是当今世界几乎所有国家采用的货币形态。信用货币产生的客观基础是信用关系的存在和发展，信用货币本身价值低于其货币价值，而且不再代表任何贵金属，实际上信用货币已经成为一种货币价值符号。

信用货币的产生原因主要有以下几个方面：第一，信用货币是金属货币制度崩溃的直接后果。由于世界性的经济危机和金融危机，加之第一次世界大战后，世界各国的贵金属分配极不平衡，导致西方主要国家于20世纪30年代先后脱离金属货币制度，随后发行的代用货币不再能兑换贵金属，信用货币由此应运而生。第二，货币的交换媒介性质为信用货币的产生提供了可能。由于在商品交换过程中，货币仅仅充当交换媒介，只要货币能交换到等价的商品，商品交易者一般并不关心货币本身为何物以及它的实际价值是多少。这样一来，虽然信用货币本身没有什么价值，但只要它能在商品或劳务的支付中被人们普遍接受，信用货币就能流通。第三，资源的稀缺性决定了信用货币产生的必然性。金属货币和代用货币的发行均受到金属商品数量的制约，不能充分满足日益增长的交易需要，而信用货币的发行数量则不受金属资源的约束，这就使得一个国家可以根据经济运行的实际需要决定货币发行量。正因为此，信用货币逐渐取代金属货币和代用货币，成为当今主要的货币形态。

一般而言，信用货币主要有以下几种形式：

1. 辅币

在铸币流通时期，当商品交易额小于铸币面值的情况下，铸币常常不能履行货币的职能。为了克服这一局限性，出现了用耐磨损的贱金属铸造的不足值货币，用以满足小额或零星交易的需要，这种货币即为辅币。辅币作为一种不足值货币，在铸币退出流通后，仍然得以保留下来，成为信用货币的一种形式。辅币一般由国家根据小额零星交易的需要用贱金属（如铜、镍等）垄断铸造，也有国家用纸张印制辅币。前者通常称为硬辅币，或硬币；后者称为纸辅币，我国则称为角票。

2. 纸币

这里所指的纸币与作为代用货币的纸币是不一样的。从信用货币角度所讲的纸币，是指由国家发行并依靠国家权力强制发挥货币职能的纸制货币。一般所讲的纸币就是在这种意义上所定义的纸币。由于纸币本身没有价值，也不能兑现为贵金属，如果它得不到社会公众的承认，就不过是不名一钱的废纸，根本不能起到货币的作用。纸币之所以能够成为货币并为社会普遍接受，国家的强制力量以及人们对政府能够合理控制货币供应量以使货币购买力在一定时期内保持稳定的信任起着关键作用。

3. 存款货币

存款货币主要是指银行的活期存款。银行活期存款的存户在需要进行支付时，可以签发支票，而不必经过兑换现金的过程，只要通过银行进行存款账户的转账划拨，便可完成支付行为。目前在整个社会的日常交易过程中，用银行存款进行支付的比重已占绝大多数。随着信用的发展，一些小额交易，如顾客对零售商的支付、职工的工资发放等，也越来越多地使用存款货币这种形式。当今世界的科学技术尤其是电子技术的飞速发展，使得存款货币的收入和支付系统逐渐被电子货币转移系统所代替。

（五）电子货币

电子货币也称为电子货币转移系统，是指在当代科学技术飞速发展过程中的电子化和信息化的支付工具。由于电子货币还处于不断创新、发展和完善的过程中，在全社会尚不存在像纸币那样统一规范的具体形态。但一般认为它将是一个由全国范围的计算机网络组成的系统，这一系统可以监控、记录所有交易者在经济活动中发生交易时的借款情况，每个交易者都将有一个账户，通过电子脉冲能把账户中的存款余额转移给该系统的其他任何一个成员，从而完成整个支付过程。虽然电子货币还处于不断创新和发展过程中，但是，电子货币已经反映出这种货币形态完全具有货币的职能，并且货币载体已经由纸质转变为电子质，由实体货币转变为虚拟货币。电子货币的出现大大缩短了信用货币结算的时间，加速了社会资金的周转；同时，由于电子货币还大大减少了现金和支票等信用货币的使用，从而节约了货币流通费用。可以肯定，电子货币将是未来货币的主要形式和发展方向。

第二节　货币的职能

人类对货币职能的思考有着十分悠久的历史。早在古希腊时代，亚里士多德就曾将货币的职能总结为三项：价值尺度、流通手段和贮藏手段。19世纪，伟大的无产阶级革命家卡尔·马克思对这一问题进行了深入分析，他将货币的职能归结为五大方面：价值尺度、流通手段、贮藏手段、支付手段和世界货币。剑桥学派创始人马歇尔在《货币、信用与商业》一文中论述道："货币的主要职能分为二类，货币首先是当场买卖的交换媒介。……货币的第二种职能是充当价值标准或延期支付标准，也就是用来表明一般购买力的数量。"进入20世纪后，人类对这一问题的思考仍在继续。比较有代表性的观点有：金德尔伯格认为货币具有支付手段、记账单位、交换媒介和价值贮存四种职能。米什金认为货币具有交易媒介、计算单位和价值贮藏三种职能。乔治·考夫曼认为货币具有交换媒介、价值标准、价值贮藏三种职能。斯蒂格利茨认为货币的职能是交换媒介、价值贮藏和计算单位。

由于"价值标准"、"计算单位"、"记账单位"和"价值尺度"，"交易媒介"、"交换媒介"和"流通手段"等概念所表达的实质内容基本相同，因此，上述各种学说对货币职能的论述只是有所取舍、有所侧重而无本质的对立。在这个意义上可以说，马克思对货币职能的归纳是最为全面的，前人与后人对货币职能的分析都没有跳出马克思的框架。因此，本节将从价值尺度、流通手段、贮藏手段、支付手段和世界货币五大方面对货币职能进行分析。

一、价值尺度

货币用来衡量和表现商品价值的一种职能，是货币的最基本、最重要的职能。正如衡量长度的尺子本身有长度，称东西的砝码本身有重量一样，衡量商品价值的货币本身也是商品，也具有价值。货币和商品一样，都凝结了一般人类劳动，它们"在质的方面相同，在量的方面也可以比较"①。商品的价值是由生产商品所耗费的社会必要劳动时间决定的，因此，价值的真正尺度是劳动时间的多少。但是，每个商品生产者所耗费的个别劳动并不一定就是社会承认的社会劳动，商品包含多少社会劳动，要通过商品交换所取得的货币多少来表现。由于货币代表一定的价值，它使商品价值表现外部化和直观化。货币是商品价值的外部尺度，它衡量和表现商品所包含的社会劳动的多少，并通过一定量的货币表现出来。商品的价值是通过商品的价格来表现的，商品价格是商品价值的货币表现。货币作为价值尺度的职能，就是根据各种商品的价值大小，把它表现为各种各样的货币单位。例如，1 头牛值 2 两金，在这里 2 两金就是 1 头牛的价格。

虽然货币本身有价值，能表现和衡量其他一切商品价值的大小，但也必须借助于价格标准来实现。正如一把尺子能衡量物体的长短，但尺子本身必须要有刻度一样。否则，货币衡量商品价值的大小无法直观地表现出来。所谓价格标准，就是指国家通过法律规定的一定金属重量的货币单位及其等分，它是用于衡量货币本身的。价值尺度与

① 《马克思恩格斯全集》第 23 卷，人民出版社 1972 年版，第 112 页。

价格标准是不同的两个概念，既有联系又有区别。首先，价值尺度依靠价格标准来发挥作用，没有价格标准，货币就无法衡量自身的价值，也就无法执行价值尺度的职能；价格标准是货币执行价值尺度的技术规定，是为价值尺度服务的，没有价值尺度，价格标准也就失去了存在的必要和意义。其次，价值尺度和价格标准具有明显的区别：价值尺度是衡量商品的价值大小，而价格标准却是衡量单位货币价值大小的，即衡量货币本身的；价值尺度是货币的一种社会职能，不受国家和人们的主观意志所决定和支配，而价格标准却是一种技术规定，它是以国家法律形式被人为规定和支配的。

在国内流通领域内，只能有一种商品充当价值尺度，价值尺度二重化是同价值尺度的职能相矛盾的。在历史上，有些国家曾一度实行过金银复本位制，以金和银两种贵金属同时充当价值尺度。这样，一切商品就会有两种不同的货币表现，两种价格。用金作为价值尺度来表现商品的价格是商品的金价格。在商品价值不变的情况下，商品的价格会同金本身的价值成反方向变动，即一旦金的价值降低，商品价格会相应地提高；金的价值提高，商品的价格就会相应地降低。用银作为价值尺度来表现商品的价格就是商品的银价格。在商品价值不变的情况下，商品的价格也会同银本身的价值成反方向变动，即一旦银的价值降低，商品价格会相应地提高；银的价值提高，商品价格会相应地降低。但是，不能保证金和银的价值比例保持不变，因此，也就不能保证两种价格可以安然并存。金和银两种价值比例的任何变动，都会造成价格的混乱，扰乱商品的金价格和银价格之间的比例。正因为如此，在资本主义货币史上，复本位制最终被单一金本位制所替代。

另外需要强调的是，“货币在执行价值尺度的职能时，只是想象的或观念的货币”①，也就是说，货币在执行价值尺度职能时并不需要现实的货币，更不需要足值的货币，通俗地讲只要在商品交换时贴上用货币表现的商品价格标签即可。

---

① 马克思：《资本论》第一卷，人民出版社1975年版，第114页。

二、流通手段

货币在商品交换过程中发挥交换媒介作用时，执行着流通手段的职能。货币在执行流通手段职能时，改变了原来商品交换“W—W”的运动模式，把商品交换分为卖和买两个阶段，即“W—G”和“G—W”，卖和买在时间上和空间上分开了，从而解决了物物交换过程中两个“双重耦合”的矛盾，克服了交易双方在需求上、空间上和时间上不一致的矛盾，大大提高了商品交换成功的可能性，有效地促进了商品经济的发展。但是，由于商品所有者在一地出卖商品以后，可以到另一地去购买；也可以在出卖商品后，不马上购买。这样，就有可能产生买卖脱节的现象，造成生产的相对过剩。所以，在以货币为媒介的商品流通情况下，已经包含了发生经济危机的可能性。为了避免出现买卖脱节的现象，就有必要研究能保证市场健康运行的货币流通量，这必须要从研究货币流通规律入手。

货币流通是由商品流通引起的，并为商品流通服务。商品流通是货币流通的基础，货币流通是商品流通的表现形式。商品经过交换后就进入了消费领域，或作为生产性消费，或作为生活性消费，而退出流通。货币在充当了商品交换媒介后，则仍然停留在流通领域，继续充当下一次交换的媒介，这样就会形成一个连续不断的货币运动过程。所谓货币流通规律就是指流通中货币必要量的规律。用公式表示如下：

$$\text{流通中的货币必要量}=\frac{\text{商品价格总额}}{\text{同名货币的流通次数}}=\frac{\text{商品价格（P）}\times\text{商品总量（Q）}}{\text{货币流通速度（V）}}$$

流通中所需的货币量取决于流通中的商品总量、商品价格水平和货币本身的流通速度这三个因素，这是不以人的意志为转移的客观规律。货币需要量与商品价格总额成正比，与货币的流通速度成反比。

作为流通手段的货币，必须是现实的货币，也即要求人们一手交钱、一手交货，这与货币价值尺度职能是不同的。但作为流通手段的货币不一定要求是足值的货币，因为这时的货币仅仅作为商品交换的手段，而不是交换的目的，人们所关心的是货币所代表的价值大小，一般不关心货币本身的价值大小，更不会关心货币的使用价值，所以货币本身是否足值并不重要。

三、贮藏手段

当货币暂时退出流通领域，被人们保存、收藏起来时，货币就执行贮藏手段的职能。由于货币是价值的化身，是一般等价物，可以用它换取任何商品，人们感到货币就是财富的代表，为了积累和保存社会财富，就产生了贮藏货币的要求。

货币执行价值尺度的职能，可以是观念上的货币；作为流通手段的货币，可以用货币符号来代替。但是作为贮藏手段的货币，则必须既是实在的货币，又必须是足值的货币。货币的贮藏手段职能要正常地发挥作用，必须具备一定的条件：第一，货币的价值或购买力稳定。贮藏货币并不只是为了满足心理需要，更重要的是在于满足生产和生活的需要。在货币贬值的情况下，同数量货币所能购买到的商品或劳务将会减少。人们为了减少损失，就会放弃货币，而以其他资产作为贮藏手段。这样，货币的价值贮藏功能将会大大削弱甚至丧失。第二，流通性高。货币充当价值贮藏手段的一个很重要原因就是货币具有极高的流动性，能充分满足人们的流动性偏好。如果由于某些原因致使货币的流动性下降，它将会失去充当价值贮藏手段的基本条件。第三，安全可靠。贮藏货币的基本目的就是用来满足未来的需要，当货币贮藏可能使人们的财富因安全因素而蒙受损失或减少时，人们往往就会选择安全性较高的方式来贮藏价值，这也将影响货币作为价值贮藏手段职能的有效发挥。

货币作为贮藏手段，是随着商品生产和商品流通的发展而不断发展的。在商品流通的初期，有些人就把多余的商品换成货币保存起来，贮藏金银被看成是富裕的表现，这是一种朴素的货币贮藏形式。随着商品生产的连续进行，商品生产者要不断地买进生产资料和生活资料，但他生产和出卖自己的商品要花费时间，并且能否卖掉也没有把握。这样，他为了能够不断地买进，就必须把前次出卖商品所得的货币贮藏起来，这就是商品生产者的货币贮藏。随着商品流通的扩展，货币的权力日益增大，一切东西都可以用货币来买卖，货币交换扩展到一切领域。谁占有更多的货币，谁的权力就更大，贮藏货币的欲望也就变得更加强烈，这是一种社会权力的货币贮藏。

在金属货币制度下，货币贮藏手段职能具有自发地调节货币流通的作用。当流通中需要的货币量减少时，多余的金属货币就会退出流通领域被贮藏起来；当流通中所需要的货币量增加时，贮藏的金属货币又会重新进入流通领域而成为流通手段。所以，贮藏手段既是流通中的排水沟，又是引水渠，贮藏货币就像蓄水池一样，自发地调节着流通中的货币量，使它与商品流通的需要相适应。

四、支付手段

当货币作为价值的独立形态进行单方面转移时，执行支付手段职能。如偿还赊购商品的欠款、缴纳税款、银行借贷、发放工资、捐款、赠与等。在货币当作支付手段的条件下，买者和卖者的关系已经不是简单的买卖关系，而是一种债权债务关系。等价的商品和货币，就不再在售卖过程的两极上同时出现了。

由于商品经济的不断发展，商品生产和商品交换在时空上出现了差异，这就产生了商品使用价值的让渡与商品价值的实现在时间上分离开来的客观必然性。某些商品生产者在需要购买时没有货币，只有到将来某一时间才有支付能力；与此同时，另一些商品生产者又急需要出售其商品，于是就产生了赊购赊销。这种赊账买卖的商业信用就是货币支付手段产生的起源。

货币执行支付手段职能具有积极和消极两方面的作用。其积极作用表现在：第一，促进了商品流通的扩大。在商品交易中人们可以先购买商品，后支付货币，使商品生产和商品流通突破了现货交易的限制。第二，节约了现金流通费用。在商品交易中借助于货币的支付手段，信用关系得以形成，一部分债权债务关系可以相互抵消，从而大大减少了现金的流通量。商品流通中所需要的货币量可以用公式表示如下：

$$\text{一定时期内商品流通中所需要货币量}=\frac{\text{售出商品的价格总额}-\text{赊销商品的价格总额}+\text{到期的支付总额}-\text{互相抵消的支付总额}}{\text{同一单位货币的平均流通速度（次数）}}$$

其消极作用表现在，货币支付手段产生后，使商品经济的矛盾更加复杂化了，在债权债务的链条中，如果有一部分生产者由于种种原因不能按期偿还债务，就有可能引起整个支付链条的崩断，进而会给商品生产和商品流通带来严重的支付危机和信用危机。

五、世界货币

马克思曾对货币金属在国际经济联系中的地位进行过考察，提出了世界货币的概念。货币在世界范围内发挥一般等价物的作用时，执行世界货币职能。

在金属货币制度下，由于每一个国家所规定的价格标准只能局限于本国范围内发挥作用，一旦越出本国国界，原来的价格标准、铸币、辅币和价值符号等都会失效。所以，当货币执行世界货币职能时要求货币还原成货币的本体，并按实际重量和成色发挥作用。马克思曾经作过如此生动的描述："金银作为铸币穿着不同的国家制服，但它们在世界市场上又脱掉这些制服。"①

货币执行世界货币职能主要表现在三个方面：第一，作为国际间一般的支付手段，用以平衡国际收支差额；第二，作为国际间一般的购买手段，进行国际间的贸易往来；第三，作为国际间财富转移的手段，比如战争赔款、输出货币资本等等。

随着金属货币退出流通领域以及黄金在世界范围内的非货币化，从国际经济联系角度考察世界货币职能已经有了很大的变化。在现行国际货币制度下，只有为数不多国家的货币能在世界范围内发挥价值尺度、流通手段、支付手段和贮藏手段的职能，这些货币必须是可自由兑换的货币，如美元、英镑、欧元、日元、港币等。

① 马克思：《资本论》第一卷，人民出版社1975年版，第144页。

以上所述的货币五大职能之间并不是孤立的，它们之间具有密切的内在联系，每一个职能都是货币作为一般等价物的本质反映。一般等价物区别于普通商品的两个基本特征，一是货币能表现一切商品的价值，二是具有和一切商品直接交换的能力。正是因为货币能表现一切商品的价值，所以它具有价值尺度职能；正是因为货币能与一切商品相交换，所以它具有流通手段职能。因此，价值尺度和流通手段是货币的两个基本职能，其他职能都是由这两个基本职能派生出来的。从历史和逻辑的统一角度看，货币的各个职能都是按顺序随着商品流通及其内在矛盾的发展而逐渐形成的，反映了商品生产和商品流通的历史发展进程。

第三节　货币的本质

虽然“货币”一词经常被人们使用，但作为一个复杂的理论问题，由于经济学者对于货币的起源和职能有着不同的看法，这导致他们在“什么是货币”或“货币的本质是什么”这一问题上存在着严重分歧。

一、货币金属论

货币金属论产生于16、17世纪，即资本主义产生也就是封建主义崩溃的所谓重商主义时期，其早期代表人物主要是重商主义者，如斯塔德福等，后来，代表产业资本利益的古典政治经济学派的学者如威廉·配第、亚当·斯密和大卫·李嘉图等，也是货币金属论者。货币金属论的核心思想是，货币也是商品，它必须具有实际价值，货币的实际价值是由金属的价值决定的，金银天然是货币，只有金银才是一国的真正财富，国家应将一切经济活动的着眼点都放在如何将金银吸引到国内，以满足增加财富的需要。16世纪，法国的重商主义者波定（J. Bodin）针对当时欧洲大陆的物价高涨现象提出了最早的货币数量论的观点，他认为货币的价值与商品的价格都是由货币的数量决定的。在其他条件不变的情况下，货币的价值与货币数量的变动成反比，从而发展了货币金属论。

货币金属论是在反对封建帝王为了弥补财政赤字而实行铸币贬值的基础上提出的，有利于新兴资产阶级原始财富的积累和资本主义生产方式的发展，因此具有极大的历史积极意义。不过值得注意的是，货币金属论虽然强调了货币是一种商品，但它忽视了货币商品与一般商品的本质区别；同时，它只看到了货币的价值尺度、贮藏手段和世界货币等职能，而忽略了货币的流通手段和支付手段功能。

二、货币名目论

货币名目论的先驱是古希腊伟大的思想家亚里士多德，17、18世纪英国的巴本、贝克莱、斯图亚特，以及19世纪末20世纪初的德国学者克拉普和彭迪生都是著名的货币名目论者。货币名目论认为，货币不过是比例名称，是用来表示商品之间比价及财富转移的一种工具或符号，它是国家创造的，其价值由国家规定。铸币的价值建立在国家权威的基础上，铸币上的印鉴并非如重商主义者认为的那样是铸币重量和成色的证明，而是国家对铸币价值的指令。因此，作为计算货币，可以完全不需要有内在价值，或者说不必要以金、银等贵金属作为货币，只要有了君王的印鉴，任何金属都可以有价值，都可以充当货币。

货币名目论在17、18世纪适应了反对重商主义的需要，其历史意义不可忽视，但它否认了货币的商品性和货币的实际价值则显然缺乏科学依据。而且，货币名目论只依据流通手段和支付手段给货币下定义，也明显存在着片面性。

三、马克思的货币本质论

马克思在分析了货币的起源之后，对货币下了一个理论定义，即货币就是固定地充当一般等价物的特殊商品。根据这一定义，我们可看出，马克思的的货币本质论包含三层含义：

第一，货币首先是商品，具有商品的共性。货币同所有其他商品一样，具有商品的两个基本属性——价值和使用价值。价值形式发展的历史表明，货币是在商品交换过程中从商品世界分离出来的。货币和其他商品一样，是用来交换的劳动产品，都是价值的凝结体。另一方面，它也能满足人们某些方面的需要，如黄金可用作装饰品等，具有一定的使用价值。按照马克思的货币理论，只有货币本身是一种商品时，它才能发挥各项货币职能。

第二，货币不是普通商品，而是特殊商品。货币之所以特殊，是因为它在商品交换过程中取得了一般等价物的独占权，只有货币才具有以自身使用价值形式表现商品价值的能力。具体表现在：一是货币能够表现一切商品的价值。在交换过程中，普通商品是以各种各样的使用价值出现的，而货币却是作为一切商品价值的表现者出现的。二是货币具有直接交换一切商品的能力。由于用货币可以购买一切商品，故货币就获得了一般的、社会的使用价值，即拥有货币，就可以得到任何一种使用价值。

第三，货币在充当一般等价物的过程中，体现着一定的社会生产关系。商品生产者之间互相交换商品，实际上是在互相交换各自的劳动，只不过由于他们之间的劳动不能直接表现出来，所以才采取商品的形式来进行交换。因此，货币作为商品的一般等价物，也就使商品的不同所有者通过等价交换，实现了他们之间的社会联系，这种联系就是社会生产关系。

但是，需要注意的是，马克思关于货币本质的这种理论分析，是建立在金属货币制度基础之上的。在涉及纸币流通时，马克思本人也对此作过分析，认为纸币是货币金属的代表，是一种价值符号，间接地发挥货币的职能，“纸币是金的符号或货币符号。纸币同商品价值的关系只不过是：商品价值观念地表现在一个金量上，这个金量则由纸象征地可感觉地体现出来。纸币只有代表金量，才成为价值符号”①。如果把现实的纸币视为金属货币的符号或代表的话，马克思关于货币本质的分析完全可以适应现实经济社会。但是，由于在现代社会中，大部分国家现实流通中的货币已经与贵金属脱离了关系，故用马克思

① 马克思：《资本论》第一卷，人民出版社1975年版，第148页。

的货币本质论已不能完全解释所有的货币现象。

四、其他观点

在西方经济学界，有关货币本质的著名观点还有两种：

第一种观点认为货币就是交换媒介。例如约翰·穆勒将交换媒介和货币等同起来。而马歇尔则认为："它们首先是指这样的交换媒介，这些交换媒介可以在彼此互不相识的人们中间自由地流通，并因此而转移在其表面标明的一定数额的一般购买力的支配权。……所以，它包括一切不管在何时何地作为购买商品和劳务及商业支付的手段，能够不受怀疑或调查就通行无阻的东西。"门格尔也是"交换媒介论"者，他论述道："即在当时当地销售力最大的财货，在交换中最为一般人所乐于接受，因而能与其他任何商品相交换。……到最后才名之为货币。"虽然商品、财货可以承担货币的角色，但货币本质上却不始终是商品或财货。此外，把货币只定义为交换媒介也显得过于简单。

第二种观点认为货币是流动性的总和。1957 年 5 月，在英国财政部领导下，成立了以拉德克利夫（Radcliffe）为首的"货币体系运行研究委员会"，专门调查英国货币和信用体系的运行情况，并对此提出建议。经过两年的广泛调查和深入研究，该委员会于 1959 年提交了一份报告，即著名的《拉德克利夫报告》。这份报告的内容广泛，涉及货币理论和政策的许多方面，并对西方货币理论的发展和货币政策的制定产生了持久的影响。报告自始至终认为经济中的"流动性"或"总的流动性状况"最重要。报告中的货币定义实际上就是指流动性。若用流动性来定义货币的话，则流动性的货币定义就是范围极其广泛的货币定义，它不仅包括传统意义上的货币供给，还包括银行和非银行的金融机构所创造的所有的短期流动性资产。

第四节　货币制度及其演变

从有文字的历史以来，可以发现，各个国家在货币问题方面都通过制定种种法律法规去控制本国的货币，以图建立能够符合自己政策目标，并能由自己操纵的货币制度。

一、货币制度及其构成

货币制度简称“币制”，是一个国家以法律形式确定的该国货币流通的结构、体系与组织形式。它主要包括货币材料、货币单位、货币的铸造、发行与流通程序，以及准备制度等。货币制度的形成经过了漫长的历史岁月。

（一）货币制度的形成

货币制度是随着资本主义经济制度的建立而逐步形成和发展起来的，同时又随着商品经济的不断发展和社会制度的进步而不断发展和完善。

在前资本主义社会，世界各国先后出现了铸币流通。所谓铸币是指国家铸造的具有一定形状、重量和成色并标明面值的金属货币。早期的铸币有各种各样的形状，并且由于自然经济和政治上的割据，造成了铸币铸造权的分散。每次交换时都要对铸币进行成色鉴定，再按交易额的大小进行分割。这种铸币流通有明显的缺陷：一是金属铸币的携带非常不便，二是由于分割困难经常会引起交易纠纷。在这种情况下，一些有影响的商人便在金属铸币上加盖自己的印戳并标明重量和成色，从而使这些铸币拥有了富商大贾的信誉保证。随着商品生产和商品交换的进一步发展，商人印记的局限性日渐显露，后来就发展成由国家来铸造铸币，因为拥有政治权力的国家最具有权威。国家铸造具有一定形状、重量和成色并打上印记的铸币，能够起到稳定价值尺度、统一流通手段的作用。

但是，统治阶级往往利用铸币的铸造发行权，有意识地不断减轻铸币重量，降低铸币成色，使铸币的实际价值和名义价值相脱离，从而形成了铸币的贬值和变质。由于铸币流通的分散性和变质性，前资本主义社会的货币流通极为混乱。货币流通的混乱又使正确计算生产成本、商品价格、企业利润，以及建立广泛的信用关系产生困难，不利于资本主义生产和商品流通的发展。而资本主义经济制度的核心是统一的市场，这就需要有统一、稳定和规范的货币流通制度。为了改变货币流通的混乱状况，资产阶级政府先后以法令或条例的形式对货币流通进行了种种规定。这些规定主要包括以下几个方面的内容：一是建立以中央银行为唯一发行机构的统一和集中的货币发行体系，垄断货币发行；二是就相对稳定的货币单位作出相应的规定，以保证货币制度的稳定；三是就贵金属充当货币材料并能自发调节流通作出规定和安排。西方国家政府在资本主义上升时期为克服货币流通混乱的状况，将已颁布的本位货币材料、货币单位、货币铸造、发行和流通程序、货币准备等法令和条例集中起来的制度化过程，就是资本主义货币制度的形成过程。

（二）货币制度的构成要素

从资本主义国家建立起统一货币制度以来的几百年间，尽管货币制度几经变迁，各国的货币制度也不尽相同，但其构成的基本内容和要素是基本一致的。一般而言，货币制度由以下几个要素构成：

1. 货币材料

货币材料，简称“币材”，是指用来充当货币的物质。合理选择制作货币的材料是建立货币制度的基础，货币材料是货币制度的基本要素，不同的货币材料，就构成了不同的货币制度。如果用黄金作为本位货币材料，就形成了金本位制；如果用白银作为本位货币材料，就形成了银本位制；如果同时用黄金和白银作为本位货币材料，那就是金银复本位制；如果不用金属而是用纸作为主要货币材料，那就是纸币制度了。用哪种材料作为制作本位币的材料不是任意选定的，而是由客观经济条件所决定的。在资本主义发展的初期，由于商品经济不是很发达，商品交易的规模还较小，用白银作为本位货币的材料已能满足商品流通的需要。随着商品经济的发展，商品交易规模不断扩大，商品价值总量不断增长，价值相对较低且不够稳定的白银已不能适应商品流通的需要。于是，黄金开始进入流通，成为本位币材料。到了20世纪初，由于商品经济的进一步发展，商品交易的规模已远远超过了黄金的存量规模，如果再坚持用黄金作为货币材料，必然会阻碍商品经济的发展，所以黄金也不再流通了，取而代之的是纸币制度。人类进入21

世纪后，由于计算通信技术的飞速发展，电子货币已悄然进入我们的日常生活，也许在不久的将来，货币制度将进入无形货币时代。

2. 货币单位

货币单位包括两个方面的含义：货币单位的名称和单位货币的价值（在1973年“黄金非货币化”协议产生之前，单位货币的价值就是指每一货币单位所规定的含金量）。严格来讲，货币名称包括货币单位名称和货币名称两个方面。从历史的角度来考察，货币单位名称最初是与货币商品的自然单位和重量单位相一致的。比如贝壳以“朋”为单位；在我国货币史上占有重要地位的秦“半两”铜钱和汉武帝时期的“五铢”铜钱，在币面上分别铸有“半两”和“五铢”字样。后来，由于种种不同的原因，货币单位名称与货币商品的自然单位和重量单位就逐步脱离了。

按照国际惯例，一国货币单位名称往往就是该国货币的名称。如Lira，音译为“里拉”，既是意大利的货币单位名称，也是意大利的货币名称。若几个国家采用同一个货币单位名称，则一般要在货币单位名称前加上国家名称构成该国的货币名称，如法国法郎、瑞士法郎等。

货币单位的确立更重要的是确定币值。在金属铸币流通时期，就是确定单位货币所包含的货币金属重量和成色；在代用货币流通时期，就是确定本国单位货币所代表的金属量。如美元根据1934年1月的法令规定，1美元含纯金13.714格令（合0.888671克）；英镑按1816年5月的金币本位法案规定，1英镑含成色11/12的黄金123.27447格令（合7.97克）；中国北洋政府在1914年颁布的《国币条例》中规定，货币单位为“圆”，1圆含纯银6钱4分8厘（合23.977克）。确定单位货币的含金量，规定货币单位及其等分，目的是使货币能更准确和方便地执行货币的职能。

3. 各种通货的铸造、发行和流通

通货就是指流通中的现金，一般包括本位币和辅币。在金属货币制度下具体表现为金属货币、纸币和银行券，在信用货币制度下具体表现为纸币、辅币和银行券。不同种类的通货有不同的铸造、发行和流通程序。

（1）本位币

本位币是一个国家的基本通货。在金属货币制度下，本位币是指按国家规定的货币金属和货币单位的名称与重量铸成的货币。本位币是一种足值的铸币，具有独特的铸造、发行和流通程序，其特点如下：第一，自由铸造。所谓自由铸造有两个方面的含义，一方面是指每个公民都有权将货币金属送到国家造币厂请求铸成本位币，另一方面是指造币厂可以代公民铸造本位币，但不收费用或只收很低的费用。本位币的自由铸造具有十分重要的意义。首先，自由铸造可以使铸币的名目价值和实际价值保持一致。铸币的实际价值是指铸币本身的金属价值。由于公民可以随时将货币金属送到国家造币厂请求铸成铸币，所以铸币的名目价值就不能高于其实际价值；又由于铸币持有人可以随时将铸币熔化为金属条块，铸币的名目价值就不能低于铸币的实际价值，否则人们就会将铸币熔毁，退出流通领域。其次，本位币的自由铸造可以自发地调节货币流通量，使流通中的货币量与货币需求量基本保持一致。当流通中的货币量不能满足货币需求时，公民会将金属条块请求造币厂铸成铸币，投入流通；当流通中的货币量过多时公民又会自发地将铸币熔化成金属条块，退出流通。第二，无限法偿。本位币由于是法定作为价格标准的基本通货，故具有无限的法定支付能力，即无限法偿。法律规定，在货币收付中无论每次支付的金额如何巨大，用本位币支付时，受款人均不得拒绝接受。另外，在金属铸币流通制度下，铸币流通会有自然的磨损，不法之徒还会故意削边、擦损。为了保证本位币的名目价值和实际价值相一致，从而保证本位币的无限法偿能力，各国货币制度中通常都规定每枚铸币的实际重量低于法定重量的最大限度，即铸币的磨损公差。

（2）辅币

辅币是本位币以下的小额货币，供日常零星交易和找零之用。辅币在铸造、发行和流通程序上具有以下特点：第一，辅币是用贱金属铸造的。辅币之所以用贱金属铸造是因为辅币流通频繁，磨损迅速，如果用贵金属铸造，损耗太大，而这种损耗属于流通费用，对社会资源来说是一种虚耗。因此，铸造辅币应该尽量使用贱金属，以节约流通费用。第二，辅币是不足值的铸币。辅币之所以铸成不足值货币，是因为辅币只是本位币的一个可分部分，如果辅币按其包含的金属价值流通，一旦主币和辅币两种不同金属的价值发生变化，主币和辅币的固定兑换比例就不能保证，辅币就失去了其作为辅助货币的作用；同时，如果辅币铸成足值货币，当辅币币材价格上升时，大量辅币就会被私自熔化，这会造成辅币流通不足。因此，辅币按面额流通，不能依靠其所含金属的价值，而只能依靠法律规定的与主币的固定兑换比率。如 1 美元 =100 美分；英镑在 1971 年以前规定 1 英镑 =20 先令，1 先令 =12 便士，1971 年 2 月 15 日以后统一定为 1 英镑 =100 便士。第三，辅币可以与本位币自由兑换。辅币的实际价值虽然低于名目价值，但法律规定，辅币可以按固定比例与本位币自由兑换，这就保证了辅币可以按名目价值流通。第四，辅币实行限制铸造。限制铸造是指只能由国家来铸造。由于辅币的实际价值低于名目价值，铸造辅币就会得到一部分铸造收入，故国家垄断了辅币的铸造权，铸造收入（即铸币税）归国家所有。同时，由于辅币是不足值的，限制铸造也就防止了辅币排挤本位币。第五，辅币是有限法偿货币。国家对辅币规定了有限的支付能力，即在每一次支付行为中使用辅币的数量受到限制，超过限额的部分，受款人可以拒绝接受，但向国家纳税或向银行兑换时不受数量限制。如美国规定，10 分以上的银辅币每次支付限额为 10 元；铜镍所铸造的分币，每次支付限额为 25 分。

（3）纸币和银行券

在金属货币制度下，流通中的货币除了铸币形式的本位币和辅币外，还有纸币和银行券。纸币和银行券虽然都是没有内在价值的纸制货币符号，却因为它们的产生和性质各不相同，所以其发行和流通的程度也有所不同。①

银行券产生于货币的支付手段职能，是代替金属货币充当支付手段和流通手段职能的银行证券，是银行发行的一种债务凭证。在银行业发展的早期，银行券是由商业银行分散发行的，19 世纪以后各国才

① 参见曹龙骐主编：《货币银行学》，高等教育出版社 2000 年版，第 35 页。

集中统一由中央银行发行。国家以法律形式规定中央银行发行的银行券为法定支付手段，拒绝接受者被视为违法。1929—1933 年西方国家经济危机后，各国的银行券都不再兑现，从而演变为不兑现的纸币。

纸币是本身没有什么价值又不能兑现的货币符号，它产生于货币的流通手段职能。货币在执行流通手段职能时，只是交换的媒介，而不是交换的目的，这就意味着货币符号可以替代货币进行流通。后来政府根据流通手段的这一特点，就有意识地铸造和发行不足值货币，直至发行本身几乎没有价值的纸币，并通过国家法律强制其流通。

在信用货币流通阶段，贵金属铸币退出了流通，本位币的自由铸造制度也就不存在了，但本位币的无限法偿能力以及辅币的铸造流通制度却保留了下来。纸币和不可兑换的银行券由政府或中央银行印制，并通过银行贷款程序进入流通。一般是中央银行贷款给商业银行或其他金融机构，银行再贷款给企业和居民个人。企业和居民从银行得到一笔贷款后，首先是在其账户上增加同样数额的存款。由于有了存款，就可以开出现金支票提取现金，这样铸币（金属辅币）、纸币和不可兑换的银行券就通过贷款进入了流通；由于有了存款，还可以开出转账支票，由银行把一个存款账户上的存款转移到另一个存款账户上去，这样就出现了支票存款通货的流通。可见，无论是现金通货还是存款通货，都是通过银行贷款程序进入流通的，这与金属铸币通过自由铸造投入流通有着根本区别。[①] 在当代经济社会中，由于银行券已经不再兑换金属货币，各国的纸币也已经完全通过银行的信贷程序进入流通，所以银行券和纸币已基本成为同一个概念。

4. 货币准备

货币准备也即黄金准备，指国家所拥有的金块和金币的总额。为了稳定货币，各国货币制度中都包含有准备制度的内容。在金属货币流通时期，国家利用黄金准备扩大或收缩金属货币的流通，以保证国内货币流通的稳定，同时作为国际支付的准备金和支付存款及兑换银

---

① 参见范从来、姜宁编著：《货币银行学》（第二版），南京大学出版社 2003 年版，第 15 页。

行券的准备金。信用货币进入流通后，黄金准备不再作为国内金属货币的准备金，以及支付存款和兑换银行券的准备金，只作为国际支付的准备金。目前，各国中央银行发行的信用货币虽然不能再兑换黄金，但仍然保留着发行准备制度。各国准备制度不一致，归纳起来，可以作为发行准备的一般有黄金、外汇和国家债券、商业票据等有价证券。它们可以充当在货币的价值发生背离时，一国政府用来稳定币值的工具。

二、货币制度的演变

资本主义国家在其历史发展进程中，虽然每个国家货币制度发展的历史轨迹不一样，但概括起来货币制度的发展大体上经历了银本位制、金银复本位制、金本位制和不兑现的信用货币制度四大类型。如图 1－1 所示：

- 货币制度
  - 金属货币制度
    - 银本位制
      - 银两本位制
      - 银币本位制
    - 金银复本位制
      - 平行本位制
      - 双本位制
      - 跛行本位制
    - 金本位制
      - 金币本位制
      - 金块本位制
      - 金汇兑本位制
  - 不兑现的信用货币制度

图 1－1　货币制度的类型

（一）银本位制

银本位制是指用白银作为本位货币材料的一种金属货币制度。它是历史上出现最早、实施时间最长的一种货币制度，从 16 世纪开始在资本主义国家盛行起来。银本位制又可分为银两本位制和银币本位制。银两本位制是以白银的重量单位——两作为价格标准，实行银块流通的货币制度。银币本位制则是以一定重量和成色的白银，铸成一定形状的本位币，实行银币流通的货币制度。15 世纪末，哥伦布发现美洲新大陆之后，白银矿山相继被发现，白银的开采技术也得以进一步提高，世界白银产量迅速增长，为实行银本位制创造了基本条件。西班牙、墨西哥、秘鲁等国是最先实行银本位制的国家，后来西欧各国以及日本和印度等国家也相继实行了银本位制。

我国也是最早实行以白银为货币的国家，但主要是实行银两本位。而由国家法律确认实行银币本位，是在公元1910年，即清宣统二年四月颁布的《币制条例》，当时的条例规定以圆为单位，重七钱二分，定银圆为国币，并确定成色，禁止各省自由铸造，将铸造权统归中央。中华民国成立后，民国三年（即1914年）二月公布新《国币条例》，仍以圆为单位。同年十二月，在天津总厂铸造带有袁世凯头像的银圆，俗称“袁大头”。1927年北伐胜利，国民政府停铸袁大头，改铸中山开国纪念币，俗称“孙币”或“船洋”（因背面刻一船形）。当时尽管在法律形式上实行银币本位制，但实际上银圆和银两仍然并用。直到1933年4月，国民党政府才“废两改圆”，公布《银本位币铸造条例》（草案），将银圆的重量减少，成色降低，改为一圆银币重26.6971克，每圆含纯银23.493448克，这种银圆可以自由铸造，无限制使用。这时，银圆才成为真正的本位货币。

银本位制的基本特征是：第一，以白银为货币金属，以银铸币为本位货币，银币享有无限法偿的能力；第二，国家统一规定银币的重量、成色、形状和货币单位；第三，银币可以自由铸造、自由熔化；第四，银行券可以自由兑换成银币；第五，白银和银币都可以自由输出和输入。

银本位制的主要缺陷是：第一，白银的价值相对较小；第二，白银的价值不稳定。由于白银储藏量相对丰富，白银的开采技术提高较快，使白银的产量较多，并使白银的价值不断下降。金银比价在1519年为1∶11.3，1556年至1608年之间为1∶12.2，1609年至1642年之间为1∶13.3，1643年至1650年之间为1∶15.45。[①] 商品经济的进一步发展，客观上要求一种价值量更大、更加稳定的贵金属作货币，黄金于是逐步取代了白银的地位。到20世纪初，除了中国、印度、墨西

---

① 金德尔伯格：《西欧金融史》，中国金融出版社1991年版，第38页。

哥等经济落后的国家仍实行银本位制外，主要的资本主义国家都早已放弃了这种货币制度。

（二）金银复本位制

金银复本位制，是由国家法律规定的以金币和银币同时作为本位币，均可自由铸造，自由输出输入，同为无限法偿的货币制度。这是在资本主义发展的初期阶段流行于欧洲各国的货币制度。随着商品货币经济的发展，在商品交易中对金银两种贵金属的需求都增加了，白银主要用于小额交易，黄金则用于大宗买卖，形成了白银与黄金都作为本位币流通的局面，客观上产生了建立金银复本位制的需要。随着16世纪新大陆的发现，墨西哥和秘鲁丰富的银矿和巴西丰富的金矿相继被开采出来，大量的金银从美洲流入欧洲，促成了金银复本位制的实行。1663年，英国铸造的“基尼”金币与原来的“先令”银币同时使用，是最早实行复本位制的欧洲国家。[①]

金银复本位制的实行无疑对商品经济的发展起到了一定的促进作用，但这种货币本位制在运行中又表现出重大的缺陷，这种缺陷可通过对金银复本位制具体运行过程的分析体现出来。金银复本位制从具体运行过程来看可分为三种类型：平行本位制、双本位制和跛行本位制。

表1－1　平行本位制下金币与银币的国际流动

	金价	银价	兑换流动过程	流动结果
A国	高	低	用A国的银币或白银去兑换B国的金币或黄金，B国也愿意这样做，因为B国的黄金便宜	金本位制
B国	低	高	用B国的金币或黄金去兑换A国的银币或白银，A国也愿意这样做，因为A国的白银便宜	银本位制

1. 平行本位制

平行本位制是指金币和银币均按其所含金属的实际价值流通和相

---

① 参见周骏、王学青主编：《货币银行学原理》，中国金融出版社2002年版，第44页。

互兑换的一种复本位制。这种本位制度的特点是：第一，金币和银币都是一国的本位货币；第二，金银都具有无限法偿资格；第三，金币和银币均可自由铸造和熔化；第四，金币与银币之间的交换比率完全由金银的市场价格决定。这样一来，在平行本位制下，市场上的商品就出现了两种价格，由于市场上金银比价频繁变动，金币银币的兑换比率也不断变动，用金币银币表示的商品价格自然也就随着金银比价的波动而波动，这在一定程度上引起了价格的混乱，使得金币银币都难以发挥好价值尺度职能。另外，在国际贸易中，如果各国之间的金银币的比价不同，金币就会流向金价较高的国家，而使该国逐渐变为金本位制国家；银币则流向银价较高的国家，而使该国逐渐变为银本位制国家（如表1－1）。为了克服平行本位制的上述两个缺陷，复本位制改由国家依据市场金银比价为金币银币规定固定的兑换比率，金币银币按法定比率流通，这就形成了所谓的双本位制。如1791年美国实行双本位制时，规定1美元含纯金24.75厘或纯银371.25厘，金币与银币的比率为1∶15。

2. 双本位制

双本位制虽在一定程度上解决了平行本位制所造成的价格混乱问题，但却又产生了新的矛盾。马克思曾指出："价值尺度的二重化是同价值尺度的职能相矛盾的。"[①] 在双本位制下，当金银法定比价与市场比价不一致时，市场价值高于法定价值的良币就会被熔化或输出国外而退出流通；市场价值低于法定价值的劣币则会充斥市场，发生"劣币驱逐良币"现象。"劣币驱逐良币"一词出自16世纪英国政治家与理财家汤姆斯·格雷欣（Thomas Gresham）给英国女王的改铸铸币的建议，后来被英国经济学家麦克劳德在其著作《经济学纲要》中加以引用，并命名为"格雷欣法则"。[②] 例如，金银币的法定比价为1∶15，而由于种种原因银价下跌使市场比价变为1∶16。在这种情况下，任何

---

① 《马克思恩格斯全集》第23卷，人民出版社1972年版，第114页。

② 参见刘立平主编：《现代货币银行学》，中国科学技术大学出版社2003年版，第42页。

一个持有金币（1 个）的人均可将金币熔化为金块，按黄金的市场价值换取白银，再通过铸币厂将其铸成银币（16 个），再按法定比价用 15 个银币换回 1 个金币，就能获得 1 个银币的收益。劣币驱逐良币现象在美国货币史上也有所表现。1791 年美国的金银法定比价是 1∶15，但当时法国等几个实行双本位制的国家规定的金银比价却是 1∶15.5。这样，人们可以在美国取得 1 盎司黄金，把它输送到法国去换 15.5 盎司的白银，然后再将 15.5 盎司的白银运回美国，在美国购回 1 盎司黄金后，还剩余半盎司的白银。于是黄金流通很快就在美国消失了，金银复本位制实际上变成了银本位制。1834 年，美国重建双本位制，金银的法定比价重新定为 1∶16，而当时法国和其他实行双本位制的国家规定的金银比价仍为 1∶15.5，这时就出现了相反的情况。

3. 跛行本位制

所谓跛行本位制是指，第一，金币和银币都是一国的本位货币；第二，金银都具有无限法偿资格；第三，只有金币可以自由铸造，银币不得自由铸造；第四，金币与银币之间的比价由政府以法律形式加以规定。金银复本位制中的金币与银币好比是两条腿，一旦取消了银币的自由铸造，就好像缺了一条腿，故称为“跛行本位制”。跛行本位制的出现，主要是由于 19 世纪 70 年代世界银价的暴跌。为了维持银本位货币的地位和金银之间的法定比价，法国和美国决定停止银币的自由铸造，由双本位制改为跛行本位制。实际上，此时的银币已经起着辅币的作用，演变为金币的价值符号。跛行本位制事实上也已不是典型的复本位制，而是由复本位制向金本位制过渡时期的一种特殊的货币制度。

（三）金本位制

金本位制是以黄金作为本位货币材料的一种金属货币制度。历史上的金本位制有三种类型：金币本位制、金块本位制和金汇兑本位制，金币本位制是典型形式。英国首先于 1816 年颁布法令，宣布实行金本位制；德国根据 1817 年和 1837 年法令实行了金本位制；丹麦、瑞典和挪威均于 1837 年实行金本位制；随后，意大利、法国、比利时等欧洲国家也相继实行金本位制；1897 年俄国和日本宣布实行金本位制；

1900年美国宣布黄金是唯一的本位币金属。至此，主要资本主义国家差不多都实行了金本位制，金银复本位制随之消失了。

1. 金币本位制

金币本位制是最早也是最典型的金本位制，在这种制度下，国家法律规定以黄金作为货币金属，即以一定重量和成色的金铸币充当本位币。

金币本位制的主要特点有：第一，金币可以自由铸造和自由熔化，具有无限法偿能力，而其他金属铸币包括银币则限制铸造。金币的自由铸造和自由熔化能够自发调节流通中的货币量，使金币的币值与所含黄金的价值保持一致，从而保证金币的面值和实值相符，捍卫了黄金在货币制度中的主导地位。第二，辅币和银行券等价值符号可以自由兑换为金币。这就使价值符号能稳定地代表一定数量的黄金流通，从而保证货币价值的稳定，避免出现通货膨胀现象。第三，黄金可以自由地输出入国境。由于黄金可以在各国之间自由转移，从而保证了世界市场的统一和外汇汇率的相对稳定，也促进了国际贸易的发展。第四，货币储备全部是黄金，并以黄金进行国际结算。

金币本位制是一种相对稳定的货币制度，这种货币制度使得货币的国内价值与国际价值保持一致，外汇市场相对稳定，不会发生货币贬值现象，因此大大促进了资本主义经济的发展。但是，第一次世界大战时期特别是战后，由于资本主义政治经济发展的不平衡，黄金的自由流通、银行券的自由兑换和黄金的自由输出入都遭到了破坏，各国为阻止黄金外流，先后放弃了金币本位制。1924—1928年资本主义国家出现了一个相对稳定时期，各国又相继恢复金本位制，但由于当时金本位制的基础受到削弱，已不可能恢复典型的金币本位制。除美国外，其他国家不得不实行没有金币流通的金块本位制和金汇兑本位制。

2. 金块本位制

金块本位制又称“生金本位制”或“富人本位制”，是指在国内不铸造、不流通金币，只流通代表一定金量的银行券（或纸币），黄金集中存储于政府，银行券只能按一定条件向发行银行兑换金块的一种货币制度。在金块本位制下，虽然没有金币流通，但在名义上仍然是金本位制，并对货币规定了含金量。如法国1928年的《货币法》规定，法郎的含金量为0.065克纯金。金块本位制虽然不允许自由铸造金币，但允许黄金自由输出入，或进行外汇自由交易。银行券是流通中的主要通货，但不能直接兑换黄金，只能有限度地兑换金块。如英国在1925年规定，银行券每次兑换金块的最低数量是400盎司，约值1669英镑；法国1928年则规定兑换金块的最低数量为21.5万法郎。[①]如此高的兑换起点，实质上等于剥夺了绝大多数人的兑换权利，从而限制了黄金的兑换范围。

实行金块本位制可节省黄金的使用，减少对黄金准备的要求，暂时缓解了黄金短缺与经济发展之间的矛盾，可是并未能从根本上解决问题。实行金块本位制的条件是保持国际收支平衡和拥有大量的平衡国际收支的黄金储备。一旦国际收支失衡，大量黄金外流或黄金储备不够支付时，金块本位制就难以维持下去了。1930年以后，英国、法国、比利时、荷兰、瑞士等国在世界经济危机的袭击下，先后放弃了这一制度。

3. 金汇兑本位制

金汇兑本位制又称“虚金本位制”，是指国内不铸造和使用金币，只能同另一实行金币或金块本位制的国家的货币保持固定比价，本国货币（即银行券）只能兑换成外汇而不能兑换成黄金的制度。在这种制度下，国家并不铸造金铸币，也不允许公民自由铸造金铸币，流通中没有金币，只有银行券，银行券可以兑换外汇，外汇可以兑换黄金。

金汇兑本位制之所以在名义上仍为金本位制，是由于：第一，本国货币规定有含金量。第二，本国货币与某一实行金币本位制或金块本位制国家的货币保持一定的固定比价，并将黄金、外汇存放在这个国家作为外汇基金，通过市场买卖以维持固定比例。第三，银行券是流通中的主要通货，可以兑换外汇，外汇可以在挂钩国家兑换黄金。很显然，采取金汇兑本位制的国家在对外贸易和财政金融方面很容易

① 参见曹龙骐主编：《货币银行学》，高等教育出版社2000年版，第40页。

受到挂钩国家的控制和影响，金汇兑本位制实际上是一种附庸性质的货币制度，一般为殖民地和附属国所采用。但这种制度也有一些优点，如节约黄金费用、存入外国的黄金可以生息、国内货币供应量可不受黄金储量的束缚等。在第一次世界大战之前，殖民地国家如印度于1893年、菲律宾于1903年先后实行过金汇兑本位制；第一次世界大战结束后，德国、意大利等战败国家为整顿币制，将从别国借来的贷款作为外汇基金，把本国货币与英镑、美元等挂钩，保持固定比价，即实行金汇兑本位制。

金汇兑本位制和金块本位制一样都是一种残缺不全的金本位制，这是因为：第一，这两种货币本位制都没有金币流通，金币本位制中金币自由铸造所形成的自发调节货币流通量并保持币值相对稳定的机制已不复存在。第二，银行券虽仍规定有含金量，但其兑换能力已大为下降。第三，实行金汇兑本位制的国家，一般把本国货币依附于美元，并把黄金或外汇存储于美国，一旦美国经济动荡不安，依附国的货币也必将发生动荡，这就使得金汇兑本位制具有很大的不稳定性。这种脆弱的金本位制，在1929—1933年的资本主义经济危机的冲击下，很快就崩溃了。从此，各国纷纷放弃金本位制而实行信用货币制度。

另外，第二次世界大战结束前夕在美国的新罕布什尔州布雷顿森林召开的国际货币会议上确立的“布雷顿森林体系”实际上是一种全球范围的国际金汇兑本位制度。这一体系规定的“各国货币与美元挂钩，美元与黄金挂钩”的“双挂钩”制度是一种以美元为中心的国际货币制度，把各国货币都变成了美国货币的依附货币。直到1973年，由于美国宣布美元与黄金脱钩，金汇兑本位制才正式停止。

（四）不兑现的信用货币制度

不兑现的信用货币制度即指纸币本位制，又称管理货币本位制，是以纸币为本位币，且纸币不能兑换黄金的货币制度，是当今世界各国普遍实行的一种货币制度。

纸币是国家依靠国家权力发行，强制进入流通的货币符号，它是在货币流通手段的基础上产生的。自从货币产生后，原来的物物交换就分化成了卖和买两个阶段，即 W—G—W，货币在商品交换中仅仅充当交换的媒介，参加交换的人们只关心货币所能代表的价值量大小，并不关心货币本身是否具有价值以及价值大小。因此，流通中只要有能代表货币价值的价值符号——纸币就可以了。在金属货币制度下，用贵金属充当货币材料本身就是社会财富的极大浪费，正如马克思所说："金币和银币……本身也有价值……。但是这些价值充当流通手段，就是对现有财富的扣除。"① 不兑现的信用货币制度取代黄金本位制度，是货币制度演进的质的飞跃，它突破了商品形态的桎梏，而以本身没有价值的信用货币作为流通中的一般等价物。

纸币流通制度和金属货币流通制度相比有如下特点：

第一，纸币的发行不再受黄金准备的限制，并由国家垄断发行，国家赋予纸币无限法偿能力。在不兑现的纸币流通制度下，一般由国家授权中央银行垄断发行纸币，纸币不能兑换黄金，与黄金不再发生联系，纸币的价值不由黄金价值决定，而是由其实际购买力来决定。

第二，作为信用货币的纸币是通过信用程序投入到流通领域中的，纸币的发行反映了国家对社会公众的负债。流通中的货币量通过银行的信用活动进行调节，银行信用的扩张，意味着货币流通量增加，而银行信用的紧缩则意味着货币流通量的减少。如果信用货币投放过多，可能会产生通货膨胀的压力，引起物价上涨；而如果银行紧缩银根，则会导致信用货币投放过少，可能会产生通货紧缩的压力，引起物价下跌。

第三，纸币流通制度实际上是一种管理货币制度。一国中央银行或货币管理当局通过公开市场操作、再贴现政策和存款准备金政策等手段，调节货币供应量，以保持货币稳定。

第四，在这种货币制度中，银行存款与法偿货币都是流通中的货币，发挥相同的货币职能。随着银行转账结算制度的不断完善和发展，存款货币的数量将越来越大，远远超过法偿货币的发行数量。

---

① 《马克思恩格斯全集》第 46 卷（下），人民出版社 1980 年版，第 129—130 页。

（五）我国的人民币制度

我国货币制度实行的是人民币制度（港、澳、台地区除外），人民币制度是从人民币的发行开始的。1948年12月1日，华北银行、北海银行和西北农民银行合并成立中国人民银行，同时发行人民币。人民币发行以后，中国人民银行迅速收兑了旧经济制度下的法币、金圆券、银元券，同时收兑原解放区自行发行的货币。随着全国各地的相继解放，1951年10月人民币成为中国大陆（西藏从1959年开始使用人民币）统一的流通货币。人民币的发行和流通标志着我国人民币制度的正式建立。我国人民币制度的主要内容有：

1. 人民币是中国大陆的唯一法定货币

人民币是中国大陆唯一流通的法定货币，具有无限法偿的能力，在中国大陆境内的一切债权债务关系必须用人民币来计价结算，任何单位和个人都不得拒绝接受。人民币的单位是“元”，元是本位币（即主币）。辅币的名称为“角”和“分”。人民币的票券、铸币种类由国务院决定。人民币以“￥”为符号。

2. 人民币制度是一种不兑现的信用货币制度

人民币不与黄金挂钩，不规定单位人民币的含金量，不能与黄金进行相互兑换；同时，人民币是一种独立的货币，不依附于任何外国货币，不受他国的操纵和控制，从发行到流通，完全由我国独立自主地掌握和管理。

3. 人民币的发行实行高度集中统一管理

人民币的发行权集中于中央政府，由中央政府授权中国人民银行统一掌管。中国人民银行是国家唯一的货币发行银行，并集中管理货币发行基金，在全国范围内实行统一的货币管理。中国人民银行根据社会经济发展的需要，在由国务院批准的额度内，组织年度的货币发行和货币回笼。中国人民银行集中统一管理国家的金银、外汇储备，负有保持人民币对内价值和对外价值稳定的重任。

4. 人民币的发行保证

人民币是信用货币，是根据商品生产的发展和流通的扩大对货币的需要而发行的，这种发行有商品物资作基础，可以稳定币值，这是人民币发行的首要保证；其次，人民币的发行还有大量的信用保证，包括政府债券、商业票据、银行票据等；最后，黄金、外汇储备也是人民币发行的一种保证。我国的黄金和外汇储备，主要用于平衡国际收支。进口需要大量外汇，这就需要用人民币购买，出口收入外汇必须向外汇指定银行出售，银行在购买外汇的同时也就发行了人民币，因此对人民币的发行也起着保证作用。

5. 人民币实行有管理的货币制度

作为我国社会主义市场经济体制组成部分的货币体制，必须是在国家宏观调节和管理下的体制，货币发行、货币流通、外汇价格等都不是自发的而是有管理的。有管理的货币制度形式，是在总结历史经验和逐步认识客观经济规律的基础上，运用市场这只无形的手和计划这只有形的手来灵活有效地引导、组织货币运行。

6. 人民币的可兑换性

货币的可兑换性也是货币制度的内容之一。所谓可兑换性，是指一国货币可以兑换成其他国家货币的可能性。我国人民币的可兑换采取的是一个渐进过程。1980 年 4 月 17 日我国恢复了在国际货币基金组织的席位，依据《国际货币基金协定》第 14 条款的过渡性安排，保留了一些汇兑限制；后来随着改革开放的深化，外汇管理体制相继进行了一系列改革；1994 年以来更加快了这一改革步伐，如实行汇率并轨、银行结售汇、取消外汇计划审批等，实现了人民币经常项目下有条件的可兑换；从 1996 年 7 月 1 日起，对外商投资企业实行银行结汇和售汇，取消对其经营项目用汇的限制，同时根据实际情况提高了居民个人用汇供汇标准，扩大了供求范围，这样在 1996 年底以前实现了人民币经常项目的可兑换。

在此基础上，我国正积极创造条件，逐步放松对资本项目的外汇限制，开放资本市场，从而最终实现人民币的完全自由可兑换。关于资本项目开放的顺序问题，国内学者已有高度统一的共识，即资本项目可兑换应遵循以下基本原则：先流入后流出；先直接投资后证券投资；先长期投资后短期投资；先机构后个人；先债权类工具后股权类工具和金融衍生产品；先发行市场后交易市场；先放开有真实背景的交易，后放开无真实背景的交易。但这一顺序只是原则性的，决不可将其模式化，我国应根据本国经济发展的实际情况以及国际金融环境的变化对排序适时灵活调整。

本章小结

关于货币的起源，历史上有各种不同的观点。有人认为货币是由国家规定和创造的，有人认为货币是人们为了克服直接物物交换的困难协商出来的。在马克思创立了劳动价值论之后，才科学地揭示出货币的起源。货币是商品经济内在矛盾发展的产物，是商品价值形式演变的必然结果。

货币的职能指货币作为一般等价物所发挥的作用与功能，是货币本质的具体体现。现代西方经济学的货币理论认为，货币具有交易媒介、价值标准、价值贮藏、延期支付标准等职能。而马克思的货币理论认为，货币在与商品的交换发展过程中，逐渐形成了价值尺度、流通手段、贮藏手段、支付手段和世界货币五种职能，其中价值尺度和流通手段是货币的最基本职能。

经济学者对于货币的起源和职能有着不同的看法，这导致他们在“货币的本质是什么”这一问题上存在着分歧。货币金属论者认为货币即是金银，货币名目论者则认为货币只不过是一种计量工具或符号，马克思认为货币就是固定地充当一般等价物的特殊商品，约翰·穆勒等将交换媒介和货币等同，而拉德克利夫则认为货币实际上就是指流动性。

货币制度简称“币制”，是一个国家以法律形式确定的该国货币流通的结构、体系与组织形式。它主要包括货币材料、货币单位、货币的铸造、发行与流通程序，以及准备制度等内容。货币制度的发展大体上经历了银本位制、金银复本位制、金本位制和不兑现的信用货币制度等四大类型。

重要概念

货币　价值形式　实物货币　信用货币　代用货币　电子货币　一般等价物　价值尺度　价格标准　流通手段　支付手段　贮藏手段　世界货币　货币金属论　货币名目论　货币制度　本位币　银本位制　金本位制　平行本位制　双本位制　跛行本位制　格雷欣法则　金汇兑本位制

第二章　信　用

信用是一国金融体系的重要组成部分，同时也是现代社会普遍存在的经济现象。在商品经济高度发达的国家，信用关系已成为一个无时不有、无处不在的基本要素，不仅企业单位之间普遍形成信用关系，而且家庭个人生活也离不开信用，故现代经济可称为信用经济。本章主要讨论信用的内涵、产生、性质、作用、形式以及信用工具等问题。

第一节　信用概述

研究信用，首先要了解信用的基本含义、信用的产生和发展、构成信用的基本要素、信用的特征以及信用的职能等。

一、信用的内涵

在西方，“信用（Credit）”一词，源于拉丁文“Credo”，原意为“信任、相信、声誉”等，这一词汇除“相信、信任、依赖”之意外，还包含“一种对购买商品或接受服务后延期付款的许可”的意思。

在汉语中，“信用”一词的含义颇多。《辞海》（1999 年缩印本）指出信用有三种含义：其一为“信任使用”；其二为“遵守诺言、实践成约，从而取得别人对他的信任”；其三为“以偿还为条件的价值运动的特殊形式，多产生于货币借贷和商品的赊销或赊购之中，其主要形式包括国家信用、银行信用、商业信用和消费信用”。

从《辞海》中可看出，“信用”一词在中国有两种解释：一是社会学解释，二是经济学解释。在社会学中，“信用”被用来作为评价人的一个道德标准。例如，如果说某人很讲信用，其意即此人信守承诺，值得信赖。因此，这里“信用”一词主要取其第一种和第二种含义。与此不同，在经济学中，“信用”一词特指第三种含义，即“以偿还为条件的价值运动的特殊形式”。

要准确把握信用的经济学内涵，需从以下三个方面来理解：

（一）信用是一种特殊的价值运动形式

信用具有到期归还和支付利息两个特征，和一般商品买卖的价值运动不同，它是一种特殊的价值运动形式。在商品的买卖中，商品的卖者在卖出具有一定使用价值的商品的同时，取得了与自己商品等值的货币价值；而商品的买者，在付出一定货币价值的同时，取得了自己所需要的具有某种使用价值的商品，从而实现了等价交换。而在信用活动中，商品或货币不是被卖出，而是被贷（借）出，所让渡的是商品或货币在一定时期的使用权，其所有权不发生变更和转移，所以到期是要偿还的。

（二）信用是以支付利息为条件的借贷行为

信用活动的贷出者让渡了商品或货币的使用权，作为贷出者放弃商品或货币使用权的补偿和报酬，借入者要向贷出者支付一定的利息。

（三）信用是从属于商品货币经济的范畴

信用是随着私有制的出现、商品货币关系的产生而产生的，同时，信用形式的发展也是随着商品经济的发展而发展的。信用直接来源于交易，在货真价实的交易中双方由于利益的制约而彼此争取信任，并逐渐形成各自的信用，其守信与否的直接结果就是经济利益的得失。

二、信用的产生和发展

信用和货币一样，是一个很古老的范畴，在中外的古代典籍中都曾多次出现过有关借贷、债等的记载。信用产生的具体历史过程虽已无从考证，但从逻辑推理的角度看，信用无疑是商品经济发展到一定阶段的产物，商品交换和私有制的产生是信用产生的基础。换言之，信用产生于商品或货币在空间和时间上分布的不平衡性。其中，空间的不平衡性，表现为商品或货币在不同国家、不同地区、不同企业单位和个人之间的此多彼少；时间分布的不平衡性，表现为同一国家、同一地区、同一企业单位和个人，商品或货币的时多时少、时余时缺。正是商品或货币的这种时空的不平衡性产生了财富余缺相互调剂的客观需要。在商品经济条件下，这种余缺调剂的方式只能是债权人赊销商品或贷出货币，债务人则按规定日期支付货款或偿还贷款，并支付一定的利息作为使用商品或货币的代价。于是，信用就产生了。

信用产生后，经历了一个漫长的发展变化过程。在这一历史长河中，总体而言，信用的演化是沿着三个方向展开的：第一，在借贷的物质对象上，信用由实物借贷为主向货币借贷为主演化。最早的信用产生于原始社会末期，此时期，信用活动无疑是实物借贷，如牲畜等。随着物物交换被以货币为媒介的商品流通所取代，货币逐渐取代实物而成为信用的主要物质对象。第二，在信用形式上，信用由商业信用为主向银行信用为主演化。与物质对象相适应，早期的信用形式主要是商业信用，随后银行信用开始出现，逐渐地商业信用和银行信用并驾齐驱发展，最终银行信用取代商业信用而成为社会的主体信用形式。第三，在社会性质上，信用形态由高利贷为主向借贷资本为主演化。在前资本主义社会，由于商品经济不发达，商品和货币数量匮乏，债权人能够索取高额利息。在以社会化大生产为特征的资本主义生产方式出现后，商品经济获得巨大发展的同时也彻底改变了商品或货币的借贷现状，借贷资本参与到社会利润的分配之中。与此对应，借贷利率逐渐向社会平均利润率回归。

三、信用的职能

信用自产生之日起，便对人们的经济生活发挥着特有的职能作用。伴随着人类社会经济生活，特别是商品经济生活的不断发展和进步，信用在经济生活中的职能作用也越来越突出。信用的基本职能主要有：

（一）集中和积聚社会资金

在国民经济运行过程中，可能会同时出现货币资金的暂时闲置和临时需要两种情况。通过信用活动就可以把社会经济运行中暂时闲置的资金聚集起来，投入需要补充资金的单位，从而使国民经济更有效地运行。此外，通过信用方式还可以把分散在城乡居民手中的货币积聚起来，并贷放到生产经营单位中去，从而变货币为资金，变消费基金为积累基金，促进经济的更快发展。在这一过程中，信用首先发挥的就是集中和积累社会资金的职能，从而加快了资本集中。资本集中与积聚有利于大工业的发展和生产社会化程度的提高，也有利于推动一国的经济增长。

（二）分配和再分配社会资金

信用一方面把社会资金积累和集中起来，另一方面又通过特有的资金运动形式把这些资金分配出去，这里信用的分配职能主要是指对生产要素的分配，特别是对社会暂时闲置的生产要素的分配。如果信用的标的物是实物，则它直接是对生产要素的分配；如果信用的标的物是货币，则它是间接地对生产要素进行分配。所以调剂货币资金的余缺实际上是对社会生产要素的分配。除了对生产要素进行分配外，信用还能对生产成果进行分配。这主要是指在信用关系中所产生的利息范畴。由于信用具有有偿性这一特点，因此，闲置资金和货币收入的让渡者有权索取利息，而其使用者则有义务支付利息，这种利息的支与收就改变了国民收入原有的分配格局，从而也就改变了社会总产品的既有分配结构。

（三）节约流通费用

流通费用主要指与货币流通有关的费用，它是一种必需的非生产性费用，它的节约就意味着更多的资源可以用于生产。信用能从以下几个方面达到节省流通费用的目的：第一，通过信用进行交易，形成债权债务关系，而这种关系具有相互抵消的性质，在最终结算时，只需进行差额支付，大部分债权债务可以相互抵消。同时，银行提供的技术性业务，如转账、划拨、清算等，一纸结算凭证就可以结清债权与债务关系，节省了现金的使用。第二，通过创造信用工具，用纸币代替金属铸币，降低流通费用。第三，信用还通过缩短流通过程，使资本循环各过程加快，达到节约流通费用的目的。例如，利用商业信用，可迅速完成商品资本向货币资本的转换。在产业资本家因缺乏现金购买生产资料，生产过程因此出现停工待料的情况下，依靠信用可以及时获得生产资料，使再生产得以正常进行。因此，通过缩短流通过程，加快资本循环，使整个再生产过程加快，与此同时又减少了那些用于购买手段的准备金和以货币形态存在的资本部分，从而使流通费用减少。

（四）促进利润率的平均化

信用通过它的分配职能来促进资本再分配和利润率的平均化。当一种商品供不应求时，价格上升，企业利润率提高；而另一种商品供大于求，价格下降，使企业利润率下降，后一类企业的资本就要转移到前一类企业。但由于生产资本固定在一定的自然形态上，资本的转移需要很长时间，甚至是不可能。银行可以利用其吸收的大量闲置资金进行贷放，货币资本可以投向任何企业。这时资本会迅速涌向利润率高的部门，而很少或完全没有流入到利润率低的生产部门。前者由于大量资本流入，造成生产增加，价格下降，利润率也随之下降；相反，利润率低的部门由于投资减少，供应减少，价格上涨，利润率也随之提高。通过资本在各部门之间不断地流入流出，促成了各部门之间利润率的平均化。信用在这种资本的转移过程中起着润滑和中介的作用，便利和加速了资本的转移。

（五）调节经济运行

信用作为一种经济杠杆，能够对国民经济的运行进行积极的干预，即从经济的宏观和微观层面对经济进行适时、适度的调节。如在微观上，通过信用的供与不供、供多供少、供长供短、供急供缓等手段来促进或限制企业的扩张；在宏观上，国家可通过信用活动调节货币流通，在通货膨胀时紧缩信用，在经济低迷时放松信用。

（六）提供和创造信用流通工具

信用关系发生时总要出具一定的证明，这些证明经过一定的手续处理即成为可流通的信用流通工具，如汇票、本票、支票等。在各种信用活动中，以银行信用提供的信用流通工具最多，使用也最为广泛。从大类上看，银行信用为商品流通提供两种类型的流通工具，一种是现金，一种是表现为银行存款的非现金货币。这些都是由银行信用提供的，都是信用货币，都反映一定的信用关系。现金表现为中央银行对现金持有者的负债，银行存款则表现为银行对存款人的负债。

第二节 信用的形式

信用产生后，在不同的时代出现了不同的形式。奴隶社会和封建社会的信用形态主要是高利贷，而资本主义生产方式确立后，作为商品社会化大生产的产物，借贷资本逐渐成为现代社会主要的信用形态。信用形式包括商业信用、银行信用、国家信用、消费信用、民间信用等。

一、高利贷

高利贷是指以偿还并支付高额利息为条件、借贷对象既可以是实物又可以是货币资金的信用活动。高利贷资本是古老的原始形态的生息资本。

（一）高利贷的产生

高利贷产生于原始社会末期。由于原始公社的瓦解和私有制的出现，原始社会内部出现贫富分化，大量财富被少数家族占有，而大多数不占有生产资料的家族因种种原因需要临时补充一些商品或货币，以维持生活和生产的正常进行。在剩余产品有限、可以贷放出去的资财极少的情况下，借入者只有付出高额利息才能获得自己所需的商品或货币，于是人类社会产生了最初的信用活动——高利贷。早期，高利贷多表现为实物形态的借贷。后来，随着商品货币经济的发展，货币形态的借贷逐渐发展成为高利贷的主要形式。

高利贷产生和发展的基础是小生产占主导地位的经济方式，小生产经济是高利贷存在和发展最深厚的土壤。这是因为，小生产经济是以个人拥有简单生产资料，以一家一户一人为生产单位，以自给自足为主要目的，且承担着沉重的苛捐杂税、徭役及地租负担的从事简单劳动的经济，其经济基础十分薄弱，一旦遇到意外事故、自然灾害、瘟疫以及战争等，小生产者的生产、生活就会陷入困境，难以为继。在这种情况下，为了进行简单再生产和维持极低下的贫困生活，小生产者不得不忍受高利贷的盘剥。在人类历史上，奴隶社会和封建社会正是自给自足的自然经济占统治地位、商品经济还未获得充分发展而小生产盛行的社会。正因为如此，高利贷在奴隶社会特别是封建社会得到了广泛的发展，成为占统治地位的信用形态。

（二）高利贷的特征

极高的利息率是高利贷的最大特征。从质上看，高利贷的利率一般都高于经济活动中的社会平均利润率，且没有统一的市场利率。从量上看，高利贷的年利率一般在四成以上，即借款100元，一年要支付40元以上的利息，个别利率可达100%—200%。我国历史上的高利贷年利一般相当于本金，即借款100元一年后要还200元，到期如不能归还，第二年要还400元，被称为“驴打滚”。之所以出现这样高的利率，原因有两个：一是小生产者借贷，多用于生活急需、交租纳税；统治者及寄生阶层借债，多用于奢侈消费，且高利负担可以转嫁。借贷的这种非生产性消费性质决定了利息率几乎没有上限的约束。二是在自然经济占统治地位的条件下，社会上能用于借贷的实物和货币的数量极其有限，高利贷者奇货可居，能够索取高利息。

高利贷的另一个较为显著的特征是借贷的非生产性消费性。正如前文所述，小生产者借高利贷主要是为了应付意外事件，如天灾人祸等，以维持生产和生活，都不是为了生产才去进行借贷；奴隶主和地主借高利贷是为了补充剥削收入之不足，用来满足奢侈的生活。

（三）高利贷的作用

高利贷的作用主要表现在三个方面：

1. 高利贷促进了商品货币关系的发展，并推动着自然经济的解体

由于高利贷以偿还为条件，无论奴隶主、封建主还是小生产者，为了按期支付利息和清偿债务，都不得不努力发展商品生产，并通过出售商品换回货币，这样在促进商品货币关系发展的同时也瓦解着自给自足的自然经济。另外，小生产者借高利贷往往以破产而告终，使小农经济受到极大的破坏，加速了自然经济的解体。

2. 高利贷对社会生产力的发展具有较大的破坏和阻碍作用

高利贷贷放的对象无论是小生产者还是奴隶主、封建主，它的利息来源都是奴隶、农民或小生产者的劳动所创造的价值。当高利贷者直接贷款给小生产者时，他们就通过获取高额利息无偿地占有了小生产者的全部剩余劳动，甚至包括一部分必要劳动。自然经济中的小生产者，本来就只能勉强维持简单再生产，高利贷使小生产者在艰难中更加精疲力竭，甚至连简单再生产都无法维持，从而使小生产者丧失了劳动的积极性。同时，高利贷也会使负债的奴隶主、封建主为了清偿债务而更加残酷地压榨奴隶和农奴，使生产条件日益恶化，造成生产力的逐渐萎缩。

3. 高利贷对资本主义生产方式的影响具有双重性

一方面，高利贷促进了商品货币关系的发展。在高利贷的压榨下，大批农民和手工业者因破产而成为资本主义社会化大生产的劳动后备军，而高利贷者在长期的贷放中又积累了大量的货币资本，它同商人资本一样可以转化为产业资本。由此可见，高利贷有利于资本主义生产方式的产生与发展。但是，另一方面，高利贷信用又具有相当的保守性，它会阻挠资本主义生产方式的发展。高利贷者高额的利息收入往往使他们留恋高利贷的剥削方式，而不愿将货币资本投入资本主义企业。更重要的是，高利贷资本有限，利息太高，不仅不能满足新兴资产阶级对货币资本的需要，而且会使他们无利可图。正因为如此，历史上新兴资产阶级采取各种斗争方式反对高利贷资本的高利率。斗争的焦点就是要使利息率降低到产业资本的利润率之下，使产业资本家有利可图。斗争的方式最初是立法斗争，通过颁布法令来限制利息率。例如，英国在1545年的法案中规定最高利息率为10%，1624年定为8%，1657年定为6%。但是在信用事业被高利贷者垄断的情况下，这种降低利息率的法令并没有取得令人满意的效果。斗争的结果是促使资产阶级最终建立和发展起适合资本主义经济发展所需要的信用制度——资本主义信用制度。例如通过创办银行，集中大量的闲置资金，打破高利贷者对信用的垄断，以为厂商有效提供所需的货币资金。

二、商业信用

商业信用是指企业之间以赊销商品或预付货款等形式提供的信用。商业信用是现代经济中最基本的信用形式之一。

（一）商业信用的形式

商业信用是一种古老的信用形式，在简单商品经济条件下就存在，其具体形式有赊购和赊销、预付货款、分期付款和补偿贸易等。

1. 赊购和赊销

这是最典型的商业信用形式。赊购和赊销行为与一手交钱一手交货的现金交易不同，销售商品的一方在出售商品的同时，并没有收回销货款，而是等一段时间后，再由购货方将货款支付给销货方。因此从本质上看，在这段时间内，销货方与购货方之间发生了一种借贷行为，即销货方通过赊销商品的方式将其占用在商品身上的资金贷给了赊购商品的一方。当然，这种借贷行为的利息通常包含在赊销商品的价格之中，一般而言，赊销商品的价格要高于现金交易的价格。

2. 预付货款

如果说产品的赊销赊购是卖方提供给买方的信用的话，那么预付货款则是买方提供给卖方的信用。因为在这种情况下，买方通常并未将商品生产出来。因此，预付货款本身虽然是一种商品交易行为，但却是卖方利用买方的预付款按买方的要求进行生产而后再交付给买方的借款行为。

3. 分期付款

分期付款与以赊购赊销方式存在的商业信用本质上并无区别。不同的是，在赊销的情况下，通常是卖方已将产品全部交付给买方的情况下产生的信用；而在分期付款的情况下，卖方通常只是将部分产品或者尚未完工产品交付给买方。例如，不动产的建设单位与投资单位之间按不动产建设工程的进度分期付款的行为。

（二）商业信用的特点

商业信用的特点十分明显，主要包括：

1. 商业信用的主体是企业

商业信用的主体均是从事商品生产和流通的企业，是工商企业之间的一种信用。或者更一般地说，商业信用是一种与现实的物质商品生产和流通活动直接相关的信用。

2. 商业信用的客体是商品资本

商业信用是以物质商品的形式提供的，这是它与其他信用形式特别是银行信用的本质区别。从价值增值角度看，商业信用中的物质商品有别于市场上待售的一般商品，而是处在资本循环过程中最后一个阶段上必须转化为货币形态的商品资本。

3. 商业信用与产业资本的动态一致

商业信用提供的物质商品是处于再生产过程中的商品资本，所以，它在资本主义再生产周期的各个阶段上和产业资本有着高度的动态一致性：在经济繁荣阶段，商业信用会随着生产和流通的发展及产业资本的扩大而扩张；在经济衰退阶段，商业信用又会随着生产和流通的削减即产业资本的收缩而萎缩。

（三）商业信用的局限性

商品信用虽然具有促进商品生产和流通的连续、顺利进行，加速商品价值的实现过程和资本周转等积极作用，但也存在着种种不足。具体表现在：

1. 商业信用的规模有限

商业信用是经营者之间对现有的商品和资本进行再分配，不是获得新的补充资本，商业信用的最高界限不超过全社会经营者现有的资本总额。从个别企业来看，能够用来提供商业信用的并不是企业的全部资本，只是处于资本循环周转最后一个阶段的商品资本。

2. 商业信用有严格的方向性

商业信用往往是生产生产资料的部门向需要这种生产资料的部门提供，而不能相反。商业信用严格遵循社会生产销售程序，遵循社会总生产的循环。例如，纺织厂可以向纺织机械厂赊购纺织机械，可是纺织厂却不能向纺织机械厂赊销商品。商业信用这种方向上的局限性是由商品使用价值的特定用途决定的。

3. 商业信用容易形成社会债务链

在经营者有方向地互相提供信用的过程中，形成了连环债务关系，其中只要有一环出现问题，很容易影响整个链条，出现类似三角债的问题，严重时可引起社会经济危机。而国家经济调节机制对商业信用的控制能力又十分微弱，商业信用甚至对中央银行调节措施作相反反应，如中央银行紧缩银根，使银行信用的获得较为困难时，恰恰为商业信用活动提供了条件。只有当中央银行放松银根，使银行信用的获得较为容易时，商业信用活动才可能相对减少。因此，各国中央银行和政府都难以有效控制商业信用膨胀带来的危机。

（四）我国的商业信用

新中国成立初期，商业信用在我国曾广泛存在。当时，商业信用的运用有两点必要性：一是在没收官僚资本主义企业基础之上建立起来的国营企业，彼此之间正处于开始建立经济联系阶段，资金分布状况极不平衡。因此，利用商业信用这种在企业之间直接动员和分配资金的形式具有必要性，它解决了国民经济恢复时期资金不足的困难。二是在当时多种经济成分并存的情况下，各种经济成分之间广泛存在商业信用形式下的商品交易关系，国营经济需要利用多种商业信用形式，实现对其他经济成分的引导和调控。

然而在1955年以后，随着生产资料社会主义改造的基本完成和计划经济管理体制的建立，商业信用活动被取缔了，只允许少数几种情况可以保留，这主要是农副产品收购的预付定金、某些农用机具的赊销、某些生产周期特长的产品的预付货款。取消商业信用的原因在于商业信用是一种分散的、各个企业自主的资金分配行为，它极易打乱国家的资金分配计划，不符合国家高度集中的计划管理需要。禁止商业信用，虽然消除了计划管理失控的隐患，但是也扼杀了其繁荣市场、搞活流通的作用，严重束缚了商品生产和流通的发展。1979年经济体制改革以来，商业信用又重新开放。然而开放后的商业信用并未得到迅猛发展，其原因是：由于客观需要，在取消商业信用后产生了大量变相的、强制的商业信用（如拖欠），它极大地冲击了企业和个人的信用道德观念，滋生了企业采用强制商业信用的习惯。所以，改革后尽管商业信用开放了，但迟迟不能规范。互不签发商业票据的商业信用活动屡见不鲜，企业之间相互拖欠货款的现象也司空见惯，这些都阻碍了商业信用的健康发展。

三、银行信用

商业信用的种种不足限制了其发展，相反，银行信用克服了商业信用的局限性，并最终成为了现代市场经济条件下一国信用体系中占主导地位的信用形式。

（一）银行信用的含义

银行信用有广义和狭义之分。广义的银行信用是指金融机构（包括银行和非银行金融机构）以货币形态向社会和个人所提供的信用。狭义的银行信用仅指银行提供的信用，它的基本形式是吸收存款和发放贷款。

银行信用是与货币经营业的发展联系在一起的。货币经营业最初的主要业务与货币流通密切相关，包括货币保管、货币汇兑、现金收付及结算等。随着商品经济的发展，货币经营业发展成为银行业，其业务转向以存贷款为主，而货币经营资本相应地发展为银行资本。

（二）银行信用的特点

银行信用是在商业信用的基础上产生的，是商业信用发展到一定阶段后的产物，这是因为：第一，从历史上看，商业信用产生在前，而银行信用产生在后。一般商品生产者之间首先运用商业信用来调剂资本余缺，在商业信用不能满足需要的时候才利用银行信用。第二，银行信用很大部分是通过票据贴现和票据抵押贷款来提供的，而后者是由商业信用转化而来的。但是，银行信用又明显不同于商业信用，这突出表现在其独特特征上。

1. 银行信用是一种间接信用

银行作为信用中介机构，在存款业务中是债务人，存户是债权人；在贷款业务中银行是债权人，借款方是债务人。而商业信用直接发生在上下游企业之间，是一种典型的直接信用。

2. 银行信用是以货币形态提供的信用

银行一方面以信用形式集中各方面的闲散资金，形成巨额的借贷资本，从而克服了商业信用在规模数量上的局限性；另一方面银行信用是以货币形态提供的，可以不受商品流转方向上的限制，从而克服了商业信用方向上的局限性。

3. 银行信用期限灵活

银行信用既可以提供短期信用，也可以提供长期信用；相反，商业信用的期限一般比较短，受企业资金周转时间的限制。

4. 银行信用具有广泛的接受性

一般来说，银行是信誉最好的信用机构，它的很多债务凭证具有广泛的接受性，被视为货币充当流通手段和支付手段。但是，商品资本的使用价值取决于自身的自然属性，进而决定了商业信用的方向性。

5. 银行信用的可控性强

社会资金以银行为中心集散，易于统计、控制和管理；以银行为信用中介，在促进经济发展的同时，可以起到稳定经济的作用。

值得注意的是，银行信用虽然在信用规模、信用方向和信用范围等方面都优于商业信用，更适应社会化大生产的需要，但银行信用不能取代商业信用。这是因为，商业信用直接与商品生产和商品流通相联系，在商业信用可以解决的范围内，企业之间可直接利用商业信用实现融资，然后再通过票据承兑、贴现等方式，把商业信用纳入银行信用的范畴。所以，在现代信用体系中，商业信用是信用制度的基础，银行信用是信用制度的主导与核心。

（三）我国的银行信用

20 世纪 50 年代中期以后，我国建立了与高度集中的计划经济管理体制相适应的单一银行信用制度。银行信用占据绝对统治地位，排斥其他信用形式，形成所谓“一种形式，一家银行”的金融体制，并规定一个企业只能和一家银行发生信用关系，试图通过对信用的行政约束来实现有计划地分配信用资金和巩固经济核算制度。事实表明，单一的银行信用具有种种弊端：一是它以牺牲经济效率和经济效果为代价，在剥夺企业选择融资形式自主权的同时，客观上形成了企业吃银行“大锅饭”的格局；二是它不能保证信用所要求的机动性；三是它造成了信用财政化和资金供给制，从而造就了一批定夺资金分配的权力阶层，使腐败得以滋生，市场规则受到严重破坏。因此，改革开放以后，当重新启用市场规则、培育金融市场、让非银行融资形式在适当领域内发挥积极作用时，我们看到，银行信用并不能取代其他信用形式而独立存在。要搞活经济，要让社会各经济主体拥有可供选择的多种融资方式，就应当让银行信用与其他信用并存。而要有效调控经济运行，就应当完善银行信用的间接调控机制，发挥其主导经济的作用。今天，我们不仅强调银行信用要与其他信用形式协调发展，而且强调它要以承兑、贴现、担保等方式支持其他信用形式的发展，更强调它自身要具有高度的弹性，其规模应能根据闲置资金数量和宏观经济运行状况及时做出调整。

表2－1 2002年以来社会融资规模

单位：亿元

时期	社会融资规模[①]	其中：						
		人民币贷款[②]	外币贷款（折合人民币）	委托贷款	信托贷款	未贴现银行承兑汇票	企业债券	非金融企业境内股票融资
2002年	20112	18475	731	175	—	－695	367	628
2003年	34113	27652	2285	601	—	2010	499	559
2004年	28629	22673	1381	3118	—	－290	467	673
2005年	30008	23544	1415	1961	—	24	2010	339
2006年	42696	31523	1459	2695	825	1500	2310	1536
2007年	59663	36323	3864	3371	1702	6701	2284	4333
2008年	69802	49041	1947	4262	3144	1064	5523	3324
2009年	139104	95942	9265	6780	4364	4606	12367	3350
2010年	140191	79451	4855	8748	3865	23346	11063	5786
2011年	128286	74715	5712	12962	2034	10271	13658	4377
2012年	157631	82038	9163	12838	12846	10498	22551	2508

续表 2－1

时期	社会融资规模[1]	其中：						
		人民币贷款[2]	外币贷款（折合人民币）	委托贷款	信托贷款	未贴现银行承兑汇票	企业债券	非金融企业境内股票融资
2013 年	172904	88917	5848	25465	18448	7750	18022	2219

注：①社会融资规模是指一定时期内实体经济从金融体系获得的资金总额，是增量概念。②表中的人民币贷款为历史公布数。③"—"表示数据缺失或者有关业务量很小。

资料来源：中国人民银行、国家发展与改革委员会、中国证券监督管理委员会、中国保险监督管理委员会、中央国债登记结算有限责任公司和银行间市场交易商协会等。

四、国家信用

国家信用也有广义和狭义之分。其中，广义的国家信用泛指以国家为主体的所有借贷行为，它包括国家筹资信用和国家投资信用，前者的主要形式有发行政府债券（如国库券、公债）、向银行借款或透支等，后者主要有财政基本建设投资的"拨改贷"、财政周转金、援外贷款等形式。狭义的国家信用则仅指国家筹资信用，即国家以债务人的身份向社会筹集资金。这里主要介绍狭义的国家信用。

（一）国家信用的形式

为弥补财政赤字，作为债务人，国家可采用以下几种形式向社会筹集资金：

1. 公债

这是一种长期负债，一般在 1 年以上甚至 10 年或 10 年以上。通常用于国家大型项目投资或较大规模的建设。在发行公债时并不注明具体用途和投资项目。

2. 国库券

这是一种短期负债，以 1 年以下居多，一般为 1 个月、3 个月、6 个月等。

3. 专项债券

这是一种指明用途的债券，如中国发行的国家重点建设债券等。

4. 财政透支或借款

在公债、国库券、专项债券仍不能弥补财政赤字时，余下的赤字即向银行透支和借款。透支一般是临时性的，有的在年度内偿还。借款一般期限较长，一般隔年财政收入大于支出时（包括发行公债收入）才能偿还。有的国家（如中国）只将银行透支和借款算为财政赤字，而发行国库券和专项债券则作为财政收入不在赤字中标示。

（二）国家信用的特点

作为借贷资本的一种运动形式，国家信用具有以下特点：

第一，在一般的借贷关系中，债务人是企业或个人；而国家信用的债务人是国家或政府，债权人是中央银行、商业银行、其他金融机构、企事业单位或个人。

第二，国家信用是调节政府收支不平衡的手段，是弥补财政赤字的重要渠道。一般说来，政府收支不平衡可以通过三条渠道来解决，即增税、货币发行和举债。增税立法程序复杂，并易引起社会不满；增发货币易导致通货膨胀；以债券形式举债是较好的方法。

第三，国家信用的信用性强，信用风险小，安全性高，因为政府可通过增加税收的方式来偿还其债务。

第四，国家信用是调节经济、实现宏观调控的重要杠杆。国家通过发行债券，可以广泛动员社会各方面的资金，引导社会资金的流向，促进国民经济结构更加合理化。此外，中央银行通过公开市场业务买卖政府债券，可以调节金融市场的资金供求和货币流通。

（三）国家信用的作用

国家信用的作用主要有三个：

1. 国家信用是动员国民收入、弥补财政赤字的重要工具

当今世界许多国家的预算资金来源中，国家公债是一个重要项目，尤其是发达资本主义国家，为了弥补财政赤字，要么发行公债，要么实行通货膨胀。政府发行公债是动员私人资金变为政府资金的一种方式，也就是说，公债是要用私人储蓄来购买的，它是国家动员国民收入弥补财政收入不足的重要方法之一。

2. 国家信用是筹措资金用于特定支出的重要形式

在特定的条件下，例如战争时期，军费开支必然大量增加，单靠正常条件下的税收显然难以维持。而运用国家信用，将一部分国民收入以公债的形式聚集到国家手中，然后再由国家用于战争支出，无疑是最快捷、最有效的办法。国家除了保证日常的支出之外，常进行一些开发性项目或工程，如建筑铁路、开发落后地区等，也可以通过发行公债来筹措资金。

3. 国家信用是调节经济、稳定经济发展的重要手段

国家通过发行各种长短期的债券有效地引导着社会资源在国民经济各部门间的合理流动，促进着经济的协调发展。

（三）我国的国家信用

原始的不规范的国家信用，很久以前在我国就产生了。相传战国时期周赧王（公元前314—公元前256）由于负债太多无力偿还，避居高台之上，周人称为逃债台。东汉时期，政府财政拮据，有时也向富户和贵族举债。以后历代也有向公众举债以充国用的。

建国以来，我国的国家信用主要集中在以信用方式筹集财政资金方面。新中国首次发行的国债是1950年的“人民胜利折实公债”，1954—1958年又连续五年发行了国家经济建设公债。在1950年到1955年期间，我国向苏联借入了相当于5167亿元人民币的外债。到1969年，基本还清了所有的债务，成为“既无内债，又无外债”的国家。直到1981年我国又重新恢复国债发行。从国债发行方式看，1991年以前的国债发行都属于派购式的非市场化发行。到1991年，在国债流通市场有了一定发展的基础上，国务院决定进行部分国库券承购包销试点，由此我国国债一级市场开始出现。1996年，国债发行的市场化改革取得重大突破：可上市国债的发行全部采用竞争招标方式，国债发行市场由零售转为批发，国债种类呈现多样化，集中发行为定期发行所取代，国债发行在筹资功能外开始有了调控的功能。

表2－2　中央财政债务余额情况

单位：亿元

年份	合计	国内债务	国外债务
2005	32614.21	31848.59	765.52
2006	35015.28	34380.24	635.02
2007	52074.65	51467.39	607.26
2008	53271.54	52799.32	472.22
2009	60237.68	59736.95	500.73
2010	67548.11	66987.97	560.14
2011	72044.51	71410.80	633.71
2012	77565.70	76747.91	817.79
2013	86750.46	—	—

资料来源：《中国统计年鉴》。

五、消费信用

消费信用是工商企业、银行或其他金融机构利用赊销和分期付款等方式推销耐用消费品或房屋等对消费者提供的信用。消费信用的存在是社会生产的发展和人们消费结构变化的客观要求。

（一）消费信用的形式

消费信用提供的方式包括：

1. 赊销

这是一种零售商对消费者提供的短期消费信用，即延期付款方式销售。

2. 分期付款

分期付款是商品卖方向消费者提供的以购买高档耐用消费品为主的中长期消费信用，这是最常见的消费信用形式。消费者购买高档耐用消费品在支付一定数额的首付款后，与卖方签订分期支付剩余货款和利息的合同，按月（或按年）支付剩余货款和利息，买方按合同分期付清本息后，商品的所有权由卖方转移给买方。但在货款付清之前，消费品的所有权仍归卖方，消费者仅有使用权。若不能按期还本付息，卖方有权没收其商品，已付款项也归卖方所有。

3. 信用卡消费

信用卡消费是由银行和商业企业共同向消费者提供的消费信用形式。信用卡信用是一种延期付款的短期信用。消费者可以凭借信用卡在约定单位购买商品或支付劳务，销售单位定期与银行结账。同时，信用卡还可以在规定额度内向银行透支现金。

4. 消费信贷

消费信贷是指银行和非银行机构采用信用放款或抵押放款的方式，向消费者提供主要用于购买高档耐用消费品的信用方式。消费信贷是一种中长期信用，多为住宅抵押贷款，贷款额往往占抵押品的70%左右。按接受信贷的对象不同，消费贷款一般有两种形式：一是对购买消费品的买方发放贷款，二是分期付款。

（二）消费信用的作用

一般来说，消费信用对一国经济会产生如下积极作用：

1. 刺激生产，引导企业加快技术改造，促进产品升级换代

消费信用是以刺激人们消费为目的，如果人们的消费因之增加，必然会带动厂商扩大生产。并且，由于人们是否愿意消费还要看是否有合适的商品，因而消费信用还可以发挥消费市场的导向作用，引导企业的生产方向。

2. 提高消费效用

借助于消费信用，可以满足人们现在迫切需要消费而货币不足的消费需求。同时，可以指导人们对消费时间的先后顺序作最适当的安排，以引导消费趋向，实现更为合理的消费结构。

3. 刺激内需，拉动经济增长

消费信用可以通过刺激消费需求引导投资需求，从而扩张总需求，刺激经济增长。

（三）我国的消费信用

新中国的信用消费始于20世纪50年代，随后信用消费一度被取消。银行以住房为突破口开展的信用消费起步于20世纪80年代，但

在当时短缺经济占主导地位、市场经济尚不发达的情况下，信用消费并不具备充分发展的经济基础和市场条件，因此信用消费品种单一、范围窄、规模小，仅处于萌芽和摸索阶段。20世纪90年代以来，我国经济快速发展，居民生活水平不断提高，在住房、汽车等领域出现了比较旺盛的需求。同时，随着买方市场的形成，消费需求不足成为制约经济增长的主要因素，政府采取多种措施扩大内需，信用消费作为刺激消费需求的有效手段得到重视和推广，各项旨在鼓励个人信用消费的政策、法律、法规相继出台。如1998年，中国人民银行出台了鼓励银行发放个人住房贷款政策，确定全年全国发放住房贷款1000亿元，并修订颁布了《个人住房贷款管理办法》。1999年初，试行《汽车消费贷款管理办法》，允许有条件的商业银行经批准开办消费信贷业务，鼓励商业银行试办一些消费贷款新品种。1999年3月3日，颁布了《关于开展个人消费信贷指导意见》，进一步扩大个人消费信贷的品种范围和贷款规模。2003年末，全国各商业银行人民币消费贷款余额15736亿元，2010年全年，全部金融机构人民币个人消费贷款新增1.89万亿元，同比多增899亿元；占人民币贷款新增额的比重由2009年的18.7%提高到2010年的23.7%；年末余额同比增长35.7%，高于同期人民币各项贷款增速15.8个百分点。到2013年末，金融机构本外币住户贷款余额19.86万亿元，同比增长23.1%。[①]

从提供信用消费的机构看，目前国内所有商业银行及信用合作社都已不同程度地开办了消费信用业务，而工、农、中、建、交等大型商业银行是消费信用市场的主体，其消费信用余额占全部金融机构提供的消费信用总额的88%。从信用消费的品种看，经过近几年的发展，形成包括个人住房与住房装修、汽车消费与信用卡消费、大额耐用消费品与教育助学、旅游与医疗贷款、个人综合消费与个人短期信用贷款及循环使用额度贷款等十几个大类、上百个品种的信用消费品种体系。从当前各金融机构的实践情况看，我国的消费信用今后应该重点发展以下几个方面：个人住房与汽车信用消费、信用卡业务与个人耐

① 中国人民银行：《金融机构贷款投向统计报告》。

用消费品信用消费、助学与旅游信用消费。

六、民间信用

民间信用是一种古老的信用形式，又称民间借贷，指公民之间、公民与法人之间、公民与其他组织之间借贷，只要双方当事人意见表示真实即可认定有效。西方国家指国家信用之外的一切信用形式，包括商业信用和银行信用。在我国，民间信用指个人之间以货币或实物形式所提供的直接信贷，故又称个人信用。

民间借贷是民间金融的一种形式，是一种直接融资渠道，银行借贷则是一种间接融资渠道。

（一）民间信用的特点

民间信用借贷范围从本村本乡发展到跨乡、跨县甚至跨省；交易额从几十元、几百元发展到几千元甚至上万元；借贷双方关系从亲朋好友发展到非亲非故，只要信用可靠，即可发生借贷关系；借贷期限从春借秋还或2—3个月，发展到长达1—2年，最长5—10年。

借贷方式由繁到简。从借钱还物、借物还钱、借物还物、借钱还钱发展到以货币借贷为主。

借款用途从解决温饱、婚丧嫁娶或天灾人祸等生活费用和临时短缺需要，发展到以解决生产经营不足为主，主要用于购买生产资料、运输工具、扩大再生产，一部分大额借贷用于建房。城市居民之间发生借贷主要用于购买耐用消费品或个体户用于生产经营。

（二）我国的民间信用

在我国，民间信用一直存在，也一直发挥着较大的作用。但1949—1979年，由于个人收入水平很低，无多余资金可供借贷，借入信贷也无力偿还，另外，个人无需进行生产经营投资，无大量借贷的必要，因此民间信用规模范围很小，呈萎缩状态。1979年改革开放以来，随着经济的发展，个人收入逐渐增多，除日常生活开支外，节余和积累逐渐增加，同时借贷偿还能力也有所增强，这就为民间信用的发展创造了基础条件。随着个人和家庭生活的改善与不断提高，个人和家庭生产经营的开展，生活开支和投资需要增加，个人之间的融资融物也有客观需要，于是民间信用逐渐发展起来。

根据《最高人民法院关于人民法院审理借贷案件的若干意见》规定，民间借贷的利率可以适当高于银行的利率，各地人民法院可根据本地区的实际情况具体掌握，但最高不得超过银行同类贷款利率的4倍。超出此限度的，超出部分的利息不予保护。对借贷双方因利率问题产生的争议，如畸高利率等，司法机构可依据民法通则、合同法规定的公平原则、诚实信用原则判定合同的有效性和双方的权利义务。对于个人或单位以转贷牟利为目的，套取金融机构信贷资金高利转贷他人，违法所得数额较大的，可依刑法第一百七十五条的规定，以高利转贷罪论处。

民间借贷是正规金融有益和必要的补充，具有制度层面的合法性。民间资金通过调剂，可以进一步发挥分散在个人手中资金的作用，加速资金运转，促进国民经济进一步繁荣；民间信用一般是在国家银行信用和信用社信用涉足不到和力不能及的领域发展起来的，特别是在个体商业、手工业、旅游和运输等行业，起到拾遗补缺的作用。但是，由于民间借贷游离于正规金融之外，存在着交易隐蔽、风险不易监控以及容易滋生非法集资、洗钱犯罪等问题，这就需要通过修订与完善相应的法律法规予以引导和规范。

【专栏2－1】

正确引导和规范民间借贷健康发展

民间借贷是民事主体意思自治的市场行为，在中国受《民法通则》、《合同法》等法律法规的保护和规范，具有制度层面的合法性。在遵守相关法律法规前提下，自然人、法人及其他组织之间有自由借贷的权利。只要不违反法律的强制性规定，民间借贷关系受法律保护。如果违约，可以协商，也可以通过民事诉讼途径解决。

对于民间借贷活动中伴生的一些违法犯罪行为，中国也有相应的法律法规予以规制、处罚和打击。例如非法吸收公众存款、集资诈骗、高利转贷、暴力催收导致人身伤害等违法犯罪行为，可以依据《刑法》、《治安处罚法》、《刑法修正案》、《最高人民法院关于人民法院审理借贷案件的若干意见》等相关法律法规予以严厉打击和惩治。

对于民间借贷中的利率问题，根据《最高人民法院关于人民法院审理借贷案件的若干意见》规定："民间借贷的利率可以适当高于银行的利率，各地人民法院可根据本地区的实际情况具体掌握，但最高不得超过银行同类贷款利率的4倍（包含利率本数）。超出此限度的，超出部分的利息不予保护。"

国务院在决定设立温州市金融综合改革实验区时指出，要规范发展民间融资。制定规范民间融资的管理办法，建立民间融资备案管理制度，建立健全民间融资监测体系，应采取综合措施正确引导和规范民间借贷健康发展。

第一，制定和完善相关法律和法规，引导民间借贷规范化、阳光化运作。研究完善非吸收存款类专业放贷人相关法律法规，促进多层次信贷市场的发展；明确民间借贷合同的意思自治原则，规范合同要素等问题；明确资金中介服务的法律地位、业务范围，引导资金中介机构规范发展。

第二，在加强监管、风险可控的前提下，放开金融市场准入。贯彻落实《国务院关于鼓励和引导民间投资健康发展的若干意见》，吸引高质量民间资本投入金融领域，大力发展基层金融机构，深化基层金融服务，有效支持小型微型企业、三农和县域经济的发展。同时加快存款保险制度建设，建立市场化的风险处置机制，防范系统性风险。

第三，探索建立当地民间借贷活动的监测分析制度，及时预警和处置风险，防范发生群体性事件和区域性风险。探索建立大额民间借贷备案登记制度，对借贷次数和金额超过一定标准的民间借贷应备案登记，加强资金流向及运用的监测、引导和管理。

第四，区别对待、分类管理。对合理、合法的民间借贷予以保护。对以诈骗敛财为目的非法集资、转贷谋利、洗钱和暴力催收导致的人身伤害等违法犯罪行为，公安司法机关应该介入，严厉打击。

第五，引导树立“合同意思自治”、“独立责任”、“诚信原则”等市场意识和法律观念，使民间借贷参与者提高市场风险判断能力和自身风险承受能力，明确政府没有承担民间借贷损失的直接责任，避免其追求高额回报的盲目冲动行为及对政府的不合理依赖和要求。

（资料来源：《2012年第一季度中国货币政策执行报告》）

七、国际信用

国际信用是国际间的借贷关系，是指国与国之间的企业、经济组织、金融机构及国际经济组织相互提供与国际贸易密切联系的信用形式。国际信用与国内信用不同，债权人与债务人是不同国家的法人。国际信用体现的是国与国之间的债权债务关系，直接表现为资本在国际间的流动。当今世界的国际贸易与国际经济交流日益频繁，国际信用已成为进行国际结算、扩大进出口贸易的主要手段之一。

国际信用包括国际商业信用、国际银行信用、国际金融机构贷款和政府间信用等形式。

（一）国际商业信用

国际商业信用是由出口商用商品形式提供的信用，有来料加工和补偿贸易等方式。

1. 来料加工

来料加工是指由出口国企业提供原材料、设备零部件或部分设备，在进口国企业加工，成品归出口国企业所有，进口国企业从原料和设备中扣留一部分作加工费。

2. 补偿贸易

补偿贸易是指由出口国企业向进口国企业提供机器设备、技术和各种服务，待项目完成或竣工投产后，进口国企业以项目的产品或按双方商定的其他办法清偿贷款。

（二）国际银行信用

国际银行信用是一国一家银行（或一国甚至多国多家银行组成的贷款银团），在国际金融市场上向另一国借款人提供的货币贷款。按其借贷期限的长短，可分为短期信贷和中长期信贷两种。短期信贷通常指期限不超过一年的信贷，而中长期信贷则指那些期限在一年以上的项目。国际银行信用又常常与进出口贸易结合在一起，分为出口信贷和进口信贷。

1. 出口信贷

出口信贷是指出口国政府为支持和扩大本国产品的出口，提高产品的国际竞争能力，通过提供利息补贴和信贷担保的方式，鼓励本国银行向本国出口商或外国进口商提供的中长期信贷。根据补贴和贷款的对象不同，出口信贷又分为卖方信贷和买方信贷两种。

卖方信贷是指出口方银行向出口商提供的贷款。由于得到了银行的贷款支持，出口商便可向进口商提供延期付款的信用，即允许进口商在订货时先支付一部分现汇定金，通常为合同金额的15%，其余货款在出口商全部交货后的若干年内（一般为5年）分期偿还。卖方信贷的一个特点是出口货物价格的确定较为复杂，因为出口商品价格往往包括银行利息。

买方信贷就是出口方银行向外国进口商或进口方银行提供的贷款。直接向进口商提供贷款一般由进口方银行担保。目前较多的做法是：先由进出口双方银行签订“买方信贷总协议”，规定出口方银行向进口方银行提供贷款的使用范围、额度和利率条件等，然后再由进口方银行根据具体的贸易合同和贷款协议向进口商转贷。进口商则在规定的期限内逐次偿还银行贷款并支付利息。在买方信贷中，由于进口商可用现汇直接支付，因而出口货物的价格比较简单和准确。

2. 进口信贷

进口信贷是指银行对本国进口商提供资金支持，专门用于进口资本性货物以及相关配套建设、资源和能源以及企业的日常生产经营活动所需的备品备件、半成品和成品提供的本外币贷款。根据贷款品种的不同，进口信贷主要分为进口信贷流动资金贷款、进口信贷固定资产贷款以及进口信贷型租赁贷款三大类。

进口信贷的特点有：进口物多为资本性货物，具有金额大，对支付的时限要求高，期限长等特点；贷款涉及内容较多，相对一般贷款较为复杂；租赁业务在进口信贷中的作用越来越大。

3. 国际金融机构贷款

国际金额机构贷款主要是指包括国际货币基金组织（IMF）、世界银行（WB）等在内的国际性金融机构提供的贷款。IMF 的贷款主要有：普通贷款，这是 IMF 最基本的一种贷款，用于解决会员国一般国际收支逆差的短期资金需要；中期贷款，用于解决会员国应付国际收支困难的中、长期资金需要；出口波动补偿贷款，主要解决发展中国家的初级产品因市场价格下降而面临国际收支逆差不断扩大的困难；信托基金贷款，它是为支持较贫穷的发展中国家的经济发展而设立的一项贷款。世界银行主要是通过提供长期贷款和投资，解决会员国恢复和发展经济的资金需要。

4. 政府间信用

政府间信用通常是指由财政部出面借款的行为，其特点是金额不大，利率较低，期限较长，通常用于非生产性支出。

第三节　信用工具

一、信用工具的构成要素及特征

信用工具是指以书面形式发行和流通、借以保证债权人或投资人的权利，是资金供应者和需求者进行资金融通时用来证明债权债务关系的各种合法凭证。信用工具也叫金融工具，是重要的金融资产，也是金融市场上主要的交易对象。

信用工具一般由五大要素构成：（1）面值。即凭证的票面价值，包括面值币种和金额；（2）到期日。即债务人必须向债权人偿还本金的最后日期；（3）期限。即债权债务关系持续的时间；（4）利率。即债权人获得的收益水平；（5）利息的支付方式。

信用工具的特征有：

1. 偿还性

偿还性是指各种信用工具一般都载明到期偿还的义务和期限。各种票据和债券都有明确的偿还期限。股票虽然没有规定偿还的期限，但股票持有者可以通过股市转让股票收回投资；而封闭基金券在运行期间要分红派息，运行期满要进行清算；开放式基金要随时允许持有者按净值赎回。

2. 收益性

信用工具能定期或不定期地带来收益，这是信用的目的。信用工具的收益有三种：一种为固定收益，是投资者按事先约定好的利息率获得的收益，如债券和存单到期时，投资者即可领取约定的收益。固定收益率在一定程度上就是名义收益率，是信用工具票面收益与本金的比例。另一种是即期收益，也叫当期收益，就是按市场价格出卖信用工具时所获得的收益，如股票买卖价格之差即为一种即期收益。还有一种是实际收益，指名义收益或当期收益扣除因物价变动而引起的货币购买力下降后的真实收益。

3. 风险性

为了获得收益提供信用，同时必须承担一定的风险。信用工具的风险是指投入的本金以及利息收入遭到损失的可能性。其风险主要有违约风险、市场风险、政治风险等。违约风险一般被称为信用风险，是指发行者不按合同履约，或是公司破产等因素给信用凭证持有者造成损失的可能性。市场风险是指由于市场各种经济要素发生变化，例如市场利率变动、汇率变动、物价波动等各种情况造成信用凭证价格下降、遭受损失的可能性。政治风险是指由于政策变化、战争、社会环境变化等各种政治情况直接引起或间接引起的信用凭证遭受损失的可能性。

4. 流动性

流动性是指金融工具可以在金融市场上流通转让，并具有随时转换为现金的能力。凡能随时卖出而换回现金的信用工具，流动性就强；反之，在短期内不易脱手的信用工具，则流动性较差。

二、信用工具的分类

按不同的分类标准，信用工具可以划分为不同的种类。

（一）按期限的长短划分，信用工具可分为短期信用工具和长期信用工具

短期信用工具主要指国库券，各种商业票据，包括本票、汇票、支票等。长期信用工具通常指有价证券，主要有债券和股票。若按信用形式进一步划分，可分为商业信用工具，如各种商业票据等；银行信用工具，如银行券和银行票据等；国家信用工具，如国库券等各种政府债券；证券投资信用工具，如债券、股票等。

（二）按发行者的性质划分，信用工具可分为直接信用工具和间接信用工具

直接信用工具是指非金融机构，如工商企业、个人和政府发行和签署的商业票据、股票、公司债券、国库券等等，这些信用工具是用来在金融市场上直接进行借贷或交易的。间接信用工具是指金融机构所发行的银行票据、大额可转让存单、人寿保险单等。

（三）按是否与实际信用活动直接相关，信用工具可分为基础性信用工具和衍生性信用工具

基础性信用工具也叫原生性信用工具，指在实际信用活动中出具的、能证明信用关系的合法凭证，如商业票据、股票、债券等；衍生性信用工具则是在基础性信用工具之上派生出来的可交易凭证，如各种金融期货合约、期权合约、掉期合约等。

（四）按金融工具的不同性质划分，可分为债权凭证和所有权凭证

债权凭证指投入资金取得债权，表明有权按时收回本金和利息的有价凭证，如债券、可转让存单等；所有权凭证指记载投入资金以取得所有权但不可索回本金，只能转让的凭证，如股票等。

三、短期信用工具

短期信用工具是指提供信用的有效期限在一年或一年之内的信用凭证。它主要有以下几种类型：

（一）商业票据

商业票据是在商业信用的基础上产生的，用来证明交易双方债权债务关系的书面凭证，包括商业汇票和商业本票两种。

商业汇票是由债权人签发的要求债务人按约定的期限向指定的收款人或持票人无条件支付一定金额的命令书。由于商业汇票是由债权人签发的，必须经过付款人承兑后才能生效，经过承兑的汇票叫承兑汇票。凡由债务人承兑的商业汇票称为商业承兑汇票；由银行受债务人委托承兑的汇票称为银行承兑汇票。

商业本票又称期票，它是债务人向债权人签发的承诺在约定的期限内无条件支付一定款项的债务凭证。商业本票是由债务人签发的，因而无须承兑。

商业票据在流通转让时，转让人需在票据背后签字，称为“背书”。背书人与出票人同样要对票据的支付负责。另外，企业还可将未到期的票据贴现给银行，从而取得现款。

（二）银行票据

银行票据是在银行信用的基础上由银行签发的或由银行承担付款义务的信用凭证。它包括银行汇票、银行本票和银行支票。

银行汇票是汇款人向银行交存资金后由银行签发给汇款人持往异地取现或办理转账的汇款凭证。银行汇票与商业汇票的区别在于：（1）银行汇票是因款项汇兑而签发的，商业汇票则是由商品交易引起的；（2）银行汇票的出票人和受票人都是企业；（3）银行汇票的信誉比商业汇票高。

银行本票是由银行签发的，承诺自己在见票时无条件支付确定的金额给收票人或持票人的票据。它可以代替现金流通，具有见票即付的功能。银行本票又分为定额本票和不定额本票两种。

银行支票是银行的存款人签发的，要求从其活期存款账户上支付一定金额给持票人或指定人的票据。它属于由银行承担付款义务的银行票据。

（三）信用证

信用证有商业信用证和旅行信用证两类。

商业信用证是在商品交易中银行根据买方的申请向卖方开立的保证付款的信用凭证。它是建立在银行信用基础上的一种支付方式，常用于国际贸易货款的结算。

旅行信用证是银行为方便旅行者出国旅行，在国外支取款项所发行的信用凭证。旅行者在出国前将款项交存银行，并留下印鉴或签字，由银行开给旅行信用证，旅行途中凭信用证向指定银行支取款项。

（四）信用卡

信用卡是银行发行的，凭以向特约单位购物、消费和向银行支取现金且具有消费信用的载体卡片。信用卡涉及发卡银行、特约单位、持卡人三方。信用卡上印有持卡人的姓名、签字、账号和每笔赊购的限额。持卡人凭卡可在本地或外地特约单位购买商品和支付费用，发卡银行定期分别和持卡人及特约单位进行清算。

（五）国库券

国库券也叫短期政府债券，在西方国家是指国家财政当局为弥补国库短期收支差额而发行的一种短期债务凭证。国库券一般偿还期在一年之内，以年度内的预算收入作为还本付息的担保，采取无记名形式发行，无需经过背书就可以转让流通。由于国库券期限短、信誉好、流动性强，因而成为金融市场上颇受欢迎的信用工具。

（六）回购协议

回购协议是指按照交易双方的约定，由卖方将一定数额的证券临时地卖给买方，并承诺在日后将该证券如数买回；同时买方也承诺将买入的证券售回给卖方。回购价格可以内含利息，从而买回价大于出售价，其差额就是回购利息；也可以与售价相等，但需另付利息。由于卖方也有可能违约，为保护买方，卖方卖出证券时通常交存买方一定的保证金，即卖方出售证券实际获得的资金是证券价值减去保证金的差额。回购协议从实质上说相当于一笔以证券为抵押品的抵押贷款。

四、长期信用工具

长期信用工具是指提供信用的有效期限在一年以上的信用工具。长期信用工具主要包括股票和债券，以及性质介于股票和债券之间的收益凭证——基金券。

（一）债券

债券是筹资者（债务人）向投资者（债权人）出具的承诺支付约定利息和到期偿还本金的债务凭证。债券的种类很多，可按不同的方式划分，一般按债券的发行主体，可分为政府债券、公司债券和金融债券。

政府债券是政府为筹措资金而发行的债务凭证。由于政府债券的信誉高、安全性强、风险小，通常被称为“金边债券”。

公司债券是企业按照法律程序发行的，约定在一定期限还本付息的债务凭证。为保证投资人权益，各国对公司债券的发行和流通都有具体的规定，公司债券的发行者多为一流的大公司。但公司债券的信用度比不上政府债券，因此风险较大、利率较高。

金融债券是银行或其他金融机构为筹集资金而发行的债务凭证。金融债券是一种金融机构较为理想的筹集长期资金的信用工具。金融债券安全性、流动性较好，利率略高于同等期限的定期存款，是颇受公众青睐的信用工具。但其发行额度一般须经中央银行批准，因为作为信用组织的金融机构经营的不是普通商品，而是风险很大的资金商品。

（二）股票

股票是股份公司发给股东证明其投资入股并凭以领取股息的凭证。股票的投资者即为股份公司的股东，在法律上参与企业的管理，分享公司的收益，但同时也要分担公司的责任和风险。股票是一种永久性证券，可以转让或抵押，但不能退股。

股票依不同的标准可划分为不同的种类。按公司是否留有股东的名字，可分为记名股票和不记名股票，目前各国发行的股票一般为不记名股票；按权益的不同，又可分为普通股和优先股。我国是按投资人的不同加以划分的，分为A股、B股、H股和N股四种。

（三）基金券

基金券是一种性质介于股票和债券之间的收益凭证。它是由投资基金组织向社会公开发行的，证明持有人按其持有的份额享有资产所有权、收益分配权、剩余财产分配权的证券凭证。作为长期信用工具的基金券主要有两种形式：一是开放式基金。基金证券数量从而基金资本可因发行新的基金证券或投资者赎回本金而变动。这种基金的组织者可根据市场变化、投资要求等因素，发行新的基金债券，使基金规模扩大；基金持有人也可根据市场状况、自己的投资取向变化等，要求基金管理机构将基金证券赎回。另一种是封闭式基金。基金的预定数量一旦发行完毕，在规定的时间内（即封闭期），基金资本规模就不再扩大或缩减。在公募条件下封闭式基金的证券一般可以在交易市场挂牌交易，投资者若想将持有的基金证券变现，可将基金券卖出。这种基金在封闭的前中期与普通股相似，在封闭的后期与受益债券相似。

本章小结

“信用”一词在中国有两种解释，一是社会学解释；二是经济学解释。在社会学中，“信用”被用来作为评价人的一个道德标准。在经济学中，“信用”一词特指以偿还为条件的价值运动的特殊形式。

信用是商品经济发展到一定阶段的产物。信用产生后经历了一个漫长的发展变化过程，其演化沿着三个方向展开：在借贷的物质对象上，信用由实物借贷为主向货币借贷为主演化；在信用形式上，信用由商业信用为主向银行信用为主演化；在社会性质上，信用形态由高利贷为主向借贷资本为主演化。

信用的构成包括信用主体、信用关系、信用条件、信用标的和信用载体五大要素。信用具有期限性、偿还性、收益性和风险性等特征。信用的职能主要是集中和积聚社会资金、分配和再分配社会资金、节约流通费用、促进利润率的平均化、调节经济运行、提供和创造信用流通工具等。

现代信用形式主要包括商业信用、银行信用、国家信用、消费信用、民间信用和国际信用等，它们在当事人、经济内容和物质形态等方面存在着一定的区别。

信用工具是指以书面形式发行和流通，借以保证债权人或投资人的权利，是资金供应者和需求者进行资金融通时用来证明债权债务关系的各种合法凭证。信用工具包括面值、到期日、期限、利率以及利息的支付方式等要素。信用工具的特征是收益性、流动性、风险性和偿还性。按期限的长短划分，信用工具可以分为长期信用工具和短期信用工具。

重要概念

信用　高利贷　商业信用　银行信用　国家信用　消费信用　民间信用　国际信用　出口信贷　信用工具　商业票据　银行票据　信用证　信用卡　回购协议　基金券

第三章　利息与利息率

利息和利息率是伴随着信用活动而出现的重要概念，也是现代经济生活中的重要经济变量。利息的研究主要讨论利息的本质与来源，其关键在于“质”的分析，即回答“是什么”之类的问题；而利息率的研究则侧重于探讨利率水平的决定，分析利率的决定因素及主要影响因素，其重点在于“量”的分析，即回答“是多少”之类的问题。利息和利息率作为资金和金融产品的价格，在市场经济体系中具有重要的基础性地位。利息率既是国家可以用来调控经济运行的主要工具之一，同时也是观测经济运行情况的“晴雨表”。

第一节　利息及其本质

利息从属于信用活动的范畴，是伴随着借贷行为而产生的。在信用活动中，资金的所有者在不改变资金所有权的前提下，将资金的使用权在一定时期内让渡给资金需求者，从而在借贷期满时从资金需求者那里得到一个超出借贷本金的增加额，这个增加额就是利息。还本付息是信用活动的基本特征，还本不付息的借贷活动严格来说不是信用活动。所以，承认利息即是承认人们对资金的所有权，要转让资金的使用权必须以利息为前提条件。对贷出资金者来说，利息是他们让渡资金使用权而应当获得的报酬；对借入资金者来说，利息则是他们取得资金使用权而应当付出的代价。

一、西方经济学者对利息本质的看法

长期以来，经济学家们对利息本质问题作了深入的研究，形成了不同认识。17世纪英国古典政治经济学创始人威廉·配第（William Petty）认为，利息是因暂时放弃货币的使用权而获得的报酬。“假如一个人在不论自己如何需要，在到期之前也不得要求偿还的条件下，出借自己的货币，则他对自己所受到的不方便可以索取补偿，这是不成问题的。这种补偿，我们通常叫做利息。”① 当货币持有者贷出货币后，就会减少用这笔货币购置土地而获得的地租，在约定的借贷时期内，不论他自己怎样迫切需要货币，也不能使用这笔贷出的货币，这就会给他带来某种损失，因而需要补偿。

奥地利经济学家庞巴维克（Eugen Von Bohm-Bawerk）认为，利息是由现在物品（满足现在欲望的商品）与未来物品（满足未来欲望的商品）之间在价值上的差别所产生的。由于人们具有时间的偏好，一般对现在物品的评价优于对未来物品的评价。人们的这种评价是由以下三个原因造成的：第一，当前效用更具有迫切性，同时由于经济在发展，将来可供使用的物品数量一定比现在要多，从而会使将来消费的边际效用下降；第二，未来是具有不确定性的，人们可能由于意外而不能消费未来的物品，只有目前的效用才是切实可靠的；第三，机会成本的影响，因为“现在物品”如果用于资本形成，就能生产出更多的“未来物品”。这就产生了所谓的“时差价值”，也就是利息。从而债权人在贷出“现在物品”与债务人将来归还的“未来物品”进行交换时，会要求债务人付出这个利息。

美国著名经济学家欧文·费雪（Irving Fisher）在庞巴维克的基础上，进一步从供求方面分析了利息的形成，他认为利息产生于现在物品与未来物品交换的贴水，是由主观因素和客观因素共同决定的。所谓主观因素是指社会公众对现在物品的时间偏好，所谓客观因素是指可能的投资机会。社会公众偏好现在物品，不是偏好现在物品本身，

---

① 威廉·配第：《赋税论》，商务印书馆1963年版，第45页。

而是偏好现在物品所能产生的未来收入。当然，并不是所有公众都偏好现在物品，有人也可能偏好未来物品而让渡一部分现在物品，其条件就是必须取得一定的补贴或报酬，即取得利息。同时，也有人愿意支付利息，从而以较多的未来收入换取较少的现在收入。在说明了主观因素对利息的影响之后，费雪又进一步说明，人们会按照不同的投资机会，进行收入流量最大、时间形态最好的投资安排。也就是说，人们可以在一系列的投资机会中为其资本选择最佳的用法，这就决定了对资本的需求。当由主观因素决定的资本供给与由客观因素决定的资本需求相等时，就决定了整个社会的平均利息水平。

英国经济学家西尼尔（N. W. Senior）是节欲论的代表人物。所谓节欲就是对于自己可以自由使用的那部分货币，不用作非生产性使用，而把它用于其效果在将来而不在眼前的生产。资本家通过节欲产生储蓄，把储蓄转化为资本进行扩大再生产，只有这样才能使将来获得比目前更多的消费。因此，节欲是比资本更基本的生产要素。利息的原始来源就是节欲，它是资本家节欲行为的报酬。因为节欲意味着减少当前的消费，而减少当前消费就会使现有的欲望不能得到满足，从而产生痛苦，而利息就是对忍受这种痛苦的补偿。

凯恩斯（J. M. Keynes）认为货币是唯一具有完全流动性的资产，人们出于交易动机、预防动机和投机动机的需要，偏好以货币形式保存自己的已有资产。当人们贷出货币资金，或者购买生息证券，都意味着放弃自己的流动性偏好，同时需要有一定的收益补偿，这个收益就是利息。所以利息就是对人们在一定时期放弃流动偏好的报酬。

二、马克思对利息本质的科学论述

马克思对利息的本质问题作过深入的研究，他的主要观点如下：

（一）利息直接来源于利润

借贷资本家把货币作为资本贷放出去后，由职能资本家使用。职能资本家要么将它作为产业资本从事生产，要么将它作为商业资本从事流通。两种运动方式的结果，都能生产出利润。生产或流通过程结束后，职能资本家归还所借资本，并把利润的一部分支付给借贷资本家，作为使用借贷资本的报酬。

（二）利息只是利润的一部分而不是全部

马克思指出，借入者是把货币作为资本，作为会自行增殖的价值借来的。借入者在偿还时必须要把它作为已经实现的资本，即作为价值加上剩余价值（利息）来偿还，用于偿还的利息只能是他所实现的利润的一部分。因为对于借入者来说，借贷资本的使用价值就在于它能替借入者生产利润，要不然贷出者就没有必要让渡这种使用价值。另一方面，利润也不能全部归借入者，如果是这样，借入者对这种使用价值的让渡就什么都不用支付了，他将贷款还给贷出者时，就只是把它作为单纯的货币，而不是将它作为资本，作为已经实现的资本来偿还。因为借贷资本只有作为 $G+\Delta G$，才是已经实现的资本。贷出者和借入者双方都是把同一货币额作为资本支付的，但它只是在借入者手中才执行资本的职能。同一货币额作为资本对双方来说取得了双重的存在，这并不会使利润增加一倍。它所以能对双方都作为资本来执行职能，只是由于利润的分割。

（三）利息同利润一样，都是剩余价值的转化形态

利润和剩余价值，实质上是同一物。所不同的是剩余价值是相对于可变资本而言的，而利润则是相对于全部预付资本而言的。剩余价值是利润的本质，利润则是剩余价值的表现形式。利息对利润的分割也就是对剩余价值的分割。

三、利息与收益的关系

利息作为利润的一部分，是资金所有者贷出资金的报酬，没有借贷活动，也就没有利息。但在现实生活中，利息已经被人们看作是收益的一般形态。

利息之所以能够转化为收益的一般形态，马克思认为有三个原因：第一，在借贷关系中，利息是资本所有权收益的观念已取得了普遍存在的意义。虽然利息来源于再生产过程中的价值增殖，但当人们只是关注货币的所有权可以带来利息这一现象，货币资本本身天然具有收益性的观念就会植根于人们的头脑之中。第二，利息虽然来源于利润，但它与利润有着本质的区别。在未从事生产活动前，经营者是不知道自己的利润率的，而利息率却是在借贷行为发生以前就已确定的量，无论具体的生产经营活动如何，都不会改变这个确定的量。因此，对于企业主来说，“一旦利息作为独特的范畴存在，企业主收入事实上就只是总利润超过利息的余额所采取的对立形式。”① 所以，用利息率来衡量收益水平，并以利息表现收益的观念也就不足为怪了。第三，生息资本要比资本主义生产方式在历史上出现得早得多，它作为一个现成的、遗留下来的形式出现于资本主义生产方式中。因此，在人们的观念中，货币资本、生息资本被看作是真正的资本，利息是货币资本带来的收益。正如马克思所指出的：“在资本主义生产方式以及与之相适应的资本观念和利润观念存在以前很久，利息就作为资本所生产的剩余价值的现成的派生形式存在了。”

四、收益的资本化

对于任何有收益的事物，不论它是否是一笔贷放出去的货币，也不论它是否是一笔资本，都可以通过收益与利率的对比倒推出它相当于多大的资本，这一过程就称为“资本化”。在一般的借贷活动中，借贷本金 P、利率 r 及一期收益 R 之间的关系为：$R = P \cdot r$，如果我们知道了收益 R 和利率 r，很容易得出：

$$P = \frac{R}{r} \tag{3.1}$$

正是按照这样的带有规律性的关系，有些本身并不存在一种内在规律可以决定其相当于多大资本的事物，也可以取得一定的资本价格；甚至有些本来不是资本的东西也因此可以视为资本。② 我们可以以土地为例，土地本身不是劳动产品，无价值，从而本身也无决定其价格大小的内在根据。但土地可以有收益，比如一块土地每年的平均收益为1000 元，如果年利率为 5%，则这块土地就按 20000 元的价格成交。由

① 《马克思恩格斯全集》第 25 卷，人民出版社 1974 年版，第 422 页。

② 参见黄达主编：《货币银行学》，中国人民大学出版社 2000 年版，第 85 页。

于土地收益的大小取决于多种因素，同时利率也会变化，这就使得土地的价格经常波动。此外，“人力资本”的计算、有价证券理论价格的形成等，都要用到这一原理。

总之，资本化是商品经济中的规律，只要利息成为收益的一般形态，这个规律就起作用。

五、我国经济学界对利息性质的认识

利息是信用活动的标志，只要有信用活动就会有利息的存在。但是在高度集中的计划经济体制下，资金分配主要通过计划分配和财政分配进行，信用财政化的结果必然是利率水平极低，甚至出现存贷利率倒挂现象，因而利息曾一度被看作是服从计划管理需要的工具。改革开放以后，随着商品货币经济的发展和社会主义市场经济体制的逐步建立和完善，人们越来越认识到社会主义下的利息也来源于利润，是社会纯收入的一部分，它体现着银行与企业之间、企业与企业之间、银行与居民之间以及居民之间按生产要素分配的经济关系。利息作为国民收入分配的一种形式，在社会主义市场经济条件下不仅是现实的、必要的，而且对社会主义市场经济的发展具有重要意义。

第二节　利率及其种类

一、利率概述

利率是利息率的简称，是指在借贷期内所获得的利息额与借贷本金的比率，即利率 = 利息/本金。由于在通常情况下利息额不能超过生产者使用该笔资金而获得的利润额，因此，利率水平的高低必然受社会平均利润率的制约。在一般情况下，利率的最高限为平均利润率，最低限是零。

习惯上按照计算利息的时间把利率分为年利率、月利率、日利率。年利率一般以本金的百分之几表示，通常称为年息几厘。例如，年息5

厘时，10000 元本金的每年利息为 500 元。月利率一般以本金的千分之几表示，通常称为月息几厘。例如，月息 5 厘时，10000 元本金的每月利息为 50 元。日利率一般以本金的万分之几表示，通常称为日息几厘。例如，日息 5 厘时，10000 元本金的每天利息为 5 元。此外，有时也用“分”作为利率的单位，分是厘的十倍。例如，“月息 5 分”就是指月利率为 5%，“年息 5 分”就是指年利率为 50%。年利率与月利率互相换算时，每年按 12 个月计算；月利率与日利率互相换算时，每月按 30 天计算；年利率与日利率互相换算时，每年按 360 天计算。

根据利息计算的基准不同，利息的计算通常有两种方法：单利计算法和复利计算法。

单利计算法是指不论借贷期限长短，利息仅按本金计算，所生利息不计入下期本金。其计算公式为：

$$I = Prn \tag{3.2}$$

$$S = P(1 + nr) \tag{3.3}$$

其中，I 为利息额，P 为本金额，r 为利息率，n 为借贷期限，S 为本金与利息之和（简称本利和）。

复利计算法是指按一定期限将上一期所生利息加入本金后再计算下期利息，逐期滚算直至借贷期满的一种计算方法。其计算公式为：

$$S = P(1 + r)^n \tag{3.4}$$

$$I = S - P \tag{3.5}$$

单利计算法计算简单、方便，一般适用于短期借贷。复利计算法则反映了利息的本质特征，充分肯定了资金可以只依据其所有权而取得分配部分社会产品的权利，并且较充分地表现了资金的时间价值，可以更好地促使借款人节约资金使用，加速资金周转。长期借贷一般采用复利计算法计息。

例如，对于一笔期限为三年、年利率为 6% 的 1 万元贷款，按单利法计算，其利息总额及本利和分别为：

$$I = 10000 \times 6\% \times 3 = 1800\text{（元）},$$

$$S = 10000 \times (1 + 3 \times 6\%) = 11800\text{（元）}$$

而如按复利法计算，其利息总额及本利和分别为：

$$S = 10000 \times (1 + 6\%)^3 = 11910 \text{（元）},$$

$$I = 11910 - 10000 = 1910 \text{（元）}$$

可见，在利率相同的情况下，按复利计算可多得利息110元。

上述复利计算公式表示现在一定量的货币（P）在未来一定时间（n）后的价值（S），即资本的终值。若把将来某一时点的资本值（S）换算成现在时点等值的资本，即通常所说的贴现（也称折现），其换算结果为“现值”（P）。现值和终值可以按以下公式换算：

$$P = S \cdot \frac{1}{(1 + r)^n} \tag{3.6}$$

二、利率的种类

在利率这个大系统中，按照不同的标准，可以划分出多种多样的类别。以下就几种主要的利率种类作些介绍。

（一）存款利率与贷款利率

存款利率是指客户在银行或其他金融机构存款所取得的利息额与存款本金的比率。存款利率的高低直接影响着存款人的收益和金融机构的融资成本，对金融机构所能集中的资金数量有着重要影响。

贷款利率是银行和其他金融机构发放贷款所收到的利息额与贷款本金的比率。贷款利率的高低决定着产业利润在企业和银行之间的分配，从而决定着金融机构的利息收入和借款人的筹资成本，影响着借贷双方的经济利益。贷款利率往往因贷款种类和期限不同而有所不同。贷款利率一般高于存款利率，它们之间的差额即为存贷利差（简称为存贷差）。存贷差是传统商业银行利润的主要来源，它直接决定着银行的经济效益。一般来说，存贷差的大小决定于银行业的竞争程度，如银行业的机构数量较多，并且竞争激烈，存贷差就小；反之，存贷差就会较大。如果银行的存贷差太大时，企业就会寻求其他融资渠道，比如直接融资。

（二）固定利率与浮动利率

固定利率是指在整个借贷期限内，利率不随资金供求状况的变动而变动。在物价稳定的条件下，固定利率具有简便易行、便于借贷双方进行成本收益核算的特点。但是，当借贷期限较长或市场利率波动较为剧烈时，对利率的走势就很难预测，执行固定利率的借款人或贷款人就要承担利率变化带来的风险。因此，对于中长期借贷活动，借贷双方一般都倾向于选择浮动利率。

浮动利率是指在借贷关系存续期内，利率水平可以根据市场利率的波动定期进行调整。浮动利率水平变动的依据和变动的时间长短都由借贷双方在订立借贷契约时约定。在国际金融市场上，多数浮动利率都以伦敦银行间同业拆借利率 LIBOR（London Inter-bank Offered Rate）为参照指标并规定其上下浮动的幅度。这种浮动幅度是按若干个基点来计算的，通常每隔 3 个月或 6 个月调整一次。实行浮动利率的好处是避免了在借贷期内由于市场利率的波动给借贷双方带来的风险，但利息的计算相对比较复杂，而且也不利于借贷双方成本和收益的核算。

（三）名义利率与实际利率

在市场经济条件下，市场的物价水平经常出现一定程度的波动，而市场物价的变动造成了金融资产所有者的实际收入水平和名义收入水平出现不一致的状况，这种不一致的实质是由于物价水平的变动造成了名义利率和实际利率的不一致。名义利率是指以货币为标准计算出来的利率，通常是在没有考虑通货膨胀的条件下借贷契约上载明的利率水平，也称为货币利率。而实际利率是指名义利率剔除物价变动因素后计算出来的利率，也可以理解为是在物价水平不变、货币购买力也不变的条件下的利率。

如果以 r 代表名义利率，i 代表实际利率，π 代表通货膨胀率，P 为本金额，则名义利率和实际利率的关系可以用公式表示为：

$$i = r - \pi \tag{3.7}$$

这个公式基本上反映了名义利率和实际利率之间的关系，但它只考虑了物价变动对本金的影响。当考虑物价变动对本金和利息的影响时，则有下列公式：

$$P(1 + r) = P(1 + i)(1 + \pi) \quad 即 \quad i = \frac{1 + r}{1 + \pi} - 1 \tag{3.8}$$

上述两种计算方法的结果会有一定的误差。（3.7）式比较直观简便，一般用于估算成本、收益及其理论阐述；而（3.8）式则比较精确，一般用于核算成本和实际收益。

区别名义利率和实际利率有重要的实践意义。在通货膨胀条件下，市场上的各种利率都是名义利率，实际利率是不易被直接观察到的，反映借款成本和贷款收益的是实际利率而不是名义利率。根据名义利率与实际利率的比较，实际利率会出现三种情况：实际利率为正、实际利率为零、实际利率为负。一般而言，只有正利率才符合价值规律的要求。

（四）长期利率与短期利率

资金借贷期限的长短不同，其对应的利率水平也应有所不同。通常我们把借贷期限在一年以内所采用的利率称为短期利率，把借贷期限在一年以上所采用的利率称为长期利率。资金借贷期限的长短对借贷资金的风险、借贷资金的盈利水平和资金的时间价值等诸多方面都有不同的影响。一般来说，资金的借贷期限越长，资金的时间价值就应该越大，同时，市场的不确定因素也就越大，市场经营风险也越大，因此，贷出者所获得的回报也应越大，借入者所支付的利息也应越多。划分长短期利率的真正意义在于，明确借贷期限长短对利率水平的影响，掌握利率期限结构的管理要求，以确保借贷资金的真实收益。

（五）基准利率、一般利率与优惠利率

基准利率又叫中心利率，是指在整个金融市场上和整个利率体系中处于关键地位、起决定性作用的利率。当它变动时，其他利率也相应发生变动。对于金融市场上的投资者和参与者来说，只要注意观察基准利率的变化，就可预测整个金融市场利率的变化趋势。在初期，基准利率是由市场活动的结果自发形成的，后来，随着经济的发展，基准利率则由政府或金融管理当局决定。在西方国家，一般以中央银行的再贴现利率为基准利率，不过也不尽然，英国的基准利率就是伦敦银行间同业拆借利率。著名的基准利率有伦敦同业拆放利率（LIBOR）和美国联邦基金利率。在我国，1984 年以前国家银行确定的利率起基准利率的作用。1984 年中央银行体制确立后，中国人民银行对各专业银行和其他金融机构的存贷款利率定为基准利率。一般利率是指金融机构按市场的一般标准发放贷款和吸收存款所执行的利率；而优惠利率则指低于市场一般利率标准的贷款利率以及高于市场一般标准的存款利率。贷款优惠利率的对象一般是国家政策扶持的项目，如重点发展行业、部门及落后地区的开发项目等，实行优惠利率是国家对经济结构和产业结构进行调整的需要。在国际金融市场上，只要低于 LIBOR 的贷款利率就被视为优惠利率。存款优惠利率大多用于争取目标资金来源。例如，我国曾经实行的侨汇外币存款利率就高于普通居民外币存款利率。此外，各家银行在“存款立行”的理念指引下，为了争取大额稳定的资金来源，也会给某些特定存款户以高于市场一般水平的利率。但在我国，擅自以提高利率拉存款的做法是违规的。

（六）市场利率、官定利率与公定利率

市场利率、官定利率与公定利率是按照利率的决定主体不同来划分的。

市场利率是指由市场资金供求状况和风险收益等因素决定的利率。一般来说，当市场上的资金需求大于供给时，市场利率就会上升；当资金供给大于需求时，市场利率就会下降。当市场上的不确定性增加，即资金运用的风险增加时，市场利率也会上升；反之则会下降。因此，市场利率能较真实地反映市场资金供求关系以及资金运用的风险状况。

官定利率是指由政府金融管理部门或中央银行确定的利率，在一定程度上反映了非市场的强制力量对利率形成的干预，是国家实现宏观经济调控目标的重要政策手段，也称为法定利率。官定利率一般是由货币当局根据宏观经济运行的情况以及国际收支状况等其他因素来决定的，官定利率往往在利率体系中发挥指导性作用。

公定利率是指由金融机构或行业公会、协会（如银行同业公会等）按协商的办法所确定的利率。公定利率只对参加该公会或协会的金融机构具有一定的约束作用，而对其他金融机构则没有约束作用。但是，公定利率一般会对整个市场利率有重要的影响。

第三节　利率水平的决定

一、决定利率水平的因素

利率是计算使用借贷资金报酬的依据。利率水平的高低直接影响着借款者的成本和贷款者的收益。决定利率水平的因素是多种多样的，主要有以下几种：

（一）社会平均利润率

由于利息是利润的一部分，因此，利润率是决定利率水平高低的首要因素。根据市场法则，等额资本获得等量利润，通过竞争和资源的流动配置，一个经济社会在一定时期内会形成一个社会平均的利润率水平。这一社会平均利润率是确定各种利率水平的主要依据，它构成了利率的最高界限。因为若利率超过平均利润率，职能资本家就不会借入资本。当然，在一般情况下，利率也不会等于或低于零，否则借贷资本家便无利可图，借贷行为也就不会发生了。

（二）借贷资金的市场供求状况

这是决定市场利率水平的直接因素。在市场经济条件下，市场利率是起主导作用的利率，市场利率水平是由借贷资金的供求双方按市场供求状况协商确定的，其他影响利率水平的非货币因素最终都会通过影响借贷资金供求关系而作用于市场利率。当借贷资金供大于求时，市场利率就会下降；当借贷资金供不应求时，市场利率就会上升。

（三）通货膨胀预期

在预期通货膨胀率上升时，市场利率水平会有很强的上升趋势；在预期通货膨胀率下降时，市场利率水平也趋于下降。这是因为：第一，通货膨胀的发生必然会引起货币贬值从而使借贷资金的本金和利息遭受损失，为了弥补这一损失，贷款人必然要求借款人提高利率水平；第二，实际利率等于名义利率减去通货膨胀率，为了保持稳定的实际利率水平，当预期通货膨胀率上升时，名义利率也应随之上升；

第三，当预期通货膨胀率上升时，由于担心借贷本金的实际价值减少，资金供给者往往会选择股票、不动产等其他更能抵消通胀损失的资产形式保存资金，这样就使得市场上的资金供应减少，同时，预期通货膨胀的上升还会刺激借款人的借款意愿和投资需求，从而使得资金需求增加，这样供需两方面同时作用，便造成了利率水平的上升。这种由于预期通货膨胀率变化而引起的利率水平变动效应，即是著名的费雪效应。

（四）中央银行货币政策

自从20世纪30年代凯恩斯主义问世以来，各国政府都加强了对宏观经济运行的干预和管理。货币政策是政府干预经济运行的主要手段。中央银行通过运用货币政策工具改变货币供应量，进而影响社会资金的可供规模。当中央银行准备刺激经济时，就会通过运用扩张性货币政策工具增加货币投放量，使可贷资金的供给增加，这样就会造成利率水平下降，同时会刺激对利率敏感项目如房地产、设备投资等的支出。当中央银行发现经济有过热现象时，就会减少货币供应量，借贷资金市场上的资金供给量随之减少，利率就会上升，从而抑制企业和家庭的支出，消除经济过热。随着政府对社会经济运行干预的不断加强，在西方一些发达国家，货币当局往往通过改变再贴现率和利率管理等政策来直接调节利息率，带动整个市场利率水平的变动，以此来实现经济运行的宏观调控目标。

（五）社会再生产周期

利率一般会随着社会再生产周期的变动而变动，从而表现出很强的周期性。在经济的扩张期，随着企业和消费者的借款增加，资金需求会迅速上升；同时，费雪效应也会拉升利率，通货膨胀压力增加；而且中央银行在这种情况下往往会采取一些限制性措施来抵消经济增长可能产生的通货膨胀，以上三种力量都会提高利率水平。在经济衰退期，则会发生相反的情况：随着企业和消费者缩减支出，资金的需求开始下降，通货膨胀压力随之减轻，中央银行也开始增加货币供应量，这三种力量又会降低利率水平。

（六）国际收支状况

一国的国际收支状况对该国的利率水平也有很大的影响。当一国国际收支平衡时，一般不会引起利率变动。但当一国国际收支出现持续大量逆差时，为了弥补国际收支逆差，需要利用资本项目大量引进外资。这时，货币当局往往会提高利率水平，以吸引外资流入。反之，当一国国际收支持续大量顺差时，为了控制顺差的进一步增加，减少通货膨胀的压力，货币当局往往会降低利率水平，以减少资本项目的外资流入或增加资本流出。

（七）市场汇率水平

由于一国汇率变动会影响外汇收支变化，从而导致国内资金市场供求关系发生变化，利率水平就会受到影响。一般来说，如果本币对外币贬值（在直接标价法下表现为汇率上升），会刺激出口增加和外资流入，进而增加国内金融市场上的资金供给，市场利率便会产生下降的压力；如果本币对外币升值，市场利率便会上升。

（八）国际利率水平

在开放经济条件下，世界各国的经济联系越来越密切，国际金融市场上的利率水平对一国国内的利率水平具有很大的影响作用，这种影响是通过国际资本流动来实现的。当国际市场利率水平高于国内利率水平时，国内货币资本就会流向国外，使得国内资金供应减少，国内市场利率水平提高；反之，当国际市场利率水平低于国内利率水平时，国外货币资本就会流向国内，使得本国货币市场上的资金供给增加，利率水平下降。不论国内利率水平是高于还是低于国际市场利率，在资本自由流动的条件下，都会引起国内货币市场上资金供求状况的变动，从而引起国内利率水平的变动。

此外，银行的经营成本、借贷的期限和风险大小、政府的预算赤字等因素都会影响一国利率水平的变动。总之，影响利率变动的因素是相当复杂的，并且难以准确预期，因此市场经济中的利率水平变动是相当频繁和普遍的。

二、利率决定理论

（一）马克思的利率决定理论

马克思的利率决定理论是建立在剩余价值论的基础之上的，并以剩余价值在货币资本家和职能资本家之间的分割作为分析的起点。马克思认为“利息是由利润调节的，确切地说，是由一般利润率调节的”，“不管怎样，把平均利润率看成是利息的有最后决定作用的最高界限”①。这就告诉我们，利息是货币资本家从职能资本家那里分割来的一部分利润，而利润是剩余价值的转化形式，利润本身就成为利息的最高界限，如果达到这个界限，职能资本家所获得的利润就为零，因此利率不可能超过社会平均利润率。同样，利率也不能等于零，否则货币资本家就不会让渡资本。所以，利率的变动范围是在零和社会平均利润率之间。

马克思认为，社会平均利润率随着技术发展和资本有机构成的提高有下降的趋势，因此，利率也会呈现出下降的趋势。但是，社会平均利润率的下降趋势是一个极为缓慢的过程，一个国家在一定时期内的社会平均利润率还是相对稳定的，从而利率也会处于相对稳定的状态。由于利率水平的高低取决于职能资本家和货币资本家在对利润分割过程中的力量对比，并且利率还受供求竞争、传统习惯和法律规定等因素的影响，因此，利率的决定又具有很大的偶然性。

（二）西方利率决定理论

1. 古典利率理论

古典利率理论流行于19世纪80年代至20世纪30年代。以庞巴维克、费雪及马歇尔（Alfred Marshall）为代表的古典经济学家继承了古典经济学重视实物因素的传统，主要从生产消费等实际经济生活中去研究影响资本供求的关系，他们认为，利率决定于资本的供给与需求，这两种力量的均衡决定了利率水平。市场上的资本供给主要来源于储蓄，而储蓄即意味着人们要放弃现在的消费。但由于人们的“时间偏

① 马克思：《资本论》第三卷，人民出版社1975年版，第403页。

好”、“节约”、“等待”等原因，人们往往更注重现在的消费。为此，必须对人们的这种“等待”或“推迟消费”的行为给予一定的补偿，这种补偿就是利息。并且人们放弃的现在消费越多，现期的效用损失就越大，要求未来的补偿也就越多，所以资本的供给曲线实际上反映了损失的边际效用，是向上倾斜的，也就是说，储蓄是利率的递增函数。资本的需求取决于资本边际生产力与利率的比较。只有当前者大于后者时，才能导致净投资。在资本边际生产力一定的条件下，利率越高，投资就越少；利率越低，投资则越多，即投资是利率的减函数。如果用 I 代表投资，S 代表储蓄，r 代表利率，则上述关系可用公式表示为：

$$I = I(r), \frac{dI}{dr} < 0 \tag{3.9}$$

$$S = S(r), \frac{dS}{dr} > 0 \tag{3.10}$$

当投资等于储蓄即 $I(r) = S(r)$ 时，市场上的均衡利率水平就形成了。如图3－1所示，储蓄函数 $S(r)$ 与投资函数 $I(r)$ 的交点 E 所决定的利率 r_E 即为均衡利率。

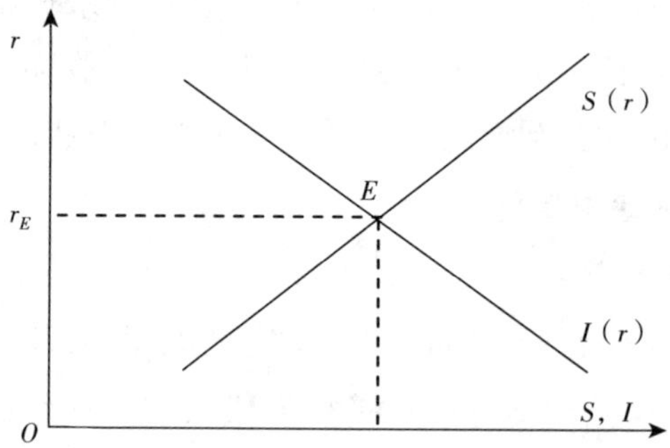

图3－1　古典利率理论

根据古典利率理论，利率具有自动调节储蓄和投资，使其达到均衡状态的功能。这是因为在市场经济中，利率是自由波动的，当储蓄供给大于投资需求时，利率就会下降，较低的利率会自动刺激人们减少储蓄，扩大投资；反之，如果储蓄供给小于投资需求时，利率就会上升，而较高的利率又促使人们增加储蓄，减少投资。利率的自由波动总能使储蓄量与投资量保持均衡状态。

古典利率理论具有以下几个特点：第一，古典利率理论是一种局部均衡理论。该理论认为储蓄与投资数量都是利率的函数，而与收入无关。当储蓄与投资相等时就决定了利率水平。利率的功能仅仅是促使储蓄与投资达到均衡，并不影响其他变量。因此，古典利率理论只是一种局部均衡理论。第二，古典利率理论是非货币性理论。这一理论认为储蓄是由“时间偏好”、“节欲”、“等待”等因素决定的，投资则是由资本边际生产力等因素决定的，储蓄与投资相等时的均衡利率不受任何货币数量变动的影响，储蓄和投资都是实物性的。当均衡利率形成时，社会的资本供给正好等于社会的资本需求，此时，企业家既不会增加生产，也不会减少生产，整个经济就达到了均衡状态，这时的均衡利率实际上就是魏克塞尔所说的“自然利率”。第三，古典利率理论采用的是流量分析方法。这是因为该理论是对某一段时间内的储蓄量与投资量的变动进行分析的。

2. 流动性偏好利率理论

20 世纪 30 年代大危机后，以利率自动调节为核心的古典利率理论因不能对大萧条做出令人信服的解释而受到了严重打击。而后，凯恩斯在 1936 年出版的《就业、利息和货币通论》中论述的“流动性偏好”利率理论占据了主流地位。

凯恩斯认为，利息是在一定时期内放弃货币、牺牲流动性所得的报酬，而不是古典利率理论所认为的利息是对节欲、等待或推迟消费的补偿。利率是一种纯货币现象，它与实物因素、忍受及生产效率无关，因此，利率就不是由借贷资本的供求关系决定的，而是由货币市场的货币供求关系来决定，利率的变动是货币供给与货币需求变动的结果。凯恩斯认为尽管储蓄与投资有着密切的联系，但古典利率理论把它们看作是两个可以决定利率水平的相互独立的变量的观点是根本错误的。因为储蓄主要取决于收入水平，而收入水平又决定于投资，储蓄与投资应是两个相互依赖的变量，二者只要有一个因素变动，收入就会发生变动。只有在充分就业条件下，当投资的增加不会再引起实际收入的增加时，投资的进行才会减少人们的现在消费，形成所谓的“强迫储蓄”，此时的利息才能被看作是对节欲、等待或推迟消费的报酬。

凯恩斯认为利率决定于货币供求关系，其中，货币供给为外生变量，由中央银行直接控制；而货币需求则是一个内生变量，它由人们的流动性偏好决定。所谓“流动性偏好”，是指社会公众愿意持有货币资产的一种心理倾向。在现代货币经济体系中，人们可以多种形式来持有自己的财富，如持有股票、债券等。当人们持有非货币资产时，虽然也可以获得一定的收益，但由于经济运行中充满了不确定性，持有这些资产也可能因各种原因遭受损失。而货币作为一种特殊形式的资产，是财富的真正代表，为整个社会所认可和接受，并能随时转化为其他形式的资产或商品，因此货币具有完全的流动性和最小的风险性。所以，人们在选择其财富的持有形式时，大多倾向于选择货币形式。

凯恩斯认为，人们的流动性偏好有三个动机：交易动机、预防动机（或谨慎动机）和投机动机，这三个动机分别决定了交易性货币需求、预防性货币需求和投机性货币需求。其中，交易动机和预防动机与利率没有直接联系，而与收入成正比关系，投机动机则与利率成反比关系。如果用 L_1 表示出于交易动机和预防动机而持有货币的货币需求，以 L_2 表示出于投机动机而持有货币的货币需求，则 $L_1(Y)$ 为收入 Y 的递增函数，$L_2(r)$ 为利率 r 的递减函数，货币总需求 $L = L_1(Y) + L_2(r) = L(Y,r)$ 。当货币供求均衡时，即有：

$$M_s = L_1(Y) + L_2(r) = L(Y,r) \tag{3.11}$$

凯恩斯认为均衡利率决定于货币需求与货币供给的相互作用。如果人们的流动性偏好加强，货币需求就会大于货币供给，利率便上升；反之则反是。当流动性偏好所决定的货币需求量 L 与货币当局（中央银行）所决定的货币供给量 Ms 相等时，利率便达到了均衡水平。这种利率的决定过程可用图 3－2 表示。

在图3－2 中，货币需求曲线向右下方倾斜，表示随着利率的降低，投机性货币需求增加，而交易性和预防性货币需求保持不变（因

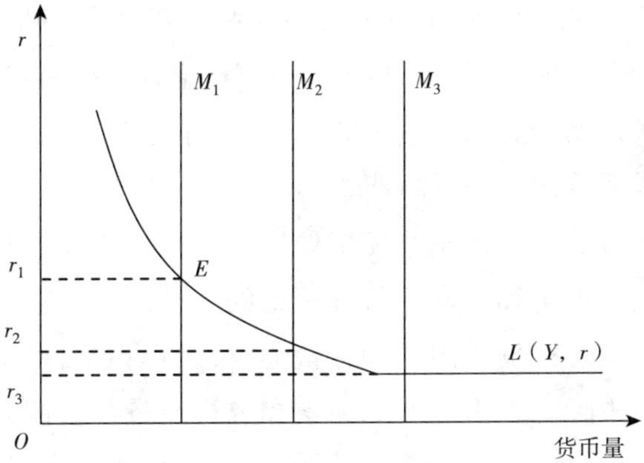

图 3-2　流动性偏好利率理论

为收入不变)，总货币需求随之增加。但当利率降低到一定限度时，货币需求曲线呈水平状，表明此时的货币需求无限大，即使货币供给不断增加，利率也不会再降低。这是因为人们预期利率一定会上升，于是纷纷抛出有价证券而持有货币，使得流动性偏好无限大，凯恩斯称之为“流动性陷阱”。货币供应线是垂直的，表示利率弹性为零，即由中央银行外生决定货币供应量。市场利率决定于 Ms 与 L 的均衡点 E。当中央银行将货币供应量从 M_1 增加到 M_2 时，利率就会从 r_1 下降到 r_2。但如果进入流动性陷阱区域，中央银行无论怎样增加货币供应量，市场利率 r_3 也不会发生变化。

凯恩斯的流动性偏好利率理论具有以下特点：第一，这一理论完全是“货币的”利率决定理论。凯恩斯主要从货币供给和货币需求的均衡来分析利率水平的决定或变动，认为利率纯粹是货币现象。第二，由于该理论认为利率是由某一时点的货币供求量所决定的，而货币量是存量，因此，这一理论是一种存量分析理论。第三，如果货币供应曲线与货币需求曲线的水平部分相交，货币供应将不会影响利率水平。

3. 可贷资金利率理论

凯恩斯的流动性偏好理论将利率完全视为一种货币现象，其大小由货币供求关系决定，而完全忽视了储蓄、投资等实际因素对利率的影响。这一理论一经提出就遭到了许多经济学家的批评。1937 年，凯恩斯的学生罗宾逊（J. Robinson）在古典利率理论的基础上提出了所谓的可贷资金利率理论（也称为新古典利率理论）。这一理论得到瑞典学派的重要代表人物俄林（B. G. Ohlin）和米尔达尔（G. Myrdal），以及后来的集大成者英国经济学家勒纳（A. P. Lerner）等人的支持，并成为一种较为流行的利率理论。在某种程度上，可贷资金利率理论可以看成是古典利率理论和流动性偏好理论的一种综合，它一方面批评古典利率理论完全忽视货币因素和存量分析，另一方面也不同意凯恩斯完全否定资本边际生产力等实际因素和忽视流量分析的观点。可贷资金理论回避了一些理论争论，直接对可贷资金的供给和需求进行分析，是一种试图将货币因素与实际因素、存量分析与流量分析相结合的新的理论体系。

可贷资金利率理论的基本思想是："可贷资金"的供给与需求决定均衡利率。所谓可贷资金，基本上是指现实的和潜在的可用于信用活动的资金和货币扩张手段。从信贷活动的发生过程来看，对可贷资金的需求并不一定完全来自于投资，还可能来自于窖藏，因为货币不只是交易媒介，也是贮藏手段，储蓄者可能窖藏一部分资金而不出借。这样，就会有一部分储蓄不能用于投资。从信贷需求方来看，借款者也可能窖藏一部分资金而不用于投资。因此，可贷资金的需求包括投资和净窖藏两个部分。其中，投资部分为利率的递减函数，即 $I = I(r)$，$dI/dr < 0$；净窖藏部分 ΔH 也是利率的递减函数，即 $\Delta H = \Delta H(r)$，$d\Delta H/dr < 0$，这是因为窖藏货币会牺牲利息收入，利率越高，窖藏货币的利息损失就越多，反之则反是。总之，可贷资金的需求为 $I(r) + \Delta H(r)$。

可贷资金的供给也不仅局限于储蓄，除了储蓄以外，中央银行和商业银行可以通过增加货币供给和创造信用来提供可贷资金。我们知道，储蓄是利率的递增函数，即 $S = S(r)$，$dS/dr > 0$；而货币供给增量 ΔM 一般与利率无关，它主要取决于中央银行的准备金政策等因素。因此，可贷资金的供给为 $S(r) + \Delta M$。可贷资金理论认为利率取决于可贷资金的供给与需求的均衡点，可用公式表示为：

$$S(r) + \Delta M = I(r) + \Delta H(r) \tag{3.12}$$

在 3.12 式中，除 ΔM 外，其他因素均为利率的函数，市场均衡利率将由此式决定（如图 3－3）。在图 3－3 中，可贷资金的供应曲线 $S(r)+\Delta M$ 为 $S(r)$ 曲线与 ΔM 曲线的水平距离之和；而可贷资金的需求曲线 $I(r)+\Delta H(r)$ 则为 $I(r)$ 曲线与 $\Delta H(r)$ 曲线的水平距离之和。由可贷资金的供应曲线和需求曲线的交点 E 所决定的利率 r_E 即为均衡利率。从图 3－3 中可以看出，可贷资金供应与需求中的任何一个因素的变动都会导致市场利率的变动。如储蓄或货币供应量增加，而其他因素不变，利率就会下跌；若投资或窖藏增加则导致利率上升。

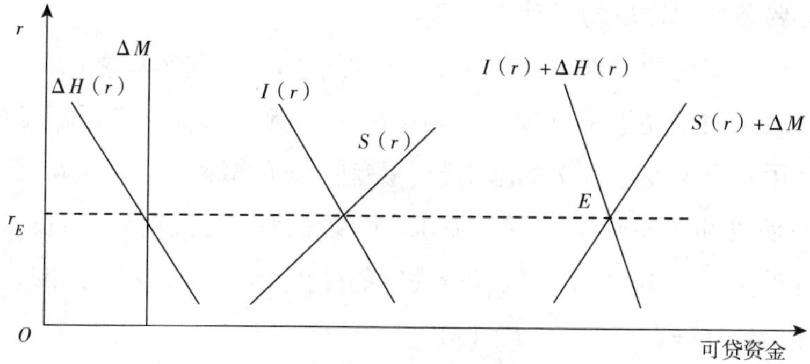

图 3－3　可贷资金利率理论

可贷资金利率理论的主要特点在于它企图同时兼顾货币因素和实际因素以及存量分析和流量分析，但是这种兼顾明显带有生硬和机械的弊病，是古典利率理论和凯恩斯流动性偏好理论的一种简单综合，因此也就不可避免地带有二者的固有缺陷，即还是没能体现出利率和收入之间的相互关系。

4. *IS-LM* 分析的利率理论

古典利率理论和流动性偏好利率理论分别从商品市场和货币市场的均衡来说明利率的决定，可贷资金利率理论则试图把两者结合起来。但是，英国著名经济学家希克斯（J. R. Hicks）等人则认为，以上这三种利率决定理论都没有考虑收入的因素，因而无法确定利率水平，不能明确得出利率究竟是多少的结论。为弥补上述三种利率理论的缺陷，希克斯于 1937 年发表了一篇著名的论文《凯恩斯与古典学派》，提出了一般均衡理论基础上的 *IS-LM* 模型，后经美国经济学家汉森（A. H. Hansen）加以说明和解释，从而建立了一种在储蓄和投资、货币供应和货币需求这四个因素的相互作用之下的利率与收入同时决定的理论，这就是用 *IS-LM* 分析所表述的利率理论。希克斯认为，在现实社会中，收入水平和利率水平必然是同时决定的，这就意味着商品市场和货币市场必须同时达到均衡。

从商品市场来看，储蓄 S 与收入 Y 正相关，投资 I 与利率 r 负相关，由于商品市场均衡意味着 $Y = S + C = I + C$，即 $S = I$ 是商品市场均衡的必要条件，这里的 C 代表消费。

从货币市场的供求均衡条件出发也可求出收入与利率之间的关系。根据凯恩斯的流动性偏好理论，利率决定于货币供应与货币需求的均衡。货币需求 L 是收入 Y 的增函数，是利率 r 的减函数，L 又可分为满足交易动机和预防动机的货币需求 $L1$ 以及满足投机动机的货币需求 $L2$。货币供应量 Ms 是中央银行所决定的外生变量。所以货币市场均衡的条件为：$Ms = L_1(Y) + L_2(r)$。

IS 曲线和 *LM* 曲线只是分别代表了商品市场和货币市场的均衡，它们并不能单独决定商品市场和货币市场同时均衡时的收入水平和利率水平。只有商品市场和货币市场同时实现均衡，即同时满足储蓄等于投资、货币供应等于货币需求时，均衡收入和均衡利率才能确定，这一均衡点就是 *IS* 曲线与 *LM* 曲线的交点 E（如图 3－4）。

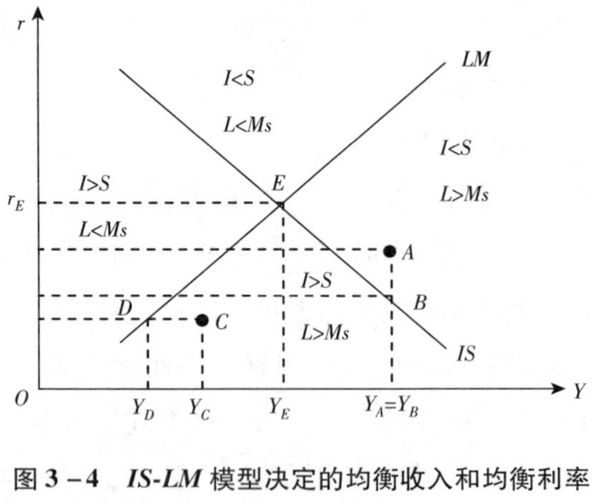

图 3－4 *IS-LM* 模型决定的均衡收入和均衡利率

在图3－4中 IS 曲线的右上方，是商品市场中投资小于储蓄的情况，即 $I<S$。因为对于 IS 曲线上方的任意一点 A，由 A 向横轴作垂直线与 IS 曲线相交于 B 点，在 B 点处有 $I=S$。A 点对应的收入与 B 点对应的收入相等，但 A 点对应的利率却高于 B 点对应的利率，因此，A 点的投资将小于 B 点的投资，即 $I<S$。同理，在 IS 曲线的左下方，有 $I>S$。

在 LM 曲线的右下方，是货币市场上货币需求大于货币供给的情况，即 $L>Ms$。因为对于 LM 曲线下方的任意一点 C，由 C 向纵轴作水平线与 LM 曲线相交于 D 点，在 D 点处有 $L=Ms$。由于 D 点与 C 点所对应的利率水平是一样的，故这两点处的投机性货币需求 L_2 相等；但由于 $Y_D<Y_C$，故交易性和预防性货币需求 $L_{1D}<L_{1C}$，因此有 $L_C>L_D$。又因为有 $Ms=L_D$，所以 $L_C>Ms$，即 LM 曲线的右下方是货币需求大于货币供给的点的组合。同理，在 LM 曲线的左上方，有 $L<Ms$。

从 IS-LM 模型我们可以得到以下结论：利率大小取决于投资函数、储蓄函数、货币需求函数（流动性需求函数）和货币供应量。当资本投资的边际效率提高时，IS 曲线将向右上方移动，利率就会上升；当边际储蓄倾向提高时，IS 曲线将向左下方移动，利率就会下降；当流动性偏好增强时，LM 曲线将向左上方移动，利率就会提高；当货币供应量增加时，LM 曲线将向右下方移动，利率就会下降；当通货膨胀水平提高时，实际货币供应 Ms/P 将下降，LM 曲线向左上方移动，利率也随之提高。

IS-LM 模型采用的是一般均衡分析方法，该理论与可贷资金利率理论的简单拼接不同，它是在比较严密的理论框架下，将古典理论的商品市场均衡和凯恩斯理论的货币市场均衡有机地统一起来。正因为如此，IS-LM 模型一经建立，就在西方主流经济学中取得了奠基地位。

第四节　利率的功能

利率是一种重要的经济杠杆，对宏观经济运行和微观经济运行都有着极其重要的调节作用。

一、利率的宏观功能

从宏观角度来看，利率的功能主要表现在以下几个方面：

（一）积聚社会资金

银行对存款支付利息提高了银行聚集借贷资本的能力，利息率的调整对借贷资本的规模有很大的影响。调高银行存款利率能增加存款者的收益，从而就能将再生产过程中暂时闲置的各种货币资本和社会各阶层的货币收入集中起来，转化为借贷资本，形成庞大的社会资金，以满足社会生产发展的需要，并促进经济发展。

（二）调节资金供求

利率作为重要的经济杠杆，对调节社会资金的供求起着十分重要的作用。如果利率水平上升，一方面，对资金需求者来说，增加了他们的融资成本，相应地降低了借款者的收益水平，从而抑制对资金需求的增加；另一方面，从资金的供给者角度看，利率提高就会增加他们的实际收益水平，从而刺激社会资金供给的增加。反之，如果利率水平下降，就会减少社会资金的供给量，增加社会资金的需求量。所以，中央银行可以通过调节利率水平来调节社会资金的供求，以实现特定的宏观调控目标。

（三）优化资源配置

利率作为资金的价格，能自发地引导社会资金流向利润率较高的部门、地区和行业，从而实现社会资源的优化配置。同时，国家也可以利用差别利率政策，对一些基础设施行业、重点发展项目以及重点产品的生产和发展给予一定的优惠利率支持；对一些需要限制发展的长线产品和夕阳产业，可以适当地提高利率，从而实现优化产业结构和促进经济结构的调整。

（四）稳定货币流通

存款利率的高低直接影响银行的存款规模，对实现社会购买力与商品可供量的平衡有调节作用；贷款利率的高低直接影响银行的贷款规模，决定货币供应量，对币值稳定有重要作用；差别贷款利率对贷款结构和产业结构调整也有重要影响，而产业结构的合理化直接关系到货币正常流通的基础；此外，利率的高低还会影响到企业的生产规模和经营状况，从而影响社会商品的供给总量和结构，对货币的正常流通也有重要影响。

（五）平衡国际收支

利率对一国实现国际收支平衡也有重大的调节作用。当国际收支逆差时，通过提高本国的利率水平，一方面可以阻止本国资金流向利率较高的国家或地区；另一方面，还可以吸引国际资本流入本国，这样就可以矫正国际收支逆差。但是，由于高利率对投资行为有很强的抑制作用，故当国际收支逆差出现在国内经济衰退时应慎用利率政策，此时一般采用调整利率结构的办法来实现国际收支平衡。当一国国际收支大量顺差时，可以降低利率水平，既限制了国外资本的流入，又鼓励了本国资金外流，从而减少国际收支顺差。

二、利率的微观功能

（一）对微观经济主体的激励作用

对资金的供给者来说，实际利率大于零意味着资金的供给者可以通过贷出自己的闲置资金来增加自己的收入，于是就有动力去合理调整自己的消费和储蓄，并选择适当的储蓄方式，以贷出更多的资金；实际利率小于零时，资金的贷出者就要遭受实际价值的损失，这就会促使潜在的贷款人更多地选择当期消费或采用实物储蓄形式。当市场利率水平上升时，一般会提高微观经济主体的储蓄积极性，反之，储蓄总量就会减少。

对资金的需求者来说，利率的存在意味着他要付出一定的价值作为取得资金使用权的代价。而且，资金的借贷期限越长，利率就越高，进行借贷的资金成本也就越高，这就会激励其不断改善经营管理，合理安排资金配置，加速资金周转，节约资金使用，从而提高自身的经济效益。

（二）对微观经济主体的约束作用

对资金的供给者来说，利率的约束作用并不直接，这种约束作用主要体现在资金的需求者方面。对资金的需求者来说，利息是对其预期投资利润的直接扣除，考虑到利息也是借款人投入资本的机会成本，那么，借款的净收益就由预期投资收益减去利率后的余额决定。当这一余额为正时，借款人将有利可图，余额为负时借款人就要亏损。因此，在利率水平一定时，只有那些预期投资收益率高于利率的借款人才会选择借款；而那些预期投资收益率低于利率的借款者则会退出借贷市场。在借贷资本的使用过程中，利率的约束作用在很大程度上就转化为借款人高效使用借贷资本的努力，此时利率的约束作用依然存在，只是表现得更加间接一些而已。

（三）对社会财富合理分配的作用

利率是借贷资本的价格，是借款人取得资本使用权所付出的代价和贷款人让渡资本使用权所获收益的计算尺度。在任何一个具体的借贷合约中，借款人的代价和贷款人的收益总是一一对应的，这就意味着利率在其中发挥着财富分配的作用。即在实际利率大于零的前提下，财富从借款人向贷款人转移，并且利率越高，这种财富转移效应越大。

三、利率功能充分发挥的前提条件

利率作为经济杠杆，对微观经济和宏观经济都会产生重要影响。但是，利率要发挥调节作用，还必须具有一定的市场环境和市场条件。

（一）市场化的经济运行方式

利率作用充分发挥的前提是经济运行完全充分采用市场化运作方式，与经济的商品化、货币化和信用化程度直接相关。因为，只有在商品经济发展到一定程度后，货币信用关系才能将社会各阶层的利益关系紧密联系在一起，作为货币信用范畴的利率也才能起到调节各个经济主体之间利益关系的作用。可以说，经济的商品化、货币化和信用化程度越高，利率对社会经济运行的调节作用就越大。

（二）硬约束的微观经济主体

利率对经济的调节作用是通过利益机制的传导而实现的。这就要求资金的借贷双方都必须是自主经营、自负盈亏、自担风险、自我发展，并且具有健全的利益驱动和风险约束机制的法人主体，只有这样，微观经济主体才会出于各自的利益最大化原则选择自己的市场参与方式，也才能对利率变化作出灵敏的反应，及时相应调整自己的经营和投资行为。

（三）完善发达的金融市场

利率作为资金的价格是一种市场参数，完善发达的金融市场和齐全的金融工具是利率充分发挥作用的客观条件。只有在金融工具丰富、市场发育程度高的金融市场上，才会有足够多的硬约束的资金需求者和供给者，也才会有足够规模的交易对象——社会资金。同时，只有金融商品的种类和数量达到了一定规模，利率的杠杆作用才能有其存在的必要和基础。

（四）市场化的利率管理体制

利率杠杆要能有效地发挥作用，整个经济管理体制必须是一种间接管理体制，而不是直接管理体制或是行政管理体制。间接管理体制的标准就是利率决定的市场化，可以说利率市场化是利率杠杆发挥作用的基本前提。因为，只有在市场经济条件下，由市场决定的利率才能真正反映社会资金的供求状况，才能真正成为借贷资金的价格。否则，利率变化传递的信号可能就是虚假的或是扭曲的，非但不能有效发挥利率的杠杆调节作用，而且还会误导微观经济主体的决策，造成严重的市场失效。

第五节　利率的风险结构与期限结构

在本章的利率决定理论部分，我们考察的只是一种利率的决定问题。其实，真实世界中的市场利率是多种多样的，比如贷款利率、短期政府债券利率、长期政府债券利率、公司债券利率等，这些利率往往都是不一样的。由于不同的利率对经济运行的影响不同，这就需要从理论上解释市场上复杂的利率结构是如何形成的，由此形成了利率的风险结构与期限结构理论。利率的风险结构考察的是期限相同的债券出现利率差异的原因，而利率的期限结构考察的则是不同期限债券利率之间的关系。对这些利率结构的研究有助于我们全面、完整地理解利率，也有助于企业、银行及居民个人做出正确的投资决策。

一、利率的风险结构

对于期限相同的各种不同债券来说，它们的利率变化呈现出这样的特点：在任一给定的年份，不同种类债券的利率各不相同，且利率之间的差幅随时间的变动而变动。[①] 经济学家经过考察和研究后发现，违约风险和流动性在利率的风险结构中起着决定性的作用。

（一）违约风险

债券发行人有可能违约，即不能支付利息或在债券到期时不能清偿面值，这是债券所具有的风险，它会影响债券的利率。产生违约风险的原因有两种：一是由于借款者经营不善或其他原因，没有足够的现金流来偿付到期的债券；二是虽然借款者有足够的现金流，但他没有到期还本付息的意愿。与一般企业不同，中央政府有税收和货币发行的权力作后盾，因此购买国债一般不会承担违约风险，所以政府债券享有“金边债券”的美誉。[②] 一般公司债券往往存在或大或小的违约风险，故被称为有违约风险债券；而政府债券却可视为无违约风险债券。有违约风险债券与无违约风险债券之间的利率差额，称为风险升水，它是人们为持有某种风险债券所必须获得的额外利息。

我们可以用图 3－5 来分析违约风险对利率的影响。图 3－5（a）描绘了公司债券（有违约风险）的供给与需求曲线，图 3－5（b）描绘了政府债券（无违约风险）的供给和需求曲线。假定公司债券最初没有违约风险，因此，最初时它与政府债券一样，其利率中没有风险升水，而且它们的期限也一样。这样，它们的初始均衡价格和利率都是相同的，即 $P_{c1}=P_{t1}$，$i_{c1}=i_{t1}$，从而风险升水为零，即 $i_{c1}-i_{t1}=0$。

---

① 参见［美］米什金：《货币金融学》（第四版），中国人民大学出版社 1998 年版，第 134 页。

② 参见彭兴韵：《金融学原理》，生活、读书、新知三联书店 2003 年版，第 300 页。

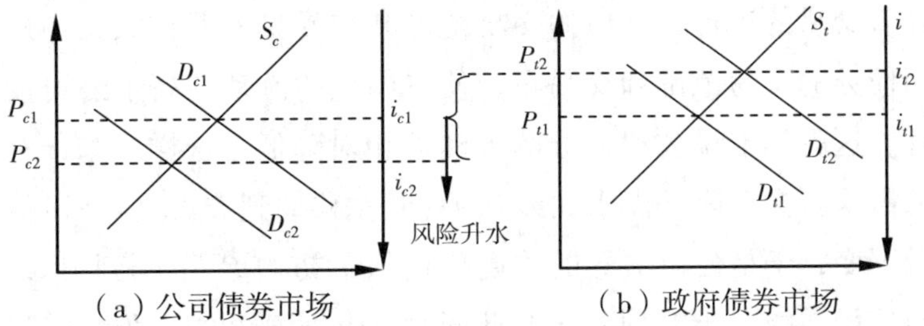

图3－5　公司债券违约风险对利率的影响

如果该公司在其后的生产经营中遭受了巨大损失，公司债券的违约风险增大，预期收益率下降并且变得不确定。这样，公司债券的需求曲线 D_{c1} 向左移动到 D_{c2}，由于其他条件不变，供给曲线不动，因此公司债券的均衡价格从 P_{c1} 下降到 P_{c2}，均衡利率则从 i_{c1} 上升到 i_{c2}。同时，因为对政府债券的需求增加，需求曲线从 D_{t1} 右移至 D_{t2}，均衡价格从 P_{t1} 上升到 P_{t2}，相应地均衡利率从 i_{t1} 下降到 i_{t2}。于是，公司债券的风险升水从最初的零上升为正值 $i_{c2}-i_{t2}$。由此可以得出结论：有违约风险的债券总是具有正的风险升水，并且风险升水随着违约风险的增加而增大。总之，违约风险是造成债券利率差别的重要原因之一，有违约风险债券的风险升水是对承担债券违约风险的补偿，违约风险越大，风险升水越大，从而债券之间的利率差别越大。

（二）流动性

影响债券利率的另一个重要因素是债券的流动性。资产的流动性是指在必要时可以迅速、低成本变现的能力大小。资产的流动性越大，越受人们欢迎。由于国债的交易最为广泛，故国债容易迅速出手并且交易费用较低。而在紧急情况下，投资者持有的公司债券却难于迅速地找到买主，故出售公司债券的损失一般较大。因此，国债是流动性最强的债券，任何公司债券的交易量都小于国债的交易量，其流动性都小于国债的流动性。

我们可以继续用图3－7来分析债券的流动性变化对债券利率的影响。假定最初时刻公司债券和政府债券（这里特指国债）的均衡价格相同，均衡利率也相同，具有相同的期限、相同的风险和相同的流动性。随着交易的进行，国债的交易范围和交易量不断扩大，远远超过了公司债券的交易范围和交易量，使得国债的流动性高于公司债券的流动性，这就等于说公司债券的流动性相对降低。这样一来，对公司债券的需求就会下降，需求曲线从 D_{c1} 向左移动到 D_{c2}，但公司债券的供给量不变，于是公司债券的均衡价格从最初的 P_{c1} 下降到 P_{c2}，利率相应地从最初的 i_{c1} 上升到 i_{c2}。与此同时，由于国债的流动性相对提高，人们对国债的需求量增加，需求曲线从 D_{t1} 右移至 D_{t2}，供给曲线未发生移动，均衡价格从 P_{t1} 上升到 P_{t2}，相应地均衡利率从 i_{t1} 下降到 i_{t2}。在最初时刻，有 $P_{c1}=P_{t1}$ 和 $i_{c1}=i_{t1}$，因而公司债券与国债之间没有利率差别。但现在由于流动性发生了变化，导致公司债券的利率上升和国债的利率下降，出现了利率差额 $i_{c2}-i_{t2}$，这个差额称为流动性升水。其实，流动性升水是对公司债券流动性较低这一不足的补偿。由此可以得出结论：国债的流动性越大（相应地公司债券的流动性越小），流动性升水越大，利率差别也就越大。

以上分析表明，期限相同的不同债券之间的利率差别，不仅反映了债券的违约风险，而且反映了债券之间的流动性差别，因此，这种利率差别可以分解为风险升水和流动性升水两部分。期限相同的不同债券之间的利率差别本质上是由于债券的违约风险不同和流动性大小不同所致。

二、利率的期限结构

债券的期限也会影响债券利率。具有相同违约风险和流动性的债券，往往会由于它们距离到期日的时间长短不同而具有不同的利率。不同期限债券之间的利率关系，被称为利率的期限结构，通常可以用收益率曲线加以描绘。所谓收益率曲线，是指那些违约风险和流动性相同但期限不同的债券的利率（到期收益率）连成的曲线。

为了推导出收益率曲线，可运用下列公式：

$$P=\frac{R_1}{(1+r)^1}+\frac{R_2}{(1+r)^2}+\frac{R_3}{(1+r)^3}+\cdots+\frac{R_n}{(1+r)^n}+\frac{F}{(1+r)^n} \tag{3.13}$$

其中，P 表示债券的市场价格，R_1、R_2、R_3、$\cdots R_n$ 表示债券每期固定的利息收益，n 代表债券的期限，F 代表债券的面值，这些都是已知值。r 代表的债券利率（收益率）是未知的。如果求出对应于不同期限 n 的不同利率 r，就可得到各种不同期限与利率的组合（n，r）。然后将这些不同的组合点连接起来，就得到了收益率曲线。

从理论上讲，收益率曲线有五种可能的形态。第一种为水平形，利率不随时间的变化而变化，即 $\mathrm{d}r/\mathrm{d}t=0$；第二种为渐升形，利率随期限的延长而上升，即 $\mathrm{d}r/\mathrm{d}t>0$；第三种为渐降形，利率随期限的延长而下降，即 $\mathrm{d}r/\mathrm{d}t<0$；第四种为先升后降形；第五种为先降后升形。如图 3－6 所示。

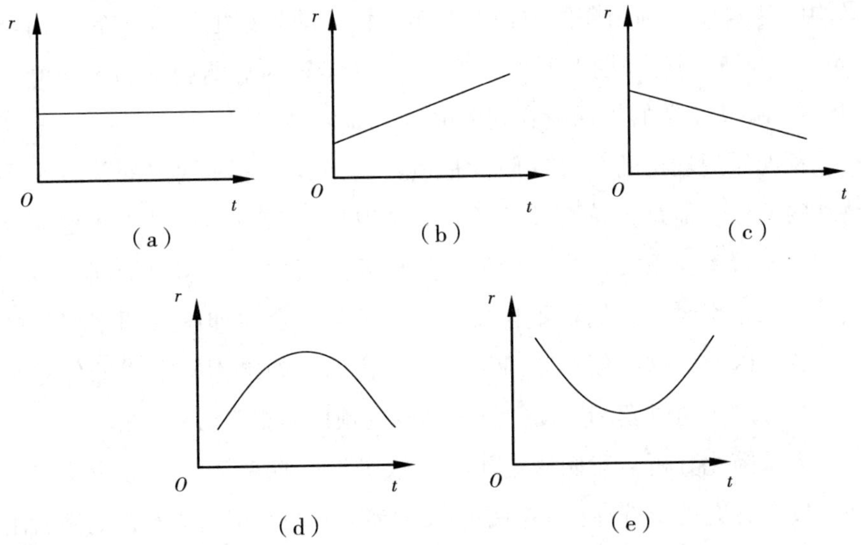

图 3－6　收益率曲线的五种基本形态

在实际生活中，我们经常会看到向右上方倾斜的收益率曲线，但有些时候也会看到向右下方倾斜的收益率曲线。关于收益率曲线，有以下三个重要的经验事实：

事实 1： 虽然债券的期限不同，但它们的利率却随时间一起波动。

事实 2： 如果短期利率低，则收益率曲线向右上方倾斜；如果短期利率高，则收益率曲线向右下方倾斜。

事实3：收益率曲线几乎总是向右上方倾斜的。

为什么收益率曲线会出现这些形态？是什么因素决定收益率曲线的形态？为什么有时短期利率会高于长期利率，有时又低于长期利率？对这些问题的不同解释就形成了不同的利率期限结构理论，主要有预期假说理论、分割市场理论以及期限选择与流动性升水理论。

（一）预期假说理论

预期假说理论的基本观点是，收益率曲线的形态是由人们对未来利率的预期所决定的，对未来利率的预期是决定现有利率结构的主要因素。该理论认为，长期债券的利率等于长期债券到期之前人们短期利率预期的平均值。例如，如果人们预期在未来5年里，短期利率的平均值是10%，则预期假说预测5年期债券的利率也将是10%；如果5年后，短期利率预期上升，从而未来10年里的短期利率的平均值为12%，则10年期的长期债券利率也是12%。

预期假说理论的关键性假设是债券购买者对某种期限的债券并无特殊的偏好，他是否持有该债券，完全取决于该债券相对于其他债券的相对回报率。因此，当某种债券的预期回报率低于期限不同的另一债券的回报率时，人们将不再持有这种债券，会立即购买回报率较高的债券。因此，这些债券是可以完全替代的。如果不同期限的债券是完全替代品，通过套利活动，这些债券的预期回报率必然是相等的。

为了简化分析，我们假定用1元钱进行为期两年的债券投资，有两种投资方案可供选择：一种是购买利率为 i_t 的1年期债券，期满后用所得到的全部资金再购买预期利率为 i_{t+1}^e 的1年期债券；另一种是购买年利率为 i_{2t} 的两年期债券并持至期满。

在第一种方案中，两年后的净收益为：

$$(1+i_t)\cdot(1+i_{t+1}^e)-1=i_t+i_{t+1}^e+i_t\cdot i_{t+1}^e \tag{3.14}$$

在第二种方案中，两年后的净收益为：

$$(1+i_{2t})\cdot(1+i_{2t})-1=2i_{2t}+(i_{2t})^2 \tag{3.15}$$

由于套利行为的存在，上述两种方案的净收益应该是一样的，即有：

$$i_t + i_{t+1}^e + i_t \cdot i_{t+1}^e = 2i_{2t} + (i_{2t})^2 \tag{3.16}$$

在（3.16）式中，$i_t \cdot i_{t+1}^e$ 和 $(i_{2t})^2$ 都是很小的，可以忽略不计，于是就有：

$$i_{2t} = \frac{i_t + i_{t+1}^e}{2} \tag{3.17}$$

（3.17）式表明，两年期债券的利率应等于连续两个一年期债券利率的算术平均值。更一般地，如果有一种期限为 n 年的债券，它的利率为 i_{nt}。在这 n 年中，期限为一年的短期债券的利率分别为 i_t、i_{t+1}^e、i_{t+2}^e、$\cdots i_{t+n-1}^e$，则有：

$$i_{nt} = \frac{i_t + i_{t+1}^e + i_{t+2}^e + \cdots + i_{t+n-1}^e}{n} \tag{3.18}$$

因此，根据预期假说理论，短期利率的上升将提高人们对未来短期利率的预期，这样，又会进一步使长期利率上升。反之，如果短期利率下降，人们对未来短期利率的预期也会相应地下降，并进一步使长期利率下降。很显然，该理论对事实 1 和事实 2 都能很好地进行解释，但却不能解释事实 3。

（二）分割市场理论

期限结构的分割市场理论认为，不同期限的债券市场是完全独立和分割开来的，因此，各种期限债券的利率由该种债券的供求关系所决定，并不受其他期限债券预期回报率的影响。例如，根据这一理论，三年期国债利率的变化不会影响对一年期国债的需求，故一年期国债的利率不变。可见，分割市场理论与预期假说理论完全相反，处于另一个极端，即假定不同期限的债券之间根本没有替代性。

分割市场理论对经验事实 3 提供了很好的解释：在通常情况下，人们更偏好期限较短、风险较小的债券，因而人们对短期债券的需求较大，而对长期债券的需求较小。较大的需求导致短期债券的价格较高，利率较低；相反，长期债券的价格较低而利率却较高。这样，收益率曲线就是向右上方倾斜的。

但是，分割市场理论却无法解释事实 1 和事实 2。既然分割市场理论把不同期限的债券市场完全分割开来，那么一种期限的债券利率发生变化，是不会影响其他期限的债券利率的，因而这一理论就无法解释不同期限债券的利率一起波动的事实。另外，分割市场理论对长期债券的供求与短期债券的供求之间的关系没有进行分析，对长期债券的供求如何随短期债券利率的变化而变化的问题没有说明，因而无法解释事实2：短期利率低时，收益率曲线向右上方倾斜；短期利率高时，收益率曲线向右下方倾斜。

（三）期限选择与流动性升水理论

期限选择理论综合了预期假说和分割市场理论的特点，纠正了这两种理论走向极端的错误，认为不同期限的债券虽然不像预期假说所说的那样是完全替代品，但仍具有一定的相互替代性，同时债券投资者对债券期限具有某种偏好。因此，期限选择理论认为，长期债券的利率等于这种债券到期之前短期利率预期的平均值，加上这种债券随供求条件变化而变化的期限升水。也就是说，投资者不允许一种期限的债券的预期收益率与另一种期限的债券的预期收益率背离得太远，但由于他们有对债券期限的偏好，所以对于那些期限不为他们所偏好的债券来说，只有当能够获得更高的预期收益率时，他们才会购买这些不偏好的债券。

通常情况下，投资者对短期债券的偏好大于长期债券。那么，即使短期债券的预期收益率比长期债券略低一点，投资者也愿意持有短期债券。只有当长期债券的预期收益率高出短期债券较多时，投资者才会考虑选择长期债券。这意味着为了让投资者购买长期债券，必须在预期假说所给出的长期债券利率的基础上，再向投资者支付期限升水，即必须让投资者为持有不偏好期限的债券而得到补偿。因此，如果用 p_{nt} 表示第 t 年中 n 年期债券的期限升水，即在第 t 年里，为了让投资者购买 n 年期长期债券，必须向投资者多支付的利率（ p_{nt} 随着期限 n 的延长而增大），期限选择理论可用公式表示为：

$$i_{nt} = \frac{i_t + i_{t+1}^e + i_{t+2}^e + \cdots + i_{t+n-1}^e}{n} + p_{nt} \qquad (3.19)$$

与期限选择理论类似的是流动性升水理论。我们知道，金融工具的期限越长，流动性就越低；反之，期限越短，流动性就越高。由于长期债券的流动性低于短期债券，持有长期债券就要承担较高的流动性风险。因此，要使投资者持有长期债券，就必须向他们支付正值的流动性升水，以补偿他们所承担的风险。如果用 l_{nt} 表示流动性升水，则流动性升水理论可表示为：

$$i_{nt} = \frac{i_t + i_{t+1}^e + i_{t+2}^e + \cdots + i_{t+n-1}^e}{n} + l_{nt} \tag{3.20}$$

很显然，对于经验事实 1，即不同期限债券的利率随时间一起发生变动，期限选择理论与流动性升水理论能进行更为完善的解释。对于事实 2，这一理论的解释是这样的：如果当前短期利率低，那么人们一般会预期未来的短期利率要上升，因而各期限内短期利率预期的平均值将高于当前短期利率，再加上正值的期限升水和流动性升水，故收益率曲线向右上方倾斜。相反，如果当前短期利率太高，人们预期未来短期利率会大幅度下降，当长期内短期利率预期的平均值大大低于当前短期利率时，即使存在正值的期限升水和流动性升水，收益率曲线也会向右下方倾斜。对于事实 3 的解释是：由于投资者偏好于短期债券，故随着期限的延长，期限升水和流动性升水将增加，这就使长

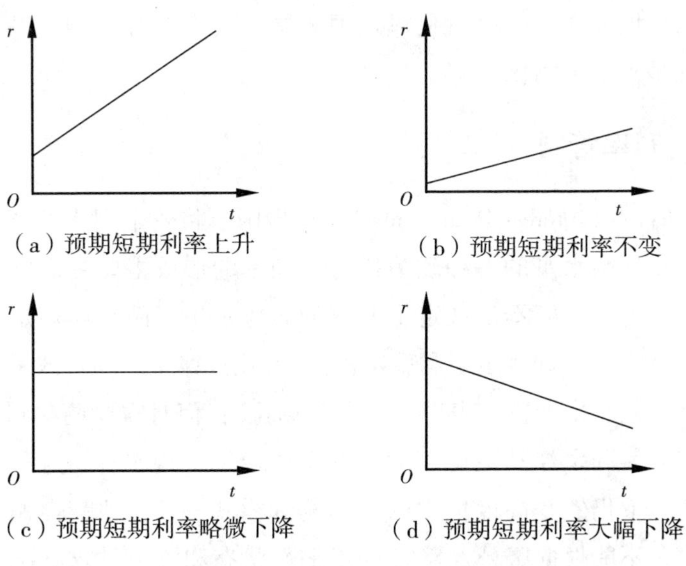

图 3－7　收益率曲线和市场对未来短期利率的预测

期债券的利率随期限的延长而增大，因此，在通常情况下，收益率曲线是向右上方倾斜的。

期限选择与流动性升水理论最引人注目的地方，是它使人们仅仅通过观察收益率曲线的倾斜度，就可以预测短期债券的未来市场利率的变化趋势（如图3－7所示）。图3－7（a）中陡直向上倾斜的收益率曲线表明，未来短期利率预期将会上升；（b）中相对平缓的向上倾斜的收益率曲线表示，未来短期利率预期将保持不变；（c）中水平的收益率曲线表示，未来短期利率将会略微下降；最后，（d）中向下倾斜的收益率曲线表示，未来短期利率将会急剧下降。

第六节　利率管理体制

利率管理体制是国家对利率进行管理的一种组织制度，它是一个国家或地区金融管理当局利率管理的权限、范围、程度、措施及利率传导机制的总称。它是一个国家或地区经济管理体制的重要组成部分，是利率政策发挥作用的基础。

目前，世界各国采取的利率管理体制主要有两种类型：一是利率管制，二是利率市场化。

一、利率管制

利率管制（Interest Rate Control）是指国家将资金利率调整到高于或低于市场均衡水平的一种政策措施。利率的形成主要受制于政府的政治经济意图，政府不仅规定了利率的总体水平，而且还规定了各种利率的具体水平（即规定了利率结构），并用法律手段和行政手段进行严格管制，使利率严重地表现为“非市场化”：何时需要调整利率、调整幅度多高、利率浮动范围多大，都由国家统一规定——这种利率管理模式实际上仍然是高度集中的计划管理模式——各地都遵循统一的利率政策，不能根据区域经济发展不平衡状态和资金供求状况的差异灵活发挥利率的调节作用，只能被动地执行国家制定的利率政策。这种情况使得利率对不同地区、不同产业、不同产品的调节作用受到许多限制，并由此而削弱了分层次宏观调控的效果。

在当代世界各国的发展战略和需求管理政策中，利率一直都在扮演着重要的角色。利率通过直接影响储蓄、投资和货币需求，会极大地影响公共部门的收支，影响总需求、产量和就业，并会对国际收支差额产生重要影响。在许多发展中国家和工业国中，由于利率不由市场供求关系决定，主要是靠行政措施调节，因此利率高低的选择便成了决策当局一个重大的决策问题。许多发展中国家为了刺激投资和经济增长，采用将利率限制在低水平或者负实际利率的水平上的做法，并且长时期不变。

政府对名义利率规定较低的利率水平，虽然会刺激投资增长，但同时也会减少居民储蓄。

利率管制造成资金使用的低效率。当利率受管制而处于较低水平时，投资者融资成本大大降低，一些原来无力借贷的低效率企业此时也可获得资金，这促使一些劳动力资源丰富而资本匮乏的发展中国家不恰当地鼓励了用资本替代劳动的过程，不利于发挥其劳动密集型产品的优势。一国以不具优势的要素去替代优势要素，对其经济体系的效率而言是一大损失。

利率管制往往同时包括压低利率水平和信贷配给两项内容。对利率水平的人为压制的后果是极大地刺激了资金需求者对贷款的获取欲望，但信贷配给制则又使有限资金的流向局限于某一范围之内，对资金的超额需求与有限配给之间的矛盾导致了金融黑市的产生。这虽然是市场对管制短缺的一种自发反应，但是诸多缺乏法律保护的因素决定了它对经济秩序和社会安定局面的破坏性；而信贷配给制度则诱发了频繁的“寻租”行为，加剧了社会腐败现象的滋生。因为在现实生活中，信贷配给并非完全依据政府产业政策，而是根据借款者的资金和信誉情况、私人交往或友谊，甚至是借款者支付回扣的多少来分配资金流向。这样一来就会使企业之间不惜采用一切手段去争取优惠的信贷资金而不顾企业内在价值的提高。

鉴于上述弊端和金融自由化浪潮的不断冲击，西方发达国家及新兴工业化国家，在经历了利率管制所带来的发展期后，于20世纪70年代开始逐渐解除利率管制，放松金融约束。

二、利率市场化

在西方实行市场经济体制的国家中，通常情况下中央银行不直接决定金融机构存贷款利率，而是参照货币市场和宏观经济状况的变化情况，通过制定再贷款利率、再贴现利率、存款准备金利率以及公开市场操作等，来影响市场利率水平，进而影响全社会投资与消费的冷热。

所谓利率市场化，是指中央银行放松对商业银行利率的直接控制，把利率的决定权交给市场，由市场主体自主决定利率，中央银行则通过制定和调整再贴现率、再贷款率以及公开市场买卖有价证券等间接调控手段，形成资金利率，使之间接地反映中央银行货币政策的一种机制。简言之，利率市场化是指由资金市场的供求关系来决定利率水平，政府放弃对利率的直接行政干预。

利率市场化是相对于利率管制而言的。在利率管制情况下，利率由央行统一制定。各商业银行和非银行金融机构不能根据资金供求和本身资金的运营情况自主地确定存贷款利率及各种金融资产的利率。而在利率市场化情况下，利率则是由各个金融机构根据金融市场供求状况和央行的指导性信号，自主地确定利率大小和调整利率的时机，央行只是通过预定年度货币政策计划，制定和调整法定准备金率、再贷款利率、再贴现利率，进行公开市场业务操作及其他指导性窗口等，借助货币市场的内在运行机制，向金融机构传导央行的信贷、利率政策信号，从而间接影响金融市场的利率水平。

因此，利率市场化主要就是指发展中国家的利率管理体制在由国家制定并管制利率向央行管理下市场利率体制转变过程中，政府逐步放弃金融压制，培育和创新市场主体，健全和完善金融市场交易规则，逐步放松直至取消利率管制的一个动态过程。在这一过程中，实行在央行的计划指导和宏观控制下，利率由借贷双方根据资金市场供求状况来自主决定，从而形成央行管理下由市场机制决定的市场均衡利率。

央行的计划指导是指央行通过预定年度货币政策计划，制定和调整法定准备金率、再贷款利率、再贴现利率等基准利率，采取公开市场业务等操作，来对市场利率进行指导。央行的宏观控制是指央行依据金融法律、法规以及必要的行政手段对商业银行和非银行金融机构的经营行为进行金融监控。

利率市场化有着丰富的内涵，至少应包括金融交易主体享有利率决定权，利率的数量结构、期限结构和风险结构应由市场自发选择，中央银行间接影响金融资产利率的权力等方面的内容：

（一）金融交易主体享有利率决定权

现代经济学理论认为，利率是货币的价格，由货币供给与需求的均衡所决定。所以，利率市场化的真正含义是指在利率管理机制上，要赋予商业银行和其他金融机构相当充分的自主权，而不是传统的集中指令管理，把商业银行和其他金融机构的存贷款利率决定权交给市场，由市场上资金的供求状况来决定市场利率，市场主体可以在市场利率的基础上根据不同金融交易各自的特点自主决定利率。金融交易主体应该有权对其资金交易的规模、价格、偿还期限、担保方式等具体条款进行讨价还价，讨价还价的方式可能是面谈、招标，也可能是资金供求双方在不同客户或者服务提供商之间反复权衡和选择。

（二）利率的数量结构、期限结构和风险结构应由市场自发选择

同任何商品交易一样，金融交易同样存在批发与零售的价格差别。但与其不同的是，资金交易的价格还应该存在期限差别和风险差别。利率计划当局既无必要也无可能对利率的数量结构、期限结构和风险结构进行科学的测算。相反，金融交易的双方应该有权就某一项交易的具体数量（或称规模）、期限、风险及其具体利率水平达成协议，从而为整个金融市场合成一个具有代表性的利率数量结构、期限结构和风险结构。

（三）同业拆借利率或短期国债利率将成为市场利率的基本指针

显然，从微观层面上来看，市场利率比计划利率档次更多，结构更为复杂。一般情况下，市场利率水平只能根据一种或几种市场交易量大、为金融交易主体所普遍接受的利率来确定。根据其他国家的经验，同业拆借利率或者短期国债利率是市场上交易量最大、信息披露最充分从而也是最有代表性的市场利率，它们将成为制定其他一切利率水平的基本标准，也是衡量市场利率水平涨跌的基本依据。

（四）政府（或中央银行）享有间接影响金融资产利率的权力

利率市场化主要是为了解决利率的形成机制问题，即利率的形成应该由市场而不是政府或一国的货币当局来决定。但是，利率市场化并不排斥政府的调控作用，并不是主张放弃政府的金融调控，正如市场经济并不排斥政府的宏观调控一样，在整个利率管理中也仍有一定程度的国家控制和干预成分。在利率市场化条件下，中央银行在放松对商业银行利率的直接控制的同时一般加强了间接调控，通过制定和调整再贴现利率、再贷款利率及公开市场操作等间接手段形成资金的利率，间接地反映货币当局的政策意图。例如通过公开市场操作影响资金供求格局，从而间接影响利率水平；或者通过调整基准利率影响商业银行资金成本，从而改变市场利率水平。在金融调控机制局部失灵的情况下，可对商业银行及其他金融机构的金融行为进行适当方式和程度的窗口指导，但这种手段不宜用得过多，以免干扰金融市场本身的运行秩序。

在我国目前的状况下，利率市场化可被动态地看作是从现行单一的计划利率机制向国家宏观调控和限制下的市场利率机制方向变化的过程。其最终目标是要实现市场机制在信用资金价格决定上的基础作用，由此形成以基准利率为中心、市场利率为主体，既有国家宏观调控功能，又具有市场自我调节功能的一种利率管理系统，从而调节社会信用资金供求，并引导资金的合理流动。就利率市场化的政策定位而言，我国市场化的利率体系应形成以央行再贷款和再贴现利率为基准利率，以国债利率和同业拆借利率为基础利率，以商业银行存款利率为主体、其他金融机构利率为补充，由市场资金供求状况决定的利率体系。

目前，我国利率体系大致分为三个层次：一是基准利率，主要包括再贷款利率、再贴现利率和准备金存款利率；二是金融机构法定存贷款利率，主要包括居民储蓄存款利率、企业存款利率、贷款利率等；

三是市场化利率，主要是由市场定价的利率，如同业拆借市场利率、国债回购市场利率等。其中，对于金融机构法定存贷款利率，人民银行通过制定存贷款利率浮动范围、制定相关政策对各类利率结构和档次进行调整等方式进行调控。

【专栏3－1】

中国利率市场化进程

我国利率市场化改革的总体思路是“先外币、后本币；先贷款、后存款；先长期、大额，后短期、小额”。

1. 1995年，《中国人民银行关于“九五”时期深化利率改革的方案》初步提出利率市场化改革的基本思路。

2. 1996年6月1日，放开银行间同业拆借市场利率，实现由拆借双方根据市场资金供求自主确定拆借利率。

3. 1997年6月，银行间债券市场正式启动，同时放开了债券市场债券回购和现券交易利率。

4. 1998年，将金融机构对小企业的贷款利率浮动幅度由10%扩大到20%，农村信用社的贷款利率最高上浮幅度由40%扩大到50%。

5. 1998年3月，改革再贴现利率及贴现利率的生成机制，放开了贴现和转贴现利率。

6. 1999年10月，对保险公司大额定期存款实行协议利率，对保险公司3000万元以上、5年以上大额定期存款，实行保险公司与商业银行双方协商利率的办法。

7. 1999年允许县以下金融机构贷款利率最高可上浮30%，将对小企业贷款利率最高可上浮30%的规定扩大到所有中型企业。

8. 2000年9月21日，实行外汇利率管理体制改革，放开了外币贷款利率；300万美元以上的大额外币存款利率由金融机构与客户协商确定。

9. 2002年，扩大农村信用社利率改革试点范围，进一步扩大农村信用社利率浮动幅度；统一中外资金融机构外币利率管理政策。

10. 2002年3月，将境内外资金融机构对中国居民的小额外币存款，纳入中国人民银行现行小额外币存款利率管理范围，实现中外资金融机构在外币利率政策上的公平待遇。

11. 2003年7月，放开英镑、瑞士法郎和加拿大元的外币小额存款利率管理，由商业银行自主决定。

12. 2003年11月，对美元、日元、港币和欧元的小额存款利率实行上限管理。

13. 2004年1月1日，央行再次扩大了金融机构贷款利率浮动区间；3月25日实行再贷款浮息制度；10月29日放开了商业银行贷款利率上限，城乡信用社贷款利率浮动上限扩大到基准利率的2.3倍，实行人民币存款利率下浮制度，实现了“贷款利率管下限、存款利率管上限”的阶段性目标。

14. 2005年9月20日，商业银行被允许决定除定期和活期存款外的6种存款的定价权。

15. 2006年8月19日，将商业性个人住房贷款利率浮动扩大至基准利率的0.85倍。

16. 2006年9月6日，《中国人民银行关于构建中国货币市场基准利率有关事宜的通知》提出分步实施Shibor的构建工作，建立报价制的中国货币市场基准利率。

17. 2007年1月4日，中国人民银行正式开始对外发布上海银行间同业拆借利率（Shanghai Interbank Offered Rate，简称Shibor）。

18. 2008年10月，将商业性个人住房贷款利率下限扩大至基准利率的0.7倍。

19. 2012年6月8日，中国人民银行下调金融机构人民币存贷款基准利率。金融机构一年期存款和贷款基准利率均下调0.25个百分点，其他各档次存贷款基准利率及个人住房公积金存贷款利率相应调整。自同日起：(1) 将金融机构存款利率浮动区间的上限调整为基准利率的1.1倍；(2) 将金融机构贷款利率浮动区间的下限调整为基准利率的0.8倍。

20. 2012年7月6日，中国人民银行下调金融机构人民币存贷款基准利率。金融机构一年期存款基准利率下调0.25个百分点，一年期贷款基准利率下调0.31个百分点。自同日起，将金融机构贷款利率浮动区间的下限调整为基准利率的0.7倍。

21. 经国务院批准，中国人民银行决定，自2013年7月20日起全面放开金融机构贷款利率管制。

22. 2013年10月25日，贷款基准利率集中报价和发布机制正式运行。

本章小结

利息是从属于信用活动的范畴，是伴随着借贷行为而产生的。对利息本质的认识，西方经济学家有时差论、节欲论、流动性偏好论等观点；而马克思却认为利息直接来源于利润，是利润的一部分而不是全部，并且也是剩余价值的转化形态。

按照不同的标准，利率可以划分出多种多样的类别，有存款利率与贷款利率、固定利率与浮动利率、名义利率与实际利率、长期利率与短期利率、一般利率与优惠利率，以及市场利率、官定利率与公定利率等。

决定利率水平的因素有很多，例如社会平均利润率、借贷资金的市场供求状况、通货膨胀预期、中央银行的货币政策等。西方利率决定理论主要有：古典利率理论、流动性偏好理论、可贷资金理论以及IS-LM模型的分析。利率是调节经济运行的重要杠杆，但要使利率充分地发挥作用，必须具备一定的市场环境和前提条件。

现实生活中的利率种类非常多，而且常常不一样。利率的风险结构与期限结构理论对利率差异的形成提供了解释。利率的风险结构考察的是期限相同的债券出现利率差异的原因，而利率的期限结构考察的则是不同期限债券利率之间的关系。

目前，世界各国采取的利率管理体制主要有两种类型：一是利率管制，二是利率市场化。

重要概念

市场利率　浮动利率　基准利率　实际利率　名义利率　公定利率　官定利率　流动性偏好　流动性陷阱　利率市场化

第四章 金融市场

在现代经济系统中，有三类重要的市场对经济的运行起着主导作用，这就是产品市场、要素市场和金融市场。其中，产品市场是进行商品和劳务交易的市场，要素市场是分配劳动、资本和土地等生产要素的市场，而金融市场则是进行资金配置的市场。随着经济的日益金融化和货币化，金融市场的发达与否越来越成为衡量一国经济发达程度的重要标志。本章作为概述，旨在对金融市场作一般介绍。

第一节 金融市场及其构成要素

金融市场是商品经济发展的产物。在商品经济条件下，随着商品流通的发展，生产日益扩大和社会化，多种融资形式和融资工具应运而生，这些融资形式和融资工具的大量运用与流通导致了金融市场的形成。而金融市场的形成反过来又促进着商品经济的持续、稳定与协调发展。

一、金融市场的含义

金融市场是以金融资产为交易对象而形成的供求关系及其机制的总和，其核心是通过价格机制实现金融资产的优化配置。这里，金融资产亦称作金融工具，指一切代表未来收益或资产合法要求权的凭证，如债券、存款单、股票等。因此，金融市场包含三层含义：第一，金融市场是进行金融资产交易的市场，而交易既可以在具有固定场地、设施的场所进行（即有形市场），又可以借助诸如互联网、电话、电报等现代信息载体进行（即无形市场）；第二，金融市场像其他市场一样，有金融资产的需求者和供给者，两者的关系构成金融资产的供求关系；第三，金融市场包含了金融资产交易过程中所产生的各种相关机制，其中最主要的是价格机制。①

人们往往将金融市场区分为广义金融市场和狭义金融市场。前者是所有金融交易的总称，它包括资本借贷、保险、信托及有价证券、外汇和黄金的买卖；后者仅指通过金融工具直接买卖所形成的金融交易关系，核心是资本借贷以及有价证券、外汇和黄金的买卖这两大主要部分。本章主要介绍狭义金融市场。

现代金融市场有两大特征：其一，金融市场交易的对象是以货币为代表的金融资产及其相关服务。从表象上看，金融市场充斥着各种金融商品的买卖，但金融商品本身不是交易的目的，货币资金的转移和融通才是金融市场的实质内容和最终目的。正是由于交易对象的不同，才使得金融市场与商品市场、劳动力市场、技术市场等市场区别开来。其二，金融市场日益无形化。从市场形态上看，传统的场所论已经越来越不适用于金融市场。这是因为，一方面随着经济区域化和全球化进程的加快，金融交易关系的广泛性和复杂性使市场交易主体受限于固定场所已不可能；另一方面，现代信息技术革命也为无形市场的形成与发展提供了可能。

二、金融市场的构成要素

与其他市场一样，金融市场也是由四大要素构成：市场主体、市场客体、市场媒体和市场价格机制。

（一）金融市场主体

金融市场主体就是进行金融资产交易的人，包括自然人和法人，它是金融市场最基本的构成要素。一般将金融市场主体分为资金供给者和资金需求者两种。

---

① 张亦春主编：《金融市场学》，高等教育出版社1999年版，第1页。

1. 资金供给者

在金融市场上，资金供给者又称投资者，指购买金融资产，即提供资金的各种机构和个人。在金融市场上，资金供给者可分为四类：个人或家庭、企业、政府和金融机构。

（1）个人或家庭，也称作居民

一般来说，个人或家庭往往是金融市场上最大的资金供给者。个人或家庭在获得货币收入后，除一部分留作当期消费外，剩下部分或者存放到银行，或者直接用于购买股票或债券等金融工具，而这正是金融市场资金来源的重要渠道。

（2）企业

企业在生产经营过程中往往会有一部分货币资金暂时闲置（如折旧资金等）。在这种情况下，企业也会与家庭一样，将这部分货币存放到银行，或者直接进行证券投资，以获取收入。

（3）政府

政府部门在其日常收支过程中也会产生一部分闲置资金，这部分资金也会通过各种渠道流入金融市场，从而使政府成为金融市场上的另一个重要的资金供给者。

（4）金融机构

金融机构包括银行和非银行金融机构。它们一方面从社会吸收零散资金，直接为资金需求者提供资金；另一方面银行体系还可通过存款创造，为金融市场源源不断地输入资金。

2. 资金需求者

在金融市场上，资金需求者也就是筹资人。个人或家庭、企业、政府和金融机构既是金融市场上的资金供给者，又是资金需求者。

（1）个人或家庭

个人或家庭成为金融市场上的资金需求者往往出自两个原因：一是应付急需或购买高档耐用消费品；二是投资，如在牛市中为抓住有利机会而向银行紧急借款等。

（2）企业

企业往往是金融市场上最大的资金需求者。企业筹措资金主要是为了满足流动性资金或固定资产投资的需要。它们获得资金的途径很多，如直接贷款、票据贴现、发行股票或债券等。

（3）政府

政府在金融市场上主要通过发行政府债券来获得资金。这些资金通常被用于经济建设或弥补财政赤字。

（4）金融机构

当金融机构以资金需求者身份出现在金融市场上时，它们所筹集的资金往往用于补充自身资金准备或满足客户的资金需要。当然，金融机构既可通过发行股票或债券来获取资金，也可通过同业拆借、贴现或再贷款等方式来获得资金。

（二）金融市场客体

金融市场客体也就是金融交易的对象或交易的标的物，即通常所说的金融工具。金融工具的数量和质量是决定金融市场效率和活力的关键因素。这是因为：一方面，金融交易必须借助于以货币表示的各种金融工具来实现，否则，资金的融通就无法进行。因此，金融工具的种类和数量决定着金融市场的广度。金融工具的种类、数量越多，就越能为不同偏好的投资人和筹资人提供选择机会，满足他们的不同需求，从而充分发挥金融市场的资金融通功能，对活跃经济、优化资金配置起到积极促进作用。另一方面，一种理想的金融工具必须既满足资金供给者的需要，又满足资金需求者的需要，同时还必须符合中央银行金融监管的要求，只有这样才能保证金融市场运行的高效性。

如果将金融衍生工具计算在内，目前在金融市场上交易和流通的金融工具已达数千种之多。正因为如此，人们往往根据不同标准，对这些金融工具进行了种种分类。

1. 按照金融工具的期限划分，可分为短期金融工具和长期金融工具

短期金融工具指偿还期限在1年或1年以内的各种金融工具，包括票据、借据、短期国库券等。长期金融工具则指偿还期限在1年以上的金融工具，如长期债券、股票等。

2. 按照金融工具的供求关系划分，可分为直接金融工具和间接金融工具

直接金融工具是资金供求双方直接进行交易时所产生的金融工具，如股票、债券等。间接金融工具则是资金供求双方通过银行等金融中介机构进行交易时所产生的金融工具，如银行存单等。

3. 按照合约的权利或义务性质划分，可分为债权债务类金融工具和所有权类金融工具

债权债务类金融工具主要以票据、债券为代表，是一种债权债务凭证。所有权类金融工具主要以股票为代表，它所要表明的则是一种所有关系，因此是一种所有权凭证。

4. 按照与标的资产间的关系划分，可分为基础性金融工具和衍生性金融工具

基础性金融工具包括三大类：货币类基础金融工具（包括本国货币和外汇）、股权类基础金融工具（主要指股票）和利率类基础金融工具（如存单、商业票据、债券等）。衍生性金融工具又被称作金融衍生工具、金融衍生产品、金融派生品等，它是通过预测汇率、利率或者股价等的未来市场行情变动趋势，采用支付少量保证金的方式签订各种远期合约或互换不同金融产品等交易手法设计出来的新兴金融工具。

（三）金融市场媒体

金融交易的进行往往需要借助一定的中介机构或个人，以促使交易的顺利完成，这些中介机构或个人就是金融市场媒体。金融市场媒体与金融市场主体的主要区别在于二者参与金融交易的目的不同。金融市场媒体参与市场是为了获取服务佣金，其本身并非最终意义上的资金供给者或需求者。而金融市场主体则相反，它们进行金融交易的目的正是为了成为最终意义上的资金供给者或需求者，进而获得投资收益。金融市场媒体的主要作用在于促进金融市场上的资金融通，在资金供给者和资金需求者之间架起桥梁，以满足不同投资者和筹资者的需要。

金融市场媒体可分为金融机构媒体和金融市场商人两类。金融机构媒体又称组织媒体，包括商业银行、投资银行、证券公司、财务公

司、保险公司、信托公司等各类银行和非银行金融机构。金融市场商人则包括经纪人和自营商两类。经纪人是金融市场上为投资人和筹资人介绍交易的中间商，他们自身并不参与金融商品的交易，只是通过促成资金供给者和需求者之间的交易来赚取佣金。自营商则全面参与金融商品的交易，通过赚取买卖差价获利。

（四）金融市场价格机制

与一般商品市场相比，金融市场上的价格机制要复杂得多。因为对大多数金融资产来说，它们不仅存在着市场买卖价格，而且还涉及形形色色的收益率。以债券为例，一张债券往往对应着诸如票面价格、发行价格、市场价格、票面利率、到期收益率、持有期收益率等一系列的价格概念。

更重要的是，金融资产市场价格的形成十分复杂，几乎每时每刻都在发生变动。从理论上说，一种金融资产的内在价值是由这种金融资产自身的流动性、收益性和风险性共同决定的，三者的综合构成其价格基础。但实践中，影响这种金融资产价格的因素远远不止三种，诸如供给、需求、其他金融资产价格以及交易者心理预期等众多外在因素也都可以对其施加影响。

一个完整的金融市场必然包括上述四大要素。其中金融市场主体与金融市场客体是构成金融市场的最基本要素，是金融市场形成的基础。金融市场媒体和金融市场价格则是伴随金融市场交易应运而生的，也是金融市场不可缺少的要素，对促进金融市场的繁荣和发展具有重要意义。

三、金融市场的运作流程

在金融市场上，资金供给者和资金需求者之间的资金融通方式有两种：直接金融和间接金融。直接金融是一种资金需求者通过在证券市场上发行股票或债券，使资金直接从资金供给者流向资金需求者的融资方式。间接金融则是一种先通过银行等金融机构将资金供给者的资金进行集中，然后再由银行等金融机构将这些资金分配给资金需求者的资金融通方式。两者区别的实质内容在于：在直接金融中，资金供求双方发生了直接的权利与义务关系；但在间接金融中，资金供求双方并不发生直接的权利与义务关系。举例来说，作为资金供给者（或投资者），张三一旦购买了某一作为资金需求者的股份公司的股票，则意味着张三拥有了这一公司的相应资产所有权；而如果张三购买的是某公司发行的债券，则张三和这一公司就发生了直接的债权债务关系。但如果张三先将一笔钱放到银行存起来，而银行又将这笔钱贷放给了甲公司，很显然，张三只与银行发生债权债务关系，而与甲公司毫不相干。

值得注意的是，直接金融也有可能涉及金融中介（或金融媒体），如在股票或债券发行中常常有证券公司等金融中介参与。但此时的金融中介所起的仅仅是媒介作用。相反，在间接金融中，金融中介往往扮演双重角色、起双重作用。如在上例最后一种情况当中，一方面，对张三来说，银行是债务人，起筹集资金的作用；另一方面，对甲公司来说，银行是债权人，发挥分配资金的作用。

理解了直接金融和间接金融的内涵与区别，我们就可以将金融市场的运作流程作如下简要图示（图 4－1）。

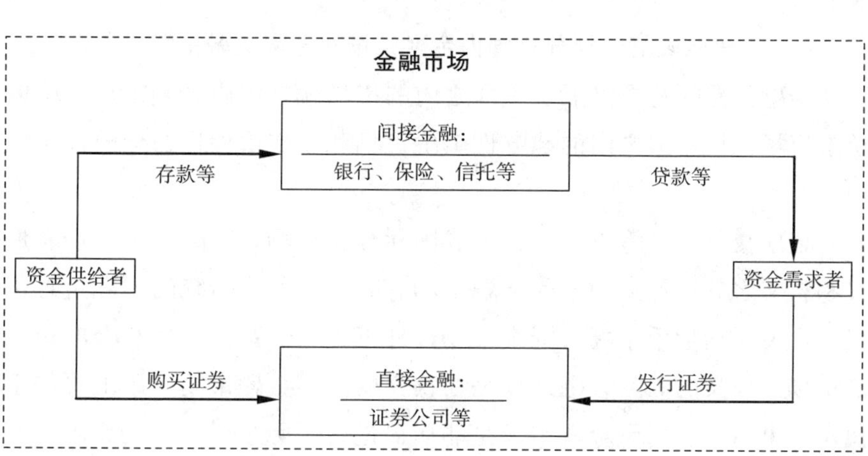

图 4－1　金融市场的运作流程

四、金融市场分类

金融市场是一个由许多具体的子市场组成的、庞大的金融市场体系。为更好地研究这一体系，人们往往从不同角度对金融市场进行分类。

（一）按金融资产的期限划分：短期金融市场和长期金融市场

短期金融市场又称为货币市场，是期限在1年或1年以内的短期金融工具交易的市场，它主要解决金融市场主体的短期性、临时性的资金需求。短期资金市场包括同业拆借市场、短期债券市场、票据贴现市场、大额可转让定期存单市场以及回购协议市场等。在短期金融市场上进行交易的金融工具主要是货币头寸、存单、商业票据、银行票据和国库券等。

长期金融市场也被称作资本市场，是进行期限在1年以上的资金融通的市场，它的主要作用是满足中长期的投资需求和政府弥补长期财政赤字的资金需要。长期金融市场主要包括两类子市场：债券市场和股票市场。相应地，在长期金融市场上交易的金融工具主要是债券和股票。

（二）按地域范围划分：国内金融市场和国际金融市场

金融交易的范围仅限于一国之内的市场就是国内金融市场。国内金融市场包括一国之内的地方性金融市场和以本币计量的全国性金融市场。

金融交易一旦跨越国界就形成国际金融市场。国际金融市场有广义和狭义之分。狭义的国际金融市场有时也被称为传统的国际金融市场，主要包括货币市场、资本市场、外汇市场、黄金市场和金融衍生品市场。广义的国际金融市场是在狭义的国际金融市场基础上再加上离岸金融市场。离岸金融市场是非居民进行国际金融交易的市场。与传统的国际金融市场相比，离岸金融市场有三个显著的特点：一是参与离岸金融市场交易的主体是市场所在国的非居民；二是离岸金融市场上的货币资金主要来源于非居民或国外的外币资金；三是离岸金融市场基本不受市场所在国的金融管制，但可享受该国在税收等方面的优惠待遇，而且资金可自由出入该国国境。因此，从某种意义上说，离岸金融市场才是一种名副其实的完全国际化的金融市场。

在两者的关系上，国内金融市场是国际金融市场形成的基础，国际金融市场是国内金融市场发展到一定阶段的必然产物。因为当各国国内金融市场发展到一定阶段时，各国的金融业务会逐步延伸，相互渗透，并最终形成以某些国家国内金融市场为中心、各国金融市场连接成网的国际金融市场。当然，国际金融市场的形成和发展又会反过来推动国内金融市场的发展。

（三）按交割方式划分：现货市场和期货市场

现货市场是指交易成交的即期即进行实物交割的市场。我们通常所说的“一手交钱，一手交货”所描述的就是这种市场。当然，在现实中，所谓金融工具的即期交割往往并非马上进行，而是指在一定的期限内进行。如在外汇交易中，只要在两个交易日内交割外汇，这种交易都可称作是现货交易。

期货市场是指交易双方达成协议后，并不立即进行交割，而是在较长的一段时间后再进行交割的市场。期货市场具有两个显著特征：一是实物交割的未来性；二是交割价格的事先性和固定性，这是因为交易双方在交易成交之时就已经达成了交割价格协议。期货市场的这两个特征给投机者提供了投机机会。因为当投机者预期某一金融工具的市场价格将上升时，他就可以做多头，低价买进期货合约，而当市场价格正如所望发生上升时，该投资者卖出一份类似合约进行对冲，就可以获得价差收入。相反，如果投机者预期市场价格将下跌，则只需卖出期货合约，而等市场价格实际下跌后再买进类似合约进行对冲，这样他同样也可赚得价差收入。

（四）按市场交易客体划分：货币市场、资本市场、外汇市场和黄金市场

如上所述，货币市场是融资期限在 1 年或 1 年以内的各种金融资产交易的市场。之所以被称作货币市场，是因为这一市场上的金融工具随时可以在二级市场上出售变现，有着类似于货币的高流动性。

资本市场则是指融资期限在 1 年以上的各种金融工具交易的市场。

虽然全面地看，资本市场既包括中长期贷款市场，又包括证券市场，但在实践中，人们往往将证券市场看作为资本市场。出现这种理解是由于证券市场在一国经济中有着极其重要的地位和作用。

从融资期限上看，外汇市场也主要是各种短期金融工具进行交易的市场。但与货币市场不同的是，外汇市场上所交易的金融工具是以外币作为计量货币的，而货币市场则是以本币作为计量货币的。

黄金市场是专门进行黄金交易的市场。黄金市场是最古老的金融市场，早在19世纪初即已形成。现在，世界上大约有40多个黄金市场，其中最著名的有五个：伦敦黄金市场、纽约黄金市场、苏黎世黄金市场、芝加哥黄金市场和中国香港黄金市场。

（五）按市场功能和流通特征划分：一级市场、二级市场、第三市场和第四市场

一级市场也称发行市场或初级市场，是资金需求者将证券首次出售给投资者时所形成的市场。由于资金需求者难以与众多分散的投资者进行直接交易，因此，在这一市场上，证券发行往往采取包销的方式。

二级市场是投资者买卖已经发行的各种证券时所形成的市场，故又被称作流通市场或次级市场。二级市场可进一步划分为场内市场和场外市场两种。前者以证券交易所为代表，其特征是证券的买卖需在固定场所集中竞价进行，因此是一种有形市场；后者是所有在证券交易所之外进行证券交易的市场的总称，此时证券的买卖并不需要固定场所，其价格也是交易双方协商的结果，因此这种市场是一种无形市场。

一级市场和二级市场是密不可分、相互促进的：一方面，一级市场是二级市场的基础和前提，因为没有证券的发行，证券的流通和买卖就无从谈起；另一方面，二级市场又是一级市场存在和发展的重要条件，因为无论在流动性上还是在证券价格上，二级市场都对一级市场有着重要影响。

第三市场是已在证券交易所上市的证券在证券交易所之外进行交易时所形成的市场。第三市场的起源最早可追溯至1792年，现在在美国，这一市场已成为仅次于纽约股票交易所的大市场。

第四市场是大户通过电话、电脑等现代通讯手段直接进行证券买卖所形成的市场。参与第四市场交易的往往是机构投资者，他们交易的数额巨大，通过这种直接交易可以发挥规模效应以大大节省手续费等中间费用，这正是第四市场得以发展的内在动力所在。另外，第四市场还可以提高交易的保密性，而且不会因为交易量大而引起证券市场价格震荡。这些都是机构投资者青睐于第四市场的原因。

（六）按价格确定机制划分：公开市场和议价市场

在公开市场上，金融资产价格的确定采用的是一种拍卖机制，即将众多的买主和卖主集中于某一固定场所，通过买卖双方公开竞价的方式确定成交价格，所遵循的规则是：价格优先，时间优先。采用这种定价方式的往往是证券交易所。

与此对应，在议价市场上，金融资产价格是通过买卖双方私下协商或面对面讨价还价来确定的。议价市场受信息和交易成本的制约较大，在市场经济高度发达的今天，议价市场交易并不活跃。

（七）按是否存在固定场所划分：有形市场和无形市场

简单来说，有形市场就是具有固定交易场所的市场，前文所述的证券交易所就是这种市场的典型代表。无形市场则是没有固定交易场所的所有市场的统称。在现实世界中，信息技术的广泛应用已使无形市场成为了现代金融市场的主体。

第二节 货币市场

货币市场于19世纪起源于英国和美国，是1年或1年期以内的短期金融工具交易所形成的供求关系和运行机制的总和，主要功能是满足短期流动性需求。货币市场并不是指一个单一的市场，而是一组相互联系的市场。同业拆借市场、票据贴现市场、大额可转让定期存单市场和回购协议市场是货币市场最重要的四种子市场。

一、货币市场的特点与作用

与其他金融市场相比，货币市场最主要的特点是期限短、流动性强和风险小。这些特点主要是由货币市场交易对象所决定的。货币市场的交易对象主要包括货币头寸、银行承兑汇票、商业票据、大额可转让定期存单和国库券等短期金融工具，这些金融工具期限较短，最短的只有1天，最长也不超过1年，可随时在市场上变现，具有较强的货币性，因而又有“准货币”之称。

概括来说，货币市场最主要的作用有两个：

第一，融资作用，即有效动员和筹集资金的作用。在货币市场上，资金需求者由于生产的季节性或临时性，需要从金融中介机构取得贷款，或发行短期金融票据以取得资金。而对金融机构来说，它们有时也会出现资金的临时调剂，从而需要通过金融票据的交换或同业拆借以解决临时头寸短缺问题。

第二，调控作用，即发挥宏观调节功能和宏观控制作用。具体来说，货币市场的调控作用可通过两种方式来进行。一是调节货币流通量。譬如，货币市场贷款的扩张和收缩可直接调节流通中的货币存量和流量。二是调节资金供求。短期金融工具买卖的过程其实质就是社会资金的调节和再分配，也就是使资金在各部门、产业、行业以及个人之间重新组合、重新配置的过程。更为重要的是，这种调节和分配形式往往比直接进行实物的调节和分配更具优势。因为，前者不受行业、部门、地区、期限的限制，有着极大的灵活性。在市场经济高度发达的今天，货币市场调控功能更是不容忽视。因为货币市场既是中央银行制定货币政策的向导，又是中央银行实施货币政策的据点。

二、同业拆借市场

同业拆借是金融机构之间以货币借贷方式相互融通短期资金的一种行为。相应地，同业拆借市场即金融机构之间为调剂临时性的头寸以及满足流动性需要而进行的短期资金信用借贷市场。

（一）同业拆借市场的形成与发展

同业拆借市场产生于存款准备金政策的实施，随着中央银行业务和商业银行业务的发展而发展。最先实行存款准备金制度的中央银行是英格兰银行，但美国是最早将其法律化的国家。早在1913年美国就以法律形式规定，所有接受存款的商业银行都必须按存款余额计提一定比例的存款准备金，作为不生息的支付准备存入中央银行，准备金数额不足将受到一定的经济处罚（具体规定是，实际提取的准备金若低于应提取数额的2%，须按当时的贴现率加2%的利率交付罚息）。由于清算业务活动和日常收付数额的变化，总会出现有的银行存款准备金多余，有的银行存款准备金不足的情况。对存在超额准备金的银行来说，由于准备金不产生利息，因此一般希望尽可能地对多余部分加以利用以获取利息收益。相反，准备金不足的银行却必须按规定补足准备金。这样一来，两者客观上都存在着资金调剂的要求，于是同业拆借市场应运而生。

1921年，美国纽约形成了以调剂联邦储备银行会员银行的准备金头寸为内容的联邦资金市场，它实际上就是美国的同业拆借市场。与美国有所不同，英国伦敦同业拆借市场的形成是建立在银行间票据交换的基础之上的：各家银行在轧平票据交换的差额时，常会出现头寸多余和不足的变换，头寸不足者向头寸多余者拆入资金行为频繁发生，最终形成同业拆借市场。同业拆借市场的第一次大发展发生在20世纪30年代资本主义经济大萧条之后。因为经济危机的惨痛经历使西方各国普遍认识到中央银行在一国经济中的地位与作用，从而纷纷引入法定存款准备金制度作为控制商业银行信用规模的手段，这无疑大大地推动了同业拆借市场的快速发展。

几十年过去了，当今西方国家的同业拆借市场，无论是在交易内容、开放程度方面，还是在融资规模、功能作用方面，较之该市场发展之初，都已发生了深刻的变化。如在市场参与主体上，拆借交易不仅发生在银行之间，也发生在银行和其他金融机构之间。以美国为例，市场形成之初，交易仅限于联邦储备银行会员银行之间，后来，互助储蓄银行的储蓄贷款协会等金融机构开始参与交易，20世纪80年代以后，外国银行在美国的分支机构也加入了同业拆借市场。另外，交易对象也日益增多。除商业银行的存款准备金外，商业银行相互间的存款以及证券交易商和政府的活期存款等也可以进行拆借。

（二）同业拆借市场交易

同业拆借市场是金融机构间进行短期资金融通的市场。根据金融机构融通资金的目的不同，人们往往将同业拆借市场所进行的交易分为两种：头寸拆借和同业借贷。金融机构进行头寸拆借是为了轧平头寸、补足存款准备金和票据清算资金而进行的资金融通活动。当头寸拆借用于补足存款准备金时，一般是当天借入，第二个营业日就归还，即隔夜拆借。而由于与向中央银行再贴现或再贷款而进行融资相比，以调整清算头寸为目的的头寸拆借更加便利、快捷，因此，这种拆借方式更具有普遍性和经常性，从而成为商业银行管理头寸的主要方式。与头寸拆借相比，同业借贷则以调剂临时性、季节性的资金融通为目的，其作用主要在于获得更多的短期负债。对于拆入的金融机构来说，同业借贷能使其及时获得足额的短期资金，拓展负债业务。对拆出的金融机构来说，同业借贷则盘活了短期闲置资金，可以获得经营收益。

同业拆借市场的交易具有几个显著的特点：一是融资期限短，同业拆借的期限大多在7天之内，期限短的甚至是隔夜拆借。虽然也有一个月、两个月甚至更长期限的同业拆借，但实际上超过一个月的交易量只占极小的一部分，从表4－1可清楚的看出这一点。二是交易手续简单，一般通过电话洽谈，由全国性资金清算网络完成交割。三是凭信用进行交易，交易金额大。四是利率由双方协商决定，随行就市。

表4－1　中国同业拆借市场的期限结构

单位：%

	1天	7天	14天	20天	30天	60天	90天
2012年1月	76.83	16.13	4.67	0.42	1.48	0.29	0.06
2012年2月	84.78	10.81	2.02	0.01	1.19	0.64	0.39
2012年3月	88.17	8.69	1.91	0.41	0.42	0.05	0.12
2012年4月	89.79	7.21	1.36	0.29	1.08	0.09	0.06

续表 4-1

	1天	7天	14天	20天	30天	60天	90天
2012年5月	93.88	4.27	1.31	0.09	0.15	0.05	0.15
2012年6月	88.72	8.65	1.43	0.27	0.74	0.03	0.09
2012年7月	88.83	8.11	2.00	0.48	0.68	0.19	0.10
2012年8月	86.36	9.14	2.01	0.38	1.38	0.40	0.30
2012年9月	82.60	9.43	5.39	0.96	1.12	0.16	0.24
2012年10月	78.05	12.78	4.76	0.73	1.91	0.56	0.87
2012年11月	84.13	9.18	2.92	0.60	1.13	1.31	0.49

注：表格数据根据人民银行网站全国银行间同业拆借市场统计数据计算，其中120天、6个月、9个月和1年期同业拆借数据没有列入本表，因此每个月份的加总额可能不是100%。

同业拆借的拆款按日计息，拆息款占拆借本金的比例就是拆借利率。作为拆借市场上的资金价格，同业拆借利率既是货币市场的核心利率，又是整个金融市场上具有代表性的利率，中央银行更是将其变动视为把握宏观金融动向、调整和实施货币政策的指示器。影响同业拆借利率高低的因素主要包括货币政策、其他金融工具的收益率、拆借期限以及拆入方的资信程度等。

在国际货币市场上，伦敦银行同业拆借利率（简写为LIBOR）是最为典型、最具代表性的同业拆借利率。伦敦银行同业拆借利率是伦敦金融市场上银行间相互拆借英镑、欧洲美元及其他欧洲货币时的利率。它由报价银行在每个营业日的上午11时对外报出，分为存款利率和贷款利率两种报价。在国际金融市场上，一些浮动利率金融工具一般是以对应的伦敦银行同业拆借利率作为依据和参考来确定发行价格的。

如果以 I 表示利息收入，P 表示拆借本金，i 表示拆借利率，T 表示拆借期限的实际生息天数，D 表示1年的基础天数（基础天数有两种算法，一种是标准天数，以美国为代表，每月为30天，1年总共360天；另一种是实际天数，以英国为代表，大月为31天，小月为30天，1年为365天），则同业拆借利息计算的基本公式为：

$$I = P \times i \times \frac{T}{D} \tag{4.1}$$

三、票据贴现市场

票据就是在商品或资金流通过程中，反映债权债务关系的设立、转让和清偿的一种信用工具，可分为本票、汇票和支票三种。票据是金融市场上最古老的金融工具之一，早在18世纪，商业汇票即已出现，最初是随着商品和劳务交易而签发的一种债务凭证。20世纪20年代，美国汽车制造业崛起，为刺激销售，赊销、分期付款等营销方式纷纷出台，这直接促进了商业票据的大发展，使票据贴现市场成为货币市场的重要组成部分。

票据市场是指票据签发和转让的市场。同其他金融工具的市场一样，票据市场也有一级市场和二级市场之分。其中，前者是票据的签发和承兑市场，后者是票据的流通和转让市场，即票据贴现市场。由于后文将详细介绍其他金融工具的一级市场，而票据一级市场的原理与之大同小异，且票据的签发和承兑相对简单易懂，故这里重点分析票据贴现市场。

（一）票据贴现的本质与种类

票据贴现就是持有人在需要资金时，将其持有的未到期的票据转让给银行，银行扣除利息后将余款支付给持票人的一种资金融通行为。从表面上看，票据贴现是一种票据转让行为，即持票人将票据出让给银行以获取资金。但从本质上看，票据贴现是一种银行授信行为。因为票据贴现后，出票人与贴现银行之间就建立起债权债务关系。进而言之，票据贴现是商业信用与银行信用有机结合的产物，体现了商业信用与银行信用相互交叉的双重信用关系。

按贴现关系人和贴现环节的不同，票据贴现可分为三种：贴现、转贴现和再贴现。其中，贴现是个人或企业在需要资金时，将未到期票据转让给银行以融通资金的行为。转贴现则是贴现银行将未到期的贴现票据再次转让给同业其他银行的行为。与转贴现稍有不同的是，再贴现是贴现银行将未到期的贴现票据再次转让给中央银行的行为。因此，再贴现是中央银行的一种信用行为，中央银行可以凭借此种业务的开展而实现其特定的政策意图，这样再贴现就成为一种有效的货币政策手段。

票据贴现市场就是个人或企业与银行之间、银行与银行之间以及银行与中央银行之间进行各种票据转让的市场。一般来说，票据贴现市场是无形市场。

（二）票据贴现的期限与利率

由于票据本身是短期金融工具，因此，相应地票据贴现时间也较短，最短的为 3 天（周末票据），最长的往往不超过 1 年，多为 3—6 个月。

贴现率又称贴现利率，是银行在进行票据贴现时收取利息占本金的比率。如果以 i 代表贴现率，T 代表距离到期的剩余天数，D 代表基础天数，F 代表票据到期值，R 代表贴现利息，P 代表贴现票据所能得到的实际资金额，则可得：

$$R = F \times i \times \frac{T}{D} \tag{4.2}$$

即：

$$P = F - R \tag{4.3}$$

或：

$$P = F \times (1 - i \times \frac{T}{D}) \tag{4.4}$$

四、大额可转让定期存单市场

大额可转让定期存单简称为 CDs，是商业银行发行的具有固定面额，并可在市场上流通转让的存款凭证。它首创于 1961 年，是美国花旗银行为逃避法律管制而推出的一项金融创新工具。因为二级市场的存在，使大额可转让定期存单既克服了活期存款无收益的问题，又克服了定期存款不能流通的问题。

（一）大额可转让定期存单的本质与种类

由于大额可转让定期存单具有收益性和期限性，因此在本质上，它可以被看作是定期存款的一种，但又不同于银行普通定期存款，二者的区别表现在：一是流动性不同。普通定期存款的存单往往是记名的，不能转让，更不能在二级市场上流通；而大额可转让定期存单则是不记名、可以流通转让的。这是二者区别的根本所在。二是金额不同。定期存款金额不固定，可大可小；而大额可转让定期存单金额较大。在美国最少为10万美元，二级市场上的交易单位为100万美元。在中国香港最少面额为10万港元。三是利率计算方式不同。定期存款利率固定；大额可转让定期存单利率既有固定的，也有浮动的，且一般来说比同期限的定期存款利率高。四是本金偿付时间不同。定期存款只需损失一部分利息收入就可以提前支取；而大额可转让定期存单不能提前支取，但可在二级市场流通转让。五是期限不同。普通定期存款以长期为主，一般在1年以上；而大额可转让定期存单则一般为短期。以美国为例，大额可转让定期存单的最短期限可以为7天，最长则为18个月，最常见的则是3—6个月。

在美国，根据发行者的不同，大额可转让定期存单可分为四种类型：一是国内存单。这是最重要也是历史最为悠久的一种大额可转让定期存单，由美国银行在本国发行。二是欧洲美元存单。这是美国银行的国外分支机构或外国银行在美国境外发行的以美元计值的大额可转让定期存单。欧洲美元存单市场的中心在伦敦，但其发行范围并非仅仅限于欧洲。三是扬基存单。也叫"美国佬"存单，是外国银行在美国的分支机构所发行的一种大额可转让定期存单，其期限一般较短，大多在3个月以内。四是储蓄机构存单。这是出现较晚的一种存单，由美国的专业储蓄机构（如储蓄贷款协会、互助储蓄信用合作社等）发行。

随着社会需求的多样化发展和货币市场竞争的加剧，大额可转让定期存单出现了一系列创新品种，如滚动大额可转让定期存单。这是纽约摩根保证信托公司于1976年发行的一种期限更长、收益更高的存单。滚动大额可转让定期存单的最大特点在于，它由一系列6个月期限的大额可转让定期存单组成，因此收益更高，而购买者在需要资金时可以卖出系列中的一部分。又如经纪人存单，它包括通过经纪人或交易商出售的，最大面值为10万美元，可以获得联邦存款保险的大额可转让定期存单。还有分期付款存单。它是一种允许客户先存入小部分初始存款，然后再逐步补足的存单。

（二）大额可转让定期存单的发行与流通

在美国等西方国家，大额可转让定期存单的发行主要采取两种方式：批发和零售。批发发行时，商业银行预先公布存单的发行总额、利率、期限、面额等有关内容，然后等待认购。而零售发行则是银行随时根据购买者需要来发行，利率可由双方协商确定。

大额可转让定期存单在二级市场上主要通过交易商进行转让流通。其转让方式有两种：交付转让和背书转让。前者适用于不记名存单，后者适用于记名存单。存单票面利率和市场利率是决定大额可转让定期存单转让价格的两个最主要因素。一般来说，市场利率一定时，大额可转让定期存单的票面利率越高，其转让价格相应也越高；相反，票面利率一定时，转让时的市场利率越高，则转让价格越低。

五、回购协议市场

回购协议是指证券资产的卖出方在卖出一定数量证券资产的同时，与买方签订在未来某一特定时间按照约定的价格购回所卖出的证券。回购协议的参与者主要是商业银行、非银行金融机构、企业、政府以及央行等，它们在资金短缺时，通过回购协议借入资金，弥补资金的不足；在资金盈余时，通过逆回购协议贷出资金，获取盈利。回购协议中的金融资产主要是证券，在金融市场比较发达的国家，只要资金供应者愿意接受，任何资产都可以成为回购协议中的标的资产，如各种长短期政府债券、金融债券、商业票据、大额定期存单、公司债等，但是政府债券由于安全性高、流动性强，是目前回购协议中的主要抵押产品。而我国回购协议标的资产曾经仅限于国债，随着市场的扩大，回购协议证券的品种也在不断扩大，如在上海和深圳证券交易所市场的主要回购证券除国债之外，还有企业债券；上海的银行间同业拆借市场回购证券有国债、央行票据、短期融资券等品种。

回购协议绝大部分都是在一个月以内的短期交易，真正超过一个月的回购交易往往很少。正因为如此，回购协议市场成为了货币市场的一个重要组成部分。当协议约定的时间为 1 天时，就称为隔夜回购；超过 1 天时，称为隔期回购，隔期回购的标准天数通常为 7 天、14 天、

21天、1个月、2个月、3个月或6个月。

（一）回购协议的基本原理与种类

回购协议的基本原理可用图4－2来说明。从图中可看出，回购协议的核心在于抵押债券买卖的正反交易性，或者说，回购交易是分成两步来完成的。其中，第一步是债券拥有人向受让人转让债券以获得资金的交易过程，这就是所谓的正回购。第二步是按照在正回购交易时所签订的协议，债券受让人在未来某一日期再以约定价格将债券如数卖回给债券拥有人的交易过程，这一过程被称作逆回购。

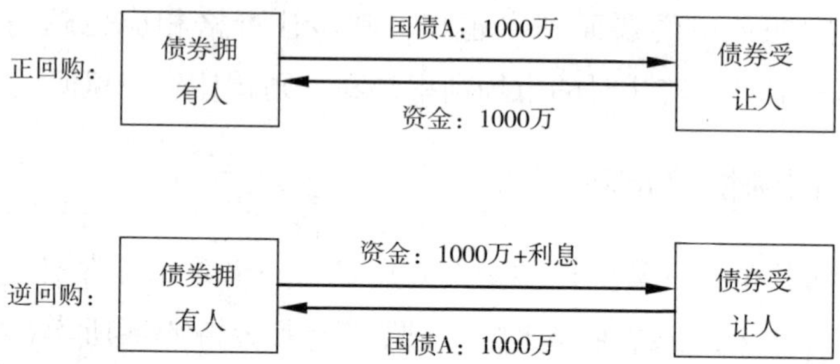

图4－2　回购协议的基本原理

人们通常从两个视角来对回购协议进行分类。一种是按照到期日的性质来分，回购协议可分为两种：约定日期的回购和无固定到期日的回购。在前一种情况下，债券必须在约定日期购回，大多数回购都属此种类型。在后一种情况下，交易双方都可随时结束回购协议，而无须预先通知对方，因此更具灵活性。

另一种是按照在回购协议有效期内对债券的处置权利不同来分，回购协议同样可分为两种：封闭式回购和开放式回购。在封闭式回购中，债券自受让日起即被交易清算机构冻结，并退出二级市场，债券受让方在协议有效期内无权自由支配债券。而开放式回购则不同，债券受让方在协议有效期内有权随意处置债券，只要在到期时能够买回来偿还给债券拥有人即可。

（二）回购协议的风险与定价

虽然有债券作为抵押品，但回购交易依然存在风险。首先是信用风险，即交易双方不履行回购协议中的买回或卖回义务，而使对方遭受损失的可能性。具体情况有两种：一是当市场利率上升、债券价格下降时，卖方到期不再购回债券，此时买方只能拥有债券而遭受损失；二是当市场利率下降、债券价格上升时，买方到期不履行协议而将债券卖回，此时卖方也将遭受损失。其次是利率风险，即由于市场利率变化而引起的作为抵押品的债券市价的变动。一般来说，交易期限越长，利率风险越大。

现实中，证券交易所一般会指定某些债券为标准券，并随时公布市场上各种债券与标准券之间的折算系数，即折算率。有了折算率，就可以根据下列公式计算回购交易中的债券售出价格：

$$P_0 = K \times V \times N \tag{4.5}$$

其中，P_0 表示售出价格，K 表示标准券折算率，V 表示每手标准券的价值，N 表示持有的现券手数。而购回价格的计算公式为：

$$P_t = P_0 \times (1 + i \times \frac{T}{D}) \tag{4.6}$$

其中，P_t 表示购回价格，P_0 表示售出价格，i 表示拆借资金的年利息率（或回购报价），T 表示回购期限，D 表示基础天数。例如，甲银行持有某种面值为1000 元的国库券50 手，由于急需资金而与乙银行做回购交易。已知回购期限为 7 天，该国库券的折算率为 1.2，回购报价为5%。则甲银行开始时可借入的资金为：

$$\begin{aligned} P_0 &= K \times V \times N \\ &= 1.2 \times 1000 \times 50 \times 10 = 600000\,(\text{元}) \end{aligned}$$

7 天后，甲银行购回该国债时需支付的价格为：

$$\begin{aligned} P_t &= P_0 \times (1 + i \times \frac{T}{D}) \\ &= 600000 \times (1 + 5\% \times \frac{7}{360}) = 600583.33\,(\text{元}) \end{aligned}$$

显然，600000 元为本金，583.33 元为支付的回购利息。

六、国库券市场

国库券是财政部发行的期限在 1 年以内的短期政府债券，政府发行国库券的目的是弥补政府收支的季节性不平衡，筹措短期资金，以解决财政上的困难。国库券的期限一般有3个月、6个月、9个月和12个月。由于债务人是政府，相对来说信誉较高，因此国库券一般具有流动性高、风险低等特点，加上免征利息税的优势，在大多数国家的货币市场上，短期国债都是交易量居于前列的金融产品。

（一）国库券市场的发行和流通

1. 国库券的发行

国库券的发行者是中央政府，一般由财政部负责发行。其发行通常采用贴现方式，即发行价格按照面值打一定的折扣，到期后按照面额偿还，面额和发行价之间的差额就是国库券的利息。

国库券发行一般采用拍卖方式进行，即通过投标人的直接竞价来确定国库券的发行价格，发行人按照投标人报价从高到低排列，直到达到需要发行的数额为止。根据中标价格的不同，拍卖式竞价发行可以分为荷兰式招标和美国式招标两种形式。荷兰式招标又称为单一价格中标，即所有中标的承销机构以中标价格中的最低价格来认购各自中标的债券数额；美国式招标中，中标的承销机构的中标价格为各自报出的价格，因此，美国式招标又被称为多种价格招标。

2. 国库券的流通

国库券一般都有比较发达的流通市场，其参与者十分广泛，既包括各类追求收益的投资者，也包括中央银行。中央银行参与国库券流通市场买卖主要是进行公开市场业务操作，通过国库券的买卖实现对货币供应量的控制，从而为货币政策服务。而投资者则包括各类金融机构、非金融企业、个人投资者以及其他国家的政府等。

（二）国库券的收益

由于国库券通常以贴现方式发行，不附有票面利息，因此，其收益实际上是面值与购买价格之间的差额，即：国库券利息 = 国库券面值 - 国库券售价。国库券收益率的计算有两种情况，第一种是国库券的名义收益率计算，其公式为：

$$R_m = \frac{P_m - P_f}{P_m} \times \frac{360}{D} \times 100\% \tag{4.7}$$

其中，R_m 表示国库券的名义收益率，P_m 表示国库券的面值，P_f 表示国库券的发行价格，D 表示国库券的期限。

第二种情况是国库券的实际收益率计算，其公式为：

$$R_r = \frac{P_m - P_f}{P_f} \times \frac{365}{D} \times 100\% \tag{4.8}$$

其中，R_r 表示国库券的实际收益率，P_m 表示国库券的面值，P_f 表示国库券的发行价格，D 表示国库券的期限。

第三节　资本市场

资本市场是期限在 1 年以上的金融工具进行交易的市场。全面地说，股票市场、债券市场和银行长期信贷市场都属于资本市场范围，但人们通常将资本市场视同或者侧重于前两种市场。究其原因，一是在世界各主要国家的资本市场中，股票市场和债券市场最为重要；二是从全球金融市场发展的趋势看，融资证券化已成为一种潮流，构成了当今融资活动的主要特征。基于以上原因，本节主要介绍股票市场和债券市场。资本市场的主要功能是促进社会闲散资金向物质资本转化。

一、资本市场的特点与作用

与货币市场相比，资本市场具有如下几个特点：一是交易期限长，至少在 1 年以上，最长可达几十年；二是交易目的主要是融通长期投资性资金，充实物质资本；三是资金融通规模大；四是流动性差，风险大而收益较高。

资本市场的作用可从两个层次上进行分析。首先从微观层次上看，资本市场主要有两大作用：一是资本定价，二是优化企业资产负债结构。所谓资本定价是指通过交易双方在资本市场上的互动而决定股票或债券的交易价格。由于资金供给者和资金需求者都是在进行成本收益权衡的基础上做出买卖证券决策的，因此，证券成交价格必然包含着社会方方面面的信息，正是这种社会评价，使得资本价值得以充分显示和确认。所谓优化企业资产负债结构有两层含义：一是指资本市场为企业优化资产负债结构提供了激励机制，如股票市场价值就发挥着监督与激励企业经理努力工作的作用；二是指资本市场为企业优化资产负债结构提供了高效率的市场机制，企业充分利用股权性工具和债务性工具对资产负债结构、资产流动性结构以及资本结构进行调整，以实现其多方面的目的。

其次从宏观层次上看，资本市场的作用有三：一是促进储蓄向投资转化，积累物质资本；二是促进资本流动，优化资源配置；三是传导信息，实现宏观调控。资本形成是一国经济增长和经济发展的核心问题之一。在储蓄向投资的转化机制中，资本市场发挥着至关重要的作用。一方面，居民、企业、政府等储蓄主体可以通过购买股票、国债、公司债券等有价证券，实现其储蓄向投资的转化；另一方面，资本市场又通过金融工具的多样化和集中交易等机制，同时满足各种投资者和筹资者们在时间、空间、数量、品质、风险、价格等方面的不同要求，无疑发挥着储蓄动员的作用。资本市场为资本流动提供了广阔空间，而资本在产业和地区之间的流动又决定并改变着产业的部门结构和地区结构。通过对已投入各产业部门和地区资产的风险—收益评价，资本市场发挥着诱导资本（资产）从夕阳产业向朝阳产业流动，从竞争力较低的部门向竞争力较高的部门转移，从劣势地区向优势地区集中的作用。资本市场是政府调控经济的一个主要渠道。因为一方面，资本市场作为国民经济运行的“晴雨表”，可为政府决策提供大量信息；另一方面，政府也可以对资本市场进行直接或间接干预，影响各种金融变量，进而影响公众的储蓄、消费和投资行为，最终实现对产出、就业、物价以及国际收支的有效控制，从而影响社会财富分配、社会公平和社会福利。

二、股票市场

股票市场最早的雏形可追溯到16世纪，它是发行和买卖股份公司股票的市场。其中，前者叫股票发行市场或一级市场，后者叫股票流通市场或二级市场。

（一）股票的本质和特征

股票是股份公司发行的、证明股东权利的所有权凭证。从本质上看，股票只不过是一种出资凭证，代表着股东对公司的所有权。凭借股票，股东可以获得一系列相关权益，如参加股东大会、选举董事会、参与股份公司的生产经营决策以及参加股份公司分红等。

股票作为一种有价证券，具有四个明显特征：

1. 风险性和收益性

由于受经济、政治、社会以及自身经济情况的影响，股票投资者的收益具有极大的不确定性，股票价格经常处于波动起伏状态。但风险与收益具有对称性，较大的风险也带来较大的收益。因此，一般说来，股票的收益往往高于银行存款和债券的收益。

2. 责权性

这是指股东一方面必须承担出资义务，另一方面又享有一定权利。根据公司法规定，股票持有人就是股份公司的股东，他有权或通过其代理人出席股东大会、参与公司经营决策和参加公司利润分配，也有权对其持有的股票进行转让或遗赠他人。当然，股东权益的大小是与其持有股票的数量密切相关的，当持有的股票达到一定数量以上时，该股东就可以成为股份公司的决策者。

3. 流通性

股票可以随时在股票市场上转让，进行买卖，也可以继承、赠予或抵押。

4. 无期限性

在股份公司的存续期间，股票是一种无期限的法律凭证，这意味着投资者一旦购买股票后，就不能要求股票发行公司退股还资。股票无期限性规定有利于发行公司保持自有资本以及生产经营的稳定性。

（二）股票的种类

根据不同标准，股票可作如下分类：

1. 按是否记名，股票可分为记名股和无记名股

记名股即股东姓名载于股票票面并且记入专门设置的股东名簿的

股票。记名股派发股息时，由公司书面通知股东。转移股份所有权时，须照章办理过户手续。无记名股指的是股东姓名不载入票面的股票。派息时不专门通知，一经私相接受，其所有权转移即生效，无须办理过户。

2. 按有无面值，股票可分为有票面额股和无票面额股

有票面额股是指在股票票面上注明股票数量和金额的股票。无票面额股则是票面上未载明股数与金额，仅标明它占股本总额若干比例的股票。

3. 按股东的权利，股票可分为普通股和优先股

普通股，即股息随公司利润的大小而增减的股票。股份公司初次发行的股票一般均为普通股。普通股股东享有以下权利：盈余分配权、资产分配权、表决权、选举权、优先认股权、股份转让权、对董事的诉讼权等。

优先股，是相对于普通股而言的“优先”，指的是公司在筹集资本时，给予认购人某种优惠条件的股票。这种优惠条件包括：优先于普通股获得股息；公司解散时，有相对于普通股优先分得剩余财产的权利。优先的具体内容也就是利益分配的优先。优先股的股息一般是固定的，但也有只规定股息最高与最低限额的优先股。一般来说，发行优先股只限于公司增资时，在营运中，公司财政发生困难，或不易增加普通股份，或整理公司债务，总之，只有在公司理财上不得已时，才不惜以种种优惠条件来筹集资金。常见的优先股有五种：一是累积优先股，指在某个营业年度内，如果公司所获的盈利不足以分配规定的股利时，日后优先股的股东对往年未付的股利有权要求如数补齐。二是非累积优先股。非累积优先股股东虽然有权优先获得股利，但优先股股息不能进行累积。三是可转换的优先股。这种优先股可在规定的时间内，按照一定的比率转换为普通股。四是参与分红的优先股。这种优先股除了按规定获得股息外，还可以获得公司的剩余盈利分配。五是股息率可调整的优先股。这种优先股的特点是，股息率不固定，可以随着其他证券或存款利率的变化而进行调整。

4. 按是否发行，股票可分为发行股和未发行股

在公司总股本中，已经由股东认购的部分叫发行股；另一部分，即尚未被认购的股份就叫未发行股。未发行股的产生主要有两方面的原因：第一，公司初创时期，投资者少，用已募集的资本先行开业，余下的股份可于公司成立后再陆续招募，这样就出现了未发行股。第二，公司增资时，需发行新股票。发行顺利与否，完全取决于公司信誉高低及社会经济状况，当公司信誉不佳，或经济不景气时，也难免有若干股份发行不出去。

目前我国存在一些特有的股票分类，在此也做一简单介绍。一是国家股、法人股、个人股和外资股。国家股是指有权代表国家投资的政府部门或机构以国有资产投入公司而形成的股份。法人股是指企业法人以其依法可支配资产投入公司形成的股份，或具有法人资格的事业单位和社会团体将国家允许用于经营的资产向公司投资形成的股份。个人股是指社会个人或本公司内部职工以个人合法财产投入公司形成的股份。外资股是指外国和我国香港、澳门、台湾地区投资者以购买人民币特种股票形式向公司投资形成的股份。二是 A 股、B 股、H 股和 N 股等。其中，向我国境内法人和自然人所发行的股票统称为 A 股。对境外法人和自然人所发行的人民币特种股票为 B 股。我国内地企业在香港联合交易所上市交易的股票被称为 H 股。我国内地企业在美国纽约证券交易所发行上市的股票被称为 N 股。

（三）股票的价值与价格

股票作为一种虚拟资本，其本身是没有价值的，只不过拥有股票意味着不仅能够参与公司的经营决策，而且还可以获得分红和派息，这导致了股票的收益性和有价性。股票的价值有四种：票面价值、账面价值、内在价值和清算价值。

票面价值又称为面值，是股票上所载明的票面金额。其作用有二：一是确定股东所持有的股份占公司所有权的大小，进而作为获取股息收入的凭证；二是作为登记股本的依据，以确定公司的最低资本额。

账面价值是公司资产总额与负债的差额，是股票所包含的实际资产价值。

内在价值是根据股票发行公司未来收益来确定的股票价值。股票内在价值的计算公式是：

$$V = \frac{D_1}{(1+i)^1} + \frac{D_2}{(1+i)^2} + \cdots + \frac{D_n}{(1+i)^n} = \sum_{t=1}^{n} \frac{D_t}{(1+i)^t} \tag{4.9}$$

其中，V 表示股票内在价值，i 表示市场收益率，D_t 表示第 t 年的股息。如果每年的股息和市场收益率固定不变，则股票内在价值的计算公式可简化为：

$$V = \sum_{t=1}^{\infty} \frac{D}{(1+i)^t} = \frac{D}{i} \tag{4.10}$$

清算价值指股份公司破产或倒闭后进行清算时，每股股票所代表的实际价值。从理论上讲，清算价值应等于账面价值，但在大多数情况下，清算价值要小于账面价值，原因是被清算的财产往往是降价出售，而且公司解散时需要支付大笔清算费用。

股票的价格概念有两个：发行价格和市场价格，前者指股票首次发行时转让给第一批股东的价格，后者则是股票在流通市场上的买卖价格或交易价格。

影响股票市场价格的因素很多，大体可分为五类。一是宏观经济因素，如经济周期、利率、汇率、货币供给量、财政收支、物价水平以及国际收支等；二是政治与自然因素，如战争、国内外政治形势、自然灾害等；三是技术因素，如垄断、串谋、暗箱操作等；四是心理因素，如跟风等；五是企业自身因素，如公司利润、股息及股利分配、股票分割、公司投资决策、产品市场、经营管理人员调整等。

（四）股票价格指数

股票价格指数是反映整个股票市场价格或某一行业股价变动趋势的统计指标，用计算期的股价相对于基期股价增减的百分率来表示。股票价格指数包括三种：

1. 简单算术指数

将样本股票的个别股票价格加总算术平均即可得到这种指数，其计算公式是：

$$I = \frac{1}{n}\sum_{i=1}^{n}\frac{P_{1i}}{P_{0i}} \tag{4.11}$$

其中，I 表示股票价格指数，P_{0i} 表示第 i 种股票在基期的价格，P_{1i} 表示第 i 种股票在计算期的价格，n 表示样本股票数。

2. 加权股价指数

加权股票价格指数是以样本股票的成交量或发行量作为权数计算出来的，又可以分为基期加权和计算期加权两种。如果以基期发行量或交易量作为权数，就是基期加权股价指数，又称为拉斯贝尔指数（Laspeyre Index），其计算公式为：

$$I = \frac{\sum_{i=1}^{n} P_{1i} \times Q_{0i}}{\sum_{i=1}^{n} P_{0i} \times Q_{0i}} \tag{4.12}$$

其中，Q_{0i} 表示第 i 种股票在基期的发行量或交易量。

如果以报告期发行量或交易量作为权数，就是计算期加权股价指数，又称为派许指数（Paasche Index），其计算公式为：

$$I = \frac{\sum_{i=1}^{n} P_{1i} \times Q_{1i}}{\sum_{i=1}^{n} P_{0i} \times Q_{1i}} \tag{4.13}$$

其中，Q_{1i} 表示第 i 种股票在计算期的发行量或交易量。我国上海证券交易所和深圳证券交易所的股票价格指数就是以计算期发行量为权数的加权股价指数。

3. 加权综合指数

综合两种加权股价指数并计算其几何平均数就可以得到加权综合指数：

$$I = \sqrt{\frac{\sum_{i=1}^{n} P_{1i} \times Q_{0i}}{\sum_{i=1}^{n} P_{0i} \times Q_{0i}} \times \frac{\sum_{i=1}^{n} P_{1i} \times Q_{1i}}{\sum_{i=1}^{n} P_{0i} \times Q_{1i}}} \tag{4.14}$$

【专栏 4－1】

股票价格指数

目前世界上著名的股票价格指数主要有：

（1）道琼斯股票价格指数。道琼斯指数是世界上历史最为悠久的股票指数，它的全称为股票价格平均指数，是世界金融市场上最著名、影响最大的股票价格指数，由美国道·琼斯公司编制并公布。它以在纽约证券交易所挂牌上市的一部分有代表性的公司股票作为编制对象，由四种股价平均指数构成，分别是：以 30 家著名的工业公司股票为编制对象的道琼斯工业股价平均指数，以 20 家著名的交通运输业公司股票为编制对象的道琼斯运输业股价平均指数，以 15 家著名的公用事业公司股票为编制对象的道琼斯公用事业股价平均指数，以上述三种股价平均指数所涉及的 65 家公司股票为编制对象的道琼斯股价综合平均指数。

（2）标准普尔股票价格指数，由美国标准·普尔公司编制并公布。标准·普尔公司于 1923 年开始编制发表股票价格指数。最初采选了 230 种股票，编制两种股票价格指数。到 1957 年，这一股票价格指数的范围扩大到 500 种股票，分成 95 种组合。其中最重要的四种组合是工业股票组、铁路股票组、公用事业股票组和 500 种股票混合组。从 1976 年 7 月 1 日开始，改为 400 种工业股票、20 种运输业股票、40 种公用事业股票和 40 种金融业股票。几十年来，虽然有股票更迭，但始终保持为 500 种。标准·普尔公司股票价格指数以 1941 年至 1943 年抽样股票的平均市价为基期，以上市股票数为权数，按基期进行加权计算，其基点数为 10。

（3）《金融时报》股票价格指数，是反映伦敦证券交易所股票价格及其变化的一种股价指数。金融时报指数是由英国伦敦证券交易所编制，并在《金融时报》（*Financial Times*）上发表的股价指数。根据样本股票的种数，金融时报指数分别有 30 种股票指数、100 种股票指数及 500 种股票指数三种指数。在现货投资中运用较多的是以30种代表性工商业股票为基础计算的指数。其以1935年作为基期，令基期指数为100。

（4）日经指数，是由日本经济新闻社编制公布的反映日本东京证券交易所股票价格变动的股票价格平均指数。按计算对象的采样数目和计算方式不同，该指数分为：日经225股指指数（日经225），由于这个指数延续时间较长，具有很好的可比性，成为考察日本股票市场股价长期演变及最新变动最常用和最可靠的指标，传媒日常引用的日经指数就是指这个指数；日经500股指指数（日经500），该指数是从1982年1月4日起开始编制的，由于其采样包括有500种股票，其代表性相对更为广泛。

（5）恒生指数，由中国香港恒生银行所属的恒生服务有限公司编制，以香港股票市场中的43家上市股票为成分股样本，以其发行量为权数的加权平均股价指数，是反映香港股市价幅趋势最有影响的一种股价指数。该指数于1969年11月24日首次公开发布，基期为1964年7月31日，基期指数定为100。为了进一步反映市场中各类股票的价格走势，恒生指数于1985年开始公布四个分类指数，把33种成分股分别纳入工商业、金融、地产和公共事业四个分类指数中。恒生综合指数于2001年10月3日设立，提供更具广泛代表性的股市指标，综合指数包括在香港股市市值前200位的上市公司，共代表香港交易所上市公司97%的市值，取代1998年4月20日设立的恒生100指数。

（五）股票发行市场

股票的发行是整个股票市场的起点和股票交易的基础。股票发行的目的可概括为两个方面：一是新建公司为筹集资本金而发行股票，二是已设立公司为维护本公司利益或增加资本而发行股票。

1. 股票发行的条件

各国对股票的发行都有着严格的规定，只有符合一定的条件才可发行股票。这些规定的具体内容大体包括：

（1）发行主体要求

各国都规定，申请发行股票的主体应为股份公司。

（2）财务制度要求

例如，健全的符合股份制企业标准的财务制度和合格的财务管理人员；公司在最近三年内财务会计文件无虚假记载，并且公司在最近三年内连续盈利（新设立的股份公司除外），并可向股东支付股利；公司预期利润可达同期银行存款利率。

（3）公司规模要求

股票向社会公开发行的，公司必须达到一定规模。如在我国主板上市的公司股本总额要求不少于人民币五千万元。

（4）股权分散要求

为了达到股权分散的目的，各国还规定了股东人数。如我国规定，持有股票面值达人民币一千元以上的股东人数不少于一千人，向社会公开发行的股份达公司股份总数的25%以上；公司股本总额超过人民币四亿元的，其向社会公开发行股份的比例为15%以上。

另外，各国往往还规定，发行公司在最近三年内无重大违法行为。

2. 股票发行的方式

股票发行的基本方式包括：

（1）公募和私募

这是按照募集对象划分的。所谓公募是指向市场上大量的非特定投资者发售股票。公募筹资潜力巨大，无须提供特殊优厚的条件，发行公司具有较大的经营管理独立性，而其股票也可在流通市场转让，但这种发行方式往往会带来较高的发行费用。私募则只向少数特定的投资者发行。私募有确定的投资人，发行风险和发行费用都较小，但筹资规模受到一定限制。

（2）直接发行和间接发行

这是按照销售人所做的一种划分。其中，直接发行是指发行人直接向投资者出售股票，而不通过发行中介机构。这种发行方式手续简单，发行费用较低，但发行规模一般较小，是私募所通常采用的一种发行方式。间接发行则是发行人委托金融中介机构向社会上大量非特定投资者公开销售股票。这种发行方式是公募所通常采用的一种发行方式，其优缺点也与公募大同小异，这里不多赘述。

（3）溢价发行、平价发行和折价发行

这是按照发行价格所做的一种分类。所谓溢价发行是指以高于票面价值的发行价格向投资者出售股票，平价发行则是以等同于票面价值的发行价格向投资者出售股票，折价发行的发行价格则低于票面价值。

（六）股票流通市场

股票流通市场是已发行在外的股票进行买卖交易的场所，它的存在和发展为股票发行人创造了有利的筹资环境。

1. 场内交易市场

场内交易市场主要指以证券交易所为代表的有形市场。证券交易所是集中进行证券买卖的场所，它是伴随大规模证券交易的实际需要而最早出现于西方国家的。据文献记载，最早的证券交易所雏形——荷兰的阿姆斯特丹交易所成立于1613年。1802年，英国建立了拥有大约550名订购者和100名职员的证券交易所。美国则于1790年和1817年先后组建了费城证券交易所和纽约证券交易所。我国上海证券交易所和深圳证券交易所则依次成立于1990年12月和1991年7月。

目前，就组织形式而言，世界各国的证券交易所大致可分为两类：一类为公司制证券交易所，它是由银行、证券公司、投资信托机构及各类公营、私营公司共同出资组建起来的公司法人。为保证交易的公正性，公司制证券交易所通常规定，证券商及其股东、高级职员或雇员都不得担任证券交易所的董事、监事或经理。目前，世界上实行公司制证券交易所的国家或地区主要有加拿大、澳大利亚、日本、香港、台湾、马来西亚、新加坡、阿根廷、智利、哥伦比亚等，美国纽约证券交易所实行的也是公司制。第二类是会员制证券交易所，它是以会员协会的形式组建起来的、不以营利为目的的社团法人，其会员主要由证券公司、投资公司等证券商组成。在会员制证券交易所中，只有会员或享有特许权的经纪人才有资格在交易所内进行证券交易。目前，世界上实行会员制证券交易所的国家或地区主要有：中国、美国（纽约证券交易所除外）、大多数欧洲国家、巴西、泰国、南非等。

与场外市场相比较，证券交易所的交易具有如下几大特征：第一，证券交易所是有形市场。证券交易所交易集中于交易所大厅，其交易具有固定程序；而场外交易市场不一定有集中交易的固定场所，证券的交易一般通过证券商之间的电话联系即可直接成交。第二，证券交易所是间接交易。对于投资者来说，若要在证券交易所买卖上市证券，必须委托证券经纪商到交易所进行交易，而不能直接进入交易所；而在场外市场上，投资者则可直接与证券商进行证券买卖。第三，证券交易所一般都采用集中竞价的方式成交，而场外交易市场一般都以当面议价的方式成交。第四，证券交易所的交易对象具有特殊性。在证券交易所内进行交易的证券都是上市证券，且一般只办理整数交易，即办理一个交易单位或其倍数的交易，如深圳证券交易所规定100只为一个交易单位。而场外市场上既可买卖上市证券（如店头市场），又可买卖非上市证券（如第三市场和第四市场），且可进行零数交易，即不满一个交易单位的小额交易。

2. 场外交易市场

场外交易市场是在证券交易所大厅外进行各种证券交易活动的总称，它又可以进一步划分为三种类型：店头市场、第三市场和第四市场。其中，店头市场又称柜台市场，是投资者在证券交易所以外某一固定场所进行未上市股票或不足一个成交单位的证券交易所形成的市场。第三市场是已在证券交易所上市的证券在证券交易所之外进行交易时所形成的市场。第四市场是大户通过电话、电脑等现代通讯手段直接进行证券买卖所形成的市场。

三、债券市场

债券市场是指债券发行和交易的场所。作为资本市场的重要组成部分之一，债券市场是政府、企业和金融机构筹集长期资金的主要场所。债券市场与股票市场的最大区别之处在于各自市场交易的客体不同，前者以债券作为交易对象，后者则以股票作为交易对象。债券市场也分为债券发行市场和债券流通市场。

（一）债券的定义与特征

债券是资金需求者向资金供给者开出的承诺在一定时期内支付一定利息并到期偿还本金的债务凭证，其中，资金需求者为债务人，资金供给者为债权人。最早的债券是以公债的形式存在的。据历史记载，公元前4世纪，希腊和罗马就有了国家向商人、高利贷者和寺院借债的情况。债券具有如下几个基本特征：

1. 安全性

债券的安全性表现在两个方面：一是收益相对稳定，不受市场利率变动的影响；二是利息本金的偿还有法律保障。

2. 流动性

债券的流动性是指债券在偿还期满之前可在市场上作为有价证券转让，提前收回本金，或到银行进行抵押取得抵押贷款。债券的流动性既可保证债券发行的顺利进行，又可使投资者手中的债券随时变现，以备不时之需，从而有助于债券需求的扩大。

3. 收益性

债券的收益性是指投资于债券可获得一定的收益。债券收益来源有两种：一是利息收入，二是买卖价差收入。

（二）债券的种类

按照不同的标准，债券可作如下一些分类：

1. 按发行人划分，可分为政府债券、金融债券和公司债券

其中，政府债券又称为公债券，是中央政府和地方政府为筹集财政资金和建设资金而发行的债务凭证。对应地，中央政府发行的债券称为国债，地方政府发行的债券称为地方债。金融债券是银行或非银行性金融机构为筹借中长期资金向社会公开发行的债务凭证。发行这种债券的金融机构，一般具有雄厚的资金实力，资信度很高，债券利率也比同期市场利率高。金融债券的信用仅次于政府债券。公司债券是由公司发行的长期债券，期限大多为10—30年。与政府公债相比，公司债券的风险相对较大，因此其利率一般也较高。

2. 按偿还期限划分，可分为短期债券、中期债券、长期债券和永久性债券

其中，短期债券指期限在1年以下的债券。中期债券是期限在1年以上10年以下的债券。长期债券是期限在10年以上的债券。永久性债券没有偿还期。在历史上，英法等少数国家在战争期间为筹措军费曾发行过永久性债券，它不规定到期期限，债权人也不能要求清偿，但可按期取得利息。

3. 按利息的支付方式划分，可分为附息债券、一次性还本付息债券和贴现债券

其中，附息债券是指债券持有人按规定的间隔日期获取利息的债券。例如，如果一债券的期限为10年，而利息每半年支付一次，则这种债券就是附息债券。一次性还本付息债券是指债券购买者只能到期一次性获得本金和利息的债券。在上例中，这意味着债券购买者只能是在10年后才能获得本息。贴现债券是一种折价发行的债券，即在发行时按规定的折扣率以低于券面金额的价格发行，到期按券面金额偿还本金的债券，而发行价格与券面金额之间的差额即为利息。

4. 按有无担保划分，可分为信用债券和担保债券

信用债券指仅凭发行人信用而发行的，既无抵押品作担保，也无担保人的债券，政府债券和金融债券往往就是这种债券。担保债券是有抵押财物或第三方担保而发行的债券。按担保方式的不同，担保债券又可分为抵押债券、质押债券和保证债券。抵押债券是指以土地、设备、房屋等不动产作为抵押担保品所发行的债券。当筹资人不能履行还本付息义务时，债券持有人（一般由其受托人代表）有权变卖抵押品而抵付。抵押公司债券在现代公司债券中所占比例最大，也是公司债券中最重要的一种。质押债券是指以其他债券（如政府公债）或股票等有价证券作为担保品所发行的公司债券。发行这种债券的公司须将作为担保品的有价证券交给作为受托人的信托公司，当筹资人到期不能偿债时，即由受托人质押的证券代为偿债。保证债券是指由第三者担保偿还本息的债券。担保人可以是政府、银行、母公司等，发行这种债券，可以提高筹资人的信誉，扩大债券销路，并可减轻筹资

人的利息负担。

5. 按募集方式划分，可分为公募债券和私募债券

公募债券以不特定的多数投资者为发行对象，而私募债券则仅以与发行人有一定特定关系的投资者为发行对象。

6. 按是否附权划分，可分为一般债券、可转换债券和附新股认购权债券

一般债券是购买者除有权按期收回本息外，不享受其他权利的债券。可转换债券是赋予债券购买者可以在特定时间按照一定条件将债券转换为发行人的普通股股票的债券。附新股认购权债券则是赋予债券购买者购买公司新增股份权利的债券。

7. 按利率是否变动划分，可分为固定利率债券和浮动利率债券

固定利率债券是利率在整个有效期内都保持不变的债券，浮动利率债券则是利率可随市场利率变动而变动的债券。

此外，债券还可按是否记名分为记名债券和不记名债券，按发行范围分为国内债券和国际债券，按币种不同分为本币债券和外币债券等。

（三）债券的价格和收益

债券价格主要分为三种：债券票面价格、发行价格和市场价格。其中，债券的票面价格是指债券票面所标明的金额。债券的发行价格是指债券发行者发行或出售债券的价格。它可以等于票面价格，也可高于或低于票面金额。债券的市场价格是指债券在流通市场上的价格。影响债券市场价格的最重要因素是市场利率。一般情况下，债券市场价格与市场利率成反比，若市场利率上升，债券价格就下跌；反之，就上涨。

债券的收益率一般由五个要素决定，即票面金额、票面利率、偿还期限、发行价格以及市场价格。具体计算时应分为两种情况：

1. 附息债券的收益率

衡量附息债券收益率的指标有两个：本期收益率和到期收益率。前者完全是根据本期利息和市场价格计算的。后者则是从买入债券开始至债券偿还这段时间的收益率，是使债券各年利息支付总额和面值

的现值等于市场价格的年贴现率。

若以 i_c 表示本期收益率，V 表示票面金额、i_f 表示票面利率、P 表示市场价格，则本期收益率的计算公式为：

$$i_c = \frac{V \times i_f}{P} \times 100\% \tag{4.15}$$

若以 i_e 表示到期收益率，t 表示偿还期限，则可得：

$$\begin{aligned} P &= \frac{V \times i_f}{1 + i_e} + \frac{V \times i_f}{(1 + i_e)^2} + \cdots + \frac{V \times i_f}{(1 + i_e)^t} + \frac{V}{(1 + i_e)^t} \\ &= \sum_{t=1}^{n} \frac{V \times i_f}{(1 + i_e)^t} + \frac{V}{(1 + i_e)^t} \end{aligned} \tag{4.16}$$

其中，如果已知票面金额 V 、票面利率 i_f 、市场价格 P 和偿还期限 t ，利用公式就可以计算出到期收益率 i_e 。

2. 贴现债券的收益率

贴现债券的利息就是票面金额与发行价格的差额。一般情况下，一年以内的贴现债券用单利计算，而一年以上的贴现债券用复利计算。

若以 i_s 表示一年以内贴现债券的收益率，P_0 表示发行价格，V 表示票面金额，t 表示偿还天数，D 表示基础天数，则一年以内贴现债券的收益率计算公式为：

$$i_S = \frac{V - P_0}{P_0} \times \frac{D}{t} \times 100\% \tag{4.17}$$

若以 i_l 表示一年以上贴现债券的收益率，P_0 表示发行价格，V 表示票面金额，t 表示偿还年限，则一年以上贴现债券的收益率计算公式为：

$$i_l = (\sqrt[t]{V/P_0} - 1) \times 100\% \tag{4.18}$$

（四）债券的信用评级

在很多国家都设有专门的证券评级机构对各种债券的发行人进行信用评级。债券信用评级的主要目的是为广大投资者提供有关债券发行人的信誉以及偿债可能性等方面的信息，以保护投资者的利益。一般说来，没有经过信用评级或信用级别较低的债券往往不被投资者所接受，极难找到销路。

目前国际上公认的最具权威性的信用评级机构有两家，即美国的标准普尔公司和穆迪投资服务公司。表 4 －2 对这两家公司所使用的债券信用评级情况进行了简单概括。

表 4 －2　债券信用等级划分表

标准普尔公司	穆迪公司	级别	性质	信用说明
AAA	Aaa	最高级	投资级	信用最高，债券本息支付没有问题
AA	Aa	高级		支付本息的能力很强
A	A	中上级		支付能力较强，对环境和经济条件变化较敏感
BBB	Baa	中级		有充足的本息支付能力，但不利的环境和经济条件会削弱这一能力
BB	Ba	中下级	投机级	有投机因素，但投机程度较低
B	B	投机级		投机性强
CCC、CC	Caa			可能不还本付息
C	Ca			不还，但可以收回很少一点
DDD、DD、D	C			无收回可能

（五）债券的发行市场和流通市场

债券发行市场是将新债券从发行人手中转移到初始投资者手中的市场。发行人发行债券的主要目的在于获得长期稳定资金。债券发行的基本方式与股票类似，也可从不同角度进行如下分类：公募发行和私募发行、直接发行和间接发行以及溢价发行、平价发行和折价发行。债券发行程序大体包括以下几步：决议、审批、公示、认购以及款项划拨等。

债券流通市场是已发行债券进行买卖转让的市场。上市债券流通既可以在证券交易所进行，也可以在场外市场进行，而非上市债券则只能在场外市场进行。除现货交易、期货交易、期权交易以及信用交易外，前文所述的回购协议也是债券的交易方式之一。

第四节　金融衍生工具市场

金融衍生工具是由基础金融工具或金融变量的未来价值衍生而来的，它以杠杆或信用交易为主要特征，是由两方或多方共同达成的金融合约及其各种组合的总称。借助于现代金融技术手段，虽然基础金融工具数量并不是太多，但是根据这些基础金融工具创新和衍生出来的金融衍生工具却种类繁多，结构复杂。目前，金融衍生工具主要有远期、期货、期权、互换等。

一、金融衍生工具的特征

金融衍生工具产生于20世纪70年代，由于当时的高通货膨胀率，以及浮动汇率开始实施，使得规避通货膨胀和汇率风险成为很重要的金融需求，于是以规避风险为目的的金融工具创新开始出现，金融衍生工具市场迅速发展起来。金融衍生工具的产生与发展，完善了金融市场结构和价格形成机制，同时由于其具有以下特点，又为交易者提供了有效的风险分散手段，也向市场提供了更多的获利方法和投机工具。

（一）杠杆比例高

金融衍生工具大多采用财务杠杆方式交易，一般只需要百分之几的保证金就可以进行大额的金融衍生品交易。比较高的杠杆比例无疑可以显著提高资金的使用效率，但是也不可避免地带来巨大风险。

（二）设计与构造灵活

可以通过对基础金融工具及衍生金融产品进行多种组合，根据参与者的需要设计出各种各样的金融衍生产品，这反映出金融衍生工具设计的灵活性。但是相对而言，金融衍生工具由于要考虑时间、杠杆比率、风险等级、价格等各种参数，其设计与构造过程具有复杂性，往往需要较为高深的数学方法进行，采用现代计算机技术。

（三）定价复杂

金融衍生工具由基础金融工具未来价值衍生而来，其价值主要受基础金融工具价值变动的影响。但是由于金融衍生工具设计过程比较复杂，加上金融工具未来价值也很难准确预测，因此衍生金融工具定价也比较复杂，大部分需要运用复杂的数学模型。

（四）规避风险与放大风险并存

创造金融衍生工具的初衷是为了规避风险，通过金融技术将产品进行分解与组合，达到收益与风险的均衡。但是，金融衍生工具的高杠杆特征很容易放大它的风险。

（五）全球化程度高

随着信息技术的发展，金融衍生市场的参与者可以迅速、低成本地进入任何一个市场进行交易，同时全球几大交易所开市与闭市时间可以首尾相连，实现24小时不间断交易，既提高了市场效率，又使得各个市场之间的相互影响程度大大提高。

二、金融远期

远期合约是交易双方约定在未来某一日期按约定的价格购买或出售某项资产。远期合约一般在场外进行交易，合约内容根据交易双方的实际需要协商确定，因此是非标准的个性化合约。比较常见的金融远期合约包括远期利率协议和远期外汇合约等。

（一）远期利率协议

远期利率协议是交易双方为规避未来利率波动风险，在特定时期内按协议借贷一笔数额确定、以具体货币表示的名义本金的协议。远期协议的交易双方在结算时一般不会进行本金交换，而是根据协议利率和参照利率之间的差额、名义本金额来计算结算金，由交易一方向交易另一方支付结算金来结束交易。

我们可以通过一个假想的事例来理解远期利率协议过程：假定甲公司预计1个月后需要借入为期5个月的1000万美元资金，预计届时银行利率将上升，为了锁定借款成本，该公司2012年3月17日与乙银行签订了以LIBOR为参照利率、名义本金1000万美元、协议利率

5.6%的协议，协议期限5个月，自即日起1个月内有效（1×6远期利率协议）。如果协议有效期内参照利率上升，甲公司将从乙银行那里获得结算金，反之银行将从甲公司获得结算金。

1. 远期协议的相关概念

上例中，有若干远期利率协议的术语，它们是理解远期利率协议的关键。

表4-3　远期协议的相关概念

术　语	含　　义
名义本金	双方约定的交易金额，但不进行交换，仅用作计算利差的本金数额
协议利率	双方商定的借贷利率。对银行而言是远期利率协议的报价
参照利率	结算日市场利率。通常为LIBOR或其他货币市场利率
结算金	结算日根据协定利率与参照利率差额计算的一方付给对方的金额
交易日	远期利率协议签定日期
起算日	通常为交易日后两天
确定日	参照利率确定的日期（通常为结算日前两天）
结算日	名义贷款开始日期
到期日	名义贷款到期日期
合同期	结算日至到期日天数

2. 远期协议的交易过程

远期利率协议的买方是名义借款人，卖方则是名义贷款人，借贷的是合同期的名义本金，而不一定产生真正的借贷关系。在结算日，双方以名义本金为依据，根据合同中的协议利率与参照利率之间的差额来计算结算金。结算金的具体计算公式如下：

$$S=\frac{(r-r_k)\times A\times\dfrac{D}{B}}{1+\left(r\times\dfrac{D}{B}\right)} \tag{4.19}$$

其中，S表示结算金，r表示参照利率，r_k表示协议利率，A代表名义本金，D代表合同天数，B为一年的表示天数。上面例子中，如果参考利率上升到6%，那么在结算日，甲公司将从乙银行获得结算金支付：

$$S=\frac{(6\%-5.6\%)\times 10000000\times \frac{153}{360}}{1+\left(6\%\times \frac{153}{360}\right)}=16577.28$$

相反，如果参照利率下降到5.6%以下，银行将获得甲公司支付的相应结算金。这样对于交易双方来说，都可以有效的控制利率波动的风险，将未来的资金收益或资金成本控制在可预计的范围内。

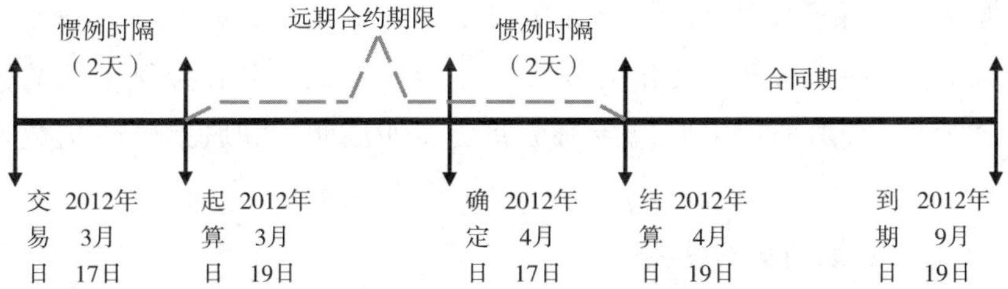

图4-3　远期利率协议交易过程

（二）远期外汇合约

远期外汇合约是交易双方约定在未来某一时刻，按照双方约定的远期汇率交割一定数量的外汇。远期外汇合约是金融远期中比较成熟、规模最大的交易种类，交易双方签订远期外汇合约，应该在合约中明确双方的商号、币种、汇率、期限、交割日等信息，交易的期限从一个星期到几年不等，一般以月计算，以1个月、2个月、3个月、6个月期限居多。

远期外汇合约的合约汇率也称为远期汇率，有两种标价方法：一是直接报价法，即直接报出远期外汇买卖的汇率，一般在银行和顾客之间的外汇交易中常见；二是远期差价报价法，即报出远期汇率与即期汇率的差价，远期汇率高于即期汇率的差额被称为升水，远期汇率低于即期汇率的差额被称为贴水，如果二者相等，则称为平价。

三、金融期货

（一）金融期货的含义

期货合约由远期协议发展而来，也是交易双方按照约定的价格在未来某一期间内完成特定资产交易的行为。与远期协议不同的是，远期协议一般由交易双方自行决定交易条件，而期货合同则是标准化合约，一般在有组织的交易所内完成。最先出现的是实物期货，1865 年芝加哥谷物交易所推出了一种被称为“期货合约”的标准化协议是较早出现的实物期货。20 世纪 70 年代以后，金融市场风险加大催生了金融期货。所谓金融期货，是指买卖双方在有组织的交易所以公开竞价的方式达成在未来某一特定时间交收一定标准数量某种金融工具的标准化协议。金融期货主要包括利率期货、外汇期货和股票价格指数期货等。

（二）金融期货的种类

1. 利率期货

利率期货是指在金融期货市场上，合约标的物为一定数量的与利率有关的金融产品的期货合约。利率期货标的物的主要品种是各种债券，自 1975 年芝加哥期货交易所推出国民抵押债券期货之后，各种利率期货层出不穷，根据其标的物期限的长短，可以分为短期利率期货和长期利率期货。短期利率期货合约的基础金融工具为各种货币市场债务凭证，这些金融工具的期限一般在 1 年以内；长期利率期货合约的基础金融工具是各种资本市场债务凭证，这些金融工具的期限一般在 1 年以上。

2. 外汇期货

外汇期货是指在金融期货市场上，合约标的物为一定数量外币的期货合约。外汇期货的出现略早于利率期货，20 世纪 70 年代初，由于浮动汇率制度的实行，汇率风险加大，为规避汇率风险，1972 年 5 月，芝加哥商业交易所成立国际货币市场分部，正式推出外汇期货合约。其后，外汇期货市场得到了很大发展，英国、澳大利亚、加拿大、新加坡也相继建立了外汇期货交易市场。目前，国际上外汇期货合约的主要交易品种有美元、英镑、欧元、日元、加元、瑞士法郎、澳大利亚元等。除了作为主要外汇期货交易中心的美国外，伦敦国际金融期货交易所、新加坡国际货币交易所、东京国际金融期货交易所、法国国际期货交易所等也是重要的外汇交易中心，每个交易所基本都有本国货币与其他主要货币交易的期货合约。

3. 股票价格指数期货

股票价格指数期货是指以股票价格指数为标的物的期货合约。20世纪70年代以后，受石油危机影响，当时经济发展十分不稳定，利率波动剧烈，导致股票市场大幅波动，股票投资者需要一种能够有效规避风险、套期保值的金融工具，股票价格指数期货应运而生了。1982年2月，美国堪萨斯期货交易所（KCBT）开创了股指期货合约后，国际股票指数期货不断发展，现已发展成为金融期货领域最热门、发展最快的产品，成为资本市场中最有活力的风险管理工具之一。目前，影响力比较大的股票价格指数包括S&P500股票价格指数期货、道琼斯工业平均指数期货、金融时报100指数期货、日经225指数期货、恒生指数期货等。中国金融期货交易所交易的产品为沪深300指数合约。

【专栏4-2】

中国金融期货交易所及其交易产品

中国金融期货交易所由上海期货交易所、郑州商品交易所、大连商品交易所、上海证券交易所和深圳证券交易所共同发起，于2006年9月8日在上海成立。中金所设立的宗旨是发展社会主义市场经济，完善资本市场体系，发挥金融期货市场的功能，保障金融期货等金融衍生品交易的正常进行，保护交易当事人的合法权益和社会公共利益，维护金融市场正常秩序。在深化金融市场改革、完善金融市场体系、发挥金融市场功能方面，中金所具有重要的战略意义。它承担的职能主要包括：组织安排金融期货等金融衍生品上市交易、结算和交割；制订业务管理规则；实施自律管理；发布市场交易信息；提供技术、场所、设施服务等。2010年4月，中金所推出第一支金融期货产品——沪深300股指期货合约。沪深300指数由沪深A股中规模大、流动性好、具有代表性的300支股票组成，于2005年4月8日正式发布，以综合反映沪深A股市场整体表现。2013年9月6日，国债期货正式在中金所上市交易。沪深300股指期货合约的基本要素见下表。

沪深300指数期货合约表

合约标的	沪深300指数
合约乘数	每点300元
报价单位	指数点
最小变动价位	0.2点
合约月份	当月、下月及随后两个季月
交易时间	上午：9：15—11：30，下午：13：00—15：15
最后交易日交易时间	上午：9：15—11：30，下午：13：00—15：00
每日价格最大波动限制	上一个交易日结算价的±10%
最低交易保证金	合约价值的12%
最后交易日	合约到期月份的第三个周五，遇国家法定假日顺延
交割日期	同最后交易日
交割方式	现金交割
交易代码	IF
上市交易所	中国金融期货交易所

（三）金融期货的功能

虽然金融期货的功能多样，但是套期保值和价格发现是其基本功能。

1. 套期保值

金融期货是为了适应规避市场风险的要求而发展起来的，因此套期保值是其首要功能。20世纪70年代以来，利率、汇率大幅频繁波动，生产企业、进出口商、金融机构以及各类投资者面对金融全球化、自由化带来的一系列风险，客观上需要金融市场提供规避利率、汇率、股价波动的工具，金融市场正是顺应这种需求建立起来的。投资者可以在现货市场进行投资之后，在金融期货市场建立与现货市场相反的头寸，然后根据市场的实际情况，以在期货合约到期前对冲平仓或履行到期交割的方式，有效对冲现货市场投资可能带来的风险。

2. 价格发现

金融期货市场的价格发现功能是指该市场可以通过反复交易，为各种金融资产提供未来有效价格的信息。在金融期货市场，各种金融期货都有大量的买者和卖者，他们通过竞争性的要价来确定交易价格，这种公开的、大量的竞价交易所确定的价格，在很大程度上可以代表金融资产的供求状况，反映出交易者对金融资产价格走势的判断和预期。因此，相关市场的交易相关者，可以通过参考金融期货市场的成交价格，形成对金融资产价格合理的预期，从而有计划地安排自己的生产经营决策、投资计划，节省交易成本，提高效率。同时，金融全球化的发展，使得主要金融期货产品的价格，可以借助现代电子通讯技术快速传播至全球各地，不仅对全球性的金融市场，也为与金融市场相关的商品市场，提供有用的参考信息。

四、金融期权

（一）金融期权的含义

期权合约是一种选择权合约，它是指合约的买方有权在约定的时间或约定的时间内，按照约定的价格买进或卖出一定数量相关资产的合约，根据实际情况，合约的买方也可以放弃行使这一权利。而金融期权则是指期权合约的标的资产是金融资产。较早的金融期权可以追溯到18世纪，当时英国南海公司的股价飞涨，其股票期权市场也有了较大发展。而金融期货的重大突破可以归因于1973年4月芝加哥期权交易所（CBOE）成立，标志着期权合约标准化、期权交易规范化。要理解期权的内涵，必须了解与期权相关的几个要素。

1. 期权买入者与期权卖出者

期权的买入者是付出一定期权费用，购买了合约规定的一定时间内行使购买或出售相应金融资产权利的期权买方，但是他却不承担必须履约的义务。期权的卖出者是在收取买入者期权费用之后，承担了在规定时间内按照买方要求履行合约义务的期权出售方，期权的买入者根据约定购买或出售约定金融资产时，期权的卖出者必须依约相应卖出或买进该金融资产。从这个意义上看，期权的买入者和期权的卖出者在权利和义务方面是不对等的，期权买入者在付出期权费之后，就拥有了约定的选择权，但是他不需要承担履约义务；而期权的卖出者在获得期权费之后，只承担相应的义务，而没有选择权利。

2. 期权费

期权费又称为期权价格，是期权买方获得选择权付出的代价，期权卖出者承担义务获得的报酬，是期权买方获得不对称权利而对期权卖方的价格补偿。期权费一经支付，无论买方是否行使选择权，都不会退还。

3. 协定价格

期权的协定价格又称为执行价格，或履约价格，是合约中规定的期权买方在行使权利时实际执行的买卖标的金融资产的价格。协定价格一经确定，在期权有效期内，无论标的金融资产的价格如何波动，只要期权买方要求履约，卖方都必须按照此价格来履行合约，不能更改。

4. 有效期限

期权的有效期限是期权合约规定的期权到期时间，期权买方只能在合约规定的时间内行使权利，超过规定时间而没有行使就意味着自动放弃这一权利。

（二）金融期权的分类

1. 按照买方的权利，可以分为看涨期权和看跌期权

看涨期权又称为买入期权，指在到期日或到期日为止的期间内，买方拥有按事先约定的执行价格购买一定数量金融资产的权利；看跌期权又称为卖出期权，是指在到期日或到期日为止的期间内，买方拥

有按事先约定的执行价格卖出一定数量金融资产的权利。

2. 按照期权履约时间的不同，可以分为欧式期权和美式期权

欧式期权是指期权的买入方必须在期权到期日当天才能行使选择权的期权；而美式期权的买入者可以在期权到期日以前的任何一个工作日选择执行或不执行期权合约。由于美式期权比欧式期权更灵活，赋于买方更多的选择，而卖方则时刻面临着履约的风险，因此，美式期权的期权费用也相对较高。

3. 按照标的资产的不同，可以分为外汇期权、股票期权、股票价格指数期权、利率期权等

外汇期权也称为货币期权，指标的资产为一定数量外汇资产的期权合约。外汇期权的主要功能在于锁定未来汇率，在汇率波动频繁的浮动汇率时代提供有效的外汇保值手段。股票期权是指标的资产是一定数额股票的期权合约，其主要功能在于既可以对冲市场股票现货涨跌的风险，也可以通过组合式期权策略，配合升市、跌市、窄幅或大幅波动市的需要，增进投资收益等。股票价格指数期权是以股票价格指数为标的物的期权合约，其协定价格是以股票指数乘以一个一定数额为单位。如在美国的股指期权交易中，每份期权合约等于 100 美元乘以即期的市场股价指数，而且协定价格也以股价指数的 100 倍来表示。与股价指数期货交易一样，股价指数期权的主要功能也是套期保值，或用于投机获利。利率期权是指标的物为利率相关资产的期权合约，主要包括国库券、中长期政府债券、公司债、欧洲美元存款等。

（三）金融期权交易的基本策略

金融期权是一种比较复杂的金融工具，现实中的期权交易十分复杂，交易者为了规避交易带来的风险，会采取垂直价差、比率价差、对敲等交易手段。但是，无论实际交易如何复杂，一般包含在四种最基本的交易策略中：买入看涨期权、买入看跌期权、卖出看涨期权和卖出看跌期权。

1. 买入看涨期权

买入看涨期权是交易者在付出期权费后，获得以约定价格买入标的资产的权利，这是预期标的资产市场价格将会上涨的看多型策略。

在期权的有效期内，如果交易者判断准确，标的资产价格上涨，交易者可以选择行使权利，从而获得收益；如果判断失误，标的资产价格下跌，则可以放弃执行期权。因此，对于看涨期权的买入方来说，其最大的损失是期权费，理论上说，收益可以达到无限大。

表4－3　期权交易基本策略表①

交易策略	买入看涨期权	卖出看涨期权	买入看跌期权	卖出看跌期权
对市场的看法	看涨	看跌	看跌	看涨
盈亏图	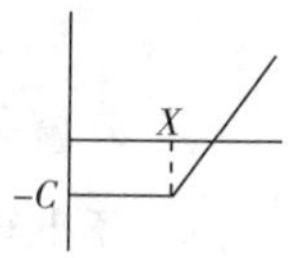	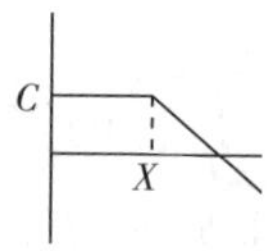	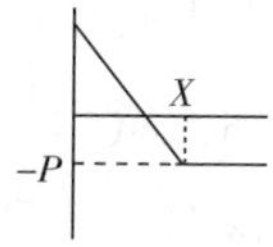	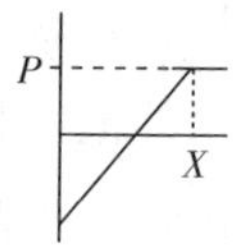
潜在最大利润	∞	C	$X-P$	P
潜在最大损失	C	∞	P	$X-P$
盈亏平衡点	$X+C$	$X+C$	$X-P$	$X-P$

注：X 为协定价格，C 为看涨期权的期权费，P 为看跌期权的期权费。

2. 买入看跌期权

买入看跌期权是交易者付出期权费之后，获得以约定价格卖出标的资产的权利，这是预期标的资产市场价格将会下跌的看空型交易策略。在期权的有效期内，若如交易者所预计，标的资产价格下跌，交易者可以选择执行期权，以协议价格向交易对手出售市场价已经下跌的标的资产，从而获得收益。同样，当市场价格与预计相反时，交易方可以放弃执行期权。

3. 卖出看涨期权

卖出看涨期权是与买入看涨期权对应的交易行为，是获得买方期权费后，卖出方就承担按照买方要求在有效期内按照约定价格向对方出售标的资产的义务。选择卖出看涨期权者预期标的资产价格将会下跌，通过出售看涨期权获得期权费收入。对于看涨期权出售者来说，

① 霍文文：《金融市场学教程》，复旦大学出版社2010年版，第275页。

其最大的收益是期权费，损失则随着标的资产价格上涨幅度而定，理论上说这种潜在损失可以达到无限大。

4. 卖出看跌期权

卖出看跌期权是与买入看跌期权对应的交易行为，是期权的卖方获得期权费之后，就承担按照买方要求在有效期内按照约定价格从对方手中买入标的资产的义务。选择卖出看跌期权者对标的资产价格的判断是未来将会上涨，希望通过卖出看跌期权来收取期权费获利。其最大收益是期权费用，潜在最大损失将是协议价格与期权费之差。

五、金融互换

金融互换是指两个或两个以上当事人按照商定的条件，在约定的时间内交换一系列现金流的合约。规避风险和降低融资成本是互换产生的最初原因，其后，金融机构为了优化资产负债管理，更多地参与互换业务，推动了互换业务的发展。目前，互换业务主要包括货币互换和利率互换两类。

（一）货币互换

货币互换是指交易双方在未来约定的时间内交换两种不同货币的本金和现金流，其交易前提是双方分别需要对方所持有的币种，并且数量和期限一致。货币互换最早产生于20世纪80年代初，由世界银行与IBM通过所罗门兄弟公司促成交易。其后，互换市场有了飞速发展。

货币互换的主要功能表现为：第一，降低筹资成本。交易双方可以利用自己在各自国家货币市场的比较优势，以较低利率获得借款，然后通过互换，降低自己的筹资成本，并获得自己所需的货币。第二，利用互换进行资产负债管理。通过货币互换锁定利率、汇率风险，降低利率、汇率波动带来的风险。第三，规避管制。对于实行外汇管制的国家，通过实行货币互换，还可以便利国际资本的流动。

货币互换包括定息—定息货币互换、浮息—定息货币互换和浮息—浮息货币互换三种。定息—定息货币互换是指交易者在整个交易期间都按照固定利率相互交换支付利息，这是货币互换最主要的形式；

浮息—定息货币互换是指交易中，一方承担按照浮动利率支付的义务，另一方承担按照固定利率支付的义务；浮息—浮息互换则是交易双方都承担按照浮动利率支付的义务。下面我们通过一个定息—定息货币互换的例子来理解货币互换的过程。

假定现在英镑兑美元的汇率为1英镑=1.5美元，有两家公司A、B，其中A公司需要1000万英镑，B公司需要1500万美元，由于两家公司的信用等级不同，两家公司的融资成本不同，具体见表4-4。

表4-4 A、B公司的借款成本

	英镑固定利率	美元固定利率	实际融资成本
A公司	7%	9.5%	6.75%
B公司	8%	11%	10.75%
二者利差	1%	1.5%	

从表4-4中可以看出，B公司的借款成本无论在哪个市场都比A公司高，但是在英镑市场只高出1个百分点，相比美元市场的1.5个百分点，B公司在英镑市场具有比较优势。两家公司为了降低各自的融资成本，可以进行如下交易：首先，双方各自在自己具有比较优势的市场上融资，即A公司从美元市场按照9.5%的利率借款1500万美元，B公司以8%的利率从英镑市场借入1000万英镑；其次，A、B两家公司进行本金互换，即A公司将借入的1500万美元本金与B公司借入的1000万英镑本金进行交换；再次，A、B两家公司进行利率互换，即可以通过A公司向B公司支付英镑利率8%，B公司向A公司支付美元利率10.75%实现互换。通过互换，双方总融资成本降低了（7%+11%）-（8%+9.5%）=0.5%，如果本次互换过程没有中介参与，并且双方平分收益的话，那么A公司的实际融资成本为：

$$9.5\% + 8\% - 10.75\% = 7\% - 0.25\% = 6.75\%$$

B公司的实际融资成本为：

$$8\% + 10.75\% - 8\% = 11\% - 0.25\% = 10.75\%$$

（二）利率互换

利率互换是指交易双方在未来一定时期内以同一货币的名义本金为基础，将该本金产生的以一种利率计算的收入流与对方的以另一种利率计算的收入流相交换。利率交换不需要交换本金，本金只是计算利息的依据。一般来说，交易的一方的现金流以浮动利率计算，而另一方的现金流则以固定利率计算。利率互换最早产生于 1982 年，当时，德意志银行与另外三家银行之间成功地进行了欧洲债券固定利率与伦敦同业拆借利率的互换。自此之后，利率互换的种类日益增多，规模也逐渐增大，现在已发展成为一种重要的分散风险的理财工具，它可使交易者在不改变其资产和负债基本结构的条件下，实现分散风险、降低融资成本的目的。

利率互换包括定息—浮息互换和浮息—浮息互换两种。其中定息—浮息互换是指一方支付固定利率的利息，收取浮动利率的利息，而另一方则相反。浮息—浮息互换则是指双方交换的利息支付义务都是以浮动利率为基础的。下面我们通过一个定息—浮息利率互换的例子来理解利率互换过程。

假设市场上有两家公司，A 公司需要浮动利率资金，B 公司需要固定利率资金，并且它们需要的本金和币种相同。由于两家公司的信用等级不同，它们的市场融资成本见表 4－5。

表 4－5　A、B 公司的借款成本

	固定利率	浮动利率	实际融资成本
A 公司	7%	LIBOR +0.5%	LIBOR +0.25%
B 公司	8%	LIBOR +1%	7.75%
二者利差	1%	0.5%	

从表 4－5 中可以看出，A 公司由于信用等级高，无论在固定利率还是在浮动利率融资方面都具有绝对成本优势，而 B 公司仅在浮动利率借贷方面具有相对的比较优势。因此，两家公司可以利用各自的比较优势借款，然后互换，以实现降低融资成本的目的。首先，双方各

自在具有比较优势的市场融资，即A公司以固定利率7%借款，B公司以浮动利率LIBOR+1%借款；其次，双方进行利率互换，即A公司向B公司支付LIBOR利率，B公司向A公司支付固定利率6.75%。

通过互换，双方总融资成本降低了（LIBOR+0.5%+8%）-（7%+LIBOR+1%）=0.5%，如果本次互换过程没有中介参与（事实上，一般的互换过程都有中介参与），并且双方平分收益的话，那么A公司的实际融资成本为：LIBOR+7%-6.75%=LIBOR+0.25%，比自己单独向市场融资成本（LIBOR+0.5%）低0.25个百分点；B公司的实际融资成本为：LIBOR+1%+6.75%-LIBOR=7.75%，比自己单独向市场融资成本（8%）低0.25个百分点。

第五节　其他金融市场

一、外汇市场

外汇市场是进行外汇买卖的场所或交易网络，它是随着国际贸易、国际投资、国际旅游以及其他国际经济往来的产生与发展而产生并壮大的又一种重要的金融市场。外汇市场的构成主要包括市场交易对象、市场交易主体、市场组织形态以及市场价格机制等内容。

（一）外汇与汇率

1. 外汇的含义

外汇市场的交易对象即外汇，它是国际汇兑的简称，其概念有动态与静态之分。所谓动态的外汇，是指不同国家之间进行货币兑换以偿付国际债务的一种金融行为。而静态的外汇又分为两种：狭义的外汇和广义的外汇。从狭义上说，外汇是指以外币表示的可用于进行国际结算的各种支付手段的总和。根据我国《外汇管理暂行条例》第二条规定，狭义外汇包括：（1）外国货币，包括钞票、铸币等；（2）外币有价证券，包括政府公债、国库券、公司债券、股票、息票等；（3）外币支付凭证，包括票据、银行存款凭证、邮政储蓄凭证等；

(4) 其他外汇资金。广义的外汇则是指用于国际收支的一种债权。国际货币基金组织对外汇的解释就是广义的外汇概念，它认为“外汇是货币行政当局以银行存款、国库券、长短期政府债券等形式所保有的在国际收支逆差时可以使用的债权。其中包括中央银行之间及政府之间协议而发行的在市场上不流通的债券”。显然，外汇市场的交易对象主要是静态意义上的外汇。

2. 汇率的含义

外汇汇率简称为汇率，又称为外汇汇价，是不同货币之间进行兑换的比率或比价。换而言之，汇率也就是以一种货币来表示另一种货币的价格。

根据标准货币的不同，汇率有两种标价方法。如果以一定单位的外国货币作为标准，折算为若干单位的本国货币，则为直接标价法，又称应付标价法。例如，以人民币为标准货币，它与美元的汇率就可以表示为：1 美元 = 6.25 元人民币。显然，在直接标价法下，由于外国货币数额固定不变，故汇率上升则意味着单位外币所兑换的本币越多，从而本币币值就越小；反之亦然。与直接报价法相对应的是间接报价法，又称应收报价法，它是以一定单位的本国货币为标准，折算为一定数额的外国货币来表示其汇率。在间接报价法下，上例中的汇率应写为：1 元人民币 = 1/6.25 美元。由此可见，两种标价法下的汇率是互为倒数的。目前，实行间接标价法的国家只有英、美等少数国家，大多数国家实行的都是直接标价法。

从不同的角度可以对汇率进行不同的分类。常见的分类有：第一，按汇率制定方法，可分为基础汇率和套算汇率。前者是指本国货币与外国某种关键货币的汇率；后者又称为交叉汇率，是通过两种不同货币与关键货币的汇率间接地计算出来的这两种货币的汇率。第二，按汇率是否受到政府部门管制，可分为官方汇率和市场汇率。官方汇率又称为法定汇率，是一国政府部门所规定的汇率；市场汇率则是外汇市场上自由买卖外汇所形成的汇率。第三，按银行买卖外汇的角度，可分为买入汇率和卖出汇率。买入汇率也称为买入价，是银行向其他银行或顾客买入外汇时使用的汇率；卖出汇率则是银行向其他银行或顾客卖出外汇时使用的汇率。第四，按交割时间，可分为即期汇率和远期汇率。即期汇率又称为现汇汇率，是买卖成交后当天或在两个营业日内进行外汇交割所使用的汇率；远期汇率则是在两个营业日之后进行交割的汇率，故又被称为期汇汇率。第五，按汇率制度，可分为固定汇率和浮动汇率。固定汇率是由政府制定并只能在一定幅度内变动的汇率；浮动汇率则是汇率变动幅度不受限制而由市场实际供求来自行决定的汇率。

（二）外汇市场的种类

除了上文提到的具体的外汇市场和抽象的外汇市场外，外汇市场还可作如下分类：

1. 按交易额度划分，可分为外汇批发市场和外汇零售市场

外汇批发市场是银行同业间的外汇买卖市场，由于其交易规模大，故得名。外汇零售市场则是银行与一般顾客进行交易所形成的市场。

2. 按交割时间划分，可分为即期外汇市场和远期外汇市场

即期外汇市场是买卖成交后当天或在两个营业日内进行外汇交割的市场；远期外汇市场则是在两个营业日之后的某一确定时间进行交割的市场。

3. 按交易范围划分，可分为国内外汇市场和国际外汇市场

在国内外汇市场上，市场交易主体仅限于本国居民，外汇管制较严；而国际外汇市场的参与者既包括本国居民，又包括外国居民，外汇买卖较自由。

4. 按外汇管制程度划分，可分为自由外汇市场和官方外汇市场

自由外汇市场是没有外汇管制的市场，外汇可自由买卖，汇率则随行就市；官方外汇市场则是受到政府法令管制的市场，这种外汇市场常见于发展中国家。

（三）外汇交易方式

外汇交易方式具体包括即期交易、远期交易、期货交易、期权交易、掉期交易以及套汇交易等。前四种交易方式前文已有论述，这里重点介绍后面两种交易方式。

1. 掉期交易

外汇市场上的掉期交易是指对不同期限但金额相等的同种外汇做两笔反方向的买卖的行为。例如，在买进90天期限的A币的同时又卖出180天期限的A币。掉期交易的主要目的是管理资金头寸，清除汇率风险。

2. 套汇交易

套汇交易是指套汇者在同一时间点利用两个或两个以上的地区性外汇市场上某些货币在即期汇率上的差异进行外汇买卖的行为。它有直接套汇和间接套汇之分。所谓直接套汇就是套汇者利用两国之间或两地之间某种货币汇率差异同时低价买、高价卖的行为，故又称两地套汇；间接套汇又称三角套汇或交叉套汇，是套汇者利用三个不同市场之间相关的货币汇率差异，同时进行贱买贵卖，以赚取汇率差额利润的行为。

二、黄金市场

（一）黄金市场的含义

黄金市场是金融市场体系中最古老的市场之一，其形成、发展与货币制度演化密切相关。金币本位制在资本主义各国的全面建立大大促进了黄金市场的发展，世界上最早的国际黄金市场——伦敦黄金市场正是在这一时期建立的。

简单来说，黄金市场就是集中进行黄金买卖的场所。黄金市场区别于其他金融市场的独特之处在于黄金交易具有二重性：一方面黄金可以作为一种商品来交易，因此黄金市场属于商品市场的范畴；另一方面黄金又可以作为世界货币来交易，这使得黄金市场具有国际金融市场的性质。尽管随着国际金融市场的发展，黄金作为货币的历史将逐步成为过去，但其对金融的影响和作用仍不可低估。

（二）黄金市场的种类

黄金市场可按照不同标准进行分类：

1. 按市场性质划分，可划分为主导性市场和区域性市场

主导性市场是交易集中的国际性市场，其价格的形成及交易量的

变化都对其他市场有很大影响。目前，伦敦、苏黎世、纽约、芝加哥和香港市场就是这类市场的代表。区域性市场是本地区黄金交易集中的市场，对其他市场影响不大。如欧洲的巴黎、法兰克福、布鲁塞尔；中东的贝鲁特及一些大城市；东南亚的新加坡、曼谷；东亚的东京；非洲的开罗、卡萨布兰卡、达喀尔；北美的多伦多、温尼伯、旧金山；中美的墨西哥城、巴拿马城；南美的里约热内卢等。①

2. 按交易自由程度划分，可分为自由交易市场和限制交易市场

在自由交易市场中，黄金可以自由输出入，居民和非居民都可以自由买卖黄金，如苏黎世黄金市场。而在限制交易市场中，黄金输出入则受到一定程度的限制，如巴黎黄金市场。

3. 按交易类型划分，可分为现货市场和期货市场

现货市场是指在交易双方达成成交协议后立刻或在较短时间内进行交割的市场，伦敦市场和苏黎世市场就是这类市场的典型。期货市场是指交易双方签订协议并交付保证金后，在未来一定时期内按协议条件进行交割的市场，纽约市场和芝加哥市场就属于这类市场。

4. 按交易方式划分，可分为场外市场和场内市场

前者主要以电话进行交易，其代表是伦敦市场和苏黎世市场。后者则是在专门设立的交易所中进行交易，如纽约市场、芝加哥市场和香港市场等。

（三）黄金市场的交易对象

经济与金融的全球化使黄金市场上交易的品种日益增多，其中的主要品种有：

---

① 世界五大黄金市场：一是伦敦市场。19世纪，伦敦取代阿姆斯特丹成为国际金条、金币兑换中心。目前，它是全球最重要的黄金现货市场，是世界上唯一可以成吨购买黄金的市场。该市场每日报出的黄金价格，是世界黄金市场的“晴雨表”。二是纽约市场。成立于1933年，1974年开始期货交易，是现今世界上最大的黄金期货交易所，其黄金期货和期权成交量居世界首位。三是芝加哥市场。其特点也是期货交易，实际到期交割的很少，绝大部分属买空卖空的交易，交易量仅次于纽约市场。四是苏黎世市场。第二次世界大战时形成的世界性黄金自由交易中心。著名的瑞士银行、瑞士信贷银行和瑞士联合银行就是这个黄金市场的主体。五是中国香港市场。建立于1909年，最初以交易金银币为主。因为其在时空上连接了美国市场和欧洲市场，获得世界各国黄金经纪公司的青睐。

1. 实金

它包括金币、金砖、金制品、金饰品等。实金交易是黄金市场交易体系的基础，也是存在时间最长、历史最悠久的黄金交易品种。

2. 纸黄金

这是为不愿承担黄金运输保管的负担而又想拥有黄金的人设计的。纸黄金主要有四种：一是黄金存单，即由银行和经纪人提供的黄金存单，可以免除黄金所有人保管储存黄金之负担，但在任何时间提取黄金时，都要支付一笔运费和铸造费，有时还需付保管费。二是累积账号。这是介于购买实金和黄金存单之间的黄金投资方式。也就是每月定期将用于黄金投资的资金交给黄金经纪人或经销商，然后由其利用这笔钱为你购买他可以买到的最大量的黄金，在你的账号里随着资金的投入而增加。三是杠杆契约。也就是交纳少量的头期款，然后获得几倍的融资购买黄金。四是黄金股票。也就是购买还没有开采出来的地下黄金。

3. 黄金期货

作为远期标准化合约，黄金期货到期可以按合约进行实金交割，但这种交易量不及总交易量的3%。实际上，到期前大部分合约已对冲。期货交易主要是用于投资和黄金生产者进行套期保值。

4. 黄金期权

这是买方在支付一定的期权费后所获得的，在一定时期内有权按一定条件买进或卖出一份黄金的权利。

5. 掉期交易

这是为了规避市场价格风险而设计的一种交易方法。黄金生产者与黄金银行签订掉期交易协议，规定某日按协议价卖给银行一定数量的黄金。其特点是协议价高于现货价，届时生产者可延迟成交时间，所以叫掉期交易。黄金掉期交易使生产商处于安全有利的地位，而黄金银行要承担市场价格风险，但银行可获得生产者支付的佣金。

6. 提前销售

提前销售就是黄金生产者与黄金银行签订远期合同（一般为5—15年)，规定在未来合同期内售出黄金。

与其他金融市场类似，在黄金市场上，现货交易、期货交易、期权交易以及信用交易也是其主要交易方式，每种交易方式的交易机理大同小异，这里不再展开论述。

三、投资基金市场

证券投资基金已有100多年的历史，它起源于英国，兴盛于美国。在当今发达的金融市场上，证券投资基金已成为一种重要的投资工具和左右资本市场的力量。

（一）证券投资基金的含义与特征

证券投资基金是通过发行基金股份或受益凭证，将分散的小额资金集中起来，由专业的投资机构分散投资于股票、债券等金融资产的一种金融工具和投资制度。

虽然在世界各国证券投资基金存在着种种称谓，如美国称作“共同基金”、“互助基金”或“投资公司”，英国和中国香港称作“单位信托基金”，日本、韩国和中国台湾称作“证券投资信托基金”，中国大陆称作“证券投资基金”或简称“基金”，但其特征并无本质区别，可概括为以下几点：

1. 规模经营

证券投资基金与保险相类似，都是集小资成大资，将众多投资者的小额资金汇总成大资金而进行统一运作。证券投资基金的经营具有明显的规模优势，可以很好地降低交易成本。

2. 专家管理

基金实行专家管理制度，这些专业管理人员都经过专门训练，具有丰富的证券投资和其他项目投资经验，能够运用自身的专业优势进行分工与合作，抓住市场的投资机会，并合理运用各种金融工具以获得更高的收益。

3. 风险分散

证券投资基金将巨额资金通过科学、有效的投资组合分散投资到多种证券或资产上，可以最大程度地降低非系统性风险。

4. 收益共享

证券投资基金赚得的利益由所有的基金持有人共同享有，一般按照基金份额进行平均分配。

作为现代资本市场上三大最重要的金融工具，证券投资基金与股票、债券虽然都具有收益性、风险性和流动性等共同特征，但也存在明显的区别，具体表现在以下几个方面：一是反映的关系不同。股票是一种所有权凭证，反映的是所有权关系；债券是一种信用凭证，反映的是债权债务关系；而证券投资基金则是一种信托凭证，反映的是基金投资者和基金管理人之间的一种委托代理关系。二是所筹资金的投向不同。股票和债券是直接融资工具，筹集的资金主要是投向工商企业，而证券投资基金所筹集的资金主要是投向包括股票、债券在内的各种有价证券。三是风险水平不同。股票的直接收益取决于发行公司的经营效益，不确定性强，投资于股票有较大的风险。债券的直接收益取决于债券利率，而债券利率一般是事先确定的，投资风险较小。基金主要投资于有价证券，而且其投资选择相当灵活多样，从而使基金的收益有可能高于债券，投资风险又可能小于股票。因此，基金能满足那些不能或不宜于直接参与股票、债券投资的个人或机构的需要。

（二）证券投资基金的分类

证券投资基金可按照不同的标准进行各种分类，常见的有：

1. 根据基金的组织形式不同，基金可分为契约型基金和公司型基金

契约型基金起源于英国，又称为单位信托基金，是依据一定的信托契约组织起来的基金。基金管理公司作为委托人首先通过发行受益凭证筹集资金，其次将资金交由受托人（基金保管公司）保管，然后基金管理公司进行具体的证券投资与运营，并将所获得的收益按照受益凭证分配给投资者。公司型基金以公司形态组建，以发行股份的方式募集资金，一般投资者则为认购基金而购买该公司的股份，也就成为该公司的股东，凭其持有的股份依法享有投资收益。

2. 以基金在存续期内基金份额是否可以变动为标准，基金可分为封闭式基金和开放式基金

封闭式基金是指基金的发起人在设立基金时，限定了基金单位的

发行总额，筹集到这个总额后，基金即宣告成立，并进行封闭，在一定时期内不再接受新的投资。基金单位的流通采取在证券交易所上市的办法。封闭式基金的期限是指基金的存续期，即基金从成立起到终止之间的时间。开放式基金是指基金单位总数不固定，可视投资者的需求追加发行，投资者可按基金的净值报价在基金管理人指定的营业场所申购或赎回的基金。

3. 根据投资目标和风险差异，基金可分为三种：成长型基金、收入型基金和平衡型基金

成长型基金是基金中最常见的一种，它以追求长期资本利得为主要目标，以未来具有潜在高速增长前景的公司的股票为主要投资对象，风险相对较高。收入型基金以获取当期的最大收入为主要目标，主要投资于可带来现金收入的有价证券，如政府债券、企业债券和金融债券等。平衡型基金的投资目标是既要获得当期收入，又要追求长期增值，通常是把资金分散投资于股票和债券，以保证资金的安全性和盈利性。

4. 根据投资标的不同，基金可分为国债基金、股票基金、货币市场基金、黄金基金、衍生证券投资基金、指数基金、对冲基金等

（三）证券投资基金的市场运作

作为一种金融工具，证券投资基金的市场运作包括两大部分：一是证券投资基金的设立和发行，二是证券投资基金的市场流通。

1. 证券投资基金的设立和发行

与债券和股票类似，证券投资基金的设立包括三大步骤：第一步是确定发起人。证券投资基金的发起人必须同时具备一系列的条件，如法人资格、实收资本规模、前期经营情况（主要是盈利纪录和经营是否合法）、首次认购限额以及持股要求等。第二步是由发起人牵头准备各种文件与文书，主要包括证券投资基金章程、信托契约和公开说明书等。第三步是发起人将准备好的各种文件报送主管机构，申请设立证券投资基金。

在发行对象上，证券投资基金的发行一般以公开发行为主，定向发行较少。在发行方式上，证券投资基金既可以采取直接销售方式，

也可以采取包销或承销的方式。在发行价格上，证券投资基金一般按面值发行，较少溢价，发行价格通常是在基金单位金额的基础上累加一定的手续费。

2. 证券投资基金的交易方式与场所

国际上通行的做法是，证券投资基金在发行结束一段时间（一般为3—4个月）后，就应该安排基金券的交易。其中，封闭式证券投资基金的交易与股票、债券类似，投资者可以通过自营商或经纪人在二级市场（如证券交易所）上随行就市，自由买卖。开放式证券投资基金的交易则不同，投资者需等到该基金首次发行结束一段时间（通常是3个月）后，才可以到该基金专门开设的柜台上进行自由买卖。因此，开放式证券投资基金的交易实际上都是在投资者和基金管理公司之间进行的。

3. 证券投资基金的交易价格

在二级市场上，开放式基金的交易价格主要取决于基金净资产。所谓基金净资产是指基金投资组合的总市值减去总负债后，再除以基金发行总份额数的所得值。当投资者购买时，开放式基金的交易价格（即申购价格）等于基金净资产加上手续费。而当投资者出售时，开放式基金的交易价格则等于基金净资产减去手续费。

封闭式基金在二级市场上的交易价格主要由市场供求决定，存在着很大的波动性，其价格既可以高于也可以低于基金净资产。如果供大于求，则该基金的交易价格就会下降；相反，交易价格则会上升。这一点与股票极其相似，因此我们可以利用前面分析股票价格的方法分析封闭式基金的价格。

本章小结

金融市场就是以金融资产为交易对象而形成的供求关系及其机制的总和，其核心是通过价格机制，实现金融资产的优化配置。金融市场的构成要素包括市场主体、市场客体、市场媒体和市场价格机制等。

在金融市场上，资金供给者和资金需求者之间的资金融通方式有两种：直接金融和间接金融。金融工具则是金融市场上据以进行交易的合法凭证，是货币资金或金融资产借以转让的载体。偿还期、收益性、流动性和风险性是金融工具的四个最重要的经济特征。

货币市场是短期资金融通市场，主要由同业拆借市场、票据贴现市场、大额可转让定期存单市场和回购协议市场组成。

证券交易所是集中进行证券买卖的场所，它是伴随大规模证券交易的实际需要而最早出现于西方国家的。股票、债券是资本市场上的基本金融工具。其中，股票是一种出资凭证，代表着股东对公司的所有权。债券是资金需求者向资金供给者开出的承诺在一定时期内支付一定利息并到期偿还本金的债务凭证，其中，资金需求者为债务人，资金供给者为债权人。

金融衍生工具市场是金融衍生品买卖的场所，20世纪六七十年代以来，金融市场波动剧烈，出于避险的需要，金融衍生工具开始发展起来。20世纪80年代以来，随着技术进步以及金融管制的放松，金融衍生工具市场出现爆发式增长，它不仅为市场提供了避险工具，也通过大量的反复交易为市场提供了价格信息，同时为部分投资者提供了风险配置和获利机会。

其他的金融市场还包括外汇市场、黄金市场、投资基金市场等。外汇市场是进行外汇买卖的场所或交易网络，它是随着国际贸易、国际投资、国际旅游以及其他国际经济往来的产生与发展而产生并壮大的又一种重要的金融市场。黄金市场区别于其他金融市场的独特之处在于黄金交易具有二重性：一方面黄金可以作为一种商品来交易，因此黄金市场属于商品市场的范畴；另一方面黄金又可以作为世界货币来交易，这使得黄金市场具有国际金融市场的性质。经济与金融的全球化使黄金市场上交易的品种日益增多，如纸黄金、黄金期货、黄金期权、掉期交易和提前销售等。而证券投资基金则是通过发行基金股份或受益凭证，将分散的小额资金集中起来，由专业的投资机构分散投资于股票、债券等金融资产的一种金融工具和投资制度。

重要概念

金融市场　直接金融　间接金融　货币市场　资本市场　现货市场　期货市场　期权市场　一级市场　二级市场　第三市场　第四市场　有形市场　无形市场　金融工具　金融衍生工具　同业拆借　贴现　转贴现　再贴现　大额可转让定期存单　回购协议　证券交易所　股票　普通股　优先股　公募　私募　现货交易　期货交易　期权交易　债券　证券投资基金　外汇　汇率　黄金市场

第五章　金融机构

无论是个人、企业还是政府，所享受的金融服务绝大部分都是由金融机构提供的。金融机构是金融活动的主体之一，是金融系统赖以正常运行的组织条件。在现代社会中，各国均有一个与其经济发展水平相适应的多样而复杂的金融机构体系，它对整个社会经济的运行与发展起着独特而无法替代的作用。本章主要介绍金融系统中最基本的金融机构。

第一节　金融机构的产生与分类

金融机构又称作金融中介或金融中介机构，是专门从事货币信用活动的经济组织。早期的金融机构可一直追溯至近代的货币兑换商和钱庄银号等机构。

一、金融机构的产生

作为专门经营货币和从事信用等金融活动的经济组织，金融机构并不是外部植入的，相反它是在商品生产和市场交易逐步发展的过程中产生的，是经济发展的内生产物。

（一）商品经济和货币的发展是金融机构产生的根本原因

历史上商品交换的发展，使货币经历了从普通商品货币到金属商品货币再到铸币、纸币的发展演变过程。即便是在商品经济非常发达的今天，货币的统一还只是在一个国家或一定区域内得以实现，全球货币的统一还只是一个遥远的梦想。在铸币时期，货币的不统一给国家或区域间的商品交换带来很大不便，因为必须把当地铸币换成交易地铸币才能完成商品交易行为，或与异地商品交易者完成交易获得交易地铸币后还要将之兑换成本地铸币，在某些情况下还要进行铸币与世界货币金银的兑换。货币兑换的需要使得一部分商人专门从事货币兑换业，在收取部分手续费的前提下提供兑换铸币服务，从而减少从事商品交易的商人进行货币兑换所花费的时间、精力，提高商品交易的效率和方便程度。随着货币兑换业务的发展，从事货币兑换的商人在业务的技术手段、资源等方面越来越专业化，根据新的需要又进一步扩大提供的服务范围，从事货币保管、货币支付、汇兑等。在这过程中，货币经营商发现货币存入和支付在时间上、货币支付和实际提取在金额上的差异，由此发现可以将一部分货币的使用权暂时转让给货币需求者，并向其收取费用，以扩大自己的经营收益来源，由此产生了贷款业务。贷款业务带来的利益刺激又促使货币经营者增加可贷货币的数量，使其由被动接受客户的货币变为主动寻求，由此促进了存款业务的进一步扩大。这样，货币经营者提供的服务基本涵盖了银行的基本业务，银行也在这样的过程中逐步产生和发展起来。银行通过其业务在经济发展中发挥着重要作用，为社会闲置资金提供了一个安全并有收益的去处，为资金短缺者提供了获取资金、实现经济目的的渠道，对资金资源的优化配置起到了关键性作用。

随着经济的进一步发展，闲置资金需要更多样的投资渠道，资金短缺者也要求其他形式的筹资方式，由此更多样、更专业化的各类金融机构如证券公司、基金公司、保险公司等逐步产生和发展。多种金融机构相互配合和补充，在社会经济的发展过程中发挥各自的优势和作用，逐步形成了今天的金融机构体系格局。

（二）节约交易成本是金融机构产生的直接原因

所谓交易成本就是交易双方为实现交易目的而花费的成本，包括信息搜寻成本、谈判成本等。任何交易都是要付出成本的，在经济、金融活动中也存在交易成本，即金融活动参与者为实现自身目的而花费的时间、费用等成本，如资金盈余者寻求投资渠道、资金短缺者寻求资金来源，从搜寻信息到谈判、直至达成一致整个过程中花费的各方面的成本。交易成本主要产生于信息的不对称。例如，在某一时点，社会上同时出现了资金的盈余者和短缺者，但是，资金盈缺双方是分散的，并且相关的信息也是不集中的，因此供需双方要实现资金的调剂需要花费大量的时间和费用来进行交易对象的寻找、筛选，交易的谈判等等，这样是高成本低效率的。交易双方通过金融机构来实现交易同样也要花费交易成本，关键是比较自身寻找对象并进行交易同与金融机构进行交易两者的交易成本孰高孰低。

金融机构的产生和发展，为资金供需双方实现资金余缺的调剂架起了桥梁，并且因其从事专业化经营，在资源、专业水平、机构、人员等方面都具有自身的优势，从而使得交易主体的成本远远低于交易主体自身寻求交易所花费的成本。金融机构对交易成本的节约突出表现规模经济上。因为在金融市场上，当交易量增加时，一项交易的总成本增加得很少。最显而易见的例子就是互助基金。互助基金是这样的金融中介机构：它们把基金份额售给个人，再将收取的资金投资于股票或债券。由于购买大量的股票和债券，互助基金有着交易成本较低的好处。在互助基金以管理账户的名义将这些成本以管理费的形式扣除后，成本节约的好处就落到了个人投资者手中。对个人投资者而言，互助基金的另一个好处就是，它们的规模十分巨大，因而可以购买分散化的证券组合，从而降低风险。

二、金融机构的分类

在现代经济中，金融机构种类繁多，人们可以根据需要采用多种方法进行分类。

（一）根据金融机构创造货币、创造交易媒介和支付手段的能力的不同，金融机构一般分为银行金融机构和非银行金融机构

其中，银行金融机构主要包括中央银行、商业银行和政策性银行；非银行金融机构主要有保险公司、租赁公司、信托投资公司、证券公司、投资基金等。

（二）根据金融市场上的融资活动特点，金融机构可分为直接金融机构和间接金融机构

直接金融机构是作为融资双方牵线搭桥的中介，促成借贷双方交易，并非与借贷双方进行资产负债业务实现资金转移，如证券公司等。间接金融机构是作为资金余缺双方融通资金的中介人，通过各种负债业务活动聚集资金，然后再通过各种资产业务活动来分配这些资金，如银行。从近年我国的金融活动结构来看，一方面直接金融得到迅速发展，在金融活动中的地位和作用日益加强，另一方面间接金融仍然占据着主导地位，两者间有竞争，但更多的是互补和相互促进的关系，在经济发展中发挥了巨大的资金融通作用。

（三）根据资金来源的不同，金融机构可分为存款性金融机构和非存款性金融机构

存款性金融机构是接受个人和机构存款，通过吸收存款来获得资金并发放贷款的金融中介机构；非存款性金融机构则通过发行合约而非吸收存款来获得资金。存款机构涉及存款货币的创造，其行为将极大地影响货币供应量，从而影响价格水平和总产出。

另外，根据各种金融机构在金融体系中的地位、作用及业务性质，金融机构还有中央银行、商业银行、政策性银行和其他非银行金融机构之分。而根据人员数量、资本和营业额规模，金融机构则有大、中、小型金融机构之分。

各种金融机构的有机结合就是金融机构体系，它是一个包括经营和管理金融业务的各类金融机构组成的整体系统。在现代经济中，一国的金融机构体系大多数是以中央银行为核心、商业银行为主体、非银行金融机构为补充的有机整体。各种金融机构相互依存、相互竞争、相互作用和影响，共同促进金融机构体系的发展，并在经济和金融活动中发挥作用。

第二节　银行金融机构

不同国家的金融机构体系有一定差别，同一国的金融机构体系也要经历一个发展演变的过程，并且还要随着社会经济的发展而发展变化。但概括起来说，当代大多数国家金融机构体系主要是由银行和非银行金融机构构成的。银行和非银行金融机构都是金融机构，都具备金融企业的基本特性，都是金融机构体系的重要组成部分，共同为经济社会提供金融产品与服务。其差别主要体现在吸收资金的方式、业务种类、业务经营中所处的地位以及在经济中发挥的具体职能上。银行金融机构又可具体分为中央银行、商业银行和政策性银行三种。①

一、中央银行

目前几乎所有的国家或地区都有中央银行或类似中央银行的金融机构。中央银行是一国金融机构体系的核心和主导环节，是专门从事货币发行，负责制定和执行国家货币金融政策，调节货币供给、货币流通与信用活动，实行金融监管的特殊金融机构。中央银行对内是统制全国货币金融的最高机构，对外则象征着一国的货币主权。因此，中央银行更多地肩负政府机构的职能，多数国家将中央银行国有化，并将其视为政府机构。

中国人民银行是我国的中央银行，它成立于1948年12月1日，由华北银行、北海银行和西北农民银行合并而成。早期的中国人民银行集中央银行职能和商业银行职能于一身。1983年，中国人民银行剥离

---

① 2010起中国银监会调整了相关统计口径，银行业金融机构包括政策性银行、大型商业银行、股份制商业银行、城市商业银行、农村商业银行、农村合作银行、城市信用社、农村信用社、邮政储蓄银行、外资银行等。大型商业银行包括四大国有商业银行和交通银行。股份制商业银行包括中信银行、中国光大银行、华夏银行、广东发展银行、深圳发展银行（平安银行）、招商银行、上海浦东发展银行、兴业银行、中国民生银行、恒丰银行、浙商银行、渤海银行等。

商业银行业务，开始专门行使中央银行职能。中国人民银行具有世界各国中央银行的一般特征：是货币发行的银行、银行的银行和政府的银行。2003 年 12 月 27 日第十届全国人民代表大会常务委员会第六次会议修正后的《中华人民共和国中国人民银行法》规定，中国人民银行的主要职责是：（1）起草有关法律和行政法规；完善有关金融机构运行规则；发布与履行职责有关的命令和规章。（2）依法制定和执行货币政策。（3）监督管理银行间同业拆借市场和银行间债券市场、外汇市场、黄金市场。（4）防范和化解系统性金融风险，维护国家金融稳定。（5）确定人民币汇率政策；维护合理的人民币汇率水平；实施外汇管理；持有、管理和经营国家外汇储备和黄金储备。（6）发行人民币，管理人民币流通。（7）经理国库。（8）会同有关部门制定支付结算规则，维护支付、清算系统的正常运行。（9）制定和组织实施金融业综合统计制度，负责数据汇总和宏观经济分析与预测。（10）组织协调国家反洗钱工作，指导、部署金融业反洗钱工作，承担反洗钱的资金监测职责。（11）管理信贷征信业，推动建立社会信用体系。（12）作为国家的中央银行，从事有关国际金融活动。（13）按照有关规定从事金融业务活动。（14）承办国务院交办的其他事项。

中国人民银行根据履行职责的需要设立分支机构，作为中央银行的派出机构，并实行集中统一领导和管理。1997 年下半年，国务院决定对中国人民银行管理体制进行重大改革，具体包括：（1）撤销各省、自治区、直辖市分行，在全国设 9 家大区分行，作为中国人民银行的派出机构，新设立的派出机构从 1999 年 1 月 1 日起开始履行中央银行职责。（2）在不设大区分行的省、自治区人民政府所在地城市，共设立 20 家金融监管办事处。（3）在不设分行的省会城市，共设立 20 家中心支行。金融监管办事处和中心支行都是大区分行的派出机构，相互间不是领导与被领导的关系。（4）县级支行保持原状，职责不变。

二、商业银行

商业银行是最早出现的金融机构，也是存款性金融机构的典型形式。很长时间以来，商业银行在各国金融市场、金融活动中占据主要和相当重要的地位，即使在直接金融有了很大发展的今天，商业银行在整个经济、金融活动中依然具有举足轻重的作用。可以说，商业银行是金融机构体系的骨干和中坚，在银行体系乃至金融机构体系中占据其他金融机构所不能替代的基础和主体地位。这是因为：其一，商业银行可凭借众多的营业机构与巨大的渗透影响力，广泛吸收巨额社会资金以开展贷款和投资业务，其优势和作用是其它任何金融机构所无法比拟的。其二，商业银行可接受家庭和企业开户，办理转账结算，实现支付结算的非现金周转，并以此为条件发挥创造存款货币的作用。

目前，商业银行的发展出现了一些新特征：一是商业银行的规模日益扩大。商业银行通过自身积累，实力不断上升，而且在竞争压力下，商业银行出现了一次次并购浪潮，使商业银行成为主要工业化国家的巨型财团，对国民经济发展产生着举足轻重的影响；二是商业银行日益走向资本社会化与股权开放，以此集聚巨大的社会资本。目前主要工业化国家的商业银行多数已成为上市公司，尤其是大商业银行，已很少再有个人或家族独资与合伙经营的；三是商业银行的业务多样化与金融创新日益发展，使银行业的经营范围、经营方式、经营手段发生了日新月异的变革。商业银行已不再局限于传统的短期融资放贷业务，而是渗透到了长短期放款、证券投资、融资租赁、非资产性的表外业务等所有领域；商业银行已不满足本地或本国范围的业务了，形成了跨国经营的国际化趋势；商业银行的经营手段也在经历着重大的变革，以电子化为主要核心的金融手段创新使商业银行的效率日益提高，服务更加全面，对经济的渗透力也更加巨大。

我国银行业的商业化改革兴起于1994年的金融体制改革。在改革的推动下，中国工商银行、中国农业银行、中国银行、中国建设银行和交通银行通过引入境外战略投资者进行改制，并陆续成为上市公司，完成商业化改革历程。五家大型商业银行是我国金融机构体系的主体。

1986年以后成立的股份制商业银行，包括交通银行、中信银行、招商银行、华夏银行、中国光大银行、中国民生银行、广东发展银行、兴业银行、深圳发展银行（2012 年 9 月原深圳发展银行与原平安银行合并为平安银行股份有限公司，简称平安银行）、上海浦东发展银行，以及 1998 年以来由城市合作银行改建的一大批城市商业银行和农村商业银行，是我国商业银行体系的重要组成部分。此外众多的外资银行也是我国商业银行体系的组成部分。

我国的商业银行体系如图 5－1 所示。2013 年末，大型商业银行的总资产规模为 65.60 万亿元，占银行业金融机构总资产规模的比例为 43.34%。股份制商业银行的总体资产规模为 26.94 万亿元，占银行业金融机构总资产规模的比例为 17.80%。城市商业银行资产规模已达 15.18 万亿元，占银行业金融机构总资产规模的比例为 10.02%。其他类金融机构总资产规模为 43.64 万亿元，占银行业金融机构总资产规模的比例为 28.83%。

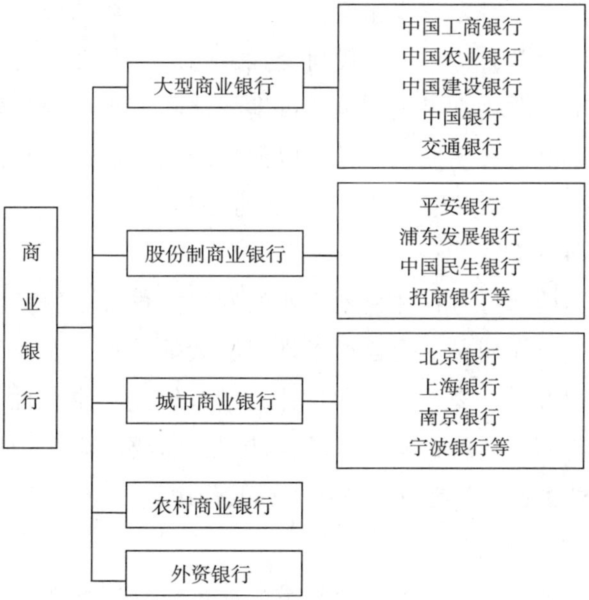

图 5－1　中国商业银行体系

三、政策性银行

政策性银行一般是指由政府设立、不以盈利为目标，而以贯彻国家产业政策或区域发展政策为目标的银行。其特点是通常不以盈利为目的，旨在促进某一行业和部门的发展，为应该扶植的行业和部门提供发展条件。其资金支持对象是国民经济特定部门，包括对国民经济发展具有重要意义需要予以鼓励的部门、没有政府金融机构的支持就会停滞不前甚至萎缩的国民经济的薄弱环节，以及商业银行等金融机构不愿投向或资金实力达不到而又不可缺少或偏废的领域。政策性银行一般不办理存款业务，资金主要由政府提供，或由政府部门、商业银行及其他机构共同提供，有些政策性银行也通过发行债券筹集一部分资金。政策性专业银行主要有：

1. 开发性银行

这种银行是专门为经济建设长期投资提供资金的银行，业务特点是投资多、见效慢、周期长、获利少，因此，此类机构大部分由政府设立，资金主要由政府提供，也通过发行债券筹集一部分资金。主要业务是向企业提供长期低息贷款，以促进新兴产业建立和重点产业发展，并支持社会基础设施建设和支柱产业发展。

2. 农业性银行

这种银行是专门为农林牧副渔业的发展提供金融服务的银行。农业生产具有生产周期长、受自然条件影响大等特点，农业生产部门的收益和担保能力低，资本需求期长并且具有较强的季节性，经营性商业银行及其它私人金融机构一般不愿涉足，需要政府给予指导和资金支持，农业性银行正是在这一领域发挥其作用。

3. 进出口银行

这种银行是为配合国家经济政策、促进对外贸易发展而设立的专门性银行，承担商业性金融机构和普通出口商不愿或无力承担的高风险，弥补商业性金融机构的不足，改善本国出口融资条件，增强本国商品的出口竞争力。最早出现的专门从事进出口融资的金融机构是1919年成立的英国出口信贷担保局。进出口银行的主要职能有：一是融通资金。如提供出口信贷和各种有利于刺激出口的贷款。二是为融资提供便利，提供贷款担保、保险等。三是提供其他服务，如提供咨询服务等。四是经办对外援助，服务于政府的对外政策。

4. 中小企业信贷银行

这种银行是政府为扶植中小企业而设立的专门银行。中小企业在发展过程中尤其需要资金方面的支持，但贷款给中小企业风险较大，以盈利为目标的商业银行大多不愿涉足。因此政府成立专门性银行为中小企业融资，这有利于保护和扶持中小企业，促进其尽快成长。

5. 住宅信贷银行

这种银行是为居民购买住宅提供金融服务的专业银行。住宅信贷直接关系到居民的生活，同样具有期限长、效益低、风险大等特点，所以世界各国政府都成立专门的住宅信贷银行，为建筑商和居民发放住宅抵押贷款，并为居民提供向其它商业银行和非银行金融机构申请贷款的担保。

为适应建立社会主义市场经济体制的需要，实现政策性金融与商业性金融相分离，以更好地保证金融的健康有序运行，根据金融体制改革的要求，经国务院批准，我国于1994年相继成立了三家政策性银行，即国家开发银行、中国农业发展银行和中国进出口银行。三大政策性银行将原来四大专业银行的政策性业务承担过来，一方面便于原四大专业银行尽快向商业银行转化；另一方面在市场经济条件下，对投资期限长、收益低甚至无收益的国家基础项目和重点项目在资金上予以倾斜。

国家开发银行于1994年3月17日成立，成立时的注册资本为500亿元人民币，由财政部核拨，100%由政府拥有。国家开发银行直属国务院领导，是中国三家政策性银行中最大的一家，也是除中国人民银行以外惟一的正部级金融机构。开发银行的债信评级在所有中国企业中为最高，拥有几乎等同于财政部的债信等级。其主要职能为支持基础设施、基础产业和支柱产业项目建设，支持国家区域发展政策，并承担国际金融组织转贷款业务。2008年12月16日，国家开发银行整体改制为国家开发银行股份有限公司。目前，国家开发银行股份有限公司在全国的32家分行和4家代表处主要通过开展中长期信贷与投资等金融业务，为国民经济重大中长期发展战略服务。中国农业发展银行成立于1994年11月18日，是直属于国务院的政策性金融机构，主要对农业基础建设、农副产品、农业发展提供资金支持。成立时注册资本金为200亿元人民币，其中一部分从中国农业银行、中国工商银行当时的信贷基金中划拨，其余部分由财政核拨。其历史使命一是支持我国农业实现现代化，二是扶持农民走向富裕的小康之路。中国农业发展银行的资金来源主要有：财政拨款，向商业性金融机构发行债券，向中央银行申请再贷款以及再贴现等，其中向中国人民银行再贷款是其主要资金来源。中国农业发展银行主要承担国家收购粮、棉、油，以及扶贫的政策性金融业务。具体业务包括提供优惠利率的农业贷款；提供大宗农副产品收购贷款；国家扶持的农业生产性投资贷款；因特定环境和特殊因素而发放的贷款。中国进出口银行成立于1994年4月26日，同年7月1日正式挂牌运营，是直属于国务院的政策性金融机构，不以盈利为目的，实行自主、保本经营，实行企业化管理。中国进出口银行主要为扩大我国机电产品和成套设备出口提供政策性金融支持，通过提供优惠出口信贷增强我国商品的出口竞争能力，促进我国对外贸易发展。中国进出口银行的资金来源主要是通过发行政策性金融债券筹资，其次包括财政拨款、向中央银行借款、向国外金融机构借款等，资金运用不以盈利为目的。

第三节　非银行金融机构

非银行金融机构是指不以吸收存款为主要负债，而以某种特殊方式吸收资金并运用资金，能够提供特色金融服务的金融机构。银行以外的金融机构统称为非银行金融机构，具体来说主要指除中央银行、商业银行以外的其它经营金融性业务的公司或组织。非银行金融机构本质与银行一样，都以信用方式集聚资金并通过资金投放和运用达到盈利的目的。其与银行的主要区别在于它只是作为资金中介和经纪人而存在，不能吸收存款，业务范围相对狭窄，更重要的是，它不具备信用创造能力；而商业银行能吸收活期存款、提供综合性金融服务，并且具有创造信用的能力。

非银行金融机构的种类较多，而且各国差别较大，概括起来主要有保险公司、信托投资公司、信用合作社、证券机构、财务公司、租赁公司、投资基金、养老基金、资产管理公司、投资银行等。

一、保险公司

保险公司是经营保险业务的金融机构。在世界各国特别是市场经济较为发达的国家，保险公司是除银行外最重要的金融机构，在各国国民经济中发挥着重要作用。保险公司主要依靠投保人缴纳保险费和发行人寿保险单方式聚集资金，资金运用分为两部分，一部分用于对发生意外灾害和事故的投保人予以经济赔偿以及业务支出，另一部分用于投资证券、发放不动产抵押贷款和保单贷款等，一般投向风险相对较低的政府债券、企业债券和股票。因此保险公司是各国，特别是西方发达国家金融市场上重要的机构投资者。保险公司的组织形式有保险股份有限责任公司、国有保险公司、相互保险组织、保险合作社及个人保险组织等五种。由于保险业是个专业性极强的行业，因此以保险标的划分的保险公司类别多种多样。如人寿保险公司、财产保险公司、火灾和事故保险公司、老年和伤残保险公司、信贷保险公司和存款保险公司等。在西方国家，普遍以人寿保险公司规模最大。

新中国成立后，我国成立了中国人民保险公司，1988 年成立了平安保险公司，1991 年交通银行保险部独立出来组建了太平洋保险公司。1995 年以后，我国又相继成立了大众保险公司、新华人寿保险公司、泰康人寿保险公司、华泰财产保险公司、华安财产保险公司等。最初全国性的保险公司为人保、太保及平保，随着保险市场的发展，很多区域性的保险公司也逐步发展为全国性的保险公司。近年来，保险业保持了较快的发展势头。一是市场规模不断扩大。2002 年以来，保险业务年均增长速度保持在 16% 左右，2009 年保费收入首次突破 1 万亿，2013 年全国原保险保费收入达到 1. 72 万亿元，近五年保费年均增长速度均在10%以上。二是行业整体实力明显增强。2013年保险业总资产达到8.29万亿元，比2012年增加0.94万亿资产，同比增长15.45%。从1980年恢复国内业务到保险业积累第一个1万亿资产用了24年，积累第二个1万亿资产仅用了3年。三是市场主体结构日益优化。截至2012年底，全国保险业机构共有164家，其中集团公司10家，财产险公司62家，人身险公司68家，再保险公司8家。就专业中介机构而言，有保险中介集团公司3家，全国性保险专业代理机构92家，区域性保险专业代理机构1678家，保险经纪机构434家，保险公估机构325家。形成了功能相对完善、分工比较合理，公平竞争、共同发展的保险市场体系。四是国际差距逐步缩小。2013年保费规模全球排名第四位，与第三位已十分接近，比2000年上升了12位。随着金融市场的逐步开放，外国保险公司陆续在中国开设分公司。截至2012年底，我国共有外资财产险公司21家，人身险公司26家，再保险公司5家。保监会公布的2013年保险数据显示，外资寿险市场份额比例为5.6%，外资财险为1.3%。世界上主要跨国保险金融集团和发达国家的保险公司都已经进入我国，成为促进我国保险业改革发展的一支重要力量。

二、信托公司

信托是委托人基于对受托人的信任而将其财产转移给受托人，受托人按照委托人的意愿来管理和处分财产的行为。信托业务以代人理财为主要内容，如存贷款信托、养老金信托、有价证券信托、动产不动产信托等。随着商品经济的发展和经济关系的日益复杂，信托业务在不断发展的同时经营范围也在不断扩大。现代社会中，信托业务已经与投资业务结合起来，形成了信托投资公司。信托投资公司也称信托公司，是以资金及其他财产作为信托标的，根据委托者的意愿，以受托人的身份管理及运用信托资产的金融机构。信托投资公司主要经营资金和财产委托、代理资产保管、金融租赁、经济咨询、证券发行、投资等业务。信托投资的资金来源主要是自有资金、信托存款和证券发行基金。

我国的信托公司是伴随经济体制和金融体制改革而产生的，中国国际信托投资公司是我国第一家信托投资公司，成立于1979年，此后信托投资公司逐步发展起来。其业务主要有信托业务、投资业务、委托业务、代理业务，并兼营证券业务和外汇业务。截至2012年末，全行业信托公司已达67家，从业人员11710人，经营收入达到471.93亿元，利润总额达到441.4亿元，同比增长分别为36.37%、47.84%。信托资产总规模达到7.47万亿元，同比增长55.3%，首次超越保险，成为仅次于银行的第二大金融部门。目前我国信托产品结构逐步优化，集合资金信托占比提升，单一资金信托占比相对下降，行业利润逐渐提升。

三、信用合作社

信用合作社是一种互助合作性质的金融机构，一般由个人集资联合组成，并办理放款业务。信用合作社的经营宗旨是促进社员储蓄，并以简便的手续和较低的利率向社员提供优惠贷款，以帮助经济力量薄弱的个人解决资金困难。按照地域的不同，信用合作社一般可分为城市信用合作社和农村信用合作社。城市信用合作社是城市小工商业者的信用组合，后者是农村经济单位的信用组合。资金来源主要是成员缴纳的股金和向社员吸收的存款；资金运用主要是向社员发放贷款，以满足其资金融通需求及其他金融服务需求。世界各国现行信用合作社的信用合作准则是从国际合作联盟1966年第23届大会制定的合作原则中引申而来的。主要内容是：入社和退社自愿；每个社员都应提供一定限额股金并承担相应的责任；实现民主管理，权力平等，一人一票；信用合作社股票不上市；信用合作社盈利主要用于增进社员福利。这些准则使信用合作社与股份制银行区别开来，也可有效地避免信用社成为少数人控制、谋利的企业。

新中国成立不久，为改造农村中旧的信用关系，支持农业生产和解决农民生产、生活困难，我国在农村大力发展集体性质的信用合作组织。从信用互助组、供销社信用部到信用合作社，信用合作组织从低级向高级发展，到1955年下半年，信用合作社基本覆盖了全国范围。农村信用合作社是由农民和集体经济组织自愿入股组成，主要为入股人服务的具有法人资格的金融机构。农村信用社联合社是由辖区内农村信用社入股组成，实行民主管理，主要为入股农村信用社服务的信用社的联合组织，联合社对农村信用社实行管理、监督和协调。我国在县一级普遍建立县联社。我国农村信用社1997年从中国农业银行中独立出来，之前由农行管理，目前农信社正朝着农村商业银行方向发展。2002年张家港农村信用社改制为张家港农村商业银行拉开了农信社从互助资金组织向股份制公司改制的序幕。截至2012年底，据银监会年报，我国有农村信用社1927家，从业人员502829人；农村商业银行337家，从业人员220042人；农村合作银行147家，从业人员55822人。农村信用社总资产为79535亿元，占银行业金融机构总资产的5.95%，总负债为75521亿元，占银行业金融机构总负债的6.04%；农村商业银行总资产为62751亿元，占银行业金融机构总资产的4.70%，总负债为57841亿元，占银行业金融机构总负债的4.62%；农村合作银行总资产为12835亿元，占银行业金融机构总资产的0.96%，总负债为11796亿元，占银行业金融机构总负债的0.94%。从2011年开始银监会鼓励符合条件的农村信用社改制组建为农村商业银行，同时将不再组建新的农村合作银行，现有农村合作银行将全部改制为农村商业银行，争取利用五年时间全面完成农村信用社股份制改革。

我国第一个城市信用社于1979年在河南驻马店成立。1984年开始，我国大中城市相继成立为集体经济和个体经济服务的城市信用合作社。自1995年起，部分地级城市在城市信用社基础上组建了城市商业银行。同年3月，中国人民银行下发《关于进一步加强城市信用社管理的通知》，明确规定："在全国的城市商业银行组建工作过程中，不再批准设立新的城市信用社"。此后，全国基本上完全停止了城市信用社的审批工作。截至2012年底，据银监会年报，我国有城市商业银行144家，从业人员259261人。其资产规模123469万亿元，占银行业金融机构总资产的9.24%，营业网点近万个，遍及全国各个省（市、自治区）。

四、证券机构

证券机构是从事证券业务的机构，包括证券公司、证券交易所、证券登记结算公司、证券投资咨询和评估公司等。证券交易所是为证券的集中和有组织的交易提供场所、设施和服务的机构，主要职责包括提供证券交易场所和设施，制定业务规则，接受企业上市申请并安排证券上市，组织和监督证券交易等。证券公司是专门从事各种有价证券经营及相关业务的金融机构。它既是证券交易所的重要组成成员，又是有价证券转让和交易的组织者和参与者。证券公司在金融市场上起着十分重要的作用，随着直接金融的发展，其作用还将进一步增强。证券公司的业务主要有：有价证券的自营买卖、代理买卖，有价证券的发行、销售等。具体来说，证券公司在一级市场上通过承购、代销、助销、包销有价证券，使发行市场顺畅运行；在二级市场上，通过代理、自营有价证券，使证券市场更加活跃。20 世纪 90 年代以来，资产证券化趋势明显，各国证券公司发展迅速。电子技术的发展和应用，进一步促使发达国家证券公司朝着全球化和集中化的趋势发展。证券登记结算公司是为保证证券交易中证券所有权转移和资金流动中证券过户以及资金到账顺利进行而设立的登记和结算机构。

我国的证券机构主要包括证券公司、证券交易所、证券登记结算公司、证券投资咨询和评估公司等。我国的证券公司是在经济体制和金融体制改革的推动下建立和发展起来的，是与金融市场的建立和发展同步进行的。1987 年底，深圳经济特区证券公司作为我国第一家专业化证券公司在深圳成立，之后在上海、北京以及全国各地先后设立了许多证券公司。我国证券公司的业务主要有：承销有价证券、代理证券发行业务、自营买卖业务、参与企业并购、充当企业财务顾问等。我国的证券交易所有上海证券交易所和深圳证券交易所两家，提供证券交易场所和设施，制定业务规则，接受企业上市申请并安排证券上市，组织和监督证券交易等等。为确保证券交易带来的股票所有权转移和资金流动的顺利进行，深沪两家证券交易所均附设证券登记结算公司。

五、财务公司

财务公司即金融公司，指以加强企业集团资金集中管理和提高企业集团资金使用效率为目的，为企业集团成员单位提供财务管理服务的非银行金融机构。财务公司的资金主要来源于发行债券和向商业银行贷款；资产业务在各国则有较大差异，并不统一，有的经营抵押放款业务，有的吸收大额定期存款进行贷款或投资，有的由产业集团各公司集资而成、并主要为集团内企业提供信贷和金融服务等，规模大的财务公司兼营外汇、联合贷款、证券包销、不动产抵押、财务及投资咨询服务等。财务公司与商业银行的联系比较密切，有的财务公司本身就是由几家银行联合组建的。

改革开放以后，我国陆续组建了一批企业集团，企业集团财务公司作为企业集团成员单位间资金调剂的金融股份有限公司应运而生。如中国东风汽车工业公司财务公司、中国有色金属工业总公司财务公司、华能集团财务公司、中国化工进出口财务公司、四通集团财务公司等。我国财务公司由企业集团内部成员单位入股，向社会募集中长期资金，为企业技术进步服务，实行自主经营、自负盈亏、自求平衡、自担风险，是独立核算的企业法人。企业集团财务公司的业务空间限制在本集团内，不得从企业集团外吸收存款，也不得对非集团单位和个人发放贷款。财务公司在业务上同样要接受中国人民银行的领导、监管和稽核。财务公司不仅在企业集团的发展中起着越来越重要的作用，在金融系统中的地位也在逐步提高，已经成为金融体系中不可或缺的一部分。首先，在越来越发达的金融体系下，财务公司发展日益稳健，显现出较强的竞争优势。数据显示，1987 年 5 月我国第一家企业集团财务公司中国东风汽车工业公司财务公司成立以来，至 2013 年末，机构数量已由最初的 7 家发展到 174 家，几乎覆盖了国民经济中所有重要行业，除了机构数量不断增加，资产规模也由当初 16 亿多元增加到 20000 多亿元。其次，财务公司从完全依附大财团的内部资金管理部门发展成大中型的机构投资者，对于稳定资本市场非常重要。第三，促进了金融机构之间的竞争，提高了金融服务水平。财务公司的全方位经营及实力迅速壮大，客观上促使商业银行在不断增加服务内容的同时，进一步提高服务质量。金融业的有序竞争有利于金融机构提高服务质量和效益，有利于金融体制改革的深化。

六、租赁公司

租赁公司是经营融资租赁业务的金融机构，它通过融物的形式发挥融资的作用，实现了融资与融物的有效结合。按照国际通行的划分方法，租赁公司所经营的租赁业务可划分为融资租赁、经营租赁和综合租赁三大类，当前以融资租赁为主。融资租赁就是当企业需要更新技术设备而又缺乏资金时，由出租人购进或租进所需设备，然后再出租给承租人使用的租赁方式。具体有直接购买租赁、回租租赁、转租赁和杠杆租赁四种形式。直接购买租赁指租赁公司根据承租人的申请，以其自有资金或筹措所得资金向厂方订货，并让厂方向承租人直接发货，设备经验收合格后租给承租人使用，在租赁期内承租人向租赁公司缴纳租金的租赁方式。回租租赁（反租赁）指承租人在资金不足却又需要新设备的前提下，将自置或外购的设备卖给租赁公司，然后再以租赁方式将设备租回使用，并在租赁期内向租赁公司缴付租金的租赁方式。转租赁是指租赁公司按照承租人的要求，作为承租人向其它租赁公司或生产厂商租借所需设备，然后再转租给承租人使用的租赁方式。杠杆租赁（代偿贷款租赁）指租赁公司以代购设备为抵押向设备需要者发放所需设备货款一定比例的贷款，在设备购进后以租赁的方法租给设备需要者使用，设备使用者（承租人）在租赁期内以支付租金的形式按期归还贷款及贷款利息的租赁方式。

我国的租赁业发展较晚，从 1981 年 4 月我国创建第一家租赁公司——中国东方租赁有限公司开始，租赁业经历了几次大起大落，且一直处于多头监管、业务不平衡的状态。从投资角度来看，融资租赁在中国的历史上到现在为止一共有三次投资热潮：第一次是改革开放初期融资租赁引入中国；第二次租赁投资热潮是我国入世后非银行金融机构的金融租赁重组热潮；第三次租赁投资热潮起源于 2004 年底，商务部、国家税务总局联合开展了内资租赁企业从事融资租赁业务的试点工作。我国存在三类租赁公司，一类是由银监会监管的金融租赁公司；一类是商务部监管的中外合资租赁公司；最后一类是内资租赁公司，也归商务部监管。这些租赁公司的业务范围包括：（1）用于生产、文教、科研、医疗、卫生、旅游、交通运输等方面的设备及工厂资本货物的租赁、转租赁业务；（2）前述租赁业务所涉及标的物的购买业务；（3）前述租赁业务中出租物资残值的销售处理业务；（4）与租赁有关的商情、金融、技术等咨询业务；（5）经国家外汇管理局批准，经营进出口租赁业务的融资租赁机构的境内外外币信托存款、境外外币借款、境外发行外币有价证券、外汇担保等；（6）经中国人民银行批准的人民币债券发行业务；（7）与租赁项目有关的人民币担保业务等。截至2013年底，全国在册运营的各类融资租赁公司（不含单一项目融资租赁公司）共约1026家，其中，金融租赁公司23家，内资租赁公司123家，外商租赁公司880家。

七、投资基金

投资基金是指通过发行基金股票或基金受益凭证将众多投资者的资金集中起来，直接或委托他人将集中起来的资金投资于各类有价证券或其他金融商品，并将投资收益按原始投资者的基金股份或基金受益凭证的份额进行分配的一种金融中介机构，是一种广泛吸收社会资金并将其投资于有价证券和股权的专业金融机构。

投资基金主要通过发行受益凭证的方式，向广大中小投资者筹集资金，然后再根据与投资者商定的最佳投资收益目标和最小风险，把资金分散投资于各种证券和其他金融商品。根据投资基金的成立依据与运作原理，投资基金可分为契约型和公司型两种。契约型是由委托人、受托人和受益人三方订立信托契约，并以此为依据组成投资基金并加以管理。公司型投资基金则是依据公司法和有关法律成立的，投资人就是基金的股东。根据交易方式的不同，投资基金可划分为开放型基金和封闭型基金。开放型基金的规模是不固定的，投资者可以随时购买、随时赎回；封闭型基金则是指基金一次发行一定数量的受益凭证，以后不再追加发行，投资者不能随时购买也不能随时赎回。

我国从1991年10月开始设立投资基金，首家基金公司为深圳南山风险投资基金公司，之后广发基金、宝鼎基金、基金新华、基金开元等基金陆续登场，并且发展迅速。截至2013年底，我国共有基金管理公司89家，管理基金1574只。基金资产净值合计31238.14亿元，基金份额规模32530.27亿份。股票型基金614只，资产净值合计10829.18亿元，占全部基金资产净值的34.67%。债券型基金350只，资产净值合计2571.36亿元，占全部基金资产净值的8.23%；货币型基金99只，资产净值合计9532.42亿元，占全部基金资产净值的30.52%。

八、资产管理公司

资产管理公司是一种专门经营银行不良资产的金融机构。资产管理公司产生于20世纪90年代，当时许多国家的银行发生经营危机，形成了大量不良资产，给银行经营和国家金融安全带来严重影响。为此，瑞典、马来西亚、韩国、中国等很多国家成立了专门的金融资产管理公司以解决银行不良资产。

1999年3月至10月，我国先后组建了信达、华融、长城、东方四家国有金融资产管理公司，注册资本均为100亿元，分别负责处理从建行、工行、农行、中行剥离的1996年以前的不良资产，通过综合运用出售、置换、资产重组、债转股、证券化等方法对贷款及抵押品进行处置，对债务人提供管理咨询、并购、重组、包装上市等服务，对资不抵债的企业申请破产清算，从业务性质上来看实际上是投资银行业务。截至2005年6月末，中国四家金融资产管理公司共累计处置不良资产7174.2亿元，累计回收现金1484.6亿元，占处置不良资产的20.69%。原规定存续期为10年的四大国有资产管理公司目前已由政策性资产处置机构转变为以资产管理为核心业务的市场化经营的股份制金融企业。

九、养老基金

养老基金在西方国家比较发达，它是一种向加入基金计划的人们提供养老金的金融机构。养老基金以社会养老保险基金、企业年金基金、人寿保险基金为主体，其资产与保险公司类似。养老基金的资金来源比较稳定，资金的支付（向退休雇员支付退休金）也有一定的规律性，所以养老基金可以将多余资金投放于期限较长的资产以获得收益。养老基金一般投资于政府债券和公司股票、债券等。随着人口老龄化进程的加速和多层次养老保险制度构建的深化发展，养老基金正以超常规的速度增长，成为21世纪影响金融发展和经济发展的有实力的机构投资者，对未来的金融市场总量与结构、金融创新进程的深化，对金融整体风险管理框架的构建，均会产生重大的制度变迁效应。

我国养老保障体制当前还处于不断的改革完善当中，2012年底，全国参加基本养老保险的人员已达到7.88亿人，其中城镇职工基本养老保险总参保人数达到3.04亿人，参加城乡居民基本养老保险的有4.84亿人。2012年城镇职工基本养老保险基金总收入达到20001亿元，比2011年增加了3106亿元。其中，征缴收入为16467亿元，占基金总收入的82.33%，比2011年增加2511亿元。城镇职工基本养老保险基金支出为15562亿元，比上一年增加2797亿元，当期结余为4439.2亿。

十、投资银行

投资银行指专门对工商企业办理投资和长期信贷业务的银行。一般来讲，投资银行是协助政府、公司、外国机构等在各类市场筹集资金，帮助投资者管理资产，以及向客户提供有关财务和投资方面咨询服务的金融机构。投资银行是资本市场上一种高级形态的中介机构，在重新组合生产要素、优化资源配置方面起着重要作用。投资银行在不同国家有不同称谓，美国称投资银行，英国称商业银行，日本则称证券公司。投资银行之所以被称为银行，主要是因为其历史上与商业银行业务的融合产生的惯性作用。投资银行主要的资金来源是发行股票和债券，有些国家的投资银行也接受定期存款，其业务主要有证券承销、证券经纪、证券投资、项目融资、公司理财、资金管理、资产证券化、金融工具创新等，此外还可以为工商企业提供中长期贷款，并参与企业创建和改组活动。通过这些业务，投资银行充当并购的媒介和操作者，是资本市场上的核心和关键环节，为筹资者与投资者之间建立一个直接通道。

除上述十类机构外，非银行金融机构还包括货币经纪公司、汽车金融公司、消费金融公司等。图 5 –2 对中国的金融机构体系进行了概括。

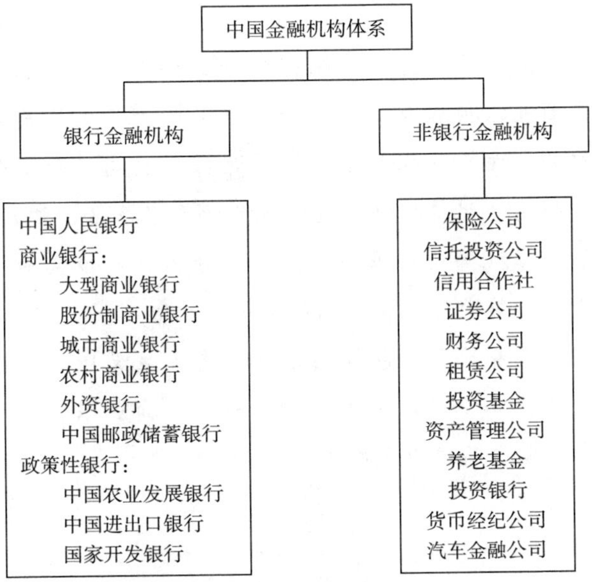

图 5 –2　中国金融机构体系

本章小结

金融机构是专门从事金融活动的组织，其产生是商品经济发展的必然，也是降低交易成本的需要。金融机构体系是各种金融机构的有机结合，是一个包括经营和管理金融业务的各类金融机构组成的整体系统。

金融机构一般分为银行和非银行金融机构。银行金融机构主要包括中央银行、商业银行和政策性银行；非银行金融机构是除银行以外的一切金融机构，主要有保险公司、信托投资公司、信用合作社、证券机构、财务公司、租赁公司、投资基金、养老基金、资产管理公司、投资银行等。金融机构还可根据其他标准分为存款性金融机构和非存款性金融机构、直接金融机构和间接金融机构等不同类型。

世界许多国家和地区，包括西方发达资本主义国家和我国，金融机构体系的大体格局都是以中央银行为核心，商业银行、政策性银行和非银行金融机构并存并互相补充的格局。

重要概念

金融机构　金融机构体系　银行金融机构　非银行金融机构　中央银行　商业银行　政策性银行　保险公司　信托投资公司　信用合作社　证券公司　财务公司　租赁公司　投资基金　养老基金　资产管理公司

第六章 商业银行

在各国金融体系中，商业银行是历史最悠久、服务最全面、影响最广泛的金融机构。由于它最初是依靠吸收活期存款作为发放贷款的基本资金来源，这种短期资金来源只适应短期的商业性放款业务，故称商业银行；又由于它创造了绝大多数的存款货币，故又被称为存款货币银行。虽然当今商业银行与其他金融机构的业务界限已日渐模糊，但在许多方面仍旧是其他金融机构所不能替代的，并正朝着全能化与多样化的方向发展。本章将阐述商业银行的产生与发展、性质和职能、组织形式、业务及经营管理等内容。

第一节 商业银行概述

商业银行是以经营存款和发放贷款为主要业务，以盈利为主要经营目标的一种金融机构。作为经营货币信用的金融中介机构，商业银行是商品经济发展的产物，并伴随着商品货币经济的发展而不断发展。

一、商业银行的产生与发展

现代商业银行虽然是为适应商品生产扩大和市场经济发展需要而形成的一种金融组织，但从历史上看，其前身则可一直追溯到古代的货币兑换业。

（一）古代的货币兑换业

货币兑换业早在古希腊、古罗马时期就已经出现了。在封建制度下，货币兑换业有了很大的发展。由于封建割据，货币制度混乱，这给商人们的交易活动带来很多不便，这样在商人中就逐渐分离出一种专门从事铸币兑换的行业，从事这一行业的人们就成了货币兑换商。货币兑换商最初的工作条件非常简陋。在意大利，货币兑换商凭借一条长凳便可营业，所以，意大利人把货币兑换商称为“Banco”（意为凳子）。英语中的“Bank”（原意为存放钱的柜子）就是从意大利语“Banco”这个词转化而来的。

货币兑换商开始只办理铸币的鉴定和兑换，后来随着商品生产和交换的进一步发展，货币兑换商还为经常往来于各地的商人办理货币保管和汇兑业务。这样，货币兑换商就逐渐转变为货币经营商。随着手中集聚的货币越来越多，他们自然而然就开始开展放款业务，以赚取更多的利润。当他们不仅依靠集聚的货币来放款，而且依靠向货币持有者以支付利息为条件来吸收存款、扩展贷款业务时，则意味着古老的银钱业在向着现代银行业演变，而这种质的转化是到资本主义生产方式开始发展之后才完成的。

（二）现代银行

现代银行起源于中世纪的意大利。当时欧洲各国国际贸易集中于地中海沿岸，意大利正处于中心地位。在此期间，意大利的威尼斯等几个城市出现了从事存款、贷款和汇兑的机构。16 世纪，西欧开始进入资本主义时期。1580 年，在当时世界商业中心意大利建立的威尼斯银行成为最早出现的也是最早以“银行”为名的近代信用机构。此后，相继出现的有米兰银行（1593 年）、阿姆斯特丹银行（1609 年）、纽伦堡银行（1621 年）、鹿特丹银行（1635 年）等。这些银行的贷款仍以政府为主要对象，规模不大，且仍具有高利贷性质。显然，这不能适应资本主义工商业发展的需要，新兴的资产阶级迫切需要自己的银行。

现代商业银行是通过两条途径建立起来的：一条是高利贷性质的银行逐渐转变为资本主义商业银行，另一条则是按照资本主义经济的要求组织股份制商业银行，这两种过程在英国表现得最为明显。17 至

18 世纪间，新兴的资产阶级进行了反高利贷的斗争，要求以法律形式限制放款的利息水平，但当信用业被高利贷者垄断时，任何降低利率的法令都不会产生实际效果。于是，他们根据资本主义经济的要求建立了一些股份银行。1694 年，世界上第一家由私人创办的股份银行——英格兰银行诞生，它的贴现率一开始就规定为 4.5%—6%，大大低于早期银行业的贷款利率。英格兰银行的成立标志着高利贷在信用领域中垄断地位的打破，标志着适应于资本主义生产方式的现代银行制度开始建立。马克思在分析英格兰银行时指出："现代银行制度，一方面把一切闲置的货币准备金集中起来，并把它投入货币市场，从而剥夺了高利贷资本的垄断，另一方面又建立货币信用，从而限制了贵金属本身的垄断。"① 此后，欧洲其他国家也都先后建立了股份银行。股份银行由于其资本雄厚、规模大、利率低、发展快而逐渐成为现代银行的主要形式。此外，股份银行的发展也迫使那些旧的高利贷性质的银行去适应新的经济环境而转变为现代银行。

由此可见，现代银行的产生是在货币兑换业的基础上，在与高利贷作斗争的过程中建立和发展起来的，是为了适应资本主义生产方式的需要。现代商业银行具有三个特点：一是利息水平适当。二是信用功能和业务范围扩大。英格兰银行最初的贷款偿还期短，而且要以真实的商业票据为抵押。随着资本主义经济的发展，商业银行业务早已突破了融通短期资金的界限。现代商业银行不仅发放短期贷款，而且发放长期贷款；不仅向工商企业提供资金，而且向消费者进行资金融通；不仅提供贷款业务，还通过证券投资、租赁、信托、保险、咨询等业务获取收入。三是具有信用创造功能。现代商业银行通过这一功能直接影响社会货币供应量，影响币值，影响贷款和投资的规模。

---

① 马克思：《资本论》第三卷，人民出版社 1975 年版，第 682 页。

【专栏6－1】

旧中国商业银行的产生、发展及其构成

中国古代就有“银行”一词，是指从事银器铸造或交易的行业。早在7—10世纪初期的唐朝，已经出现了办理金融业务的独立机构，但经营范围比较单一。据说在11世纪，当时金陵就有“银行街”，即银铺集中之地。明朝中叶出现的钱庄和清朝产生的票号，实际都具有银行的性质。这类采取封建式组织管理形式的金融机构，都是独资或合资经营的，很少有分支机构，资金力量薄弱，业务范围小，与股份银行在业务经营和管理方式等方面有着很大的差别。现代意义的“银行”是近代由西方引入我国的，鸦片战争之后，资本主义银行随之涌入中国。外国金融机构进驻中国，最早是在1845年，英国在广州设立丽如银行，后改称东方银行。以后其他资本主义国家先后来华开设银行，人们根据我国长期使用白银作为货币材料这一情况，将当时专门从事货币信用业务的这类外国金融机构Bank叫做“银行”。

外国资本入侵，一方面对中国封建社会经济基础具有瓦解作用，另一方面也推动了中国民族资本的发展。中国的第一家民族资本银行是1897年成立的中国通商银行。我国最早的官办银行是大清户部银行，建于1905年，总行设立于北京城。1908年，大清户部银行更名为大清银行。1912年中华民国成立后，临时大总统孙中山下令将其改名为中国银行，行使中央银行职能。1911年辛亥革命以后，中国的银行业有了进一步发展。一些民族资本或半官半商的银行成立，如交通银行、北京储蓄银行等。但是，由于中国的资本主义商品经济不发达和帝国主义的侵略，中国的银行业畸形发展。1912—1927年间共开设银行186家，同时也倒闭135家。在国民党统治的后期，官僚资本控制的“四行二局”即中央银行、中国银行、交通银行、中国农民银行以及中央信托局、中央合作金库，形成了中国金融业的新格局。在国民党统治时期的革命根据地，1932

年成立的苏维埃国家银行，后改组为陕甘宁边区银行。1948 年成立了中国人民银行。

二、商业银行的性质和职能

从商业银行产生和发展的历史过程可看出，商业银行是一种经营货币信用业务的特殊金融企业，有着自身的特性与职能。

（一）商业银行的性质

商业银行是一种特殊的金融企业，其性质应从三个方面加以理解：

1. 商业银行同一般工商企业一样，拥有业务经营所必需的自有资本，并且大部分资本来自于股票发行

商业银行的经营目标是追求利润最大化，这是商业银行发展的内在动力。因此，商业银行也必须依法经营、独立核算、自负盈亏、照章纳税。

2. 在经营对象、经营方式、社会责任及对整个经济的影响上，商业银行又与一般工商企业有着显著的不同

从经营对象来看，一般工商企业所生产和经营的是各种具有独特使用价值的物质商品；而商业银行所经营的则是一种特殊商品——货币，经营内容包括货币的收付、借贷及各种与货币运动有关的或与之相联系的金融服务。从经营方式看，一般工商企业采取的方式是一手交钱、一手交货，一旦钱货两讫，交易则完成，且通常这一交易过程较短；商业银行采用的是贷出者和借入者之间延期付款的交易方式，货币商品的让渡和补偿总有时差的存在，这一时差最长可达几十年，而信用则是维系这种交易的纽带。从社会责任以及对整个经济的影响来看，一般企业仅对股东和使用自身产品的客户负责，其生产经营状况只对一种或多种商品市场产生影响；而商业银行与国民经济各部门都保持着密切联系，负有重大社会责任，对整个经济运行及其发展具有极其重要的影响。

3. 商业银行作为金融企业，与其他金融机构相比又有所不同

商业银行是唯一能够经营活期存款的金融机构，具有创造活期存款的能力，这是其他金融机构所不具备的。商业银行的功能较全面，业务复杂，分支机构众多，影响广泛，而其他金融机构的业务经营范围则较为狭窄。

（二）商业银行的职能

商业银行的职能是其本质的延续，是其本质所固有的功能。商业银行在现代经济活动中的职能主要有信用中介、支付中介、信用创造、政策传导和金融服务等。

1. 信用中介

中介职能是指商业银行通过负债业务将社会上各种闲散资金集中起来，再通过资产业务把它们投向社会各部门，如从居民手中吸收存款转化为投资于新厂房、新设备的企业贷款。这样，商业银行就成了货币资本的贷出者和借入者之间的中介人。正如马克思指出的："银行一方面代表货币资本的集中，贷出者的集中，另一方面代表借入者的集中。"① 通过信用中介功能，商业银行可将短期资金投放于中长期贷款，把小额零星资金积聚起来进行大额贷款，还可凭借其所拥有的信息和人才优势有效缓解信息不对称问题。以商业银行为中介人的间接融资方式的产生，大大提高了全社会货币资本的使用效率，加速了资本的周转，促进了生产的扩大。正因如此，商业银行才在一国经济的资金融通中处于核心地位。

2. 支付中介

支付中介是指商业银行代替顾客对商品和劳务进行支付。由于银行具有较高的信誉和较多的分支机构，银行又与各部门和各企业有着密切联系，因此，通过商业银行办理货币支付、转账结算等业务就极为便利。现代商业银行还通过创造支票等信用流通工具提高了支付效率，降低了交易成本，使客户之间的货币支付与结算更为方便、快捷。随着电子通讯技术的发展，电子支付系统使得以商业银行为中介的支

① 马克思：《资本论》第三卷，人民出版社1975年版，第453页。

付效率更高。支付中介功能对于节约流通费用、加速资金周转具有重要意义。

3. 信用创造

商业银行的信用创造职能建立在信用中介和支付中介职能基础之上。长期以来，商业银行是唯一能够吸收活期存款、开设支票存款账户的金融机构，商业银行运用其所吸收的存款发放贷款。在支票流通和转账结算过程中，贷款又转换为派生存款。商业银行运用派生存款再增发新的贷款，进而又产生新的派生存款……最终在整个银行体系内能够形成数倍于原始存款的派生存款。当然，商业银行的信用创造要受一些因素的影响，如中央银行的法定存款准备金比率、商业银行的超额准备金比率以及现金漏损率等。

4. 政策传导

政策传导职能指商业银行是政府调节经济运行和追求社会目标的政策传递渠道。商业银行是中央银行运用货币政策工具来实施货币政策的主要传导对象。中央银行通过对法定存款准备金比率和再贴现率的调整以及公开市场业务的操作，影响商业银行的超额储备，以扩张或收缩全社会的货币供应量及信用规模。此外，中央银行还可依据有关法令对商业银行的贷款规模、贷款结构以及贷款利率加以直接干预，从而控制商业银行的放贷能力和放贷方向，以实现政策目标。

5. 金融服务

金融服务指商业银行在日常业务中利用自身的有利地位，以及在充当信用中介和支付中介过程中所获得的大量信息，借助计算机等先进手段和工具，为客户提供金融服务，如现金管理、财务咨询、代理融通、计算机服务等。随着金融自由化的发展，商业银行还向客户提供一些风险较大的业务，如贷款承诺、保理、信用证、票据发行便利。此外，随着混业经营趋势的发展，商业银行还开办了证券包销业务以及保险业务等。

商业银行通过开展上述金融服务业务，一方面加强了银行与社会的关系，并对社会经济生活产生更加广泛的影响；另一方面，商业银行把资产负债业务同金融服务业务相互交织，极大地扩展了业务领域，提高了银行的盈利水平。在存贷利差小的微利时代，商业银行的金融服务业务收入将成为商业银行的重要收入来源。在激烈的竞争压力和客户需求不断增加的条件下，商业银行不断开拓服务领域，提高服务质量，借助于日新月异的信息技术，金融服务职能越来越成为商业银行的重要职能。

三、商业银行的外部组织形式

商业银行的外部组织形式主要是指商业银行在社会经济活动中存在的形式，由于政治经济情况不同，各国商业银行的外部组织形式也不尽相同。概括起来，主要有以下几种：

（一）单一银行制

单一银行制又称独家银行制，是指所有银行业务通过一个营业所提供而不设任何分支机构的制度。在这一制度下，各家银行都必须单独注册成为独立的一级法人。

实行单一银行制的典型国家是美国。美国之所以长期盛行单一银行制是由于其政治制度和传统、强烈的地方分权思想。美国幅员辽阔，政治经济均实行地方分权制度，如果采取分支行制度，各地的资金将被大城市所吸收，从而会威胁地方经济的发展。因而，单一银行制的目的在于限制金融权力的集中。1900 年时，美国共有 8738 家商业银行，但分支行只有 119 家。后来，美国对银行开设分支行的限制逐步放宽，但与世界上其他国家相比，仍具有鲜明的独家制特色。

单一银行制的主要优点在于：一是限制了银行业的集中和垄断，促进了自由竞争；二是有利于协调地方政府与银行的关系，使银行集中全力为地方经济发展提供服务；三是业务经营有较大的独立性和灵活性，许多顾客、中小企业之所以偏爱小银行，正是由于小银行往往与顾客比较熟悉，能够提供个性化、灵活的服务。但其缺陷也是显而易见的：一是难以取得规模经济效益；二是银行组织和运用资金的能力有限，承担风险能力较弱；三是与当今经济金融电子化、一体化、全球化发展趋势相矛盾，业务发展和创新受到了限制。

20 世纪 80 年代后，随着全球金融自由化的发展，以及美国在第二次世界大战后经济实力的增强，银行资本集中和垄断的趋势日益明显，美国对银行业放松管制的进程也加快了。经过多年的争论和拖延，1994 年 9 月 29 日美国总统比尔·克林顿签署了《瑞格尔—尼尔跨州银行业和分行效率法》（简称《跨州银行法》或《州际银行法》）。该法案允许，从 1997 年 6 月 1 日起，银行在全国设立分支机构，跨州经营，从而推动了银行间的跨州并购。

（二）分支行制

分支行制又称总分行制，是允许银行在总行之外，在国内外各地普遍设立分支机构的一种组织形式。每个分支行都有自己的管理阶层，拥有有限的顾客贷款申请及其他日常业务的决策权。分支行制按总行管理方式的不同，又可进一步划分为总行制和总管理处制。总行制是指总行除管理各分支行外，本身也对外营业。总管理处制是指总行只作为管理处，负责管理各分支行，不对外办理银行业务，总行所在地另设对外营业的分支行或营业部。

世界上绝大多数国家采取这种组织形式。分支行制的发源地是英国，其原因主要有：一是在近代英国资本主义迅速发展时期，商业银行实行集中经营的方式适应了垄断资本主义经济发展的内在要求；二是长期以来，英国在政治上和经济上均无地方分权现象；三是伦敦金融市场是传统的国际金融中心，为了增强金融实力以参加国际贸易，也要求实现银行业的集中。在英国历史上，通过城区银行吞并郊区银行、股份银行取代私人银行以及股份银行相互之间的合并，使银行家数不断减少而分支机构数目不断上升，形成了典型的分支行制。

分支行制的优点有：一是可获得规模效益；二是易于组织和调剂资金，提高资金使用效率；三是有利于广泛吸收存款，提供多样化产品和服务；四是可进行分散投资，降低风险，稳定收益；五是总行家数少，便于国家管理和控制。其缺陷表现在：一是易加速对小银行的吞并，不利于自由竞争，形成金融垄断；二是内部管理层次多，管理难度大；三是对地方经济发展缺乏关注，不利于地方经济的发展。

我国也采用分支行制。我国四大国有商业银行均在北京设立总行，然后在各省、自治区和直辖市设立一级分行，在各地中心城市设立二级分行，又在各区县设有很多支行。随着我国商业银行体制改革的推进，我国需要放弃按行政区划设置分支机构的做法，改为按经济区划来设置分支机构。

（三）银行控股公司制

金融控股公司制是指由一集团设立一家控股公司，再由该公司控制或收购若干金融子公司的组织形式。以一家或多家银行为子公司的金融控股公司称为银行控股公司。只有一家银行为子公司的银行控股公司称为单一银行控股公司。控股公司所拥有的银行在法律上是独立的，有自己的董事会，对股东负责，接受管理机构的监督，但其业务与经营政策由控股公司统一控制。控股公司制在美国最为流行，已成为美国商业银行最基本的组织形式。其原因在于美国曾限制银行开设分支机构，而通过银行控股公司可规避对设立分支行的种种限制。

银行控股公司最早出现于20世纪初期，第二次世界大战后特别是七八十年代，银行控股公司发展迅速。到了20世纪90年代，它们控制了8700家银行，掌握美国银行业90%的资产。大部分在美国注册的银行控股公司是单一银行控股公司，但单一银行控股公司往往拥有和经营一个或多个非银行金融机构。这些非银行金融机构的类型主要有金融公司、抵押公司、数据处理公司、租赁公司、证券代理公司、信用卡公司、管理咨询公司等。

银行控股公司能够有效扩大资本总量，增强银行实力，提高竞争和抵御风险的能力，弥补单一银行制的不足，但它容易形成银行业的集中和垄断，不利于银行之间开展竞争。

（四）连锁银行制

连锁银行制是指由某一个人或某一集团拥有若干银行的股份以取得对这些银行控制权的一种组织形式。连锁银行的成员多是形式上保持独立的小银行，它们通常围绕在一家主要银行周围，该主要银行确立业务模式，以它为中心，形成集团内部的各种联合。连锁银行在业务上互相配合、互相支持、调剂余缺，成为实质上的分支行。这一组织形式在美国中西部较为多见。

连锁银行制与银行控股公司的区别在于连锁银行不需设立控股公司，但是，与银行控股公司制一样，连锁银行的出现也是为了弥补单一制的不足，同时规避对设立分支机构的种种法律限制。连锁银行制的缺陷在于易受某个人或某个集团的控制，不容易获得银行所需要的大量资本，故易转为银行控股公司制或分支行制。

（五）代理银行制

代理银行制也称往来银行制，是指银行相互之间签订代理协议，委托对方银行代办指定业务的一种组织形式。被委托的银行称为委托银行的代理行，两者之间的关系称为代理行关系。

在国际上，代理银行制非常普遍，但在一国国内，代理银行制最为发达的是美国，根本原因也是为了突破单一银行制的限制。在美国，小银行通常在大城市的大代理行中存放大量存款，这些代理行转而提供代收支票、管理小银行的投资组合、向小银行提供贷款、提供数据处理以及其他电子记录和资金汇划等业务。

（六）银行家银行

代理银行体系的潜在竞争者在美国出现了。1982 年《加恩—圣杰曼存款机构法》出台，该法允许联邦授权成立银行家银行，即许多银行共同建立特殊业务公司来加快那些由一家或几家银行（特别是小银行）单独操作成本太高的金融业务的发展和传递。

20 世纪 90 年代初，美国大约有 16 家银行家银行，这些银行的股份由 155 个银行共同持有，大约 3700 家银行享受这个机构的服务，如向缺少现金的银行发放贷款、清算支票、代其证券投资；提供银行卡帮助；向小银行提供审计、管理咨询业务；投资于出口贸易公司，帮助银行在外国市场上扩展业务；建立二级再销售市场，吸收银行家期望出卖的贷款；操作自动化出纳网络等。银行家银行没有存款准备金要求，资本比率低于其他银行。

（七）网上银行

20世纪末，互联网的出现给人类生活带来了质的飞跃，也给金融业特别是银行业带来了前所未有的革命。1995年10月，世界上第一家网上银行——安全第一银行在美国开业。此后，网上银行在各国快速发展。网上银行以先进的网络技术为支撑，以看不见的无形银行经营模式，打破了传统的经营理念，带来了商业银行组织形式的创新。

网上银行的发展经历了以下几个阶段：（1）发布静态信息。银行利用互联网发布关于银行的简介，如分支机构情况、银行的主要业务介绍等。（2）发布动态信息。银行发布客户所关注的利率、汇率等定时更新的信息。另外，客户还可通过电子邮件进行相关信息的查询，由银行人员答复。（3）在线查询账户信息。客户通过互联网在线查询自己账户的余额或交易记录。（4）在线交易。银行通过互联网向客户提供存款、贷款、支付、转账等在线交易。作为21世纪世界金融业的重要组织形式，网上银行正在以其不受时空限制以及成本低廉的优点而越来越受到人们的重视。

第二节　商业银行的业务

商业银行业务活动的种类繁多，素有“金融百货公司”之称。按照能否在资产负债表上反映出来，商业银行的业务大体可分为两种类型：表内业务和表外业务。

一、表内业务

表内业务属于信用业务，是银行组织资金并加以运用的业务，主要包括资产业务和负债业务两种。因为资产业务和负债业务都能在资产负债表上反映出来，故得名。表6－1对表内业务进行了简单概括。

表 6－1　商业银行的资产负债表

资　　产	负　　债
现金资产	存款
库存现金	活期存款
存款准备金	定期存款
同业存款	储蓄存款
在途资金	借款
贷款	同业拆借
工商业贷款	向中央银行借款
消费者贷款	其他借入资金
其他贷款	其他负债
投资	资本金
政府债券	股本
其他有价证券	资本公积
固定资产	盈余公积
其他资产	未分配利润

（一）负债业务

所谓负债业务，是指形成商业银行资金来源的业务。商业银行广义的负债业务主要包括自有资本和吸收外来资金两大部分。

1. 商业银行的自有资本

商业银行为了正常地开展各项业务活动，需要一定的自有资本，即资本金。银行资本金的用途有：增强公众信心、降低银行倒闭风险；在银行出现意外损失时，用于消化亏损；购置日常所需的各种装备与设施；发挥杠杆作用；在当局最低资本限额规定下，限制银行资产无节制膨胀。

1987 年 12 月 10 日国际清算银行在瑞士巴塞尔召开了各国中央银行行长会议，通过了《关于统一国际银行的资本衡量和资本标准的协议》（即《巴塞尔协议》）。《巴塞尔协议》将商业银行的资本分为两级：一级资本又称核心资本，包括普通股及其溢价、公开储备、永久性非累积优先股以及未分配利润；二级资本又称附属资本，包括未公开储备、重估储备、普通准备金、有偿还期限的累积性优先股、带有债务性质的资本工具、后期偿付的长期债券等（如图 6－1）。《巴塞尔协议》指出，核心资本必须等于或超过风险加权资产的 4%，总资本必须等于或超过风险加权资产的8%。

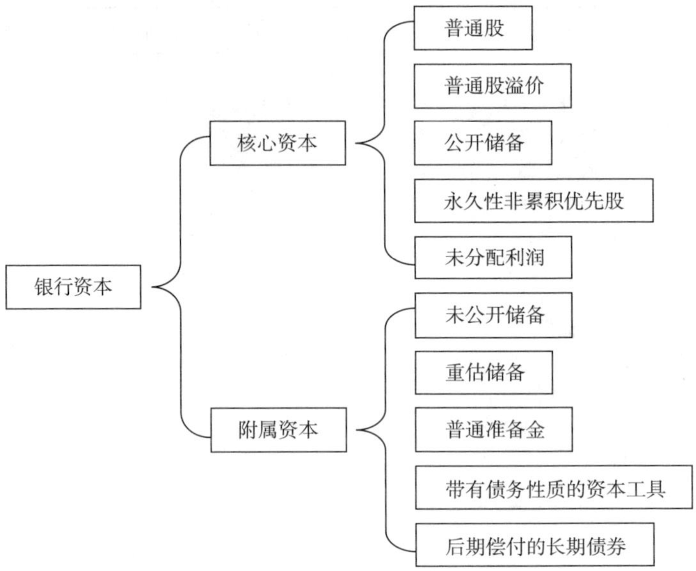

图6－1　《巴塞尔协议》关于银行资本的构成

（1）普通股及其溢价

普通股是商业银行资本中最基本的形式。普通股股东对银行拥有所有权，对银行的收益和剩余资产有索取权，对经营管理有参与权。普通股票金额是商业银行所发行的普通股票数量与股票面值的乘积。普通股溢价是最初市场发售价值超过普通股面值的部分。

（2）优先股

优先股是指在收益和剩余财产分配上优先于普通股的股票，但优先股没有投票权和选举权。有些优先股在发行时规定了偿还期，而有些优先股则没有到期日，即为永久性的。优先股还可分为累积性和非累积性优先股。累积性优先股是指股息发放具有累积特性，若公司某一年业绩不好无钱发放优先股息，那么在下一年要弥补上一年未发放的股息。如果是非累积性优先股，则未支付的股息将不再积累到以后支付。

（3）公开储备

公开储备是商业银行为了应付意外事件的发生而从税后收益中提

取的一定量的资金。具体而言，资本准备是为了应付股票资本的减少而提留的，而坏账准备是为了应付贷款和租赁资产不能收回而提取的。

（4）未分配利润

未分配利润也称延迟收益，是商业银行税后收益减去普通股和优先股股利之后的余额。未分配利润是银行增加自有资本的主要来源，特别是对于那些无法通过股票市场筹资的小银行。

（5）未公开储备

未公开储备具有以下特征：第一，信贷机构可以自由使用它们来弥补正常银行业务的损失，而这些损失是尚未确定的；第二，它们出现在内部报表上；第三，它们的数目由信贷机构管理层确定，但须由独立的外部审计员确认。这样未公开储备就可以用来弥补未确定的将来损失，就如同一般银行风险准备金，但一般银行风险准备金要服从更严格的会计准则。对于未公开储备的处理，各国也存在着差异。例如，按欧盟的处理方法，未公开储备被视为二级资本，而母国则不将其视为资本。由于未公开储备缺乏透明度，因而未公开储备不包含在核心资本中。

（6）重估储备

有些国家按照本国的监管规则和会计条例，允许对某些资产进行重新评估，以便反映资产的市场价值，或更接近于市场价值，并将重估储备包括在银行资本中。重估来自于两方面：银行自身物业的重估和资本的名义增值。后者主要是由于在资产负债表中，有价证券是以历史成本计价的。由于股票价格会发生很大波动，因此要对股票的市值和历史成本之间的差额打一折扣，巴塞尔委员会建议打55%的折扣。

（7）普通准备金

普通准备金是为了防备将来可能出现的亏损而设立的，它们用于某项特别资产。但已被确认的损失或某项资产价值明显下降，为这些损失或资产设立的准备金就不应作为附属资本。

（8）带有债务性质的资本工具

带有债务性质的资本工具既具有股本性质，也具有债务性质，如累积性永久性优先股。巴塞尔委员会同意，由于这些金融工具与股本极为相似，特别是它们能够在不必清偿的情况下承担损失，维持银行的经营，故可被列为附属资本。

（9）后期偿付的长期债券

后期偿付的长期债券具有长期性和后期偿付性，它可作为保证银行储户利益、防止不能兑现危机的资金来源，从而扮演了银行资本的作用，故可被列为附属资本。但同时，巴塞尔委员会规定这类债务工具的最初偿还期限需在5年以上，且比重最多不得超过核心资本的50%，并要有适当的分期摊还安排。

巴塞尔委员会还认为，下列内容应从银行资本基础中扣除：一是商誉及其他应剔除的无形资产，二是附属公司在股本中的少数权益。委员会认为后者易导致银行体系交叉持股，而交叉持股会使问题很快传导，乃至给整个银行体系带来危险。

【专栏6-2】

《巴塞尔协议》及其发展

一、什么是《巴塞尔协议》?

《巴塞尔协议》全称是《关于统一国际银行的资本衡量和资本标准的建议》(Basel I)。1987年12月10日，国际清算银行在瑞士巴塞尔召开了包括美国、英国、法国、联邦德国、意大利、日本、荷兰、比利时、加拿大和瑞典（“十国集团”）以及卢森堡和瑞士在内的12个国家中央银行行长会议。会上通过了《巴塞尔协议》，该协议对银行的资本比率、资本结构、各类资产的风险权数等方面作了统一规定。

20世纪60年代开始尤其是90年代以来，西方银行业经历了巨大的变革，在新技术革命、资本市场和金融政策自由化等因素推动下形成的放松金融管制浪潮，使金融市场日趋全球化。银行业的风险增大，不稳定性增强，其主要表现是：

（1）20世纪70年代通货膨胀率的上升及融资证券化的增强，

使银行的客户避开银行这一中介或转向其他机构，或直接发行证券融资，而银行为争取客户降低贷款利率与借款条件，使贷款收益和质量受到影响，资产负债表中不良资产的比率越来越高，增大了风险。

(2) 一些新金融品种不断涌现，表外业务迅速增长，很多表外业务的名义价值取决于汇率和利率的波动，银行承受的风险日益增大，很多银行未能提供充足的资本来抵御表外业务的风险，对这类业务涉及的风险缺乏统一的衡量标准，从而使银行的风险增大。

(3) 国际债务危机影响银行经营的稳定性。1982 年发展中国家爆发债务危机后，西方债权银行将大量利润移作贷款损失准备金，以应付坏账，许多大银行资本比率因而降低。

(4) 随着银行与金融市场的全球一体化，银行经营的风险也跨出国界。另外，国际银行业中，资本比率较低的日本银行大量扩张资产业务，造成不平等竞争。

在这样的形势下，对国际银行的监管，不能只靠各国各自为政、孤单作战，必须要在金融监管上进行国际协调，这正是导致西方主要国家订立《巴塞尔协议》的主要原因。《巴塞尔协议》的基本目的有两个：一是鼓励银行实行谨慎的流动性管理，加强国际银行体系的健全性和稳定性；二是逐步消除目前国际银行业不公平竞争的基础，统一各国银行监管的标准，建立公正的国际性银行管理体制。

《巴塞尔协议》的主要内容有四部分：

(1) 资本的定义。巴塞尔委员会将资本分为两层：一层为“核心资本”，包括股本和公开的准备金，这部分至少占全部资本的50%；另一层为“附属资本”，包括未公开的准备金、资产重估准备金、普通准备金或呆账准备金、带有股本性质的债券和次级债券。

(2) 资产的风险数。风险加权计算是指根据不同类型的资产和表外业务的相对风险大小，赋予它们四种不同的加权数，即0%、20%、50%和100%，风险越大，权数就越高。银行的表外业务应按“信用换算系数”换算成资产负债表内相应的项目，然后按同样的风险权数计算法计算。

（3）资本比率的标准。《巴塞尔协议》规定，到1992年底，所有签约国从事国际业务的银行其资本与风险加权资产的比率应达到8%，其中核心资本比率至少为4%。

（4）过渡期和实施安排。《巴塞尔协议》规定，从1987年底到1992年底为实施过渡期，1992年底必须达到8%的资本对风险加权资产的比率目标。

《巴塞尔协议》是国际银行业统一监管的一个划时代文件，它可以说是国际金融界的“神圣公约”，适用于所有从事国际业务的银行机构。我国银行业要走向国际市场，参与国际竞争，提高国际信誉以及在平等竞争的基础上管理外资银行，实施《巴塞尔协议》是势在必行的。

二、《巴塞尔新资本协议》

1988年的《巴塞尔协议》主要针对的是信用风险，旨在通过实施资本充足率标准来强化国际银行系统的稳定性，消除因各国资本要求不同而产生的不公平竞争。资本与风险紧密联系的原则也成为具有广泛影响力的国际监管原则之一。然而，随着技术进步和金融创新，银行风险管理水平大大提高。尤其是大型综合性银行可以不断调整资产组合，使其既不违反现行的资本标准，又能在金融市场进行套利。这些变化导致该协议在部分发达国家已丧失约束力。巴林银行倒闭事件表明，仅仅依靠资本充足率标准不足以保障银行系统的稳定。1998年，巴塞尔委员会决定全面修改协议。1999年6月，提出了新巴塞尔资本协议草案第一稿，即以三大支柱——资本充足率、监管部门监督检查和市场约束为主要特点的新资本监管框架。2001年1月公布第二稿，2003年4月公布第三稿，在广泛征求各方意见之后，2004年6月26日正式公布《资本计量和资本标准的国际协议：修订框架》，即新资本充足率框架，亦称《巴塞尔新资本协议》，并计划新协议于2006年在成员国开始实施。

与1988年的资本协议相比，新协议明确将市场风险和经营风险纳入风险资本的计算和监管框架，并要求银行对风险资料进行更多的公开披露，从而使市场约束机制成为监管的有益补充。此外，在计算信用风险的标准法中，新协议采用评级公司的评级结果确定风险权重，废除以往以经合组织成员确定风险权重的做法，同时允许风险管理水平较高的银行使用自己的内部评级体系计算资本充足率。

新协议对国际银行监管和许多银行的经营方式产生了极为重要的影响。以三大支柱为主要特点的新协议代表了资本监管的发展趋势和方向。新巴塞尔协议公布后，国际上褒贬不一。在总体上肯定的同时，国际货币基金组织认为，新协议应当设定一个适用于全球各类银行的最低标准，从而使新协议能在新兴市场或发展中国家中得以推广运用。国际货币基金组织在对各国执行巴塞尔核心原则的情况进行评估后指出，发展中国家实施《巴塞尔协议》应有自己的规划，根据自己的国情量力而行。世界银行认为新协议中包含了许多极为复杂的风险管理技术，对监管当局的监管水平也提出非常高的要求。

三、《巴塞尔协议Ⅲ》

国际银行资本监管改革是2007年金融危机以来全球金融监管改革的重要组成部分，二十国集团领导人匹兹堡峰会明确提出了“大幅度提高银行体系资本质量和资本数量”的改革目标。据此，金融稳定理事会（FSB）和巴塞尔委员会（BCBS）着手对资本监管国际标准进行改革。2010年9月12日的中央银行行长和监管当局负责人会议（GHOS meeting）就资本监管改革的一些关键问题达成了共识，2010年11月召开的二十国集团领导人首尔峰会批准后，巴塞尔委员会于2010年底前公布资本监管改革的最终文本。协议主要内容如下：

（1）一级资本充足率下限将从现行的4%上调至6%，“核心”一级资本占银行风险资产的下限将从现行的2%提高到4.5%。新的一级资本规定在2013年1月至2015年1月间执行。

（2）增设总额不得低于银行风险资产2.5%的“资本防护缓冲资金”，在2016年1月至2019年1月之间分阶段执行。

（3）提出0—2.5%的逆周期资本缓冲区间，目的是为了达到保护银行部门承受过度信贷增长的更广的宏观审慎目标。

（4）根据协议，银行为应对潜在亏损划拨的资本总额仍将至少占风险加权资产的8%，但需在此基础上再增加2.5%的额外资本缓冲，因此原比例将被提升至10.5%。在各类资产中，普通股所占比例必须达到4.5%，因其被视为亏损吸收能力最强的资产，加上2.5%具同等质量的储存缓冲资本，银行持有的普通股至少要占到7%。所以，新协议实施后，“核心”一级资本、一级资本、总资本充足率分别提升至7.0%、8.5%和10.5%。

（5）过渡时间：2013年1月1日要达到阶段性目标，普通股权益/风险加权资产提高到3.5%，核心资本充足率达到4.5%，充足率达到8%。此后，每年普通股权益/风险加权资产和核心资本充足率在2013年基础上提高0.5个百分点。反周期缓冲的充足率要求则是从2016年开始，每年提高0.625%，4年后达到2.5%的水平。

《巴塞尔协议Ⅲ》是近几十年来针对银行监管领域的最大规模改革。各国央行和监管部门希望这些改革能促使银行减少高风险业务，同时确保银行持有足够储备金，能不依靠政府救助独自应对今后可能发生的金融危机。对银行业而言，新协议将迫使银行为更大规模的放贷和投资留出更多资本拨备，使部分银行面临融资压力。另外，新协议要求银行将普通股权益作为其一级资本的最重要组成部分，从而迫使银行降低或是放弃对一些高风险资本类型的依赖。

新规将提高借款者的借贷成本，并限制放贷。因为，随着银行资金成本的提高，必将导致下游消费者融资成本增加。银行必须提高储备资金以避免潜在的资产损失，这将减少全球大型银行的利润，以及股息的派放。当然，鉴于各国银行盈利模式及债务水平的差异，新规对全球银行业的影响程度也将有所差别：

首先，对于仍处在主权债务危机阴影之中的欧洲银行业，新监管规则的影响似乎尤为明显。由于欧洲银行大多数是混业经营，普遍存在着资本充足率紧张的情况，满足新规需要募集资本。据德国银行业协会估计，该国最大的10家银行将可能需要1050亿欧元的额外资本。

其次，协议对美国银行影响不大。自全球金融危机爆发以来，美国各银行已经筹集了大量的新资本，主要商业银行基本已经达到巴塞尔新规的要求。另外，美国大型银行的一级普通股权益资本比率的平均值目前已经达到8.79%，因此，新协议所要求的普通股股本在资产总额中所占比例不低于7%对这些银行来说不是问题。

最后，《巴塞尔协议Ⅲ》对我国银行业实质影响不大。一方面，目前我国银监会对资本充足率的要求在一定程度上已经高于此次新规。中国银监会把核心资本充足率的要求提到了7%，中小银行的充足率要求为10%，大型银行的充足率要求为11.5%，在相当程度上已经达到了巴塞尔的标准，加上中国银行业资本金中基本都是普通股权益，因此，短期内国内银行不存在补充资本压力。另一方面，从中外银行盈利模式的比较来看，国外银行净利差收入只占40%—50%，而国内银行收入的70%或80%来源于净利差收入，表外业务收入占比仍较小。《巴塞尔协议Ⅲ》对表外业务资本及风险拨备的要求，实际上对欧美银行的约束更大。

资料来源：国研网《金融中国》月度分析报告，2010年9月20日。

2. 存款业务

存款业务是商业银行最基本的传统负债业务，存款在商业银行资金来源中所占比重一般都在60%以上。如果没有存款业务，商业银行的贷款活动就成了无源之水。按传统分类法，商业银行的存款可分为活期存款、定期存款和储蓄存款三大类。

（1）活期存款

活期存款是指客户可以随时提取的存款。这种存款提取时一般须使用银行规定的支票，故也称为支票存款。企业、个人、政府机关都能在银行开立活期存款账户。开立这种账户的目的是为了通过银行进行各种支付结算。由于支票支付频繁，商业银行所费成本较高，故一般不支付利息或支付较少利息。虽然活期存款流动性强，但在庞大的资金进出流中总会形成一定的沉淀资金余额，这便成为商业银行放贷的重要资金来源。活期存款处在不断创新之中，在美国，活期存款主要有以下几种：

①可转让支付命令账户。即NOW账户，该账户起源于1970年马萨诸塞州的一家互助储蓄银行，其主要特点：一是该账户不使用支票，在票面上没有“支票”字样，而是使用支付命令；二是打破了支票存款不付息的惯例，这给商业银行扩大资金来源带来了机会，但同时也增加了商业银行的资金成本。

②超级可转让支付命令账户。又称优息支票存款，是由NOW账户发展而来的。该账户的主要对象是个人和非营利机构。如果存款人在该账户中保持最低存款要求以上的余额，则存款利率就高于NOW账户，且利率每天都作调整。存户每月开出的支付命令不受限制，但在开出支付命令时，银行要向存户收取一定手续费。

③货币市场存款账户。该账户出现在20世纪80年代初的美国，其特点有：存款对象不限；有最低账户余额要求；对利率没有最高限制；没有最短存款期的限制；存户每月使用该账户的次数不得超过6次，其中，支票付款不得超过3次。由于该账户不属于转账账户，存款准备金要求较低，故银行对该类账户支付的利率较高。

④自动转账服务。客户同时在银行开设储蓄账户和支票存款账户，

支票存款账户的余额始终保持 1 美元，其余则转入储蓄账户以获取利息。当客户需要签发支票时，则将自动从储蓄账户划拨相应资金到支票账户用于支付。银行通过向客户提供自动转账服务收取一定手续费。

（2）定期存款

定期存款是指那些具有确定的到期期限的款项。一般说来，存款期限越长，利率也就越高。定期存款给银行提供了稳定的资金来源，所以，银行给予其较高的利息。若提前支取，银行往往要在利息支付上给予一定惩罚。由于定期存款比较稳定，且金融管理当局对定期存款的准备金要求比较低，因而定期存款对于银行进行中长期贷款或投资、获取较高盈利具有重大意义。由于定期存款的提取受约定期限的约束，流动性较差，故商业银行创新了许多新型定期存款。

①货币市场存单。该存单开办于 1978 年，期限为 6 个月，不可转让，利率为浮动利率，以 6 个月国库券的收益率为基准，最低面额为 1 万美元。由于货币市场存单可以与其他证券相竞争，因此，尽管利息成本经常变动，但对于商业银行而言，货币市场存单是获取相对长期资金的一种较好方式。

②可转让定期存单。该存单于 1961 年由美国花旗银行率先开办。第二次世界大战后，市场利率持续上升，但商业银行受 Q 条例限制，对定期存款所支付的利率有最高限规定，因此，大量资金流向了储蓄贷款协会和一些大企业集团。为了与储蓄贷款协会等其他机构竞争，商业银行创新了 CDs。CDs 面额较大，存期为 3—12 个月，利率高于一般定期存款利率，存单不记名，可转让流通，具有活跃的二级市场。

（3）储蓄存款

储蓄存款是针对居民个人积蓄货币之需而开办的一种存款业务。其存户通常限于个人和非营利性组织，但近年来也允许某些企业开立储蓄账户。这种存款由银行发给存户存折，以作为存取款的凭证，一般不能签发支票。储蓄存款中短期居多，但无论短期或活期，都支付利息，只是利率高低不同。为了保证储蓄存款的安全，各国金融监管当局都对储蓄存款进行严格管理，有的国家严格限定只允许专门的金融机构经营，对相关储蓄存款业务均有专门法规管理。

3. 非存款性借款

当商业银行出现头寸不足或资金短缺，而又不能及时获得存款时，可通过借款来补足这一资金缺口。非存款性借款对商业银行的经营活动具有重要意义：一是可满足商业银行的流动性需求，二是可扩大商业银行资产规模，增加贷款和投资，从而获得更多收益。

（1）银行同业拆借

银行同业拆借是银行相互之间的资金融通，即头寸不足的银行从有多余头寸的银行借入资金的活动。同业拆借具有以下特点：一是同业性，同业拆借的参与者均是金融机构；二是短期性，拆借期限通常在1年以内，有的只有一天，称“隔日放款”；三是协商性，资金的拆借按平等互利原则，自主协调；四是利率低，由于参与者均为金融机构，信誉度较高，而且拆借期限短，故利率水平较低；五是不缴纳存款准备金。如今同业拆借在发达国家已十分完善，商业银行可随时通过电话或电传及时拆入或拆出，交易迅速，效率很高。同业拆借可通过各银行在中央银行的存款账户进行划转。

（2）向中央银行借款

一般说来，商业银行向中央银行借款的主要目的是缓解资金周转困难，而非用来获利。商业银行向中央银行借款的主要形式有两种：一是再贷款，即商业银行向中央银行直接借款。再贷款可以是信用贷款，也可以是抵押贷款。二是再贴现，即商业银行将其持有的未到期的已贴现票据向中央银行申请再次贴现，以融通资金。商业银行从中央银行借款会受到一定限制，因为再贷款或再贴现的增加可能会增加货币供应量，而这可能与中央银行货币政策目标相悖。

（3）发行金融债券

商业银行还可以发行金融债券来筹集资金。发行金融债券与吸收存款不同的是，金融债券是标准化的，同一次发行的金融债券应当有相同的面额、期限和利率。吸收存款则比较灵活，成本相对较低。发行金融债券对商业银行来说有很多好处：一是发行债券不需缴纳存款准备金，因而发行金融债券得到的实际可用资金大于同等数额的存款；二是除到期还本付息外，银行对债券持有人不承担任何责任，也无须提供任何服务；三是发行债券是商业银行筹集长期资金来源的重要途径，在债券到期前，银行可充分自主地运用资金；四是可促使商业银行的负债来源多元化，提高负债的稳定性。

（4）国际金融市场借款

国际金融市场借款是指商业银行在境外金融市场筹措资金，又称境外借款，这些借款大多是在欧洲货币市场上完成的。境外借款既有利于获得资金，同时又是易受冲击的脆弱根源。欧洲货币市场自形成之日起就对世界各国商业银行产生了极大的吸引力，其原因在于它是一个自由开放的富有竞争力的市场，这主要体现在以下几方面：一是欧洲货币市场不受任何国家政府管制和纳税限制；二是欧洲货币市场资金调度灵活，手续简便；三是欧洲货币市场不受存款准备金和存款利率最高额的限制，因而其存款利率相对较高，贷款利率相对较低，这无论对存款人还是借款人都具有很强的吸引力。

（5）结算过程中的短期资金占用

在为客户办理转账结算等业务过程中银行可以占用客户的资金。以汇兑业务为例，从客户将款项交给汇出银行起，到汇入银行把该款项付给指定的收款人止，在这段时间内，该款项的汇款人和收款人均不能支配这笔款项，而为银行所占用。虽然从每笔汇款看，占用时间很短，但由于周转金额巨大，因而占用的资金数量也就相当可观，但随着资金清算调拨的电子化和自动化水平的不断提高，银行能够占用的资金越来越少。

（二）资产业务

资产业务是指商业银行将通过负债业务所积聚的资金加以运用的业务，是商业银行获得收益的主要途径。商业银行除了必须保留一定的在中央银行的存款以及一部分现金以备提现外，其余部分主要以贷款、投资、贴现等方式加以运用。

1. 现金资产

现金资产是商业银行资产中最具有流动性的部分。由于现金基本上不能给银行带来收益，故商业银行都尽可能把现金资产量降低到最低水平。现金资产一般包括库存现金、在中央银行的存款、同业存款以及托收中现金。

库存现金指商业银行金库中的纸币和硬币。库存现金主要是备付客户提现以及其他零星开支。库存现金不带来任何收益，相反，所需的防护和保险费用较高，因此，银行通常仅保持适度数额的库存现金。

在中央银行的存款包括法定存款准备金和超额准备金。法定准备金是商业银行按照自身存款种类和规模的一定比例存于中央银行的准备金。其作用有两个：一是保证银行应付客户的提现要求，二是作为中央银行进行宏观金融调控的一种重要货币政策工具。国际上大多数中央银行一般不对法定存款准备金支付利息。超额准备金是商业银行的存款准备金总额减去法定准备金之后的余额。商业银行保持超额准备金的目的在于：一是用于商业银行之间票据差额的清算，二是用于应付不可预料的现金提存，三是等待有利的贷款或投资机会。

同业存款是商业银行存放在其他银行的存款，其目的主要有两个：一是为了便于同业之间票据清算和代理收付，二是为了向其他银行借款，也需要在其他银行账户上保留一定余额。

托收中现金又称在途资金，是指在结算过程中，银行收到以其他银行为付款人的票据，已向票据交换所提出清算或已向其他银行提出收账但尚未正式存放同业或存放在中央银行账户中的款项。这部分款项在收妥之前一般是不能抵用的，但收妥之后马上就成为存放在同业或存放在中央银行的存款，故视同现金资产。

2. 贷款

贷款是银行将其所吸收的资金，按一定的利率贷放给客户并约期归还的业务。贷款是银行最主要的也是收益最大的经济活动。商业银行通过贷款支持社会经济各部门的生产和流通，促进经济发展。贷款业务种类很多，可以按照不同标准加以分类。

（1）按贷款是否有担保划分，可分为信用贷款、担保贷款和票据贴现

信用贷款是商业银行仅凭借款人的信誉而发放的贷款。这种形式的贷款没有任何担保或抵押物，故风险较大，商业银行一般只提供给往来密切、实力雄厚、财务状况良好、经营管理水平高的大公司。对

于这种贷款，银行通常收取较高利率，并往往附加一定条件，如提供财务报表和报告借款用途等。

担保贷款是指具有一定的财产或信用作还款保证的贷款。根据还款保证不同，具体分为抵押贷款、质押贷款和保证贷款。抵押贷款是指按规定的抵押方式以借款人或第三者的财产作为抵押而发放的贷款。质押贷款是指按规定的质押方式以借款人或第三者的动产或权利作为质押而发放的贷款。保证贷款指按规定的保证方式以第三人承诺在借款人不能偿还借款时，承担一定的保证责任和连带责任而发放的贷款。担保贷款由于有财产或第三者承诺作为还款保证，所以贷款风险相对较小。但担保贷款手续繁杂，贷款数量受借款人所提供抵押物（质物）的数量和质量的限制，且在抵押物（质物）估价、保管及出售过程中所花费的人力、物力较大，贷款的成本比较高。

票据贴现是贷款的一种特殊方式，是指银行应客户要求，以现金或活期存款买进客户持有未到期的商业票据的方式发放贷款。票据贴现实行利息预扣，票据到期后，银行可向票据载明付款人收取票款。如果票据合格，且有信誉良好的承兑人承兑，这种贷款的安全性和流动性都比较好。

但票据贴现与贷款相比，还是有着明显的区别：一是授信对象不同。贷款以借款人为授信对象，体现的是贷款银行与借款人之间的借贷关系；票据贴现则以票据为对象，体现的是票据债权的买卖关系。二是流动性不同。贷款必须在到期时才能归还；经过贴现的票据在到期之前可办理转贴现和再贴现，从而能及时获得所需资金。三是期限不同。票据贴现的期限较短，多为3—6个月；而贷款的期限则较长，短期贷款为1年以下，长期贷款可达30多年。四是风险不同。用于贴现的票据以真实商品交易为基础，或是信誉很好的大企业所发行的商业票据，期满时付款人自动付款，一般很少违约；银行贷款则常常因借款人经营不善而不能及时履约，造成贷款损失的风险较大。五是利息收取的时间和利率水平不同。票据贴现是先从票据金额中扣除利息；贷款的利息是在贷款后的一定时间才能收取。由于两者收取利息的时间不同，加之票据贴现的风险小于贷款，因而其利率也低于相同期限的贷款利率。六是资金所有权不同。银行贷款给借款人，只是暂时让渡资金的使用权，资金所有权并未转移；票据贴现是贴现银行买入票据取得债权，资金所有权则归属贴现申请人。

（2）按贷款的用途划分，可分为工商业贷款和消费者贷款

工商业贷款是面向企业发放的贷款，以保证企业生产发展之需。工商业贷款又包括固定资产贷款和流动资金贷款。企业在取得固定资产贷款后，用所得到的贷款资金购买机器设备、建置厂房等，从而形成物质资本。固定资产贷款是使储蓄转化为资本的重要一环。若企业遇到季节性资金不足，就会向银行申请流动资金贷款。

消费者贷款发放的目的主要是用于购买消费品。住房抵押贷款、汽车消费贷款以及信用卡贷款是最主要的消费贷款。信用卡贷款与住房抵押贷款、汽车消费贷款的不同在于其没有特定的贷款用途，主要是满足零星的消费支出之用。消费者贷款的清偿主要依靠借款人可靠的收入。通过获得银行的消费贷款，人们就不必等到有了足够的积蓄才购买住房和汽车，就可提前享受更好的生活。在我国，随着商业银行主体利益的自我强化以及银行贷款风险管理体制的改革，国内商业银行在发放贷款时变得谨慎起来，正在努力寻求风险较低的贷款领域，而消费贷款就成了商业银行开拓低风险贷款的良好渠道。

（3）按贷款的质量分类，可分为正常、关注、次级、可疑及损失类贷款

正常类是指借款人能够履行合同，有充分把握按时足额偿还本息的贷款；关注类是指尽管借款人目前有能力偿还贷款本息，但存在一些可能对偿还产生不利影响的因素；次级类是指借款人的还款能力出现了明显问题，依靠其正常经营收入已无法保证足额偿还本息的贷款；可疑类是指借款人无法足额偿还本息，即使执行抵押或担保，也肯定要造成一部分损失的贷款；损失类是指在采取所有可能的措施和一切必要的法律程序之后，本息仍无法收回或只能收回极少部分的贷款。五级分类法有利于商业银行及时准确地确定当前贷款扣除风险损失后的真实价值，有利于银行及时、准确地识别贷款的内在风险，有效地跟踪贷款质量，以及时采取措施。为了防御和弥补信用风险，国际上

普遍的做法是根据商业银行各类贷款余额的一定百分比计提贷款损失准备金。

我国曾依据借款人的还款状况，将贷款划分为正常、逾期、呆滞、呆账四类：逾期贷款是指逾期未还的贷款，只要超过一天即为逾期；呆滞贷款指逾期两年或虽未满两年但经营停止、项目下马的贷款；呆账是指按财政部有关规定确已无法收回，需要冲销呆账准备金的贷款。我国坏账准备金统一按照贷款余额的1%提取。该方法在经济转轨时期，对于识别特别严重的不良贷款和保证国家税收，发挥了积极作用。但随着改革开放的不断深入，这种方法显露出明显的局限性，如未到期的贷款，不论事实上是否有问题，都视为正常，而把逾期一天的贷款归入不良贷款又过于严格。因此，改进贷款分类方法就成为十分迫切的要求。通过国际比较，我国决定采用以美国为代表并被国际货币基金组织推荐的贷款五级分类法。结合国情，我国制定了《贷款风险分类指导原则》，并于1998年5月开始试点。中国人民银行规定自2002年1月1日起，正式在中国银行业全面推行贷款风险分类管理。

3. 投资业务

投资业务是指商业银行以其资金购买有价证券或投资于其他实物资本的活动。商业银行投资活动的主要目的是增强资产的流动性和增加银行的收益。商业银行的投资业务与贷款业务同属资产业务，而两者的差别体现在：一是在贷款业务中，银行处于被动地位，而投资活动是银行的主动行为，银行可根据需要自主投资所需证券；二是贷款仅涉及银行与借款人，且每笔贷款都是个性化的，而证券投资是一种社会化、标准化的市场行为；三是贷款流动性较差，而证券投资则可随时在金融市场上出售转让，因而银行持有证券投资所承担的流动性风险要比贷款低得多。

一般来说，商业银行投资于政府债券所受到的限制较小，而投资于股票、基金或非自用房地产等在不同国家有较大的差异。在实行分离型银行制度的国家，法律禁止商业银行购买股票、企业债券或投资于房地产；但在实行全能型银行制度的国家，商业银行投资于这些资产时所受到的限制较少。当今，全球有走向混业经营的趋势，银行业与证券业、保险业等之间的经营壁垒正逐步打破，因而商业银行直接从事资本市场投资活动的空间将越来越大。

我国目前还是实行较为严格的分业经营，即商业银行不得从事股票等有价证券业务，也不得投资于非自用房地产，但购买政府债券则不受限制。在我国商业银行的资产业务中，有20%投资于政府债券。增加政府债券的持有量成了我国商业银行实行资产结构优化、提高资产质量、降低资产组合风险的主要措施。同时，商业银行持有一定的有价证券，也便利了中央银行通过公开市场操作来提高对基础货币的调控能力。

二、表外业务

根据巴塞尔委员会的界定，表外业务（Off-Balance Sheet Activities，OBSA）指的是商业银行从事的，按通行会计准则不列入资产负债表内，不影响其资产和负债总额，但会影响当期损益的经营活动。其具体有广义和狭义之分。

狭义表外业务指那些未列入资产负债表，但同表内资产和负债关系密切，并在一定条件下会转化为表内资产业务和负债业务的经营活动。由于这些业务存在一定风险，因而一般会在银行会计报表附注中予以披露。

广义表外业务则除了上述狭义表外业务之外，还包括结算、代理和咨询等无风险经营活动，或者说指的是商业银行从事的所有不在资产负债表内反映的业务。

在我国，经常将表外业务称为中间业务。我国有关部门曾对中间业务、表外业务作过界定。《商业银行表外业务风险管理指引》（中国人民银行，2000年11月）将表外业务定义为“商业银行所从事的，按现行会计准则不记入资产负债表内，不形成现实资产负债，但能改变损益的业务。具体包括担保类、承诺类和金融衍生交易类三种类型业务”。《商业银行中间业务暂行规定》（中国人民银行，2001年7月）对商业银行中间业务的定义是，不构成商业银行表内资产、表内负债，形成非利息收入的业务。显然，这种观点实际是从狭义角度理解表外业务，同时把中间业务等同于广义表外业务。

实际上，表外业务构成非常广泛，分类标准也有许多。例如，按照收入来源来划分（如美国），将表外业务划分为五类：信托业务收入、投资银行和交易收入、存款账户服务费、手续费收入、其他非手续费收入。按业务功能和形式划分（如中国）将中间业务分为九大类：支付结算类、银行卡、代理类、担保类、承诺类、交易类、基金托管、咨询顾问类、其他类。

巴塞尔委员会按照是否构成商业银行或有资产和或有负债为分类标准，制定了国际银行业通用的分类标准，将表外业务分为两大类：

一类是或有债权/债务类表外业务，即在一定条件下会转化为现实资产和负债的业务，主要包括承诺类、担保类和金融衍生交易类表外业务，即狭义的表外业务。

另一类是金融服务类表外业务，指商业银行通过对客户提供金融服务，以收取手续费为目的、不承担任何风险、不构成商业银行或有债权/债务的业务，主要包括结算、代理、咨询顾问等业务。

本章对表外业务的划分即采用这种分类标准，同时结合我国习惯做法，将表外业务分为两大类：金融服务类中间业务和表外业务（狭义）。其中，金融服务类中间业务主要包括结算类业务、代理类业务、银行卡业务、基金托管业务、咨询顾问类业务等；表外业务主要包括担保类业务、承诺类业务和金融衍生交易类业务。

（一）金融服务类中间业务

1. 结算类业务

支付结算类业务是指由商业银行为客户办理因债权债务关系引起的与货币支付、资金划拨有关的收费业务。对商业银行来说，这是一项业务量大、收益稳定的典型中间业务，能充分体现商业银行的中介作用，具有风险低、收益高的特点。规范和发展商业银行支付结算业务具有重要意义：一是加速资金周转，促进商品流通，提高资金运转效率；二是节约现金，调节货币流通，节约社会流通费用；三是加强资金管理，提高票据意识，增强信用观念；四是巩固经济合同制和经济核算制；五是综合反映结算信息，监测国民经济活动，维护社会金融秩序的稳定等。

票据和结算凭证是办理支付结算的工具。票据凭证是出票人自己承诺或委托付款人在见票时或在指定日期无条件支付一定金额、可以流通转让的有价证券，广泛使用的有汇票、支票、本票三大类。

2. 代理类业务

代理类业务是商业银行接受政府、企业单位、其他金融机构以及自然人委托，以代理人身份代表委托人办理一些经双方议定的经济事务的经营活动。在代理业务中，委托人和银行必须用契约方式规定双方的权利和义务，包括代理的范围、内容、期限以及纠纷的处理等，并由此形成一定的法律关系。在代理过程中，客户财产所有权不变，银行则充分运用自身信誉、技能、信息等资源优势，代客户行使监督管理权，提供各种金融服务。银行一般不动用自己的资产，不为客户垫款，不参与收益分配，只收取代理手续费，因而风险较低。商业银行代理业务种类繁多，服务范围广泛，包括代理收付业务、代理承销与兑付债券业务、代理保险业务、代理政策性银行业务、代理中国人民银行业务、代理商业银行业务等。随着经济和金融发展，代理业务种类和形式不断创新。目前以个人金融服务为核心的私人银行业务，正日益成为我国各商业银行的竞争焦点。

3. 银行卡类业务

银行卡是由商业银行发行、供客户存取款和转账支付的金融工具。它包括信用卡、支票卡、记账卡、智能卡等。因这些银行卡均以塑料制成，故又称“塑料货币”。银行卡的出现，是银行业务与快速发展的科学技术相结合的产物，它使银行业务有了一个崭新的面貌。

信用卡是银行卡中数量最多的一种，真正的信用卡具有“先消费、后付款”的特点，实际上，信用卡把银行的两项基本功能——支付与信贷结合起来了。信用卡的发行不仅为银行也为顾客和商家提供了便利。对银行来说，它可以吸收商家在银行的存款，并可向商家收取一定的佣金或因不能按期付款的罚息，同时还加强了银行与商家的往来合作关系；对顾客来说，借助信用卡，可以获得购物的方便，不用随身携带现金，并且发卡银行通常还给持卡者一个透支限额，向持卡者提供延期付款支付的便利；对商家来说，它们赊销后可以立即从银行收回货款，资金可免于拖欠，而且对于使用信用卡顾客的信用，不用特约商号逐个调查，而由发卡银行提供保证，这就使商家不必负担调查客户信用的费用，同时又扩大了它的销售面。

目前信用卡正向国际化、安全、多用途方向发展。像维萨卡（VISA）、万事达卡（MASTER）等信用卡影响已遍及世界主要国家和地区。

4. 基金托管业务

基金托管业务是指由有托管资格的商业银行接受基金管理公司委托，安全保管所托管的基金的全部资产，为所托管的基金办理基金清算款项划拨、会计核算、基金估值、监督管理人投资运作等业务。银行作为基金托管人为基金开设独立的银行存款账户，负责账户的管理，收取托管费。

5. 咨询顾问类业务

咨询顾问是指商业银行依靠自身在信息、人才、信贷等方面的优势，收集和整理有关信息，并通过对这些信息以及银行和客户资金运动的记录和分析，形成系统的资料和方案，以满足其业务经营管理或发展需要的活动。

（1）企业信息咨询业务

企业信息咨询业务包括项目评估、企业信用等级评估、验证企业注册资金、资信证明、企业管理咨询等。

（2）资产管理顾问业务

资产管理顾问业务是指为机构投资者或个人投资者提供全面的资产管理服务，包括投资组合建议、投资分析、税务服务、信息提供、风险控制等。

（3）财务顾问业务

财务顾问业务包括大型建设项目财务顾问业务和企业并购顾问业务。大型建设项目财务顾问业务指商业银行为大型建设项目的融资结构、融资安排提出专业性方案。企业并购顾问业务指商业银行为企业的兼并和收购双方提供的财务顾问业务，银行不仅参与企业兼并与收购的过程，而且作为企业的持续发展顾问，参与公司结构调整、资本充实和重新核定、破产和困境公司的重组等策划和操作过程。

（4）现金管理业务

现金管理业务指商业银行协助企业，科学合理地管理现金账户头寸及活期存款余额，以达到提高资金流动性和使用效益的目的。

（二）或有债权/债务类表外业务

1. 担保类业务

担保类业务是指银行应某一交易中的一方申请，承诺当申请人不能履约时由银行承担对另一方的全部义务的行为。此类业务一般不占用银行资金，但会形成银行的或有负债，当申请人（被担保人）不能及时完成义务时，银行必须代为履行付款等职责。银行要承担违约风险、汇率风险以及国家风险等多项风险，因此是一项风险较大的表外业务。银行担保类表外业务主要包括银行承兑汇票、备用信用证、商业信用证、各类保函等。

2. 承诺类业务

承诺类业务指商业银行在未来某一时间按事前约定条件向客户提供约定信用的业务，主要指贷款承诺，即银行与借款客户间达成具有法律约束力的正式契约，银行将在有效承诺期内，按双方约定的金额、利率，随时准备应客户要求向其提供信贷服务，并收取一定的承诺佣金。贷款承诺包括可撤销承诺和不可撤销承诺两种。可撤消贷款承诺附有客户在取得贷款前必须履行的特定条款，一旦在银行承诺期间及实际贷款期间发生客户信用级别降低，或客户没有履行特定条款，则银行可以撤消为其提供贷款的承诺。不可撤消的贷款承诺则是指银行不经客户同意不得私自撤消承诺，它具有法律效力。

票据发行便利（Note Issuance Facilities，NIFs）是一种近年来迅速发展的贷款承诺。票据发行便利指银行承诺帮助企业发行短期票据筹资，卖不出去的将全部由银行按事先约定的价格买下。企业也可在一定的承诺期内（通常2—7年）循环使用票据发行融资，在承诺期和额度内，企业每次发行短期票据时的未售出部分都将由银行收购。银行赚取承诺费，但同时承担流动性风险和信贷风险。

3. 金融衍生类业务

金融衍生类业务指商业银行在金融衍生品市场上通过购买金融衍生工具以套期保值或投机获利的经营活动。金融衍生工具交易主要有远期外汇交易、利率互换、货币互换、利率期权、股票指数期货与期权等。

尽管表外业务对商业银行的利润有很大贡献，却也给商业银行带来了极大的风险，甚至可能导致商业银行倒闭。1995 年，英国巴林银行因其新加坡的分支机构大量进行日经股票指数的投机，损失超过 10 亿美元，而最终不得不宣布倒闭。因此，商业银行在经营表外业务时，必须加强风险管理。《巴塞尔协议》中专门设有表外资产风险系数划分的条项，以作为资本充足率考虑的要素。

第三节　商业银行的经营管理及发展趋势

自 1694 年英格兰银行成立以来，现代商业银行已有 300 多年的历史。在漫长的历史发展过程中，商业银行既积累了大量的经营管理经验，也形成了一些影响深远的基本理念，同时还创造出一系列经营管理方法。

一、商业银行的经营原则

商业银行在追求利润最大化从事负债和资产等业务的过程中，需遵循一定的经营原则。商业银行在业务经营活动中遵循的原则有：安全性、流动性和盈利性。

安全性原则是指商业银行在业务活动中应尽量避免各种不确定因素的影响，保证资金安全和稳健经营。银行经营与一般工商企业经营不同，其自有资本所占比重很小，主要依靠客户存款或借款来贷款和投资。在资金运用过程中，种种不确定因素的存在使商业银行的经营不可避免的伴随着利率风险、信用风险、汇率风险、操作风险等风险。若本息不能按时足额收回，银行清偿力必然会削弱乃至丧失，危及自身安全，影响银行储户和债权人的利益，甚至可能导致金融危机和社会动荡。所以，商业银行在经营过程中，必须将安全性放在重要地位。

流动性原则是指商业银行应能够随时满足客户提现和借款人的正常贷款要求。通常，银行能够较精确地预计正常的提现并做好安排，而对于突发提存，银行往往很难预料，如不能妥善应付，会立即陷入破产境地。所以，银行坚持流动性原则是至关重要的。关于商业银行的流动性有“三道防线”之说。第一道防线为商业银行的库存现金，它是完全的流动性资产，可随时满足客户的支付需要。第二道防线为商业银行所拥有的流动性极强的存款或债权，如在中央银行的存款、存放同业的存款等，商业银行能够随时调度和支配这些资产。第三道防线是商业银行所拥有的流动性很强的短期有价证券，如商业票据、国库券、银行承兑汇票等，这些资产在市场上能够迅速出售、贴现。通常，第一道与第二道防线为商业银行的一级准备，第三道防线为商业银行的二级准备。

盈利性原则是指商业银行尽可能地追求盈利最大化。这是商业银行经营发展的内在动力，也是其经营发展的基本保证。首先，较高的盈利能力意味着较多的留存盈余，从而为商业银行扩大经营规模、开拓业务提供资金保证。其次，较高的盈利能力意味着给股东的回报也较高，其股价应有所上升，这将为资金的进一步筹集创造条件。再次，盈利能力与商业银行的信誉正相关，盈利能力强，商业银行的社会公众形象就好，这有助于商业银行与社会各界保持良好关系。最后，较高的盈利能力能够给员工提供良好的福利，这既可提高员工的积极性，也有利于吸引更多的人才。

一般说来，三项原则之间的关系可概括为：盈利性是商业银行经营管理的目标，安全性是商业银行经营管理的保障，流动性是商业银行经营管理的前提。三原则既有统一的一面，也有矛盾的一面。一般来讲，安全性与流动性是正相关的，流动性强的资产，风险较小，安全有保障，但它们与盈利性往往有矛盾，即流动性强，安全性好，盈利性却较低，而盈利性较高的资产，往往流动性较差，风险较大。银行在其经营过程中，经常面临两难选择：为增强银行经营的安全性、流动性，就要把资金尽量投放在短期周转的资金运用上，这将影响银行的盈利水平；而为了增加盈利，就要把资金投放于周期长但收益较高的贷款和投资上，这就不可避免地给银行经营的流动性、安全性带来威胁。因此，商业银行只能从实际出发，统一协调，寻求相对最佳组合。

二、商业银行资产负债管理理论的发展

为贯彻银行的经营原则，实现商业银行经营目标，商业银行非常注重经营管理。在商业银行发展历史进程中，西方商业银行经营管理理论经历了资产管理、负债管理、资产负债综合管理以及资产负债外管理理论四个阶段。

（一）资产管理理论

在商业银行的业务开展史上，对资产管理的强调由来已久。这是因为在20世纪60年代以前，商业银行是金融机构的主要代表，间接融资是经济活动中最主要的融资方式。商业银行的资金来源以活期存款为主，资金供给相对充裕，资金来源的水平和结构被认为是独立于银行决策之外的。在这种环境下，商业银行管理的中心是维护流动性，在满足流动性的前提下追求盈利性，因而将资金配置的重心放在银行资产负债表的资产方，其发展经历了三个阶段：

1. 商业贷款理论

商业贷款理论是最早的资产管理理论，由18世纪英国经济学家亚当·斯密在《国富论》一书中提出。该理论认为，商业银行的资金来源主要是流动性很强的活期存款，因此其资产业务应主要集中于短期自偿性贷款，即基于商业行为能自动清偿的贷款，以保持与资金来源高度流动性相适应的资产的高度流动性。由于这种理论强调贷款的自动清偿，也被称为自动清偿理论。又由于该理论强调商业银行放款以商业行为为基础，并以真实商业票据做抵押，故又被称为真实票据论。

商业贷款理论产生于商业银行发展初期，当时商品经济不够发达，信用关系不够广泛，社会化大生产尚未普遍形成，企业规模较小，固定资产投资较小，企业主要依赖内源融资，需向银行借入的资金多属

于商业周转性流动资金；并且当时中央银行体制尚未产生，没有作为最后贷款人的中央银行在银行发生清偿危机时给予救助。因此，银行经营管理更强调维护自身的流动性，而不惜以牺牲部分盈利性为代价，资金运用主要集中在短期自偿性贷款上。但随着资本主义的发展，商业贷款理论的局限性逐渐显露出来：（1）该理论没有认识到活期存款余额具有相对稳定性，而使银行资产过多地集中于盈利性较差的短期自偿性贷款上。（2）该理论忽视了贷款需求的多样性。商业贷款理论不主张发放不动产贷款、消费贷款、长期性设备贷款和农业贷款，这样就限制了商业银行自身业务的发展和盈利能力的提高。（3）该理论忽视了贷款清偿的外部条件。贷款的清偿受制于贷款性质，同时也受制于外部的市场状况，在经济萧条时期，就难以自动清偿。（4）自偿性贷款随商业周期的波动而波动，将影响金融体系的稳定。

2. 资产转化理论

20世纪20年代，金融市场不断发展、完善，尤其是短期证券市场的发展，为银行保持流动性提供了新的途径。与此相适应，资产转移理论应运而生。该理论最早是美国经济学家莫尔顿在1918年发表的《商业银行及资本形成》一文中提出的。该理论认为，银行流动性强弱取决于其资产的迅速变现能力，因此保持资产流动性的最好方法是持有可转换的资产。这类资产具有信誉好、期限短、流动性强的特点，从而保障了银行在需要流动性时能够迅速将之转化为现金。最典型的可转换资产是政府发行的短期债券。资产转移理论沿袭了商业贷款理论关于银行应保持高度流动性的主张，但扩大了银行资产运用的范围，丰富了银行资产结构，突破了商业贷款理论拘泥于短期自偿性贷款资金运用的限制，是银行经营管理理念的一大进步。在这种理论的鼓励下，银行资产组合中票据贴现和短期国债的比重迅速增加。但资产转移理论过分强调通过可转换资产来保持流动性，限制了银行高盈利性资产的运用。同时，可转换资产的变现能力在经济危机时期或证券市场需求不旺盛的情况下会受到损害，从而影响银行的流动性和盈利性实现。另外，这种理论实现需要较高条件，即发达的金融市场和多样化的金融工具。

3. 预期收入理论

该理论产生于20世纪40年代，由美国经济学家普鲁克诺于1949年在《定期存款及银行流动性理论》一书中提出。该理论认为，银行资产的流动性取决于借款人的预期收入，而不是贷款的期限长短。借款人的预期收入有保障，期限较长的贷款也可以安全收回；借款人的预期收入不稳定，期限短的贷款也可能丧失流动性。因此，预期收入理论强调的是贷款偿还与借款人未来预期收入之间的关系，而不是贷款的期限与贷款流动性之间的关系。

预期收入理论的产生背景是，第二次世界大战后，西方各国经济恢复和发展。无论是政府还是私人部门，都需要大量资金进行投资。从政策导向上看，此时凯恩斯的国家干预经济理论在西方盛行，该理论主张政府应该扩大公共项目开支，进行大型基础建设项目；鼓励消费信用的发展，以扩大有效需求从而刺激经济的发展。从市场竞争来看，随着金融机构多元化的发展，商业银行与非银行金融机构的竞争日益激烈，这迫使银行不得不拓展业务种类，增加回报较高的中长期贷款的发放。在这种理论的影响下，住宅抵押贷款、消费贷款、中长期设备贷款等资产业务迅速发展起来，银行资产运用的范围更加广泛，巩固了商业银行在金融业中的地位。同时，预期收入理论依据借款人的预期收入来判断资金投向，突破了传统的资产管理理论依据资产的期限和可转换性来决定资金运用的做法，丰富了银行的经营管理思想。

不过，预期收入理论也有缺陷，即它把资产经营完全建立在银行预测的基础上，对借款人未来收入的预测是银行主观判断结果。事实上，随着客观经济条件及经营状况的变化，借款人实际的未来收入与银行的主观预测量之间会存在偏差，从而使银行的经营面临更大的风险。因此，预期收入理论必须谨慎使用。

（二）负债管理理论

西方商业银行资金配置的策略从资产管理转向负债管理有其变化的深刻背景。一方面，在20世纪50年代以前，由于存在大量的低成本活期存款、储蓄存款可供利用，商业银行的业务经营重点自然而然地集中在资产管理方面。但进入20世纪60年代后，社会资金开始变得紧张。同时，美国政府开始实施减税政策和社会福利计划，并为海外战争筹集资金，加上经济繁荣，贷款需求十分旺盛。另一方面，从20世纪60年代开始，位于主要金融中心的大银行开始发掘资产负债表上的负债项目，这既能满足准备金要求又能提供流动性。这导致了诸如联邦基金市场之类的日拆市场的发展，以及可转让存单之类的新金融工具的出现。正是这些发展，使得商业银行的业务经营重心开始从资产管理转向负债管理。

负债管理理论开辟了满足银行流动性需求的新途径，改变了长期以来资产管理仅从资产运用角度来维持流动性的传统做法，即不再依赖维持较高水平现金资产和出售短期证券来满足流动性需要，而是积极主动在货币市场“购买”资金，以满足流动性需求和不断适应目标资产规模扩张需要。从1961年2月美国花旗银行首创大额可转让定期存单之后，各国商业银行使用负债管理的积极性逐步提高，创造了大量的借款方式、工具和手段，使得商业银行的资金来源更加丰富。同时，也标志着银行在管理手段上有了质的变化，将管理的视角由单纯资产管理扩展到负债管理，使银行能够根据资产的需要来调整负债的规模和结构，增强了银行的主动性和灵活性，提高了银行资产盈利水平。但负债管理依赖货币市场借入资金来维持流动性，必然会受货币市场资金供求状况的影响，且外部不可测因素的制约增大了银行经营风险。同时，借入资金要付出较高的利息，增加了银行的经营成本。因此，负债管理不利于银行的稳健经营。

（三）资产负债综合管理理论

资产负债综合管理理论产生于20世纪70年代中后期。20世纪70年代以来，在金融自由化浪潮之下，各国先后取消和放松了利率管制，市场利率波动加大，利率风险成为西方商业银行面临的基本金融风险之一。随着利率市场化步伐加快，打破了商业银行长期以来短筹长用、靠增大业务量来增加收益的传统格局，使得商业银行资产负债发生质的变化，单一的资产管理或负债管理已不能适应银行管理的发展要求，于是资产负债综合管理理论便产生了。该理论认为，商业银行单靠资产管理或单靠负债管理都难以达到流动性、安全性、盈利性的均衡。

银行应对资产负债两方面业务进行全方位、多层次的管理，保证资产负债结构调整的及时性、灵活性，以此来保证流动性供给能力。

资产负债综合管理理论的主要内容是：在流动性方面，根据经济和金融发展趋势预测某一时期流动性需求，据此制定获取流动性的计划并付诸实施。在安全性方面，一是对借款人进行信用分析和对借款项目进行可行性研究，以减少或避免风险；二是对借款进行检查，发现问题并及时解决，避免损失发生；三是增加抵押贷款和担保贷款，减少信用贷款；四是实行资产分散化，以分散银行风险；五是运用市场手段，转移风险资产。在盈利性方面，通过预测市场利率，对利率敏感性资产和负债缺口进行调整，以获取较大利差，增加银行利润。

资产负债综合管理理论是银行资产负债管理理论的重大发展。目前，该理论已成为世界各国商业银行所遵循的一般管理方法，与资产管理和负债管理相比，该理论更重视资金来源与运用的关系，更加清晰了盈利性、安全性、流动性三者之间的矛盾互补关系，建立了资产与负债的对称关系，使银行业务管理日臻完善。

（四）资产负债外管理理论

20 世纪 70 年代末，在各国放松金融管制和金融自由化的背景之下，银行业的竞争更加激烈，来自传统存贷业务利差收益的利润越来越少，银行必须谋求新的业务增长点，开展金融创新，到资产负债外去寻找新的业务领域，开辟新的盈利源泉，表外业务成为银行发展和利润扩大的重要手段。立足于资产负债表内业务管理的资产负债综合管理显示出其局限性，资产负债外管理理论悄然兴起。

资产负债外管理理论认为，存贷款业务只是银行经营的一根主轴，在其旁侧可延伸发展多样化金融服务。例如，银行应发挥其强大的金融信息服务功能，大力开展以信息处理为核心的服务业务，吸引客户，增加收入。同时，该理论还提倡将某些资产负债表内的业务转化为表外业务，即表内业务表外化。例如，将贷款转让给第三者，将存款转售给急需资金的单位等。这种转售都只单纯的在资产和负债上分别销账，使表内经营规模缩减或维持现状，而银行仅收取转让价格差。

表外业务发展使银行业务规模扩大，收入来源增加，但其潜在风险不容忽视。因此，资产负债外管理理论兴起并非对资产负债综合管理理论的否定，而是补充。目前，二者都被应用于发达国家商业银行的业务经营管理之中。

三、现代商业银行的未来发展趋势

从资本主义萌芽时期意大利的“板凳”（意大利文 Banco）银行到现在的虚拟银行，商业银行的经营内容、组织方式、功能、对经济的影响发生了巨大变化。20 世纪 80 年代后期开始的信息技术革命，催生了以信息、计算机技术为基础的新经济，加速了经济的全球化、金融一体化步伐，现代商业银行又一次面临巨大的挑战。

（一）商业银行向综合性的“全能银行”方向发展

20 世纪 80 年代以来，随着各国金融监管当局对银行业限制的逐步取消，商业银行业务的全能化得到较大的发展。特别是 1999 年美国《金融服务现代化法案》的出台，取消了银行、证券、保险业之间的限制，允许金融机构同时经营银行、证券、保险等多种业务，形成“金融百货公司”，金融业由“分业经营、分业管理”的专业化模式向“综合经营、综合管理”的全能化模式发展。在这种趋势下，资本市场成为金融体系的核心，以存贷汇兑为主要业务的传统商业银行地位相对下降，金融机构的传统界限被打破，商业银行与投资银行的职能一体化已经成为趋势，银行业、保险业和证券业开始相互渗透，相互融合。

（二）金融创新能力成为商业银行生存和发展的主要决定因素

20 世纪 70 年代“布雷顿森林体系”崩溃以后，国际经济金融环境发生了重大的变化。资本市场迅速崛起，金融创新层出不穷，在加剧国际金融市场金融风险的同时也给国际银行业的经营与管理带来了深刻的影响。

金融创新是各种金融要素的重新组合，是金融业在多方面创新的总括。它既表现为在传统的业务领域不断推出新的金融产品，也表现为在传统业务领域之外积极开拓新的业务领域。金融创新使得商业银行业务更加灵活和多样化，但同时也使得银行面临的竞争更加激烈。

随着金融创新层出不穷，旧有的经营方式不再有利可图，传统的金融工具也不再具有市场吸引力。在这种情况下，能否创造出可规避风险、满足市场需要的新的金融产品，就成为银行首要关心的问题。在未来，创新能力将直接影响商业银行的生存能力和发展潜力，成为银行竞争力的重要标志。

（三）银行资产证券化趋势不断加强

商业银行资产证券化包含两方面内容，一是商业银行自身资产的证券化，如住房抵押贷款证券化，就是将原本固定期限的、流动性差的资产证券化，从而增强银行资产流动性，避免或降低流动性风险和利率风险；二是商业银行向客户提供的金融资产证券化，如商业银行将传统存款工具转化为可在市场上转让流通的证券，从而为投资者提供资产转换的便利和风险防范的手段。

资产证券化是商业银行在经营环境恶化、金融风险加大情况下的一种金融创新。随着商业银行之间竞争日趋激烈和风险管理要求的提高，一方面，银行贷款收益下降，贷款损失越来越多；另一方面，监管当局要求商业银行增加贷款损失准备金和资本金，以弥补可能发生的贷款损失。这导致银行负担增加，资产利润率和资本利润率下降。通过资产证券化，商业银行增加了盈利机会，在获取流动性的同时，减少了金融风险和资本要求。例如，商业银行把一些特征相同的资产（汽车贷款、住房抵押贷款等）集中起来，以这些资产本息作为担保，发行贷款证券，并利用自己的专业优势和信誉作为原始贷款的承担者，然后过渡给证券投资者，并向其收回贷款本金和利息。在这一过程中，银行把一部分风险转嫁给证券投资者，通过出售贷款收回资金获取流动性，同时在贷款服务中获得手续费收入。如果银行出售的证券无追索权，对应的贷款资产可从其资产负债表中去掉，从而降低商业银行的资本金和贷款损失准备金要求。

（四）银行业务经营的电子化程度越来越高

20世纪90年代以来，科学技术突飞猛进，在高新技术和信息产业推动下，银行金融服务电子化程度越来越高。商业银行的交易系统、清算系统、服务网络日新月异，银行经营的商品——货币由现金转向电子货币，传统的银行服务产品——存款、贷款和结算的内涵和外延都有了惊人的发展和革命。随着电子化手段的发展，电子商务发展迅速，国际互联网已经成为全球最大、用户最多、影响最深远的互联系统。与网络繁荣相适应并支撑网络繁荣的，是金融电子化及网络银行的快速发展。21世纪，网络银行将以其拥有的广泛信息资源、独特运作方式，为金融业带来革命性变革，商业银行可为客户提供包括网上购物、网上交易、网上支付、网上消费、网上理财、网上储蓄、网上信贷、网上结算、网上保险等灵活多样的业务，不仅便利了客户，也降低了银行成本。网上银行将迫使银行业经营理念、经营方式、经营战略、经营手段发生革命性变革。网上银行业务也将成为各家银行竞争的热点。

在网络银行或网上银行业务迅速发展的情况下，传统的“物理”形态银行逐渐显现出其弊端：大量的人力、昂贵的办公楼以及繁华商业中心开设网点支付的巨额成本，大量吞噬了银行的利润。因此，近年来，不少银行从繁华都市商业中心撤出，把业务重心转向低成本、高效率的网上银行业务。可以预见，随着互联网技术越来越成熟以及网络安全问题的解决，将会有更多银行走向网络化经营，“虚拟”银行机构部分代替“物理”形态的银行机构，将成为一种不可逆转的趋势。

（五）金融服务性收入将成为银行最主要收入来源

传统商业银行以资产负债业务的利差收入作为盈利的主要来源。20世纪70年代以来，金融技术的进步，非银行金融机构的壮大，证券市场迅猛发展导致的”脱媒”，以及国际银行业受到的监管特别是对资本充足率的监管日益严格，迫使国际银行业寻找新的利润来源。它们通过大力开展表外业务，开发创新产品，开辟新的盈利空间最终走出了困境。随着银行业务结构的变化，金融服务性业务收入将成为银行收入的主要来源。从利润结构方面看，一些国家（如瑞士、德国）银行的表外业务盈利水平，目前已占其利润的60%—70%。发展表外业务，可以在不改变资产负债表的情况下，扩大银行业务范围，提高效益。它和负债业务、资产业务一起构成现代银行业务的三大支柱，也成为银行业竞争的焦点。可以肯定，收入结构的变化将成为商业银行发展的一个重要趋势。

（六）风险管理将成为商业银行的核心功能

商业银行从其产生之日起，信用中介功能就是其首要的或核心功能。但由于资本市场和直接融资的发展，银行出现了“非中介化”趋势，间接融资已经不再是唯一融资渠道，甚至不再是主要融资方式。不仅如此，由于市场准入条件放宽，大批非银行金融机构及非金融机构涌入传统信用业务市场，对商业银行构成巨大竞争压力，导致商业银行市场份额不断下降，也因此，商业银行的信用中介业务在其全部业务中的重要性以及利差收入在其收入中的比重不断下降，信用中介功能客观上呈现出逐步弱化的趋势。与此同时，商业银行金融服务功能重要性凸显，而其中风险管理将成为未来商业银行的一项重要功能。

风险管理指商业银行通过提供各种金融产品、信息咨询、交易技术和手段，并通过自身的各种业务和管理活动，为银行自身、客户及整个社会经济防范和化解金融风险，增加银行、客户乃至整个社会的价值。风险管理之所以成为银行的核心功能，原因主要有以下几方面：

一是商业银行风险具有显著的风险性和宏观特征。商业银行经营货币信用业务，这就决定了商业银行的高风险性，并且这种风险有明显的宏观特征，即一旦商业银行产生风险尤其是商业银行倒闭，将导致严重的社会后果，危及经济乃至社会稳定。因此，商业银行经营必须是在安全性前提下追求利润最大化，风险管理是其永恒主题。

二是世界经济的不确定性增加使得各经济主体对风险管理需求大大增加。21 世纪以来，科技快速发展推动经济发展，经济发展中的风险必然反映到金融领域，成为金融风险的重要成因。而全球经济一体化又会导致金融风险在国与国之间传递。为了防范风险，金融市场上不断推出各种旨在规避风险的金融衍生工具，但这同时又带来了新的甚至更大的风险。由于金融是一个极其复杂的系统，金融风险管理需要专门知识和技能，客观上也就需要专门的机构和人才来提供金融风险管理服务。

三是商业银行在化解金融风险方面具有不可替代的作用。在单一间接融资体制下，银行是国民经济风险的“集散池”。随着直接融资的发展，银行的风险集中度会减轻，但商业银行在信用业务中仍会将经济中的各种风险集中起来，而其存款准备金制度、严格的信贷审批机制、资产负债管理制度以及在信息、技术、人才方面的优势不仅可有效防范银行自身风险，也可有效化解经济生活中的各种风险，也因此，商业银行成为全社会风险管理的核心部门。另外，经济过热和泡沫经济是产生金融风险的重要原因，在经济过热或经济泡沫化严重情况下，商业银行可根据中央银行的货币政策意图，收缩信贷规模，抑制经济过热，进而控制整个经济的系统性金融风险。

四是商业银行风险管理的特殊性。风险管理功能并非商业银行所特有，但商业银行风险管理功能有其特殊性，即管理工具的非标准化和管理方式的内部化。以贷款为例，银行发放的每一笔贷款的金额、期限、利率及偿还方式都是根据借款人的具体情况来设计的，正是这种非标准化特征，使得贷款能满足客户差异化需求。所谓内部化，是指在风险管理过程中，商业银行将管理的金融风险直接转换成自身所承担的风险，然后再以各种具体手段去管理这些风险。例如，银行以到期无条件还本付息的承诺向储蓄者筹集资金再按约定条件贷放给借款人，并以自有资本承担借款人违约风险，在这一过程中，银行将资金融通的风险内部化为自身的经营风险，降低了储蓄者最后承担的风险。由于风险承受能力取决于收入水平，银行风险管理的内部化使得一部分中低收入者不会因为风险承受力低而被排除在金融市场之外。

本章小结

商业银行的性质具有两重性：一方面，商业银行的经营目标是为了追求利润，且必须依法经营、独立核算、照章纳税；另一方面，商业银行所经营的是一种特殊商品——货币，且货币商品的让渡和补偿总有时差的存在，而信用则是维系这种交易的纽带。

商业银行的功能有：信用中介、支付中介、信用创造、政策传导和金融服务功能。商业银行的外部组织形式主要有：单一银行制、分支行制、银行控股公司、连锁银行制、代理银行制、银行家的银行和网上银行。

商业银行的业务可分为表内业务和表外业务两大类别。其中，表内业务又可进一步分为负债业务和资产业务两种。负债业务，指形成商业银行资金来源的业务，主要由存款和非存款性负债组成。资产业务，指商业银行将通过负债业务所集聚的资金加以运用的业务，是商业银行获得收益的主要途径，主要以贷款、投资等方式加以运用。而表外业务有广义和狭义之分。其中，广义的表外业务包括中间业务和狭义的表外业务。中间业务包括汇兑业务、信托业务、信用卡业务等。狭义表外业务主要包括担保类业务、承诺类业务和金融衍生类业务。

商业银行的经营原则有三条：安全性、流动性和盈利性，三原则既有统一的一面，也有矛盾的一面。商业银行的经营管理理论的发展经历了资产管理、负债管理、资产负债综合管理以及资产负债外管理理论几个阶段。随着经济环境的变化，商业银行的功能、业务范围、收入来源、业务方式和竞争焦点都将出现显著变化，这些变化将改变商业银行的经营理念，从而调整商业银行在经济生活中的地位和作用。

重要概念

商业银行　信用中介　支付中介　信用创造　单一银行制　分支行制　银行控股公司制　核心资本　附属资本　中间业务　表外业务　三性原则

第七章 中央银行

中央银行是各国金融体系的核心，负责制定和执行货币政策，防范和化解金融风险，维护金融稳定。当今世界绝大多数国家都实行中央银行制度。本章主要讨论中央银行的产生与发展、中央银行的性质与职能、中央银行制度的类型以及中央银行的主要业务等问题。

第一节 中央银行的产生与发展

中央银行最早产生于17世纪中后期，在此之前，以商业银行形态存在的银行业已经存在和发展了相当长一段时期。中央银行是为了适应商品经济、货币信用制度和商业银行体系发展的需要而产生并得以不断发展的。

一、中央银行产生的客观经济原因

中央银行是特定历史时期的产物，其产生有着深刻的客观经济原因，具体表现在：

（一）统一发行银行券的需要

银行券是银行发行的一种债务凭证，银行保证持有人可随时向发行银行兑换相应金属商品货币。银行券的出现不仅减轻了用金属货币交易的诸多不便，而且能够充分满足日益增长的交易需要。最初，一般银行都可发行银行券。银行券的分散发行逐渐暴露出其严重缺陷：第一，各银行独自发行的银行券的被接受程度和流通范围不同，不利于跨地区交易的进行，给社会生产和流通带来困难。同时，这也同货币的本质——固定地充当一般等价物的特殊商品相违背。第二，若某些银行违背足额发行准备原则来发行银行券，则会使得流通中的货币超过客观需要，从而不利于保持通货的稳定，给社会经济带来不利影响。第三，一些银行因经营不善而无法兑换所发行银行券的情况时有发生，尤其在危机时期，银行券不能兑换十分普遍，这不仅使银行券的信誉大大受损，还造成社会经济的混乱与动荡。

资本主义经济的日益发展客观上要求银行券的发行走向集中统一，由实力雄厚、最有权威的大银行来发行在全社会流通的银行券。在此基础上，国家通过法律限制或取消一般银行的发行权，将发行权逐步集中到几家乃至最终集中到一家大银行，这一过程导致了中央银行的产生。

（二）集中票据交换和清算的需要

随着商品经济和银行业务的不断发展，银行每天受理的票据急剧增加，各银行之间的债权债务关系日益复杂，票据的交换业务清算变得繁重起来。各银行自行轧差进行当日结算的传统方式面临巨大挑战，而异地结算问题则更加突出，时间延长，速度减缓。因此，客观上需要有一家全国统一的、权威公正的清算机构，作为金融支付体系的核心来快速清算银行间各种票据，使结算资金顺畅流通，以满足商品经济快速发展的需要。

（三）为银行业提供资金支持的需要

银行在经营过程中，可能遇到因意外大额提现或贷款无法收回等情况而陷入流动性不足的困境。若缺乏及时足额的救援，银行的破产倒闭将在所难免。一旦发生金融恐慌，则可能会因一家银行的支付困难殃及整个银行业。这在客观上需要一家权威机构作为众多银行的后盾，适当集中各银行的一部分准备金，在必要时为他们提供资金支持，充当各银行的“最后贷款人”。

（四）对银行业监督管理的需要

随着商品经济和货币信用关系的发展，银行业在社会经济中的地位和作用越来越突出，银行业的稳定运行日益成为经济健康发展的重要条件。为了促使银行业的公平有序竞争，减少银行业运行的风险，由政府设立一专门机构来对银行业进行监督、管理和协调是极其必要的。这个机构应有一定的技术能力和操作工具，还要在业务上与各银行有密切联系，以便各项政策能够通过业务活动得到贯彻，并进而促进经济发展。

（五）政府融资的需要

在资本主义发展的过程中，政府的作用越来越突出，政府融资也就成为一个重要问题。在中央银行建立以前，政府融资往往要与多家银行联系，非常不便。成立一家与政府有着密切联系的、便于政府融资的机构就显得非常必要，这也是中央银行产生的另一客观原因。

二、中央银行的发展历程

从时间上看，中央银行由产生、发展到完善共经历了三个阶段：

（一）初创时期

如果从1656年设立的瑞典银行算起，到1914年美国联邦储备体系正式建立前为止，中央银行的初创时期经历了258年。据不完全统计，这一时期全世界范围内设立的中央银行共有29家，其中欧洲19家，美洲5家，亚洲4家，非洲1家。初创时期最值得关注的中央银行有两家：瑞典银行和英格兰银行。

1656年成立的瑞典银行，最初是一般的私营银行，1668年政府将其改组为国家银行，瑞典银行开始具有某些中央银行的特征，但此时仍有多家银行拥有货币发行权。1897年瑞典政府通过法案，取消当时28家银行所拥有的货币发行权，使瑞典银行独占货币发行权，该行发行的货币成为唯一的法偿货币，从而完成了向中央银行转变的关键一步。

从法律赋予中央银行货币发行特权的角度来看，最早真正全面发挥中央银行功能的是英格兰银行。英格兰银行成立于1694年，是世界上最早的私人股份银行，从一开始就与政府有着密切的联系，拥有政府账户，是“作为国家银行和私人银行之间的奇特的混合物”①。1833

① 马克思：《资本论》第三卷，人民出版社1975年版，第454页。

年英国议会通过一项法案，规定只有英格兰银行发行的银行券具有无限清偿资格。1844 年由当时首相皮尔拟订、英国议会通过的《皮尔条例》，赋予英格兰银行更大的特权，结束了当时在英国有 279 家银行发行银行券的混乱局面，使英格兰银行迈出了成为中央银行的决定性一步。英格兰银行还集中其他银行的一部分存款准备金。1854 年英格兰银行成为英国银行业的票据交换中心。1872 年开始对其他银行提供困难时的资金支持。

在初创时期，多数中央银行都表现出两大特征：一是中央银行基本由普通银行长期自然演进而来。中央银行是商品货币经济和银行信用制度发展到一定阶段的产物。在初创时期，大多数中央银行都经历了这样一种长期自然演进过程：经营商业银行业务阶段、主营商业银行业务兼营中央银行业务阶段、主营中央银行业务兼营商业银行业务阶段和纯粹经营中央银行业务阶段。正因为如此，初创时期的中央银行可称作自然演进型中央银行，以区别于在随后两个阶段所产生的中央银行。二是中央银行职能不完善。这一时期，中央银行的职能较为简单，尚处于逐步完善过程中。绝大多数中央银行的职能是服务性的，主要集中在货币发行、代理国库、充当票据交换和清算中心以及最后贷款人等方面。

（二）迅速发展时期

这一时期始于 1914 年止于 1944 年，时间正好贯穿两次世界大战。这一时期，中央银行的数量急剧增加，迎来了其发展史上的第一个发展高潮。据统计，从 1921 年到 1942 年的短短 22 年的时间中，世界各国改组或新设立的中央银行数量就有 43 家，其中欧洲 16 家，美洲 15 家，亚洲 8 家，非洲 2 家，大洋洲 2 家。中央银行大发展的原因主要有两个：首先，第一次世界大战的爆发使主要资本主义国家先后放弃了金本位制度，各国为维持军费开支，大量发行货币，通货膨胀严重，货币制度陷入极度混乱之中。这一现实使得许多国家的政府和金融界人士深切认识到必须加强中央银行的地位和对货币制度的管制。其次，1920 年在比利时首都布鲁塞尔召开的国际会议阐述了现代金融经济实行中央银行制度的必要性，为此时期中央银行的建立奠定了理论基础。

同时，布鲁塞尔会议还建议未设立中央银行的国家应尽快成立中央银行，已经建立中央银行的国家要进一步发挥中央银行的作用。随后，1930 年国际清算银行在瑞士的巴塞尔成立，它有利于各国中央银行加强国际合作。这些都有力地推动了中央银行的普及和建立。

在迅速发展时期，中央银行的发展呈现出以下几个特征：一是国家运用强制力量人为设立中央银行。与初创时期不同，此时期中央银行的设立是在各国面临通货膨胀和货币制度混乱的巨大压力下，运用政府权威和强制力而人为建立的。二是货币发行准备制度普遍建立，成为规范货币发行的重要手段。由于这一时期，各国普遍面临较为严重的通货膨胀压力，也饱尝通货膨胀给社会经济带来巨大危害的痛苦，如何维持货币币值稳定成为人们关注的焦点。各国中央银行纷纷建立货币发行准备制度，对货币发行规定严格的准备制度并进行集中管理。三是宏观经济调控开始成为中央银行的一项重要职能。多数国家的中央银行开始运用各种业务来调节宏观经济运行，中央银行的职能开始从服务职能向管理和调控职能扩展。

（三）强化和完善时期

第二次世界大战后，各国为尽快医治战争创伤，恢复和发展经济，更加注重中央银行在宏观经济中的调节作用，这为中央银行的强化和完善提供了契机。中央银行的强化和完善主要表现在两方面：一是中央银行制度已在世界范围内普遍建立，绝大多数国家都设立了中央银行。据统计，仅 1945—1971 年间，改组、重建和新建的中央银行就达到 50 家，其中欧洲 10 家，美洲 7 家，亚洲 21 家，非洲 16 家。二是中央银行的职能逐步完善。这一时期，中央银行的职能已不仅仅停留在服务职能上，而更多的是运用其调节职能来进行宏观调控。而且，中央银行对宏观经济的调控也已从运用单一货币政策工具向配套使用一系列货币政策工具转变。

在强化和完善时期，中央银行的发展表现出一系列新特点：一是国有化成为设立中央银行的重要原则。以 1945 年法兰西银行被收归国有为起点，时至今日，世界上绝大多数国家的中央银行的资本是国有的。中央银行的国有化一方面反映了中央银行在一国经济中的地位和作用的加强，另一方面则反映出各国政府都试图通过加强对中央银行的控制和干预以实现宏观经济调控的愿望。二是中央银行应保持相对独立性成为中央银行制度建设的又一项重要原则。中央银行相对独立性的实质是中央银行和政府关系问题。第二次世界大战后，各国充分认识到，由于性质、职能与社会目标不同，中央银行在制定和执行货币政策时应保持独立性，不能完全受命于政府。三是货币政策工具的配套使用得到重大发展，尤其是发达国家已建立起较为完善的货币政策工具体系。四是中央银行金融监管的手段日益丰富和完善。随着金融稳定问题的日益突出，各国中央银行不断完善金融监管手段，形成了一系列较为科学、健全的金融监管手段，如预防性管理、最后贷款人制度、资本充足性管理及存款保险制度等，以对金融机构和金融市场进行严格的监督管理。

20 世纪八九十年代以来，中央银行所面临的挑战比以往任何时候都大得多，与以往相比，中央银行制度面临着更大的变革。首先，各国中央银行国际金融合作不断加强。经济全球化和金融全球化推动了各国中央银行的国际金融合作的加强，各种国际性金融组织（如国际清算银行、国际货币基金组织和世界银行等）和国际金融会议（如西方七国财长及中央银行行长会议等）则为各国中央银行的国际金融合作提供了制度保障和组织安排。其次，区域性中央银行制度的建立成为中央银行制度发展的一大趋势。1998 年 7 月 1 日欧洲中央银行的成立为跨国中央银行制度的发展树立了一个新的里程碑，它开创了中央银行制度的新纪元，在某种意义上代表了中央银行制度发展的新方向。第三，20 世纪九十年代以来，随着金融危机的频繁发生和金融风险的加剧，一些国家开始成立专门的监管部门以加强金融监管，中央银行的监管职能与货币政策职能出现了分离的趋势。中央银行的监管职能与货币政策职能相分离有利于各自专业化水平的提高，即既有利于中央银行全心全意地履行宏观调控职能，保证在货币政策制定和执行中的独立性，又有利于强化银行监管职能，规范银行业监管，提升银行业的国际竞争力。

第二节　中央银行的性质与职能

一、中央银行的性质

中央银行的性质是指中央银行自身所具有的特有属性。中央银行的性质是由其业务活动的特点和所发挥的作用来决定的。

（一）中央银行是特殊的金融机构

从中央银行业务活动的特点来看，中央银行是特殊的金融机构，与商业银行有很大的不同。商业银行以追求利润最大化为经营目标，通过存贷汇兑业务广泛地与普通的工商企业和个人发生联系。而中央银行不以营利为目的，不经营商业性业务，只与特定的对象如商业银行、政府机构等打交道，不与一般公众发生业务关系。国家还赋予中央银行一些特有的权力与业务，如垄断货币发行、集中存款准备金、代理国库、管理黄金外汇储备等。表7－1分析了中央银行与一般金融机构的区别。

表7－1　中央银行与一般金融机构差异比较

	中央银行	一般金融机构
地位	一国最高金融管理当局	一般企业（公司）法人
经营目的	不以营利为目的，追求政策和社会目标	以营利为目的
业务对象	政府、金融机构	企业、居民等社会各部门
享有权限	享有国家赋予的各种特权	无特权，彼此间平等竞争
履行职能的手段	法律、行政、经济手段	业务活动
活动领域	宏观金融、经济领域	微观金融、经济领域

（二）中央银行是管理金融事务的国家机关

从中央银行发挥的作用来看，中央银行是制定和实施货币政策、监督管理金融业的宏观管理部门。中央银行是全国货币信用的提供者和调节者，是整个金融运行的中心。中央银行按照经济发展的客观需要发行货币并保持币值稳定。中央银行还是各国金融体系的核心，承担着制定和执行货币政策、防范和化解金融风险、保障金融稳健运行的重要职责。

同时，中央银行又具有国家管理机关的性质，主要表现在：中央银行代表国家制订和执行统一的货币政策，代表国家运用货币政策对宏观经济进行干预，还代表国家参加国际金融组织和国际金融活动。但中央银行又明显不同于一般的国家行政管理机关，这是因为中央银行更多地运用经济手段而非行政手段或法律手段来进行宏观调控和管理。中央银行的管理职责大都通过经营具体的金融业务来实现，如通过控制利率、汇率、存款准备金等金融变量，以引导和影响商业银行存贷款业务、外汇业务和公开市场的有价证券交易等。换言之，中央银行的管理职能在很大程度上是建立在它所拥有的经济手段的基础上的，这是区别于一般行政权力机构的本质特征。

二、中央银行的职能

中央银行的职能是中央银行性质的具体体现。发行的银行、银行的银行和政府的银行是对早期中央银行职能的传统典型概括，尽管随着中央银行制度的发展，现代中央银行的职能有了更加丰富的内容，但这种概括由来已久，已被社会普遍接受，因此，我们首先介绍这种传统概括的含义。

（一）发行的银行

所谓发行的银行是指中央银行垄断货币发行特权，成为全国唯一的货币发行机构（在有些国家，辅币由财政部发行）。统一货币发行是中央银行形成的最基本的动因，因而这一职能是中央银行最本质的特征。考察中央银行产生和发展的历史，不难看出，一部中央银行史就是一部货币发行权由分散逐步走向集中、垄断和独占的历史。

中央银行垄断全国货币发行，并不意味着中央银行可以任意决定货币发行量。在金本位制下，货币发行数量与一国的黄金储备密切相关，黄金储备的增减直接影响着整个货币流通的扩大与收缩。在现代不兑现纸币制度下，中央银行是凭借国家授权、以国家信用为基础来垄断货币发行。中央银行必须按照经济发展的客观需要发行货币并保持币值稳定。一般而言，中央银行会使货币发行具有一定的弹性以适应经济运行的需要。

（二）银行的银行

银行的银行是指中央银行的业务对象不是一般的企业或个人，而是商业银行和其他金融机构以及政府部门；中央银行与其业务对象之间的业务往来仍具有银行固有的“存贷汇”特征；中央银行为业务对象提供清算等服务的同时，也对它们进行宏观调控。银行的银行这一职能最能体现中央银行作为特殊金融机构的性质。这一职能主要体现在以下三个方面：

1. 集中存款准备金

在中央银行成立之前，商业银行出于追求利润最大化动机，一般保持尽可能少的准备金。一旦遇到意外大额提现或贷款不能收回，银行便会出现支付困难，甚至破产倒闭。中央银行成立后，各国都通过法律规定，商业银行以及其他金融机构必须按照存款数额的一定比例向中央银行缴存存款准备金，中央银行可根据宏观调控的需要调整存款准备金的上缴比率。其目的在于：第一，保障存款人的资金安全和合法权益，保证金融机构自身运营的安全；第二，改变商业银行的存款创造能力，从而调节全国信用规模和货币供应量；第三，集中存款准备金也增强了中央银行的资金实力，为中央银行再贴现、再贷款等业务的开展增加了资金来源。

2. 最后贷款人

“最后贷款人”一词是沃尔特·白芝浩于1837年在《伦巴第街》一书中首次提出的，他认为中央银行应对陷入资金困境的银行承担最后贷款人的角色，以避免因银行倒闭而带来的巨大负面效应。在中央银行发展的过程中，这一职能的内涵已大大丰富，从最初的防止银行倒闭演化为调节货币供应量。概括起来，最后贷款人可以发挥如下作用：第一，当金融机构发生资金困难而无法从其他渠道筹措资金时，中央银行为其提供资金支持，以防金融恐慌、金融危机；第二，为金融机构办理资金融通，使其在同业拆借之外，又增加了一条获得流动性的重要渠道；第三，通过提高或降低再贴现或再贷款利率等方式实施货币政策，调节银行信用和货币供应量。

3. 组织全国的清算

1854年，英格兰银行采取了对各银行之间每日清算差额进行结算的做法，大大简化了各银行之间资金往来的清算程序。这一做法被其他国家相继效仿。由中央银行来组织全国清算的好处有：第一，由于各银行在中央银行都有存款准备金账户，因而通过各银行在中央银行的账户之间划拨资金是最便捷的方法，加快了资金周转，提高了清算效率，而中央银行的权威性可保证清算过程的安全；第二，便于中央银行及时掌握金融系统乃至全社会的资金运行状况，为制定和实施恰当的货币政策提供指导。

（三）政府的银行

政府的银行是指中央银行代表国家贯彻执行货币金融政策，代为管理国家财政收支。中央银行的具体任务有：

1. 制定和实施货币政策

制定和实施货币政策，对国民经济进行宏观调控，是中央银行的基本职责之一。通过货币政策的实施，以达到币值稳定、经济增长、充分就业、国际收支平衡等目标。

2. 对金融业进行监督管理

中央银行独自或与其他金融监管机构一起对金融业进行监督管理，监管内容主要有：制定并监督执行有关金融法规、基本制度、业务活动准则，使金融机构的活动有法可依；监督管理金融机构的业务活动，如业务范围、流动性要求等；管理、规范金融市场。

3. 代理国库

国家财政收支一般不另设机构，而是交由中央银行代理。政府的收入和支出通过财政部在中央银行系统内开立的各种账户进行，具体包括：代财政税收部门收缴库款、按财政支付命令划拨资金、随时向财政部门反映预算收支执行情况、经办其他有关国库事务。

4. 代理政府债券的发行

一国政府可通过发行债券筹集资金，来调剂政府收支或弥补政府收入的不足。发展中国家政府还利用这一方式筹集资金用于经济建设。中央银行通常代理政府债券的发行并办理债券到期时的还本付息等事宜。

5. 向政府融通资金

向政府融通资金主要采取以下两种方式：一是直接向政府贷款或提供透支。这种做法很容易引起货币的过量供给，损害金融稳定，因而许多国家规定，中央银行应竭力避免用发行货币的方式弥补财政赤字，还禁止中央银行向政府提供长期贷款。二是购买政府债券。这又分为两种情况：一是中央银行在一级市场上购买，这实际上等同于直接向政府融资，因而有的国家禁止此类购买；二是间接在二级市场上购买，这是对政府的一种间接融资。

6. 保管国际储备

中央银行应根据国际国内情况，对国际储备进行管理：对国际储备总量进行调控，使之与国内货币发行和国际贸易的需要相适应；调节国际储备结构和期限结构，以保证其保值增值；保持国际收支平衡和汇率基本稳定。

7. 代表本国政府参加各种国际金融组织和国际金融活动

中央银行一般作为本国政府的代表参加对外金融活动：参加国际金融组织，如国际货币基金组织、世界银行、亚洲开发银行等；代表本国政府签订国际金融协定；参加各种国际金融事务与活动。

8. 为政府决策提供建议

中央银行是社会资金的清算中心，是全国货币、信用的调剂中心，还是金融业的重要管理机构。由于中央银行能够掌握比较详细的经济金融活动的资料，因而可为政府决策提供有益的建议。

此外，中央银行还通过定期公布物价水平、货币供应量等信息，使社会公众对本国的经济金融运行有一客观认识。

总之，发行的银行、银行的银行、政府的银行体现了中央银行的三大基本职能。值得注意的是，这些职能并非在中央银行产生时就得到了完全充分的体现，而是随着中央银行自身的发展而逐步完善起来的。从发行的银行来看，集中货币发行是早期中央银行的主要职责。在中央银行发展的过程中，这一职能发展为通过货币政策工具适时调节货币供应量和信用量，在保证币值稳定的同时，促进经济增长、提高就业水平。从银行的银行来看，集中存款准备金是早期中央银行的最重要的业务，而在现代中央银行制度中，其象征意义已大于其实际意义。中央银行贷款在早期的中央银行业务中并不经常使用，基本上是作为银行支付的最后保证手段，而在现代，中央银行贷款已成为向社会提供货币的重要手段。再从政府的银行来看，早期中央银行的主要职能是代理国库、帮助政府融资，而在现代，中央银行的宏观调控职责越来越重要了，要对整个经济金融进行调节控制。此外，随着对外联系的不断扩大，中央银行代表国家参与国际金融活动和国际间协调的职能也日益突出了。

第三节　中央银行制度的类型与组织结构

中央银行制度是指由中央银行代表国家管理一国金融业，并以其为核心构成商业银行及其他金融机构为融资媒体的市场型金融体制。虽然世界各国基本上都实行了中央银行制度，但它们之间在类型、组织结构和独立程度等方面却存在着很大差异，这主要是由各国的商品经济发展水平、信用发达程度、政治经济体制、历史传统及文化习俗各不相同所决定。

一、中央银行制度的基本类型

归纳起来，中央银行制度大致可分为单一型中央银行制度、复合型中央银行制度、准中央银行制度和跨国中央银行制度四种基本类型。

（一）单一型中央银行制度

单一型中央银行制度是指在全国只设立一家中央银行，并由其全面行使中央银行权力，履行中央银行全部职责的制度。目前世界上绝大多数国家都实行这种制度。一般地，中央银行的总行常常设在首都，也有少数国家设在该国经济金融中心城市。单一型中央银行制度的特点是中央银行的权力高度集中。

单一型中央银行制度又可分成两种：一种是一元式中央银行制度，这种类型的中央银行在分支机构的设置上一般采取总分行制，逐级垂直隶属，大多数国家都实行这种制度；另一种是二元式中央银行制度，即在一国内建立中央和地方两级相对独立的中央银行机构，地方级中央银行虽然要接受中央级中央银行的监督管理，但其与中央级中央银行之间并非总分行关系，地方级中央银行在各自的辖区内独立性很大。实行这种制度的主要是联邦政体国家，如美国和德国。

（二）复合型中央银行制度

复合型中央银行制度是指把中央银行职能与商业银行职能集于一体的一种中央银行制度，即一家很大的国家银行既履行中央银行职能，又开展一般商业银行的业务。这种制度主要存在于苏联和东欧等国，我国在 1984 年中国工商银行成立以前也一直实行这种制度。

（三）准中央银行制度

准中央银行制度指由几个履行有限中央银行职能的类似中央银行机构共同组成一国的中央银行体系。现在几乎所有的国家都建立了中央银行，但也有个别国家和地区例外，这些国家和地区没有独立的中央银行，但有一些类似的机构在行使中央银行职能，如新加坡、中国香港、卢森堡、马尔代夫、斐济等。新加坡将货币发行权授予大商业银行，而将除货币发行以外的其他中央银行职能授予金融管理局。卢森堡是著名的世界金融中心，在当地的 100 多家银行中，90% 以上都是外国银行，85% 以上都是外汇业务，再加上它有限的面积和人口、特殊的地理位置、经济结构、社会历史和民族传统，显然不需要一家强有力的中央银行，它只有一个银行管理委员会，与财政部银行监理官一起对银行体系进行一般监管。

（四）跨国中央银行制度

跨国中央银行制度是指由几个国家共同组成一个货币联盟并由其为成员国执行中央银行职能，这些成员国地域相邻、习俗相近、经济发展水平相当。跨国中央银行制度的突出代表是西非货币联盟、中非货币联盟和东加勒比海货币区。这种制度是第二次世界大战后这些发展中国家为发展民族经济而开展金融合作的成果。跨国中央银行为成员国发行共同使用的货币和制定统一的货币金融政策，监督各成员国的金融机构和金融市场，对成员国的政府进行融资，办理成员国共同商定并授权的事项。

1998 年 7 月 1 日欧洲中央银行的成立为跨国中央银行制度的发展树立了一个新的里程碑。欧洲中央银行是国际金融史上一次前所未有的创新，也是历史上第一个超级的跨国中央银行。其主要任务有：在欧盟国家内发行统一的纸币和硬币；确定和实施欧盟统一的货币政策；促进欧盟内结算系统的顺利运行；经营各项外汇业务；持有和管理成员国官方外汇储备；负责金融机构监管、提供顾问咨询和信息统计等。

综上所述，一个国家所实行的中央银行制度并非纯主观产物，而是要受一些客观因素影响：首先是一国的商品经济发展水平和货币信用发达程度。一般来说，商品经济发展水平较高和货币信用较发达的国家，大多实行单一型中央银行制度，反之，实行准中央银行制度或跨国中央银行制度。其次是国家政体的影响。凡地方自治权较大、实行联邦制的国家往往实行二元式中央银行制度；反之，那些政治、经济、立法统一、国家权力集中的国家，则大多实行一元式中央银行制度。最后是经济运行体制因素。市场经济体制国家多实行单一型中央银行制度，而苏联及东欧国家实行计划经济体制，它们采取的是复合型中央银行制度。此外，一国的经济规模及历史文化传统也对一国中央银行制度的选择和确立有着重要影响。

二、中央银行的资本构成

中央银行的资本构成是指作为中央银行营业基础的资本金的构成情况，即中央银行资本金的所有制形式。归纳起来，各国中央银行的资本构成主要有四种类型：国家所有、公私共有、私有以及无资本形式。

（一）全部资本为国家所有

中央银行的资本为国家所有的情况又分为两种：一种是中央银行的资本原来为私人所有，后来国家通过购买方式拥有了全部股权；另一种是在中央银行成立之初，全部资本便由国家拨付。一般说来，历史比较悠久的中央银行大多是由私营银行演变而来，国家通过购买方式实行了中央银行的国有化，如法兰西银行于 1945 年、英格兰银行于 1946 年被收归国有。第二次世界大战后，一大批新独立的发展中国家在筹建自己的中央银行时便直接由政府拨款建立。我国中国人民银行的全部资本归国家所有，属国有形式的中央银行。

（二）资本由国家和私人混合所有

这种中央银行的资本一部分属于国家，另一部分属于私人，但国家资本所占比重大多在 50% 以上。如日本银行，政府拥有 55% 的股份，民间持有 45% 的股份，私股持有者不能参与经营决策，所拥有的唯一权利是每年领取 5% 的红利。

（三）全部资本私人所有

这类中央银行的资本全部为民间所有，经政府授权，这一银行执行中央银行职能。如美国联邦储备银行的资本全部由参加联邦储备体系的各会员银行所拥有。意大利银行的资本由储蓄银行、公营信贷银行、保险公司、社会保障机构所拥有，股份转让也只能在上述机构之间进行，并须得到意大利银行董事会的许可。

（四）无资本金

韩国中央银行是唯一没有资本的中央银行。1950 年韩国银行成立时，注册资本为 15 亿韩元，全部由政府出资。1962 年《韩国银行法》的修改使韩国银行成为“无资本的特殊法人”。该行每年的净利润按规定留存准备后，全部汇入政府的“总收入账户”，如发生亏损，首先用提留的准备金弥补，不足部分从政府的支出账户中划拨。

三、中央银行的组织结构

中央银行的组织结构是为保证中央银行履行其职能、发挥其作用、实现其目标而设置的组织控制系统。中央银行的组织结构大都有专门的法律或专项规定来确定，一般包括内部职能机构、权力分配结构和分支机构设置等内容。

（一）中央银行的内部机构设置

为确保中央银行行使其职能，在中央银行总行或总部必须设置具体的职能部门进行业务操作。各国中央银行内部职能部门都是根据其担负的职责而设置的，尽管各国中央银行的内部机构设置数量不等、名称亦有差别，但总体来看，大都包括以下几大部门：

1. 行政管理部门

行政管理部门是为中央银行有效行使职能提供保障和行政管理服务的综合性非业务部门，主要负责日常的行政管理、秘书、人事及后勤等方面的工作。

2. 业务操作部门

业务操作部门是中央银行为执行货币政策及进行有关业务活动而设置的部门，它是中央银行内设机构的主体部分，主要负责办理货币发行、再贴现、公开市场业务、管理存款准备金、集中清算、发行债券、管理国库、金融监管等业务操作。

3. 调研分析部门

调研分析部门是中央银行的调研、分析和咨询部门，主要负责有关经济金融资料和情报的收集、整理、统计和分析，对国民经济和社会发展情况进行研究，从而就金融政策向决策部门提出建议。

（二）中央银行的权力分配结构

中央银行的最高权力大致可分为三种：决策权、执行权和监督权。其中，决策权是权力的中心，是中央银行权威的象征；执行权是权力的集中体现，在具体的执行过程中，执行权可以包括次级决策权；监督权是对决策权和执行权的约束，是中央银行有效行使各种职能的保证。中央银行的权力分配结构就是指这三大最高权力的分配状况。有些国家的中央银行的决策权、执行权和监督权是合一的，而另一些国家则相互分离。

1. 三权合一的中央银行

这类中央银行只设立一个机构来统一行使决策权、执行权和监督权，其典型代表是英格兰银行和美国联邦储备体系。在这两家中央银行内部，理事会是其最高权力机构，它们既是各项政策和方针的制定者，又是这些政策、方针的贯彻实施者和监督者。

2. 三权分离的中央银行

与三权合一的中央银行相对应，三权分离的中央银行内部设立了三个权力机构，分别独立行使决策权、执行权和监督权。以日本为例，日本的最高决策权力机构是日本银行政策委员会，最高执行权力机构是日本银行理事会，最高监督权力机构是日本银行监事会。实行三权分离的中央银行还有瑞士银行以及在欧洲中央银行体系成立前的德国联邦银行和法兰西银行等。

（三）中央银行分支机构的设置

中央银行分支机构是中央银行全面行使职能和履行规定职责所必需的组织保证。各国中央银行基本上都设立了自己的分支机构。中央银行分支机构的设置大致有以下三种类型：

1. 按经济区域设置

这种设置方法是根据各地经济金融发展状况和中央银行业务量的大小，视实际需要而定。这种设置方式有利于中央银行各项政策方针的贯彻执行和货币政策的集中统一，避免受地方政府的干预。同时，按经济区域设置也能够更好地体现经济原则，减少成本，提高中央银行分支机构运营效率。

2. 按行政区划设置

在这种方式下，中央银行分支机构的设置与国家行政区划相一致，逐级设置分支行。分支机构规模的大小与其所处的行政区划级别有关，而与业务量关系不大。这种设置方式一般与计划经济体制相适应，实践表明，这种设置方式弊端较多。随着各国经济金融体制改革的推进，按行政区划设置分支机构的做法正逐渐被取代，如我国中国人民银行1998年进行重大改革，撤消省级分行，按经济区域设立了9家跨省、自治区、直辖市的大区分行和2家营业管理部。

3. 以经济区域为主，兼顾行政区划设置

这种设置方式一般是按照经济区划设置分行，而分行以下的机构设置则考虑行政区划因素。日本银行就采用这种模式，日本银行把全国47个都、道、府、县划分为33个业务区，每区设立一家分行，分行所在的中心城市也是金融机构比较密集的地区，分行以下分支机构的设立则更多地考虑行政区划。

第四节 中央银行的主要业务

一、中央银行业务活动的一般原则

中央银行的各项职能主要通过各种业务活动来履行。与一般银行相比，中央银行的业务活动有着特殊的原则。

（一）非营利性

非营利性是指中央银行的一切业务活动不以营利为目的。中央银行的特殊地位和作用决定了中央银行要以维护经济金融稳定为己任，是宏观金融管理机构而非商业性营利机构，因而，在有些情况下，即使不盈利甚至亏损的业务，中央银行也要去做。当然，在中央银行的再贴现或再贷款业务中，中央银行会获得一定的利润，但这只是一种客观结果，而非中央银行主动追逐的。值得注意的是，非营利性并不意味着中央银行可以不讲经济效益。在可能的情况下，中央银行的业务活动应获得应有的收益，或尽量减少亏损，以降低宏观管理成本。

（二）流动性

流动性是指中央银行的资产业务要保持流动性。一旦某银行出现资金困难，甚或整个金融体系出现流动性危机时，中央银行应能拿出相当可观的资金。虽然中央银行可通过增加货币发行来解决流动性问题，但货币的非经济发行会破坏全国的货币和信用秩序，而这又有悖于中央银行的使命，因此，中央银行的资产要保持较高的流动性。为了使资产保持较高的流动性，中央银行一般不发放长期贷款。我国新《中国人民银行法》第二十八条规定：“中国人民银行根据执行货币政策的需要，可以决定对商业银行贷款的数额、期限、利率和方式，但贷款的期限不得超过一年。”

（三）公开性

公开性是指中央银行的业务状况公开化，定期向社会公布业务与财务状况，并向社会提供有关的金融统计资料。中央银行遵循业务公开性的好处有：第一，可使中央银行的业务活动置于社会公众监督之下，防止黑箱操作，有利于增加中央银行的权威和信誉；第二，有利于社会各界及时了解中央银行的政策意图，准确分析经济金融形势，形成合理的预期，增强货币政策效应。正因如此，各国大多以法律形式规定，中央银行必须定期公布其业务财务状况以及金融统计资料，在业务活动中必须保持公开性，不能隐匿或欺瞒。

（四）不得经营法律许可以外的业务

由于中央银行在一国金融体系中的特殊地位和作用，各国都对中央银行的业务进行限制，以使其更好地履行职能。各国对中央银行的业务限制主要有以下几项：（1）不得经营一般性银行或非银行业务；（2）不得直接对任何企业或个人发放贷款，不得向任何企业或个人提供担保，有的国家还规定不得向地方政府、各级政府部门、非银行金融机构提供贷款；（3）不得直接从事商业票据的承兑、贴现业务；（4）不得从事不动产买卖和不动产抵押贷款；（5）不得从事商业性证券投资业务；（6）一般情况下，不得向财政透支、直接认购包销国债和其他政府债券；（7）当中央银行是股份制方式时，不得回购本行股票。

在我国，新《中国人民银行法》第二十九条规定：“中国人民银行不得对政府财政透支，不得直接认购、包销国债和其他政府债券。”第三十条规定：“中国人民银行不得向地方政府、各级政府部门提供贷款，不得向非银行金融机构以及其他单位和个人提供贷款。中国人民银行不得向任何单位和个人提供担保。”

二、中央银行业务活动的一般分类

（一）中央银行的法定业务范围

为了规范中央银行的业务活动，各国都在中央银行法中对其业务范围进行具体规定。一般地，中央银行的法定业务范围主要包括：（1）垄断货币发行；（2）集中存款准备金；（3）为金融机构办理再贷款和再贴现业务；（4）在公开市场买卖有价证券；（5）代理国库；（6）经营黄金外汇业务；（7）组织协调各金融机构间的清算，提供必要的清算设施与服务；（8）代理政府发行、兑付国债和其他政府债券；（9）对全国的金融活动进行统计、调查，统一编制并定期公布全国金融统计数据、报表；（10）对各金融机构的业务活动进行稽核、检查和审计；（11）对中央银行的财务收支进行会计核算；（12）法律允许的其他业务，如外国中央银行或外国政府的存款，对国际金融机构的贷款等。

（二）中央银行业务的一般分类

按中央银行的业务活动是否与货币资金的运动相关，可分为银行性业务和管理性业务。

1. 银行性业务

银行性业务是指直接与货币资金相关并引起货币资金的运动或数量变化的业务。银行性业务又可分为两种，一种是形成中央银行的资金来源和资金运用，反映在中央银行资产负债表内的业务，如上述的（1）、（2）、（3）、（4）、（6）项业务；另一种是不反映在中央银行资产负债表内的业务，如（5）、（7）、（8）、（11）项。

2. 管理性业务

管理性业务是中央银行运用法定特权，作为一国金融管理最高当局所从事的业务。这类业务与货币资金运动无直接联系，不会导致货币资金数量或结构的变化，如上述的（9）、（10）。

需要说明的是，上述的分类不是绝对的，因为各类业务之间存在着有机联系，如清算业务中某一时点上的在途资金会反映在中央银行资产负债表的负债项目内，中央银行对商业银行的贷款、存款准备金业务会影响清算业务、统计业务，而中央银行的金融管理也会对资产负债业务发生间接影响。

（三）中央银行的资产负债表

中央银行的业务活动可通过资产负债表反映。由于各国所处的经济、金融以及社会环境各不相同，各国资产负债表的内容也不尽相同。在全球经济一体化的背景下，为使各国之间相互了解和便于比较，国际货币基金组织定期编印《国际金融统计》刊物，以相对统一的口径向人们提供其成员国货币金融和经济发展的有关统计数据，中央银行资产负债表就是其中之一。表 7－2 为国际货币基金组织公布的中央银行资产负债表，表 7－3 则为中国人民银行现行的资产负债表。

表 7－2　IMF 公布的中央银行资产负债表

资　　产	负　　债
国外资产	储备货币
对中央政府债权	定期储蓄和外币存款
对各级地方政府债权	发行债券
对存款货币银行债权	进口抵押和限制存款
对非货币金融机构债权	对外负债
对非金融政府企业债权	中央政府存款
对特定机构债权	对等基金
对私人部门债权	政府贷款基金
	资本项目
	其他项目

表 7－3　中国人民银行资产负债表（2013 年 12 月）

单位：亿元人民币

项　　目	数　　量
国外资产	272233.53
外汇	264270.04
货币黄金	669.84
其他国外资产	7293.66
对政府债权	15312.73
其中：中央政府	15312.73
对其他存款性公司债权	13147.90
对其他金融性公司债权	8907.36
对非金融性部门债权	24.99
其他资产	7652.04
总资产	317278.55

续表 7－3

项　　目	数　　量
储备货币	271023.09
货币发行	64980.93
其他存款性公司存款	206042.17
不计入储备货币的金融性公司存款	1330.27
发行债券	7762.00
国外负债	2088.27
政府存款	28610.60
自有资金	219.75
其他负债	6244.57
总负债	317278.55

资料来源：中国人民银行网站。

三、中央银行的负债业务

中央银行的负债是指金融机构、政府以及其他部门持有的对中央银行的债权。中央银行的负债业务主要包括存款业务、货币发行业务、发行中央银行债券以及对外负债业务。

（一）存款业务

1. 中央银行存款业务的意义和特点

中央银行存款业务的重要意义体现在：第一，中央银行集中保管商业银行等金融机构的存款准备金，以在其清偿能力不足时进行贷款支持，充当最后贷款人，同时，也有利于中央银行监督其业务经营和资金运用状况；第二，中央银行可通过法定存款准备金比率的调整来影响全社会的信用规模和货币供应量；第三，中央银行作为全国的支付清算中心，其所吸收的存款对于商业银行等金融机构之间债权债务的顺利清偿、社会资金的加速周转意义重大。

中央银行存款业务的特点有：第一，存款对象具有特殊性。中央银行的存款对象为商业银行、政府部门、非银行金融机构以及特定部门，不直接面对个人和工商企业。第二，存款具有一定的强制性。商业银行的存款业务遵循“存款自愿、取款自由、存款有息、为储户保密”。而世界上多数国家的中央银行法都强制要求商业银行按一定比率上缴存款准备金存款给中央银行，一些国家还以法律形式规定财政部门存款、邮政储蓄存款须存放于中央银行。第三，存款业务具有非营利性。中央银行的存款业务不以营利为目的，其吸收存款的目的是执行中央银行职能，进行宏观金融调控和管理。

2. 中央银行存款业务的种类

（1）准备金存款

准备金存款是商业银行等金融机构按照吸收存款的一定比例存放于中央银行的存款，包括法定准备金存款和超额准备金存款。商业银行等金融机构按照法律规定向中央银行缴存的部分称为法定准备金存款。商业银行等金融机构在中央银行的存款中超过法定准备金的部分称为超额准备金存款。建立法定存款准备金制度的最初目的是为了保持商业银行等金融机构的流动性和偿付能力，防止其破产，保证存款人的资金安全。后来，流动性考虑已居其次，这一制度成为中央银行借以调控全社会货币供应量和信用规模的重要手段。

（2）政府存款

各国政府存款的构成不尽相同，有的国家仅包括中央政府存款，有的国家还包括各级地方政府存款，以及政府部门、靠国家财政拨款的行政事业单位的存款。政府存款中最主要的是中央政府存款。中央政府存款一般包括国库持有的货币、活期存款、定期存款及外币存款等。中央银行通过代理国库，吸收政府存款，对于及时集中预算资金、保证财政部门的拨款以支持生产的发展和商品流通的顺畅具有重大意义。

（3）外国存款

一些外国政府或中央银行为了国家之间贸易、债务的清算支付需要，将其资金存放于本国中央银行。外国存款的数量及其变动对本国的外汇储备和基础货币的投放均产生影响。

（4）其他存款

中央银行的其他存款业务包括非银行金融机构存款、特定机构存款、特种存款等。非银行金融机构存款不具有法律强制性，通常没有法定准备金要求，他们在中央银行存款的主要目的是便于清算。特定机构存款，如我国的机关团体存款作为财政性存款，100% 上缴中国人民银行。我国邮政部门吸收的邮政储蓄存款也要缴存中国人民银行。特种存款是指中央银行根据商业银行和其他金融机构信贷资金营运情况，以及银根松紧和宏观调节需要，以存款方式向这些金融机构集中一定数量的资金而形成的存款。该项业务是中央银行调整信贷规模以及信贷资金结构的直接信用控制方式之一。

（二）货币发行业务

货币发行是中央银行最重要的负债业务，这种负债事实上是中央银行长期的无需清偿的债务。中央银行通过再贴现、再贷款、购买有价证券、外汇等活动，将纸币注入流通，并可通过同样的渠道组织货币回笼，从而满足国民经济发展、商品生产与流通对支付手段及流通手段的需求。

1. 中央银行货币发行的原则

如果货币发行过多，超过了经济发展与商品流通的客观需要，就会引起通货膨胀，降低币值，最终影响中央银行的货币发行。为此，各国中央银行都制定了货币发行的原则，以保证货币发行能满足经济发展对货币所提出的客观要求。

（1）垄断发行原则

垄断货币发行原则是指货币发行权高度集中统一于中央银行，这样可避免多头分散发行所造成的货币流通混乱和经济动荡，便于中央银行制定和执行货币政策以保持通货稳定。

（2）经济发行原则

经济发行原则是指在现代不兑现信用货币制度下，中央银行的货币发行量要与国民经济发展水平相适应。货币发行有两种：一种是经济发行，即指中央银行根据国民经济发展的客观需要增减货币供应量；另一种是财政发行，即指为弥补国家财政赤字而发行货币。国家财政发生赤字，若直接向中央银行借款或要求中央银行购买政府债券，将迫使中央银行额外增加货币发行。财政发行如果没有真实的经济增长作基础，则容易引起物价上涨。

（3）弹性原则

弹性原则是指货币发行应具有一定的伸缩性和灵活性，以适应经济状况变化的需要。既要满足经济增长和经济发展的需求，避免通货不足而导致通货紧缩、经济衰退，也要严格控制货币发行数量，避免因通货过多造成通货膨胀、经济过热。

2. 货币发行准备制度

货币发行准备制度是指中央银行以某种或某几种形式的资产作为货币发行准备，从而使货币发行量与这种或这几种资产之间建立起联系和制约关系。在早期的金属货币制度下，以法律所规定的贵金属金或银作为货币发行准备，且各国货币发行一般都采用百分之百的金属准备。随着商品经济和信用制度的发展，各国货币发行采用部分金属准备制度，金属准备的比例逐步减少，直至金属货币制度的崩溃。在现代不兑现信用货币制度下，货币发行准备制度已与贵金属脱钩，有的国家以现金、外汇资产做准备，有的国家以政府有价证券或合格的商业票据做准备，还有的国家以一定物资做准备。

3. 货币的发行与回笼

各国根据本国货币流通的收支规律和对货币流通量宏观控制的需要，以本国的货币发行机制为基础，制定本国的货币发行与回笼的法律程序和操作程序，确保货币发行和回笼的安全、严密，以充分配合宏观货币政策的执行。我国人民币的发行与回笼是通过中国人民银行发行库和商业银行业务库进行的。人民币从中国人民银行发行库转移到商业银行业务库，便意味着人民币进入流通，反之，人民币进入发行库则意味着退出流通（如图7－1）。

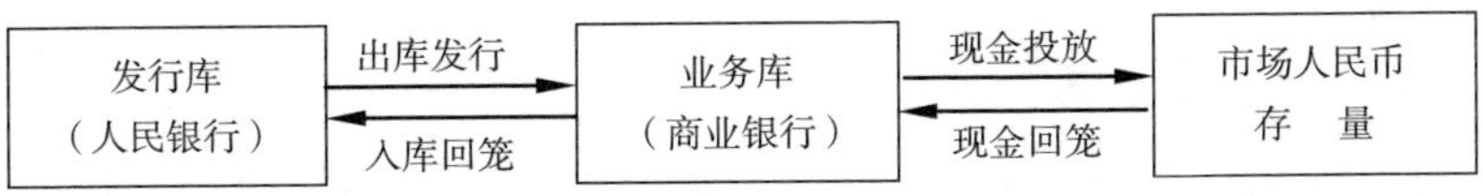

图7－1 中国人民银行人民币发行及回笼程序

（三）发行中央银行债券

中央银行债券的发行对象是国内金融机构。中央银行通过债券的发行及买卖以影响商业银行等金融机构的储备，灵活调节货币供应量。当中央银行购入债券时，商业银行等金融机构的超额准备增加，货币供应量也增加；当中央银行出售债券时，商业银行等金融机构的超额准备减少，货币供应量也就相应减少。许多发展中国家，由于金融市场不发达，可供进行公开市场操作的工具少，因而更多地利用中央银行债券作为操作工具。

（四）对外负债

中央银行对外负债主要包括从国外银行借款、对国外发行债券、从国际金融机构借款、从国外中央银行借款等。中央银行对外负债的主要目的是平衡国际收支及维持汇率稳定。20 世纪 90 年代以来墨西哥、阿根廷、泰国、日本等国家都发生过货币危机或金融危机。为了应对危机，中央银行需要对外负债以增强干预市场的能力。

（五）资本业务

中央银行资本业务是筹建、维持与补充自有资本的业务。中央银行的资本组成有国有、私有、公私合有、多国共有以及无资本等类型。由于各国中央银行出资方式不同，因而，维持和补充中央银行资本的渠道也就各不相同。

四、中央银行资产业务

中央银行的资产业务是指在一定时点上中央银行所拥有的各种债权。中央银行的资产业务包括再贴现和贷款业务、证券买卖业务、国际储备业务等。

（一）再贴现和贷款业务

再贴现和贷款业务既是中央银行对商业银行等金融机构提供融资、履行最后贷款人职能的主要方式，也是中央银行投放基础货币、调控全社会货币供应量的重要渠道。此外，在利率体系完善的国家，再贴现率的调整对市场利率有着明显的预示作用。

1. 再贴现业务

再贴现是指商业银行将已贴现的、尚未到期的商业票据提交中央银行以融通资金的业务。中央银行从票面金额中扣除该票据从再贴现日至票据到期日的利息后，将剩余资金交付商业银行。

许多国家曾明文立法规定，向中央银行申请再贴现的票据必须是以真实的商品交易为基础的自偿性票据。中央银行为这类票据融通资金，是为了便利商品、劳务的生产和销售，不会引发通货膨胀。例如，美国联邦储备体系规定，申请再贴现的票据必须具备以下条件：(1) 商业票据不得超过90天，有关农产品交易的票据不得超过9个月；(2) 必须是根据交易行为产生的自偿性票据；(3) 必须是直接从事经营工、农、商业的借款人所开出的票据；(4) 凡是投机或长期资本支出所产生的票据均不能申请贴现。随着各国经济发展以及经济环境的变化，各国对再贴现票据资格的规定和限制有所放宽和变通。

2. 贷款业务

贷款业务包括中央银行对商业银行等金融机构的贷款、对政府的贷款以及其他贷款。

对商业银行等金融机构的放款是中央银行贷款业务中最主要的部分，一般是短期且以政府证券或商业票据为担保的抵押贷款。随着金融市场的发展和金融工具的创新，商业银行的融资渠道不断增加，但中央银行贷款仍是影响商业银行等金融机构信用能力的重要渠道。

中央银行一般在政府收不抵支时对其发放短期信用贷款，但对于中央银行对政府的放款，许多国家都规定了一些限制性条件，如年度最高借款额等。有些国家规定政府出现财政困难时，可由国会批准一次向中央银行的借款权。还有些国家规定，政府可在法律允许的限度内向中央银行透支，但更多的国家不允许这样做。我国新《中国人民银行法》第二十九条规定："中国人民银行不得对政府财政透支，不得直接认购、包销国债和其他政府债券。"

20世纪60年代之前，再贴现和贷款业务在中央银行资产业务中一直占有较大比重。20世纪70年代后，随着中央银行公开市场业务的发展，再贴现和贷款业务所占比重有所下降。就再贴现业务和贷款业务这两者的关系来看，当其提供融资的对象是金融机构且在不强调真实票据的前提下，两者所包含的内容是一致的。在发达国家，由于其市场体系健全，再贴现业务比重较大，再贴现政策成为中央银行最主要的货币政策工具之一；而在发展中国家，由于金融市场发展不完善，中央银行贷款比重则相对高得多。

（二）证券买卖业务

中央银行买卖证券一般是在公开金融市场上进行的，故中央银行买卖证券业务又称公开市场买卖或公开市场操作。中央银行在公开市场上买卖证券，其目的在于：一是为了调控货币供应量。当中央银行在公开市场上购买证券时，银行体系的准备金增加，这将刺激银行增加贷款的发放，从而扩大全社会货币供应量；反之，当中央银行出售证券时，则紧缩货币供应量。二是调控利率。中央银行购买证券会促使市场上对证券的需求增加，引起证券价格上升和利率下降；反之，中央银行出售证券则会引起证券价格下跌和利率上升。三是中央银行还可通过买卖不同期限的证券来影响利率结构，进而影响对不同利率有不同敏感性的贷款与投资。

由于中央银行证券买卖业务具有较强的主动性、灵活性和可逆性，且可连续、经常地操作，故为各国所推崇。但是，证券买卖业务的运作必须要有一定的经济和金融环境，如金融市场比较发达，金融工具种类丰富、数量巨大等。发达国家中央银行较频繁运用证券买卖业务，而发展中国家则较多从事贷款业务。随着发展中国家经济金融环境的逐步改善，证券买卖业务将会不断增加。

（三）国际储备业务

中央银行持有国际储备的目的主要有：一是稳定币值。当国内商品供应不足、物价呈上涨趋势时，可用黄金外汇储备从国外进口商品以平抑物价。二是稳定汇率。中央银行通过买卖国际储备，使汇率保持在合理水平上，以稳定本国货币的对外价值。三是平衡国际收支。当国际收支发生逆差时，可动用国际储备进行国际支付。

国际储备主要包括黄金、外汇、在国际货币基金组织的储备头寸以及未动用的特别提款权。在不同的货币制度下，国际储备有着不同的内容。在金本位制时代，中央银行以黄金形式持有绝大多数国际储备。在20世纪20年代，由于黄金短缺，一些国家开始以外汇（主要是英镑）作为其储备。在布雷顿森林体系下，各国国际储备中又增添了美元、国际货币基金组织的储备头寸和特别提款权。20世纪70年代后，各国国际储备构成呈现出美元、英镑、欧元、日元等多币种并存的局面。

各国必须从安全性、收益性和灵活兑现性三方面来考虑国际储备的数量及其结构。由于黄金储备没有收益，而特别提款权和在国际货币基金组织的储备头寸又不能随意购入，故外汇成为各国的主要国际储备资产。由于汇率的波动变幻莫测，故外汇风险较大。目前各国中央银行普遍注重外汇资产的多元化，以分散风险，增加收益，同时兼顾灵活兑现性。

五、中央银行的支付清算服务

中央银行的支付清算是指中央银行作为一国支付清算体系的参与者和管理者，通过一定方式和途径，使金融机构间的债权债务清偿以及资金转移能够顺利完成，并维护支付系统的平稳运行，从而保证经济活动和社会生活的正常进行。中央银行提供支付清算服务是履行其“银行的银行”职能的重要表现之一。中央银行支付清算服务的效率对一国的金融稳定和经济安全具有重要意义。我国新《中国人民银行法》第二十七条规定：“中国人民银行应当组织或者协助组织银行业金融机构相互之间的清算系统，协调银行业金融机构相互之间的清算事项，提供清算服务。”

（一）中央银行支付清算服务的重要性

在过去相当长一段时间里，中央银行支付清算服务被更多地理解为一种单纯的资金转账服务。随着金融活动对各国经济及社会发展的影响日益增大，中央银行的作用日益突出，进而对中央银行支付清算服务的认识有了实质性变化。

1. 支付系统是经济和社会生活正常运转的重要保障

由于中央银行的介入，疏通了货币所有权转移的通道，使金融机构之间的应收应付款项可通过中央银行划转，同城、异地以及跨国交易所产生的债权债务均可通过中央银行得以最终清偿，保证了经济和社会生活的正常进行。

2. 支付系统运行效率对中央银行货币政策实施具有重要影响

中央银行通过提供支付系统（特别是大额支付系统）运行服务，能够更好地掌握全社会的金融状况和资金运行趋势，这对中央银行正确制定货币政策、增强货币政策效果具有重要意义。

3. 与金融稳定具有密切相关性

支付系统是金融讯息的主要传导渠道。若某家银行不能履行支付义务，对方银行及银行的客户将会对其他银行和交易者拒绝转账或调拨头寸，这将有可能引发连锁违约。特别是在科技迅速发展的当代，违约讯息的迅速传播将不仅使整个系统面临阻滞或瘫痪，还将严重影响公众的信心，并危及该国金融体系乃至经济社会的稳定。因此，中央银行负有维持国家支付系统正常运行的义务。

（二）中央银行的支付清算体系

中央银行的支付清算体系是中央银行向金融机构及社会经济活动提供资金清算服务的综合安排。

1. 清算机构

清算机构是为金融机构提供资金清算服务的中介组织。在不同国家，清算机构有不同的名称，如票据交换所、清算中心、清算协会等。清算机构既有私营的，也有政府组建的；既有地方性的，也有全国乃至国际性的。清算机构一般实行会员制，会员必须遵守组织章程和操作规则，并缴纳会员费。在很多国家，中央银行是清算机构的主要成员，直接参与清算支付活动。在另一些国家，中央银行不直接加入清算机构，但对其实行监督和审计。

2. 支付系统

支付系统，又称清算系统，是由提供支付清算服务的中介机构和实现支付指令传送及资金清算的专业技术手段共同组成，用以实现债权债务清偿及资金转移的一种金融安排。支付系统的任务是快速、有序、安全地实现债权债务的清偿以及资金的转移。支付系统的构造及运行受货币制度、价格体系、法规体系、硬软件环境等多种因素的影响。[①] 实践表明，商品经济越发达，对支付系统运行效率的要求就越高。

3. 支付结算制度

支付结算制度是关于结算活动的规章政策、操作程序、实施范围等的规定与安排。中央银行有责任根据经济金融发展状况，会同有关部门共同制定支付结算制度。中央银行负有结算监督职权，应根据需要对支付结算制度进行变革。

4. 同业间清算制度与操作规则

同业间清算，又称行间清算、联行清算，是指金融机构之间为实现客户委托办理业务和自身需要所进行的债权债务清偿和资金划转。同业间清算制度是指为实现金融机构间的清算而制定的规则、程序与清算安排。由于同业间清算金额巨大，故在一国支付清算体系中占有重要地位。各国政府对同业间清算的制度设计、系统设计、操作规则等予以高度重视，并赋予中央银行管理监督同业间清算的职权。

（三）中央银行支付清算服务的主要内容

1. 组织票据交换清算

票据交换是最基本的清算手段。当各银行收到客户提交的票据后，需通过票据交换的方式，将代收的票据交给付款行，并取回其他银行代收的以己方为付款行的票据，彼此间进行债权债务清偿和资金清算。有些国家的票据交换由中央银行负责组织管理，有些国家则由私营清算所进行，但资金清算一般都通过各银行或清算机构在中央银行开立的账户来完成。

2. 办理异地跨行清算

不同区域、不同银行之间的资金清算往往由中央银行办理。通过中央银行的清算服务，跨行跨区域款项得以清算完成，减少了资源消耗，提高了支付效率。但各国关于异地资金划拨的具体清算做法不一样：有的是先由各金融机构系统内部划转，再由其总行通过中央银行

---

① 王广谦主编：《中央银行学》，高等教育出版社 1999 年版，第 108 页。

办理转账清算；有的是把异地票据集中到中央银行总行办理轧差转账。日本中央银行只对民间银行总行进行票据清算，而比利时中央银行则为参加全国清算中心的成员银行都提供差额清算。

3. 为私营清算机构提供差额清算服务

在很多国家，存在着各种形式的私营清算组织，它们拥有支付网络系统，为经济交易和消费活动提供不同形式的支付结算服务，因而是一国支付清算体系的重要组成部分。为了实现清算机构参加者之间的差额头寸清算，很多清算机构乐于利用中央银行提供的差额清算服务，即通过中央银行对相关清算活动参加者的账户进行差额头寸的转移划拨完成清算。这样不仅节约使用了结算设施，提高了结算效率，而且鼓励私营清算机构与公营清算机构进行竞争。

4. 提供证券和金融衍生工具交易清算服务

由于证券交易金额大，不确定因素多，尤其是关系到中央银行公开市场操作效果，故在许多国家，为证券和金融衍生工具交易专门设立了提供结算服务的支付系统。有些国家的中央银行甚至直接参与其支付清算活动，如美联储的FEDWIRE簿记证券系统为美国政府证券交易完成最终资金清算；英格兰银行提供中央金边证券系统和中央货币市场系统的结算与支付服务；日本银行的日银网络系统中的日本政府债券服务系统，专门用于日本政府债券的交割和清算。

5. 提供跨国支付服务

随着国际经济交往的逐渐深入，国际间的资金转移和债权债务清偿问题越来越重要。中央银行除了为本国经济金融活动提供支付清算服务外，在国家的对外支付结算和跨国支付系统的网络建设中也发挥着十分重要的作用。

（四）中央银行对支付系统风险的防范与控制

支付系统所面临的风险主要有：（1）信用风险，指支付方无法清偿债务而使其他方遭受损失；（2）流动性风险，指资金拖欠方不按期履约支付，使对方无法如期收到款项；（3）系统风险，指支付系统运行过程中因某用户没有履行偿债义务而导致其他用户无法履约所造成的系统运行受阻；（4）法律风险，指涉及一国支付系统的法律规范及各国之间法规冲突而引起的风险；等等。针对这些风险，中央银行的防范与控制措施有：

1. 对大额支付系统的透支进行限制

一些国家的中央银行不向清算方提供透支的便利，而另一些国家则对透支有着严格限制，包括最大透支额度、对日透支额收费、抵押担保要求等。

2. 对私营大额支付系统进行管理

中央银行要求它们必须建立风险防范与控制机制，并采取具体措施保证各清算者的差额头寸能够在规定时间内完成清算。中央银行还对私营大额支付系统实施监督、审计。

3. 对银行结算支付活动进行监督

中央银行通过制定结算制度、颁布结算方法等手段对商业银行的结算支付活动实行严格监督，以促其加强内部管理、维护结算秩序、保护广大客户的合法权益。

4. 发展全额实时清算系统

全额实时清算是指对金融机构的每笔转账业务随时结算。而差额定时清算是指支付系统只对金融机构的净结算头寸定时通过中央银行进行划转实现清算。由于全额实时清算使得资金转账指令处理与资金清算同步、持续进行，信用风险和流动性风险都降到了最低程度。

5. 加强支付清算领域的法规建设

许多国家希望通过法律手段强化对支付系统建设及运营的监督，解决科技广泛应用于支付系统所带来的法律问题。各国的法律建设还包括致力于解决跨国支付系统因覆盖不同国家而引起的法律冲突。

6. 加强支付系统现代化建设与改造

完备的软硬件设施和技术保障是防范支付风险的重要基础。中央银行通常直接干预国家主要支付系统的设计与运行，加强与科技及相关部门的合作，以提高支付系统的整体运行能力和安全系数。

六、中央银行的其他业务

中央银行的业务活动还包括经理国库业务、会计业务和调查统计业务等。这些业务在中央银行的业务活动中占有重要位置，是中央银行行使职能的具体体现。

（一）经理国库业务

国库是国家金库的简称。从字面上理解，国库是国家储藏财富的仓库。但实质上，国库特指负责办理国家财政预算收支的部门，担负着国家预算资金的收纳和支出、政府债券的代理发行和兑付以及国家预算执行情况的反映等重任。

中央银行通过经理国库，可以确保国家预算资金的及时收付、准确核算及库款安全，对于灵活调度资金、实现财政收支平衡、沟通财政和金融之间的联系、促进财政政策和货币政策的协调配合都有着十分重要的意义。

经理国库业务的主要内容包括：（1）吸纳国库款项；（2）划分国库款项；（3）报解国库款项；（4）退库国库款项；（5）拨付预算支出；（6）代理发行政府债券；（7）代理政府进行黄金、外汇交易。

（二）会计业务

中央银行会计业务是针对中央银行的职能特点及业务范围，按照会计的基本原则制定核算形式和核算方法，体现和反映中央银行履行职能，监督、管理、核算财务的会计业务。中央银行会计是金融系统会计的重要组成部分，是由中央银行的特有地位和职能所决定的。①

中央银行会计业务的主要内容包括：②（1）正确组织会计核算。真实、客观、完整、及时地记录和反映金融活动所产生的资金变动情况，为履行中央银行职能和国家宏观经济决策提供信息和依据。（2）加强服务与监督。通过办理资金收付与划拨清算，掌握金融机构的经营状况和资金变动，督促其严格遵守会计制度和会计原则，认真执行财经纪律。（3）加强财务管理。通过正确核算成本，有效地管理银行内部资金和财务收支，提高效益，维护资金、财产安全。（4）加强会计检查和分析。（5）防范金融风险。

---

① 王广谦主编：《中央银行学》，高等教育出版社2006年版，第155—156页。

② 王广谦主编：《中央银行学》，高等教育出版社2006年版，第157页。

（三）调查统计业务

中央银行的调查统计体系是中央银行获取经济金融信息的基本渠道，在中央银行的职能行使及业务活动中发挥着不可或缺的信息支撑功能，是国民经济统计核算体系的重要组成部分。中央银行的统计信息体系主要包括金融统计和经济调查统计两部分，其中金融统计处于核心位置，是中央银行调查统计活动的最主要内容。

金融统计以货币和资金运动为核心，是对金融活动及相关现象的系统记录和整理。金融统计的主要内容包括：（1）货币统计；（2）信贷收支统计；（3）金融市场统计；（4）国际收支统计；（5）资金流量统计。

经济调查统计是中央银行为了及时准确地反映国民经济发展态势，为制定货币政策、宏观经济调控提供更加综合、全面的信息服务而进行的另一重要调查统计业务。其主要内容包括：（1）工业景气调查统计；（2）城乡居民储蓄问卷调查统计；（3）物价调查统计。

第五节　中央银行的独立性

从中央银行产生发展的历史来看，成为中央银行的银行大多与政府有着密切的关系。如关于成立之初的英格兰银行，亚当·斯密在1777年就指出："它不仅作为普通银行，而且作为国家的巨大机器。"①政府给予中央银行在货币发行方面更多的授权，而为政府解决战时财政困难则成为中央银行的主要任务。中央银行独立性问题越来越受到重视是由于以下几大历史事件的影响：一是第一次世界大战期间，中央银行在政府干预下，货币发行增长很快，战后金块本位制、金汇兑本位制对金币本位制的替代使世界货币信用制度受到严重冲击；二是1929年大危机发生后，以凯恩斯主义为代表的国家干预主义经济理论兴起，主张政府对经济进行积极干预，政府对中央银行的控制明显加

① 马克思：《资本论》第三卷，人民出版社1975年版，第454页。

强；三是20世纪70年代后，布雷顿森林体系崩溃，国际经济运行出现了许多新特点，中央银行独立性问题再次引起重视。

一、中央银行独立性的含义

中央银行的独立性是指中央银行履行自身职责时法律所赋予或实际拥有的权力、决策、行动的自主程度。中央银行的独立性问题较集中地反映在中央银行与政府的关系上，一方面中央银行应与政府保持一定的独立性，另一方面中央银行又不能完全脱离政府，因而中央银行的独立性只能是相对的。

中央银行应与政府保持一定的独立性，以避免来自政府的干预，这是因为：第一，中央银行与政府的行为目标不同。中央银行在现代经济金融体系中处于重要地位，负有稳定货币币值的重任，而政府则更关注就业、经济增长、地区平衡发展、社会稳定等问题，且不同时期政府的工作侧重点不断变化。第二，稳定币值是中央银行的长期目标，而政府存在“政治商业周期”，执政党于选举前推行扩张性财政政策和货币政策来影响选举，政策紧缩往往出现在选举之后。第三，中央银行对宏观经济的调控和对金融业的监督管理具有很强的专业性和技术性，由政治家们参与或决策不太合适。第四，政府历来具有实施扩张财政政策的倾向，中央银行需要保持独立性来抵制财政部压力，以避免货币的赤字化发行。第五，中央银行必须具有一定的独立性，这是维护公众信心的一个必要条件。

但是，中央银行又不能完全脱离政府，中央银行的独立性是相对的，主要原因有：第一，中央银行的政策目标不能背离国家总体经济发展目标，中央银行作为金融系统的管理者，应当服从于经济社会大系统的运转，中央银行的货币政策必须支持和配合国家的经济发展目标，不能自行其道；第二，货币政策是整个国家宏观经济政策的一部分，货币政策的实施应与财政政策等其他政策相配合，因而中央银行的政策实施要与政府其他部门协作；第三，中央银行具有国家管理机关的性质，在有些国家，中央银行直接就是政府的组成部分，中央银行的主要负责人也大多由政府委任。

二、中央银行独立性的类型

中央银行独立性强弱的衡量标准主要有以下几项：(1) 中央银行的隶属关系，一般说来，隶属于国会的中央银行，其独立性较强，隶属于政府或政府某一部门（如财政部）的中央银行，其独立性较弱；(2) 法律赋予中央银行的职责权限、中央银行履行职责时主动性的大小以及制定货币政策机构的地位；(3) 中央银行负责人的任命程序、任期长短以及解聘程序；(4) 中央银行与政府（主要指财政部）的资金关系，中央银行是否允许财政部透支，中央银行对政府融资的条件、方式，中央银行是否需要财政部拨款；(5) 中央银行决策机构的组成，政府官员是否在中央银行董事会任职或参与等等。按照这些标准，中央银行大致可分为以下三种类型：

(一) 独立性较强的中央银行

这种类型的主要特点有：中央银行直接对国会负责；中央银行的独立地位在法律上有明确规定；中央银行负责人由总统任命，任期较长，届满之前政府不得罢免；政府人员可出席中央银行理事会所有会议，但无表决权；可在严格规定的最高限额内对政府提供短期贷款等。

德国中央银行即德意志联邦银行是世界上独立性最强的中央银行，具体表现在：(1) 独立于政府，当与政府经济政策相矛盾时，德意志联邦银行以完成自己的职责为主；(2) 1957 年通过、1992 年修改的《联邦银行法》明确规定，德意志联邦银行负有保证币值稳定的基本职责，自主行使法律授予的有关货币政策的职权，不受政府指令的干涉；(3) 在人事方面，德意志联邦银行总裁和理事由政府与联邦银行理事会磋商后提名，总统任命，任期 8 年，届满之前政府不得罢免；(4) 德意志联邦银行严格限制用货币发行弥补财政赤字，只允许在严格规定的限额内以非现金贷款和购买国库券的方式向政府机构、公共财产机构提供短期贷款；(5) 政府成员可出席德意志联邦银行理事会的所有会议，无表决权，但可提出将理事会决议推迟两周执行的动议（很少使用该权力）。德意志联邦银行总裁有权出席政府和与财政经济政策有关的机构的会议。政府在讨论与货币政策有重要关系的问题时，也邀请德意志联邦银行总裁参与磋商。

美国联邦储备体系也属于独立性较强的类型，其较强的独立性体现在：(1) 联邦储备体系对国会负责，向其报告工作；(2) 根据《联邦储备法》，联邦储备体系有权独立制订和实施货币政策，总统未经国会批准，不能对联邦储备体系发布指令；(3) 联邦储备体系理事会的每位成员都有4年任期，理事会成员任期与总统任期错开，使总统在任期内无法更换理事会的大部分成员；(4) 没有长期向政府提供融资的义务，通常情况下，财政筹资只能通过公开市场发行债券。联邦储备体系只在特殊情况下提供规定限额内的短期融资，且需要以财政部发行的特别国库券作担保。联邦储备体系不依靠财政拨款，而将所持有的财政部债券的利息以及外汇储备利息交回财政部。

（二）独立性居中的中央银行

这种类型最大的特点是中央银行名义上隶属于政府，但实际上拥有较大的决策权和管理权，如英格兰银行、日本银行以及一些新兴工业化国家的中央银行。

英格兰银行的独立性表现在：(1) 只在形式上隶属于财政部。1946年国有化法案规定，国家财政部有权在必要时在与英格兰银行总裁磋商后，向英格兰银行发布指令，但历史上英国财政部从未使用该权力。(2) 英格兰银行每年向议会提交年度报告，与政府密切合作，但政府一贯尊重英格兰银行的意见，一般不过问货币政策的制订，也不参与理事会的评议。在货币政策工具的运用方面，英格兰银行有直接决定的权力，因而英格兰银行实际所拥有的独立性比立法所授予的要大得多。(3) 在人事方面，尽管理事会成员均由政府推荐、王室任命，但众议院议员、政府部长以及在政府部门有工资职务者不能担任英格兰银行理事。(4) 在对政府的资金融通方面，英格兰银行一般不向政府提供贷款，只提供少量的隔夜资金融通。

日本银行也属于独立性居中的中央银行，其独立性表现在：(1) 日本银行隶属于财政部，财政部长拥有对日本银行的一般业务命令权、监督命令权、官员解雇命令权，但实际上财政部并未使用这种命令权。(2) 1997年4月修订的《日本银行法》规定，日本银行的根本职责是通过调节货币及金融，追求物价稳定以利国民经济的健全发展。该法赋予日本银行独立制订货币政策以及自行采取货币政策工具来实现货币政策目标的权力。(3) 日本银行的总裁和副总裁由内阁任命，理事则由财政部长任命，任期分别为 5 年和 4 年，均可连任。(4) 在与政府的资金关系上，法律规定日本银行不得认购政府发行的长期公债和向政府提供长期贷款，日本银行仅向政府提供少量短期贷款，但政府发行的短期债券则大部分由日本银行认购。日本银行的利润扣除规定的比例后，全部上缴财政部，若发生亏损，则由国库款弥补。(5) 日本银行政策委员会是决定货币政策的最高权力机构，财政部与经济企划厅各有代表 1 人参加，但都没有表决权。

(三) 独立性较弱的中央银行

这类中央银行与上两类中央银行的差异主要表现在中央银行决策权的配置方面。决策权是中央银行权力的核心，是中央银行权威的象征。这类中央银行在履行职责、制订执行货币政策时较多地服从政府或财政部的指令，属于这种类型的有意大利银行、法兰西银行等。

意大利银行属于独立性较弱的中央银行：(1) 意大利银行受财政部统辖，不直接对议会负责，但向议会汇报工作，提供情报。有关货币政策的措施要事先征得政府当局的批准后方可实施。当意大利银行与政府意见相矛盾时，政府有权命令意大利银行实行某种政策，同时向议会报告。(2) 意大利银行总裁由理事会提名，总统任命，任期不限。(3) 在资金方面，意大利银行向财政部提供规定限额内的短期贷款，通过认购政府债券、代理国库券以帮助政府筹集资金。(4) 财政部代表可出席意大利银行理事会会议，并且在认为会议所做出的决议与政府意图不符时，提出暂停决议的执行。法国法兰西银行的独立性也相对较弱，其理事会成员大都是由财政部提名、内阁会议通过后由总统任命。

2003 年 12 月 27 日第十届全国人民代表大会常务委员会第六次会议修订的《中华人民共和国中国人民银行法》第七条规定："中国人民银行在国务院领导下依法独立执行货币政策，履行职责，开展业务，不受地方政府、各级政府部门、社会团体和个人的干涉。"第五条规定："中国人民银行就年度货币供应量、利率、汇率和国务院规定的其他重要事项做出的决定，报国务院批准后执行。"这表明我国的中央银行隶属于国务院，独立性较弱，但相对于地方政府及各级政府部门而言，独立性稍强。2003 年 4 月，中国银行业监督管理委员会的成立，标志着中国人民银行货币政策职能与银行监管职能的分离，这为提高我国中央银行的独立性和自主权创造了机遇。全国人大、国务院应赋予中国人民银行更大的决策权，至少能够独立地选择和制定货币政策取向，决定利率、汇率和货币供给水平。

本章小结

中央银行产生于统一发行银行券、集中票据交换和清算、为银行业提供资金支持、对银行业监督管理以及政府融资的需要。从1656年瑞典银行成立至今，中央银行共经历了三大发展时期：初创时期、迅速发展时期及强化和完善时期。

中央银行既是管理金融事务的国家机关，又是一种特殊的金融机构。中央银行的这种性质是由其业务活动的特点和所发挥的作用来决定的。中央银行的职能是中央银行性质的具体体现。关于中央银行的一般职能，目前主要有两种表述：一种是把中央银行的一般职能概括为发行的银行、银行的银行和政府的银行，另一种是把中央银行的一般职能概括为服务职能、调节职能和管理职能。

中央银行制度大致可分为单一型中央银行制度、复合型中央银行制度、准中央银行制度和跨国中央银行制度四种基本类型。中央银行的组织结构是为保证中央银行履行其职能、发挥其作用、实现其目标而设置的组织控制系统。中央银行的组织结构大都有专门的法律或专项规定来确定，一般包括内部职能机构、权力分配结构和分支机构设置等内容。

中央银行的独立性问题较集中地反映在中央银行与政府的关系上，一方面中央银行应与政府保持一定的独立性，另一方面中央银行又不能完全脱离政府，因而中央银行的独立性只能是相对的。各国中央银行的独立性大致有三种类型：独立性较强的中央银行，如德意志联邦银行、美国联邦储备体系；独立性居中的中央银行，如英格兰银行、日本银行；独立性较弱的中央银行，如意大利银行、法兰西银行和中国人民银行。

中央银行业务活动的一般原则包括非营利性、流动性、公开性和不得经营法律许可以外的业务。中央银行的负债业务主要包括存款业务、货币发行业务、发行中央银行债券以及对外负债业务。中央银行的资产业务包括再贴现和贷款业务、证券买卖业务、国际储备业务等。中央银行提供支付清算服务是履行其“银行的银行”职能的重要表现之一。

中央银行的支付清算是指中央银行作为一国支付清算体系的参与者和管理者，通过一定方式和途径，使金融机构间的债权债务清偿以及资金转移能够顺利完成，并维护支付系统的平稳运行，从而保证经济活动和社会生活的正常进行。中央银行支付清算服务的效率对一国的金融稳定和经济安全具有重要意义。

另外，中央银行的业务活动还包括经理国库业务、会计业务和调查统计业务等。这些业务在中央银行的业务活动中占有重要位置，是中央银行行使职能的具体体现。

重要概念

中央银行　发行的银行　银行的银行　政府的银行　最后贷款人　单一型中央银行制度　复合型中央银行制度　准中央银行制度　跨国中央银行制度　中央银行独立性　银行性业务　管理性业务　存款准备金制度　再贴现　中央银行贷款　公开市场操作　支付清算　全额实时清算　发行准备　国库

第八章　货币需求

货币对经济的作用是通过货币的供求关系及其运动来实现的。与此相对应，货币需求理论和货币供给理论成为现代货币理论中最基本也是最重要的两大理论。但值得注意的是，在相当长的一段时期里，经济学家往往将货币供给简单视为外生变量而未加重视货币供给问题，相反，人们对货币需求问题的研究则有着十分悠久的历史。总体而言，货币需求理论主要研究三大问题：一是人们的持币动机，二是决定或影响货币需求的各种因素，三是货币需求量的变动对实际经济生活的影响。本章将对这些问题进行介绍。

第一节　货币需求的内涵

对货币需求内涵的把握需从三个角度进行：货币需要与货币需求、微观货币需求与宏观货币需求、名义货币需求和实际货币需求。

一、货币需要与货币需求

在经济学中，“需要”与“需求”的区分非常明显，前者指经济主体的一种欲望，是“想要多少”，它涉及的是一个主观问题；后者则是经济主体有支付能力的欲望，是“能要多少”，它不仅仅涉及主观问题，更受制于客观条件。

理解了“需要”与“需求”的区别，也就不难理解“货币需要”与“货币需求”了。所谓货币需要，是指经济主体主观上希望自己拥有的货币量；而货币需求则指经济主体在某一时点上能够拥有的货币量。因此，货币需求必须同时包括两个基本要素：一是人们希望持有的货币量，二是人们有能力得到的货币量。对货币需求而言，两要素缺一不可。简言之，经济主体对货币的需要只是一种简单的欲望，它可以是一个无穷大值；但货币需求受制于种种客观条件，是主观与客观的统一，它是有限的。

二、微观货币需求与宏观货币需求

微观货币需求是指单个个体（包括个人、企业、单位和政府）在一定时点上对货币有能力的意愿持有量。个人、企业、单位和政府之所以需要货币，是因为货币能用来媒介交易、债务清偿或作为财富予以保存。因此，在数值的大小上，微观货币需求主要取决于社会的收支制度、个体的收入水平、物价水平、利率以及金融市场的发达程度等因素。

宏观货币需求是指一个社会或一个国家在一定时期，由于经济发展和商品流通所产生的对货币的需要，也就是一定时期社会总供给对货币的总需要。因此，宏观货币需求的产生乃是经济运行本身内在要求的结果。在数量上，宏观货币需求主要受经济发展水平、商品货币经济发达程度、社会收支习惯等因素影响。

微观货币需求研究的核心在于从微观主体的持币动机、持币行为来剖析货币需求变化的规律，使对货币短期需求的分析更加精确化。宏观货币需求则重在根据影响货币需求的变量来估算社会一定时期的总体货币需求，以作为货币供给决策的依据。由此可见，微观货币需求研究是宏观货币需求研究的基础与出发点，而宏观货币需求研究又是微观货币需求研究的深化与最终目的。因此，在货币需求研究中，二者不可偏废，缺一不可。

三、名义货币需求与实际货币需求

这一对概念是西方经济学家在考察货币数量变动对经济有何影响时提出的。其中，名义货币需求是指经济主体在不考虑商品价格变动情况下的货币意愿持有量，即用单位货币来进行简单衡量的货币数量。实际货币需求则指经济主体在扣除物价因素的影响后所需要的货币量，这种需求只能用货币的实际购买力来衡量。

货币的实际购买力实质就是指单位货币所能购买到的商品或劳务的数量，它是一般物价水平的倒数。因此，货币的实际购买力也就是货币的交换价值。一般来说，货币的交换价值越高，货币的实际购买力就越大，相应地一定数量的货币所能买到的商品量就越多，从而一般物价水平越低。因此，从交换价值与实际购买力角度看，实际货币需求、名义货币需求和一般物价水平之间的关系可表示为：

$$实际货币需求 = \frac{名义货币需求}{一般物价水平}$$

第二节　货币需求的决定因素

决定货币需求的因素既有宏观经济变量，又有微观经济变量。而且，这些因素往往相互交织在一起，共同影响货币需求。具体来说，它们包括：

一、收入

收入水平对货币需求的决定作用表现在两个方面。一是收入的数量。一般来说，收入水平越高，人们的货币需求越大；相反，收入水平越低，人们的货币需求则越小。这是因为货币只是总财富中的一部分，而收入水平往往直接决定着总财富的规模及其增长速度。因此，收入水平直接制约着人们货币需求的数量。更为重要的是，在市场经济条件下，收入的取得与支出的发生往往都是以货币形式进行的。因此，在一般情况下，人们的收入越多，支出也越多，而支出越多，则意味着需要持有的货币也就越多。

二是收入的时间间隔。收入的时间间隔越长，人们的货币需求越大；相反，收入的时间间隔越短，人们的货币需求则越小。收入时间间隔对货币需求的这种影响可用图 8－1 加以直观说明。假设一个人每月可获得 1000 元的工资收入，全部用于当月开支。在支出是均匀的情况下，如果工资是每月发一次，则其平均货币持有额，即货币需求就是 500 元，为月收入的 1/2。而如果工资每半个月发一次，虽然其月工资还是 1000 元，但平均货币持有额下降为 250 元，因此货币需求也同样下降为 250 元，仅为月收入的 1/4。显然，收入的时间间隔与人们的货币持有量正相关。

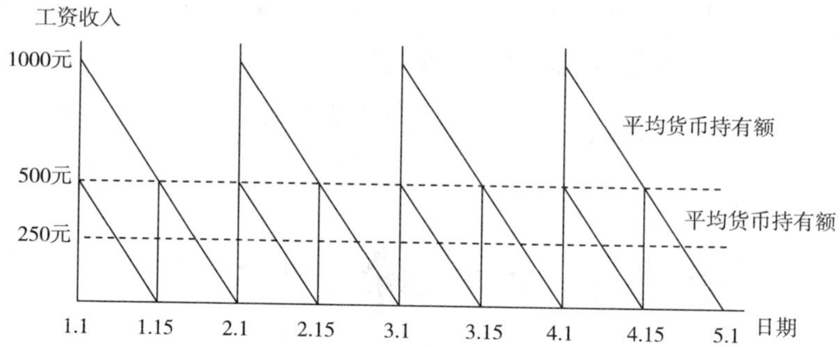

图 8－1　收入时间间隔与货币需求

二、利率

在市场经济下，利率与货币需求负相关：利率上升，人们的货币持有量减少；利率下降，人们的货币持有量增加。这是因为，首先，持有货币意味着这部分货币不能转化为其他金融资产，因此，利息收入就可以看作是持有货币的机会成本，而机会成本的增加必然带来货币持有的减少；反之，机会成本的减少则会带来货币持有的增加。其次，利率还可通过影响人们的资产选择行为而影响货币需求。因为在一般情况下，市场利率上升，股票、债券等有价证券的收益率也上升，人们为获得有价证券价格下降所带来的收益，往往减少货币的持有，而更多地购买有价证券。相反，如果市场利率下降，则意味着有价证券的收益率也随之下降，于是，人们为避免损失，必将出售有价证券，而更多地持有货币。最后，在资本项目完全可自由兑换的条件下，一国利率水平的相对较高，容易引起国际资金的流入，从而导致对该国货币的需求增加。而当其利率水平相对较低时，则会发生相反的过程，从而货币需求下降。

三、汇率

在开放经济下，一国相对于另一国的货币贬值，即汇率上升容易引起货币替代发生，人们会减少对贬值的货币的需求，相应地，对升值的货币需求则增加。

四、商品经济发达程度

价格一定时，商品经济越发达，人们要求交换的商品数量越多，对作为交易媒介和支付手段的货币需求越大；相反，商品经济不发达，人们要求交换的商品数量较少，对作为交易媒介和支付手段的货币需求也就较小。

五、价格水平

显然，当商品数量和货币流通速度一定时，商品或劳务的价格水平越高，用以媒介商品交易的货币需要量越大，社会和个人的货币需求量也越大；反之，商品或劳务的价格水平低，则用以媒介商品交易的货币需要量较小，社会和个人的货币需求量也越小。

六、货币流通速度

对货币流通速度的衡量可从两个方面进行：一是计算一定时间内货币的平均周转次数，二是计算货币平均周转一次需要多长时间。因此，当其他条件不变时，货币流通速度越大，则货币需求越少；相反，货币流通速度越低，则货币需求越大，两者呈反比例关系。

若以 M_d 表示货币需求量，P 表示物价水平，Q 表示商品数量，V 表示货币流通速度，则根据货币流通规律，货币需求量可用下列公式加以直观反映：

$$M_d = \frac{PQ}{V} \tag{8.1}$$

七、信用

信用制度发达，可通过支付结算减少作为流通手段和支付手段的货币数量，从而减少货币需求。信用制度的发达也有利于金融市场的完善，增加可供人们选择的资产形式，资产配置分散化往往使得人们以货币形式持有的财富量减少。同时，信用制度的发达与金融市场的完善还可使金融资产的转换更加容易，这也会导致人们的货币持有量减少。

八、心理预期和偏好

货币需求除了受上述各种客观因素影响外，还受到人们的主观意志和心理活动的影响。这种影响主要表现在五个方面：一是当人们预期市场利率上升时，则货币需求增加；相反，预期市场利率下降，则货币需求减少。二是当人们预期汇率变动时，则对即将贬值的货币的需求减少，而对升值的货币需求增加。三是当人们预期物价水平上升时，即通货膨胀发生时，则货币需求减少；相反，预期物价水平下降，则货币需求增加。四是当人们预期投资收益率上升时，则货币需求减少；相反，预期投资收益率下降，则货币需求增加。五是当人们对货币产生偏好时，货币需求增加；反之，则货币需求减少。

此外，影响货币需求的因素还包括人口数量、城乡关系、城乡经济发展程度、交通运输发展状况以及社会分工发展程度等，这里不再一一分析。

第三节　西方货币需求理论

近代西方对货币需求问题的研究最早可追溯到重商主义。在随后的数百年时间里，西方学者纷纷著书立说探讨货币需求问题，使货币需求理论得到长足发展，并形成了各种纷繁复杂的理论与学术派别。但传统上认为，在西方经济学中，瑞士经济学家瓦尔拉斯（Warras）

是最早进行现代意义上的货币需求研究的。早在19世纪七八十年代，瓦尔拉斯就提出了具有现代意义的货币需求概念——意愿现金余额，进而又探讨了货币需求的决定因素和货币需求同物价的关系。由此，瓦尔拉斯往往被称为现代西方货币需求理论的先驱。本节以瓦尔拉斯为分水岭，重点介绍三大理论体系：传统货币数量论、凯恩斯及凯恩斯主义货币需求理论和现代货币数量论。

一、传统货币数量论

货币数量论是西方货币理论中流传最广、影响最大的一种经济理论，它主要研究货币数量、货币价值以及物价水平三者的关系。货币数量论有传统货币数量论和现代货币数量论之分。现代货币数量论特指20世纪50年代以来以弗里德曼为代表的货币需求理论，而传统货币数量论产生的时间则一直可追溯到16世纪。15世纪末，由于美洲金矿的发现、地理大发现以及重商主义政策和货币金属论政策的长期推行，欧洲各国的金银拥有量剧增，由此带来物价大幅上升。面对气势汹汹的“价格革命”，各国学者纷纷将注意力转向这一现实问题，传统货币数量论由此产生。

400多年来，传统货币数量论者可谓名家辈出，表8－1对他们的主要思想作了一些概括：

表8－1　早期货币数量论者学术观点归纳

学　者	主　要　观　点	新　增　贡　献
简·博丁	物价上涨的原因有4—5个，但根本原因是货币充裕	首创货币数量论
托马斯·孟	1. 商品价格随货币数量丰缺而涨跌； 2. 货币数量不仅影响其国内价值，还影响其国外价值	将汇率的变化同货币数量联系起来
达凡茶铁	从社会的物品总量与货币总量的对比中得出货币数量论	在方法上将物品总量同货币总量进行对比

续表 8-1

学者	主要观点	新增贡献
孟塔拉里	货币数量影响物价	1. 用待交换的物品同流通中的货币相对比； 2. 物价变动有一般物价变动与个别物价变动两种情况
约翰·洛克	货币价值由其供求决定： 货币价值 = 货币需求/货币供给	由于货币需求为无穷大，故货币价值单方面地由货币供给决定
孟德斯鸠	在价格的决定中： 1. 全世界的商品总量可以同全世界的货币总量相比； 2. 某一方的分量也可以同另一方的分量相比	物价由物品总量与货币总量以及投入流通的物品总量与投入流通的货币总量的"复比例"决定，但主要由前者决定
理查德·坎蒂窿	货币数量增加通过中间环节影响物价	1. 货币数量增加与物价上涨并不同比例； 2. 从货币数量的增加到物价上涨有一个中间过程； 3. 不同商品价格上涨幅度并不一致
大卫·休谟	货币和商品互相影响，并且有严格的比例关系	互相影响的不是绝对数量，而是处于流通中的货币和商品
大卫·李嘉图	商品价格随货币数量增减而同比例地涨跌，货币价值由货币数量决定	把商品放在一边，把货币放在另一边，得出了 $MV = PT$ 的雏形
詹姆斯·穆勒	货币价值完全决定于货币本身的数量	货币数量分为三个部分： 1. 用于交换次数较多的货币； 2. 用于交换次数较少的货币； 3. 贮藏货币。 影响物价的主要是前两者
约翰·穆勒	货币的终极价值由生产费用决定，一时价值由供给和需求决定，货币价值同货币数量反比例变化，这永远是真理。但它的成立有严格的限制条件，在有些情况下有例外	货币需求 = 商品供给 货币供给 = 商品需求 货币买商品也即商品买货币：商品所有者卖出的是商品，买进的是货币；货币所有者买进的是商品，卖出的是货币

资料来源：郑先炳：《西方货币理论》，西南财经大学出版社 2001 年版，第 95—96 页。

在汗牛充栋的著述中，虽然各家见仁见智、创新各具，但综观各家之言可看出，传统货币数量论的核心思想是一贯的，所阐述的都是这么一个道理：在其他条件不变的条件下，一国的货币数量决定着该国的货币价值和物价水平，即货币数量增加，单位货币价值下降，而物价水平上升。

在传统货币数量论的发展过程中，最具代表性同时也是最有影响的理论有两种：欧文·费雪的现金交易说和阿尔弗雷德·马歇尔的现金余额说。

（一）现金交易说

1911年，美国耶鲁大学经济学家费雪出版了其现金交易说的代表作《货币的购买力》。在这本书中，费雪用一个数学方程式将货币数量论加以严谨表达，从而成为传统货币数量论的集大成者。

与前人一样，费雪从货币的交易媒介职能出发，认为在一定时期内，一个社会的商品交易总额等于一般物价水平乘以全部商品交易量，用公式表示为：

$$p_1q_1 + p_2q_2 + \cdots + p_nq_n = \sum_{i=1}^{n} p_iq_i = PT \tag{8.2}$$

其中，p_i 表示一定时期内某一商品的平均价格，q_i 表示其对应的交易量，P 表示所有进行交易的商品的平均价格，即一般物价水平，T 表示商品交易总量。

显然，一定时期内，全社会的商品交易总额恒等于货币支出总额。若以 M 表示同一时期内流通中的货币平均量，V 表示单位货币的平均流通速度，则这一关系可用下面等式予以表达：

$$PT = MV \tag{8.3}$$

这就是著名的“现金交易方程式”，也叫“费雪方程式”。作为恒等式，费雪方程式在形式上表明，“物价水平的变动与（1）流通中的货币量（M）的变动和（2）货币的流通速度（V）的变动成正比，而与（3）商品交易量（T）的变动成反比。”[①] 而货币数量论的核心

① 费雪：《货币的购买力》，商务印书馆1934年版，第29页。

思想是要探讨货币数量与物价水平的关系，这一点又是如何体现出来的呢？费雪认为，在物价水平与货币数量、货币流通速度以及商品交易总量“这三个关系中值得强调的是第一个关系，它构成了所谓‘货币数量论’”。因为，在费雪看来，交易方程式中的货币流通速度 V 和商品交易量 T 这两个变量都不受货币流通量 M 变动的影响。原因何在？与其他古典经济学家相一致，费雪认为，货币流通速度 V 由制度因素决定，它决定于人们的支付习惯、运输与通讯条件、信用发达程度及其他“与流通中的货币量没有明显关系”的社会因素。至于商品交易量 T，它也取决于非货币因素，如资本、劳动、自然资源、生产技术水平等。更为重要的是，在古典经济学家看来，工资与价格具有完全弹性，经济总能保持在充分就业状态，因此在短期中商品交易总量是很难变动的。货币流通速度 V 和商品交易量 T 与货币数量 M 的非相关性表明，根据交易方程式，“货币量增加所产生的正常影响，就是引起一般物价水平的完全同比例的上升。”①

在此有必要说明一下，费雪所要强调的是，货币流通速度 V 和商品交易量 T 不会随着货币数量 M 的变动而变动，而不是强调货币流通速度 V 和商品交易量 T 永远不变。这种强调是非常重要的，它是整个现金交易说的基石与生命线。在此前提下，货币数量对物价的影响才既直接又显著，货币数量增减的幅度完全被物价水平的同向变动所吸收。随后，费雪对现金交易说做了一些扩展与补充，将存款引入交易方程式：

$$PT = MV + M'V' \tag{8.4}$$

其中，P、T、M、V 与前面的含义相同，而 M' 与 V' 分别表示存款量和存款平均流通速度。同理，V' 的变动也由非货币因素决定。这样，物价变动还是取决于货币数量，不过，此时的货币由两部分组成：流通中的货币与存款货币。

在货币数量论中，现金交易说是较早用数学公式来表述货币与物价关系的一种学说，有着重大的方法论意义和理论意义。首先，它将

---

① 费雪：《货币的购买力》，商务印书馆1934年版，第157页。

影响物价水平的主要因素概括为三个，并用精致的数学公式予以模型化，从而为深入分析货币与物价的关系提供了有用的分析工具。其次，它揭示了“货币量的变化相应引起价格的变化”这一原理，该原理从物价总的长期趋势来看具有合理性，在高通货膨胀时期也基本适用。另外，从交易方程式出发所得到的一些基本结论也适合于个人的货币需求分析。因为交易方程式表明，个人对货币的需求乃是为了满足日常的交易需要。更难能可贵的是，费雪甚至还分析了影响个人货币需求的三大因素：个人的习惯、个人对未来收入及价格变动的预期、个人对财富量变化的预期。因此，在某种意义上可以说，费雪及其现金交易说正是近代货币需求研究从宏观视角转向微观视角的承上启下者。但不容否认的是，现金交易说也存在着很多不足。对此，后人主要将其概括为四个方面：

第一，将货币的职能归结为交易媒介或流通手段是片面的。诚然，就流通领域而言，商品交易总额必然等于货币支出总额。当人们持有货币的唯一目的在于货币仅能提供交易媒介作用时，在商品数量与货币流通速度不变的条件下，货币数量的增加或减少会立刻引起货币支出的同步增加或减少，进而引起物价同步变动。而一旦考虑到货币还具有价值贮藏职能，则货币数量的增减并不能简单地等同于货币支出的增减，因为此时可能有一部分货币作为财富而退出了流通领域，这样，物价的变动就有可能与货币数量的变动不同步。

第二，没有区分金属货币与纸币在决定物价中的不同作用。金属货币由于自身具有内在价值，它的价值贮藏职能使得金属货币在流通领域的数量会自动地根据商品流通的实际情况进行调整，使货币流通与商品流通相一致，因此，金属货币数量的多少并不会对商品交易价格产生显著影响。相反，纸币本身并无内在价值，不具备价值贮藏职能。因此，在充当交易媒介时，纸币难以退出流通领域以与商品流通相适应，此时，流通中的纸币数量就会对物价产生直接影响。

第三，认为“从原理上说来，物价水平是交易方程式中完全被动的唯一因素，它只受其他因素的影响，而自身则毫不影响其他因素。……总之，是货币数量决定着物价水平，而不是物价水平决定着货币数量，也就是说，物价水平是结果而不是原因”①，而且货币数量的任何变动必将引起物价水平作同方向、同比例变动，这种观点显然有点过于机械化。因为在现实生活中，一方面，货币数量与物价水平的作用是相互的，后者的变动也可引起前者的变动，而并非只是单向地、被动地、唯一地由前者来影响。比如在经济繁荣时期，物价的上涨会刺激工商企业扩大生产，银行信用扩张，从而使货币供给增加。相反，在经济萧条时期，物价的低迷又会相应地引起货币供给的紧缩。另一方面，在数字比例关系上，货币数量与物价水平之间也并非完全同步。这一点上文已有所论及，而从统计数据来看，这种不同步性非常明显。如在1929年至1978年间，美国的货币量增加了12.5倍，而物价仅上涨3.6倍。

第四，对货币流通速度和商品交易总量的分析过于简单化。为论证货币数量对物价的作用，费雪将交易方程式中的货币流通速度和商品交易总量简单假定为不变，这一点早已被实证研究所否定，如在1929年至1978年间，美国的真实收入增加了3.4倍，货币流通速度则提高了50%。更为重要的是，无论是货币流通速度，还是商品交易总量，它们在某种程度上都与货币数量、物价水平有着千丝万缕的联系。

（二）现金余额说

费雪虽然对微观货币需求问题有所论及，但真正建立起微观货币需求理论的经济学家则是剑桥学派的学者们。现金余额说的倡导者就是剑桥学派的创始人马歇尔，随后其弟子庇古（A. C. Pigou）、罗伯逊（D. Robertson）及早期的凯恩斯等人对这一理论进行了充实和发展。

马歇尔对现金余额说的系统论述集中在其1923年出版的《货币信用与商业》一书中。在马歇尔看来，费雪的现金交易说存在很大缺陷，因为“一国通货的总价值与其在一年内为交易目的而流转的平均次数相乘，其数额等于该年内由通货直接支付所完成的交易总额，这是自明之理。但它仅为恒等性，而未明示支配通货流通速度的原因。为了

---

① 费雪：《货币的购买力》，商务印书馆1934年版，第210页。

发现这种原因，我们就必须观察该国人民以通货形态保持购买力的数额”①。显然，马歇尔已经意识到，对货币需求的分析应放弃传统的制度决定社会货币需求的观点，将研究重心转到剖析微观经济主体持有货币的动机上。为什么人们愿意将其财产和收入的一部分以货币的形式持有，而另一部分用非货币形式持有呢？马歇尔注意到，“手持货币不能产生收入，所以每个人都将（或多或少自动地和本能地）在以下两种效益中进行平衡：一种是握有货币的效益；另一种是投资一部分货币于商品，如外衣或钢琴而获得的直接效益，或投资于某些企业或上市证券而取得的货币收入。”② 换而言之，人们经常将持有货币获得的利益与当期消费所得的享受以及投资获得的收益进行权衡比较，在此基础上决定以货币的形式持有的现金量，即现金余额。在现金余额与物价的关系上，马歇尔的观点与其他货币数量论者相同，认为如果其他条件不变，两者之间必然存在一种直接的关系，通货数量增加10%，物价水平就上升10%。同样，马歇尔也认为，货币的价值取决于货币自身的供求，即“货币的价值决定于全国居民欲以通货保持的实物价值与该国货币数量的比例”。

1917年，庇古发表了《货币的价值》一文，对其老师的现金余额说进行了数学表述，这就是著名的剑桥方程式：

$$M_d = M_s = kPy \qquad (8.5)$$

其中，M_d 表示货币需求量，即现金余额，M_s 表示一定时期内社会的货币总供给量，k 表示人们在其全部收入中愿意持有货币的比例，又称为“马歇尔的 k”，P 表示一般物价水平，y 表示真实收入。剑桥方程式表明，人们的货币需求大小同时决定于三个因素：k、P 和 y。但在剑桥学派看来，由于社会始终处于充分就业状态，因此 y 在短期内保持不变，如果 k 也不变，则 P 必然随着 M_s 的变动而作同方向、同比例变动。当然，剑桥学派也注意到了 k 的可变性，但他们并没有对此做深入研究，而是将这一研究任务留给了后人。

① 周延军：《西方金融理论》，中信出版社1994年版，第50页。
② 盛松成等：《现代货币经济学》，中国金融出版社2001年版，第48页。

将剑桥方程式两边同除以 k 可得：

$$\frac{M_d}{k} = Py \tag{8.6}$$

进一步再把真实收入（从全社会的角度看为总财富）视为流通中的商品总量，这样，变形后的剑桥方程式在形式上就与费雪方程式完全相同了，此时，k 的倒数正好等于 V。从货币数量论的观点看，二者所要表达的思想基本相同。

但值得强调的是，在经济含义上，现金余额说与现金交易说存在着巨大差别，前者比后者更有启发性。具体来说，两者的差异主要表现在三个方面。

第一，研究方法不同。现金交易说主要从宏观视角出发，研究全社会的货币需求量，比较注重制度结构因素的分析，进而忽略利率对货币需求的影响。而现金余额说则显然是一种微观货币需求理论，注重分析微观经济主体的货币需求动机，从而使利率影响货币需求成为现金余额说的题中应有之义。这一点对后人的启示是巨大的，凯恩斯正是从强调利率作用入手，创立自己的货币需求理论的。

第二，对货币职能与作用的认识不同。在现金交易理论中，货币的职能被唯一地固定在交易媒介或流通手段上，货币与其他财富形式彼此割裂。相反，现金余额理论将货币仅仅作为一种资产，这样机会成本的存在就使货币需求实质成为一种资产选择行为。可以说，这一点正是两种理论的最大区别之所在。

第三，k 与 V 的经济含义完全不同。货币流通速度 V 是货币交易媒介职能的反映。在现实世界中，决定 V 的因素除交易制度和技术条件外，还包括人们的收入预期、价格预期、人口增长、财政信贷政策等因素。因此，与现金交易说假设正好相反，V 是一个十分难以确定的变量。在现金余额说中，k 是人们持有货币动机的体现，由于一定时期内各种资产的收益率具有一定的可预期性，因此人们在进行资产选择时，应该持有多少货币就是明确的。这样，与 V 相比较，k 值的确定要容易得多。另外，作为货币持有系数，k 值实际上同时也是人们的资产选择系数，它意味着人们有选择货币数量的自由。因此，“马歇尔的 k” 有着更为丰富的经济学含义，给后人的启示更大。

【专栏8-1】

货币流通速度长期变化的国际比较

在20世纪末的研究中，Rutgers大学的Michael Bordo和Stockhdm经济学院的Lars Jonung考察了很多国家近100多年来货币流通速度的变化情况。他们的结论是：几乎所有国家的货币流通速度变化趋势都呈"V"形，而制度因素在其中起了关键的作用。大多数国家货币流通速度变化情况与美国1869—1996年的货币流通速度的变化趋势（也呈"V"形）非常相似。

为此，Bordo和Jonung提出了如下假说：金融部门的发展引进了两种力量，而这两种力量对货币流通速度长期趋势的影响是相互抵触的，这两种力量在工业化过程中各自曾经占据一段主导地位。在第一阶段，金属铸币以及实物支付逐渐为纸币所代替。在这一"纸币化"阶段，随着商业银行业务的发展以及持币的方便性，公众相对于其收入会持有更多的货币，从而导致货币流通速度下降。在第二阶段，诸如债券、股票和电子货币这样的货币替代品的出现降低了货币需求，提高了货币流通速度。随着经济的日趋稳定，诸如信用卡、隔夜回购协议和透支之类的金融创新不断出现也大大提高了货币的流通速度。

在几乎所有的国家中，货币流通速度先是随着货币化的深入而下降，随后又随着金融创新和经济稳定化程度提高而上升。不过，各国在发生转折的时间上则有所不同。美国、加拿大、意大利、日本和英国于1946年左右达到货币流通速度的最低点，而瑞典、丹麦、挪威和德国达到货币流通速度最低点的时间则要早20年左右。

Bordo和Jonung采用了一些替代变量来估算制度变化所造成的影响。例如，由于农业部门广泛采取以货易货、实物支付的手段来代替货币，因此他们就采用非农业劳动力在一国总劳动力中的比率来代替货币化程度；他们使用“通货/M2”来代替银行业务情况（银行越是发展和普及，该比率越低）；实际 GDP 标准差的平均值可以用来表明经济的稳定性程度。大量的例子证明，在所选取的 12 个工业化国家中，这些替代变量确实是货币流通速度的重要决定因素。

由此，Bordo 和 Jonung 得出结论，在相当多的国家中，制度的变化对货币需求和货币流通速度产生了重要的影响。可以看出，这种包含制度变量的模型是对只考虑利率和收入等经济变量的传统模型的一种明显的改进。只有全面考虑长期内制度因素的发展变化，我们才能更好地理解货币流通速度。

二、凯恩斯的货币需求理论及其发展

20 世纪 30 年代以前，西方经济学界盛行的货币需求理论是传统货币数量论，但 1929 年至 1933 年的大萧条使这一理论遭受沉重打击。1936 年，凯恩斯发表了《就业、利息与货币通论》一书，标志着凯恩斯经济理论的正式创立。

（一）凯恩斯的货币需求理论

凯恩斯的货币理论由三部分构成，除前面提到的《就业、利息与货币通论》一书外，另两部分指 1923 年出版的《货币改革论》和 1930 年出版的《货币论》。早期的凯恩斯是现金余额说的主要代表之一，其货币需求理论集中反映在《货币改革论》和《货币论》这两本书中。但凯恩斯最为世人所熟知的却是被称为流动性偏好理论的后期的货币需求理论，这里所要介绍的也正是这一理论。

凯恩斯认为人们之所以需要货币，是因为货币具有最高的流动性，而诸如股票、债券等其他资产虽然能生利，但较难变现。因此，人们对货币的需求其实质是对其流动性的偏好。凯恩斯进一步认为，人们持有货币主要出于三种动机：

1. 交易动机

即人们为了保证日常交易的顺利进行而必须保留一部分货币（现金）的愿望。交易动机决定人们必须持有货币，这一观点在传统货币数量论中也能找到。所不同的是，凯恩斯进一步将这一动机细分为两种：个人的收入动机和企业的营业动机。

为什么会产生交易动机呢？主要原因在于人们的收入与支出具有不同步性。比如对工薪阶层来说，其工资收入往往是一月或一周发一次，但其日常生活开支却天天发生，这样每一天都得持有一笔现金。当然这笔现金主要执行的是货币的交易媒介或流通手段职能。

在凯恩斯看来，交易动机决定的货币需求（即交易性货币需求）具有以下一些特点：

第一，是收入的递增函数。凯恩斯认为，交易性货币需求虽然决定于收入数量与收入流通速度，但由于在短期内收入的流通速度几乎不变动，因此，交易性货币需求就成为收入量的函数，随收入的增加而增加，当然两者增加的比例可以不同。（8.7）式为其数学表达式，其中，M_d^1 代表交易性货币需求，L 代表函数关系，Y 代表收入量。

$$M_d^1 = L(Y) \tag{8.7}$$

第二，相对稳定。因为人们的日常开支通常是比较稳定的，事先可精确地进行预算，所以，相应的交易性货币需求也就比较稳定了。

第三，利率弹性较小。凯恩斯虽然认识到人们的交易性货币需求或多或少地依存于利率的高低，但依然认为交易性货币需求对利率的反应不灵敏，原因是这种货币需求是必不可少的日常生活需求，具有极大的刚性。凯恩斯的这一简单处理为鲍莫尔等人的理论发展提供了契机。

2. 预防动机

也称为谨慎动机，是指人们为应付意外情况发生而产生的持有货币的愿望，据此产生的货币需求即为预防性货币需求。由此可见，支出的不确定性是产生预防性货币需求的根本原因。影响预防性货币需求的因素有很多，但在凯恩斯看来，收入的多少是最主要的决定因素。而且，与交易性货币需求类似，预防性货币需求也是收入的递增函数。

这一点在现实生活中似乎可找到一定的经验证据：穷人的钱包里往往只有“几枚”硬币，而百万富翁的钱包里往往是一扎扎钞票。预防性货币需求可用函数式（8.8）来描述，其中，M_d^2 代表预防性货币需求，L 代表函数关系，Y 代表收入量。

$$M_d^2 = L(Y) \tag{8.8}$$

由于决定因素相同，更重要的是由于预防性的货币需求在凯恩斯的货币需求理论并不起主要作用，因此，后人往往将预防动机并入交易动机。这样一来，交易性货币需求函数与预防性货币需求函数就可以合二为一，写成：

$$M_{d1} = L_1(Y) \tag{8.9}$$

3. 投机动机

即人们为了在未来的某一适当时机进行投机活动而产生的持有货币的愿望，由这种愿望产生的货币需求也就是投机性货币需求。根据定义，很显然，满足投机性货币需求而持有的货币执行的是价值贮藏职能，所要发挥的将是资本的作用。这正是传统货币数量论所没有述及的地方，也是凯恩斯的创新之处。

由于凯恩斯将金融资产形式分为货币和债券（包括各种缺乏流动性但能带来收益的生息资产）两种，因此典型的投机活动就是买卖债券。在一般情况下，债券价格与市场利率负相关。换而言之，如果市场利率上升，则债券价格下降；相反，如果市场利率下降，则债券价格上升。这样，当市场利率低于人们心目中的正常利率，从而人们预期利率将上升时，人们的理性选择必然是出售债券而持有货币，因为这样就可做到在市场利率实际上升、债券价格下降时再买进债券，以获得价差收入；相反，当市场利率高于人们心目中的正常利率，从而人们预期利率将下降时，人们的理性选择必然是放弃货币而购买债券，因为这样就可做到在市场利率实际下降、债券价格上升时卖出债券，这样同样可以获得价差收入。

凯恩斯考察了一种极端情形：当市场利率极低，以致低于所有人心目中的正常利率时，所有人都预期市场利率必将上升，从而都希望持有货币而不愿持有债券，此时投机性货币需求将变成无穷大，即投机性货币需求的利率弹性无穷大。这种极端情形就是后人所谓的“流动性陷阱”。

由此看来，人们的投机性货币需求与市场利率成反向变动关系，二者的关系可用函数式（8.10）来描述。其中，M_{d2} 表示投机性货币需求，L_2 表示函数关系，i 表示市场利率。

$$M_{d2} = L_2(i) \tag{8.10}$$

人们的货币需求产生于上述三大动机。其中，交易性货币需求和预防性货币需求都是收入水平的递增函数，投机性货币需求则是利率的递减函数。以 M_d 表示人们对货币的总需求，将（8.9）式和（8.10）式加以综合可得到凯恩斯从货币需求动机所引申出来的如（8.11）式所示的完整的货币需求函数。

$$\begin{aligned} M_d &= M_{d1} + M_{d2} \\ &= L_1(Y) + L_2(i) \\ &= L(Y,i) \end{aligned} \tag{8.11}$$

与传统货币数量论相比较，凯恩斯的货币需求理论有三个地方值得注意：

一是方法论。凯恩斯把货币总需求划分为出于各种动机的货币需求，这既是对传统货币理论的突破，又开启了后人的研究思路。如凯恩斯学派就继承了这一研究方法，沿用至今并有所发展。

二是投机性货币需求。投机性货币需求产生于人们经常对现实的市场利率与主观心目中的正常利率进行比较，而后者的可变性在决定投机性货币需求可变的同时也就决定了货币总需求的可变性，进而决定着货币流通速度的可变性。为说明这一点，我们可以把凯恩斯的货币需求函数代入到交易方程式：

$$L(Y,i) \times V = PT \tag{8.12}$$

即：

$$V = \frac{P \times T}{L(Y,i)} \tag{8.13}$$

显然，（8.13）式表明，投机性货币需求的不稳定性将导致货币流动速度 V 的不稳定性，这就否定了现金交易说的基本前提，也动摇了传统货币数量论的基础。

三是流动性陷阱。在流动性陷阱情形下，人们对货币的需求变得无限大。此时，货币当局如果想通过增加货币供给以刺激投资，则这一扩张性货币政策必然收效甚微，因为人们并没有将手中的货币增加额用来购买债券，从而进行投资。从这个意义上说，流动性陷阱的存在有着丰富的政策含义。

【专栏8－2】

利率的变化是如何影响货币需求的

1936年，凯恩斯出版了他的划时代巨著《就业、利息和货币通论》，书中提出了见解独到的货币理论。他认为，货币具有价值贮藏功能，不论是放在腰包里，还是锁进公司保险箱，都不会像储存粮食那样担心发霉烂掉，即使隔上三年五载，拿出来照样能花。货币用于交易，流动性最强。在这一点上，其他资产都望尘莫及。就是债券、股票等具有流动性的资产，也必须先将它们转换成货币才能购买商品和劳务。正因为如此，人们对货币情有独钟，生活中不可或缺。由于凯恩斯特别强调货币的流动性作用，因而他的货币理论又被称作流动性偏好理论。凯恩斯将人们持有货币的动机分为三类：一是交易动机：倘若你每月一日发工资，总不会在这一天把一个月的吃穿用的额度全都安排妥当，而是要留出一部分钱以便日常花销。二是预防动机：这也是生活常理，人难免有个小病大灾，倘若手头一个子儿没有，叫天天不应，叫地地不灵，保管碰上一回，便会乖乖改掉不留钱的毛病。三是投机动机：一年365天，发财机会随时都有。手里拿着钱，瞅准机会投进去，往往会发一笔意外之财。

由于具有流动性偏好，就产生了货币需求。但人们的货币需求，并非长年累月一成不变。影响货币需求的主要变量是利率。对不同的货币需求，利率的作用大不一样。众所周知，银行利率高了，储户拿到的利息就多，但利率再高，人们也不可能为了多得利息而不吃不喝，把钱都存进银行里。用经济学语言来说，就是交易动机产生的货币需求对利率的变化不敏感。同理，利率是升还是降，跟你生不生病没有必然关系。因此，出于预防动机的货币需求也不会因利率调整而发生多大变化。交易动机和预防动机的货币需求究竟需要多少钱则取决于人们的收入。也就是说，人们会量入为出，根据自己的财力，留出日常花销和应急钱。但是，利率对投机需求的影响却非比寻常。人们持有货币，等待赚钱机会，是要付出机会成本的，其代价是损失银行利息。当银行利息很高时，利息损失就大，持币成本也就高，这时人们就会减少货币需求，多往银行存款。反之，当利率降低，持币成本减少，人们就会更多地提现而去寻找其他的赚钱门路。利率如果一降再降，利息收入已微不足道，人们就有可能把存款全部取出来，捂紧钱袋，等待时机，从而导致投机性货币需求无限扩大，这时经济就进入了“流动性陷阱”。

（二）凯恩斯货币需求理论的发展

根据凯恩斯的货币需求理论可知，交易性货币需求和预防性货币需求只与收入水平正相关，而不受利率影响；相反，投机性货币需求只取决于债券利率与个人心目中的正常利率之间的差额；且在金融资产问题上，个人要么拥有货币，要么持有债券。这些观点受到了鲍莫尔（W. J. Baumol）、惠伦（E. L. Whalen）、詹姆斯·托宾（James Tobin）等人的质疑，他们对凯恩斯货币需求理论进行了发展和完善。

1. 鲍莫尔的平方根公式

早在20世纪40年代末，美国经济学家汉森就指出，当利率上升到相当的高度时，货币的交易余额也会具有利率弹性。到了20世纪50年代初，美国经济学家鲍莫尔运用存货理论第一次深入分析了交易性货币需求与利率的关系，提出了著名的平方根公式。

为简单起见，这里不妨以一个具体事例来作分析。假定一个消费者（或企业）每隔一段时间 T（如30天）就可获得一笔固定收入 Y（假设等于1000元），且必须在 T 这段时间内均匀地花完这笔钱。对该消费者来说，一个可行的方案是，从起初获得收入的第1天起，他就以现金的方式持有这笔钱，然后均匀地将其用于消费，直到期末，也就是第30天全部花完。这样，消费者每天平均的货币持有额就是 $\frac{Y}{2}$，即500元。这一方案的一个明显缺陷是，一直持有现金会给消费者带来利息损失。在此例中，如果在此期间内债券的利率为 i（假设等于6%，则该消费者将损失的利息收入为 $\frac{Y}{2}\times i$（$\frac{1000}{2}\times 6\%\times\frac{1}{12}=2.5$ 元）。

为减少利息损失，消费者的理性选择可以是，将收入中暂不使用的部分先拿去购买生息债券，而当需要现金时再将债券卖掉。为获得最大的利息收入，一种极端的做法是，消费者在期初就可将获得的全部收入都购买债券，然后在每一次货币支出前先将对应数目的一部分债券出售。当然，这样做的一个后果是，消费者必须经常为出售债券而耗费时间和精力，在委托经纪人的情况下甚至需要支付一定的手续费。所有这些就是进行债券投资的交易费用。如果出售债券一次的交易费用为 b（假设等于1元），那么很显然，买卖债券的次数就不能超过一定量（本例中不能超过3次），否则，利息收入将难以弥补交易费用。

如此一来，消费者就面临着一个两难选择：多购买债券可获得更多的利息收入，但出售债券次数的增加又带来了交易成本的增加。如何权衡？对一个理性的消费者来说，他所要做的是选择一个最优的货币持有量，以使利息损失和交易成本之和最小。

假设消费者在期初就将全部收入 Y 购买了债券，然后每隔一定时间就出售一次债券，金额为 K，则债券出售的次数为 $\frac{Y}{K}$，总交易成本为 $b\times\frac{Y}{K}$，其每天平均持有的货币余额为 $\frac{K}{2}$，由此带来的利息损失为 $i\times\frac{K}{2}$，故总成本为：

$$C=b\times\frac{Y}{K}+i\times\frac{K}{2} \tag{8.14}$$

要求总成本 C 的最小值，只需对式（8.14）求 K 的一阶导数并令其等于0即可，由此得：

$$\frac{\partial C}{\partial K}=-b\cdot\frac{Y}{K^2}+\frac{i}{2}=0 \tag{8.15}$$

即：

$$K^*=\sqrt{\frac{2bY}{i}} \tag{8.16}$$

显然 K^* 就是使总成本 C 最小的每次债券出售额①。相应地可得到最优的用以满足交易性需求的平均货币持有量：

$$L^*=\frac{K^*}{2}=\sqrt{\frac{bY}{2i}} \tag{8.17}$$

这就是著名的“平方根公式”。它表明，交易性货币需求与收入和债券的交易费用成正相关，而与利率成负相关。从数量关系来说，交易性货币需求的收入弹性和利率弹性都为0.5，只不过前者为正，后者为负，以表明变动方向的相同与相异。举例来说，若收入增加了1%，则交易性货币需求将增加0.5%；相反，若利率上升了1%，则交易性货币需求将减少0.5%。

鲍莫尔平方根公式一经提出就在西方经济学界引起了强烈反响。赞扬者认为，鲍莫尔的理论是对凯恩斯的交易动机货币需求理论的重大发展，为凯恩斯学派以利率作为中介目标的货币政策主张提供了进一步的理论支持。反对者则认为，鲍莫尔的理论忽略了一些影响交易性货币需求的重要因素，如时间价值、支付制度、通货膨胀、金融创新等，显得过于简单。而且，在数量关系上，平方根公式并不准确。如布伦纳（K. Brunner）和梅尔泽（A. H. Meltzer）认为，交易性货币需求的收入弹性并不是一个常数，而是一个变量，其变动区间大约在0.5—1之间。当收入变小时，这一数值逐渐接近0.5；相反，当收入变大时，这一数值接近1。米勒（M. H. Miller）和奥尔（D. Orr）也认为交易性货币需求的收入弹性不存在一个精确值，不过其变动区间可

① 因为 $\frac{\partial^2 C}{\partial K^2}=\frac{2bY}{K^3}>0$，所以使 C 最小化的二阶条件是满足的。

能在1/3—2/3之间。

2. 惠伦的立方根公式

鲍莫尔的研究揭示了交易性货币需求与利率之间的直接联系，而惠伦则考察了预防性货币需求与利率的相关性。

与鲍莫尔的思路相同，惠伦也是从分析人们持有预防性货币的成本入手，认为人们持有预防性货币的目的是为了避免流动性不足而带来的损失。决定预防性货币需求大小的因素主要有两个：持币成本和收支情况。前者由转换现金的交易费用和利息损失两部分组成；后者涉及的主要是收支次数和规模。由此可知，使成本总和最小的预防性货币持有量受三个因素影响：持币的机会成本、转换现金的交易费用以及转换次数。

设：M为预防性货币平均持有额，i为利率，Mi为持有预防性货币的机会成本，P为转换现金的可能次数，S为净支出（即收小于支）分布的标准差，

则：
$$P = \frac{S^2}{M^2}$$

设：C为转换现金的交易费用，则转换现金的总交易费用为：

$$CP = C\frac{S^2}{M^2}$$

设：E为持有预防性货币总额的总成本，

则：
$$E = Mi + C \cdot \frac{S^2}{M^2} \tag{8.18}$$

要使E值最小，需对（8.18）式求M的一阶导数并令其值为0，由此可得：

$$\frac{\partial E}{\partial M} = i - C \cdot \frac{\partial S^2}{M^3} = 0 \tag{8.19}$$

即：
$$M = \sqrt[3]{\frac{2S^2C}{i}} \tag{8.20}$$

这就是“立方根公式”。它表明，最佳的预防性货币持有量既与收入有关，又与利率相关。其中，预防性货币需求的收入弹性为$\frac{1}{3}$，而

利率弹性为 $-\frac{1}{3}$。

西方经济学界对惠伦理论的评价也与对鲍莫尔理论的评价极其相似，认为这一理论一方面揭示了预防性货币需求与利率的负相关关系，其结论大致与经济现实相符，是对凯恩斯货币需求理论的发展，具有一定的政策含义；而另一方面，这一理论只对预防性货币需求进行了静态分析，实际上，预防性货币需求是一个随机变量，它与影响其变化的因素之间并不存在固定的立方根关系，其收入弹性和利率弹性不是常数值，而应该是在一个区间内变动。

3. 托宾的资产选择理论

詹姆斯·托宾是著名的美国经济学家，1981 年度诺贝尔经济学奖获得者。托宾的资产选择理论是对凯恩斯投机性货币需求理论的发展。

托宾认为，作为各种金融资产中的一种，人们之所以愿意持有货币而非生息证券，是因为人们进行资产选择的原则不是预期收益的最大化，而是预期效用的最大化。在资产选择中，效用受到两个因素的影响：财富和风险。一般来说，增加财富会给人带来更多的满足，因而财富增加，效用增加；相反，风险往往给人带来痛苦，故风险增加，效用减少。

在托宾看来，效用函数完全取决于不同人的偏好。根据对待风险的态度不同，托宾将社会上的人分为三种：

（1）风险规避者

这种人注重安全，尽可能避免风险，他们往往愿意持有风险较低、同时预期回报率也相对较低的资产，所谓的保守者就是这类人的典型。托宾认为，现实生活中大多数人都是风险规避者，因此，资产选择理论应以这类人作为分析对象。如果以 μ 表示预期收益率，以预期收益率的标准差 σ 衡量风险，则风险规避者的效用函数的无差异曲线 U 可用图 8－2 表示。

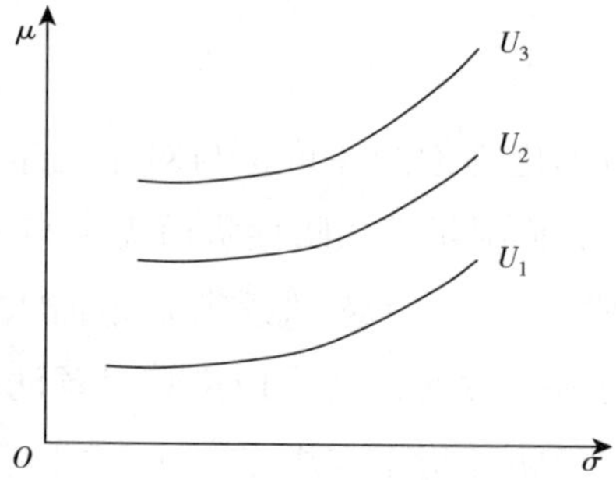

图8－2　风险规避者的无差异曲线

（2）风险爱好者

这种人喜欢风险，为追求最大收益不惜孤注一掷，赌徒就是这类人的典型。风险爱好者的效用函数的无差异曲线可用图8－3表示。

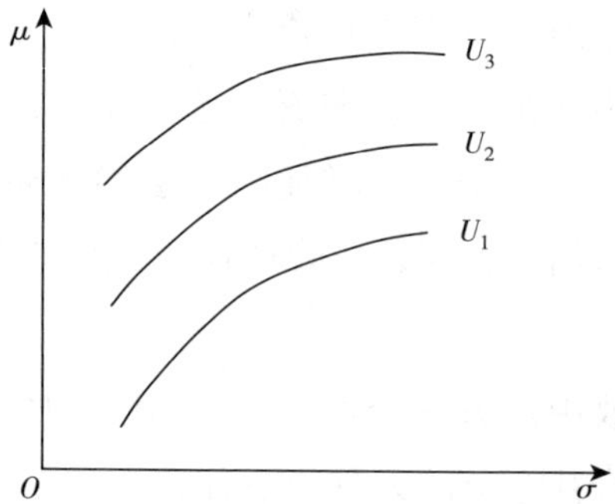

图8－3　风险爱好者的无差异曲线

（3）风险中立者

这种人对风险的态度界于上述两种人之间，他们既追求预期收益，也注意安全，但在预期收益比较确定时，可以不顾风险。由此可用图8－4表示风险中立者的效用函数的无差异曲线。

假设投资者的财富总额为W，以货币或债券或两者组合的方式持有这些财富。如果以货币的方式持有所有财富，则预期收益率和风险将为0；如果以债券的方式持有所有财富，则预期收益率和风险将最大，其值分别是$\bar{\mu}$和$\bar{\sigma}$；如果以比例β（$0<\beta<1$）持有债券，以比例

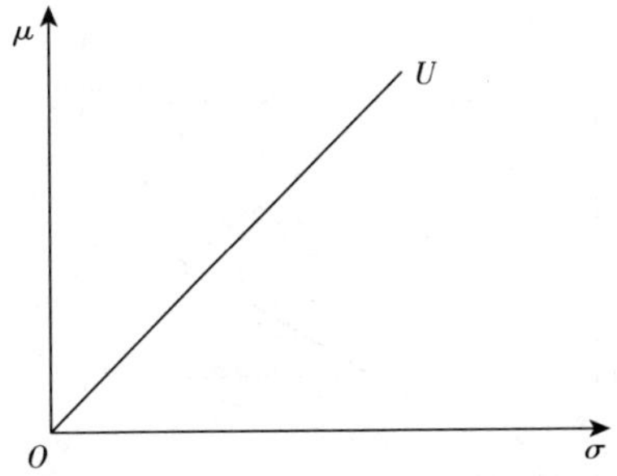

图 8－4　风险中立者的无差异曲线

（1－β）持有货币，则这种资产组合的预期收益率μ将为$\beta\bar{\mu}$，风险为$\beta\bar{\sigma}$。由此可得：

$$\frac{\mu}{\sigma}=\frac{\beta\bar{\mu}}{\beta\bar{\sigma}} \tag{8.21}$$

即：

$$\mu=\frac{\bar{\mu}}{\bar{\sigma}}\cdot\sigma \tag{8.22}$$

（8.22）式表明，资产组合的预期收益率μ是风险σ的线性函数，二者的关系可用图 8－5 描述。

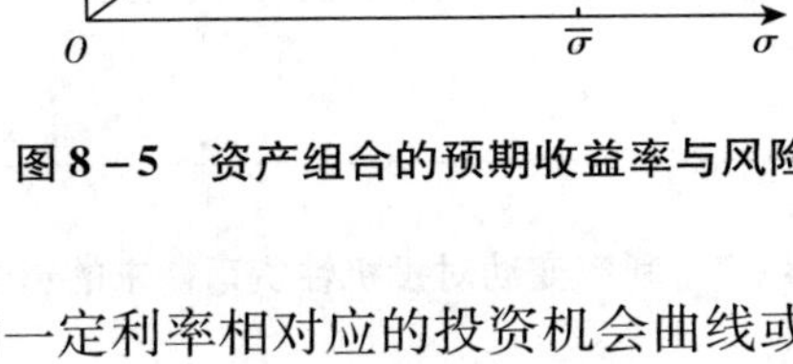

图 8－5　资产组合的预期收益率与风险

OC 线就是与一定利率相对应的投资机会曲线或轨迹，它表明风险越大，其所对应的收益率越高。考虑到利率上升会使对应于每一既定风险水平的债券收益率也上升，则当风险相同时，利率越高，投资机会曲线的斜率将越大。这样，将利率因素加进来后，资产组合的预期收益率与风险图可进一步用图 8－6 描述。

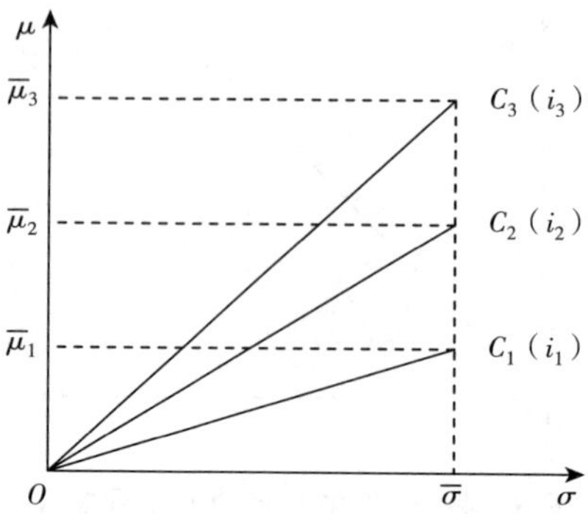

图 8－6　资产组合的利率、预期收益率与风险

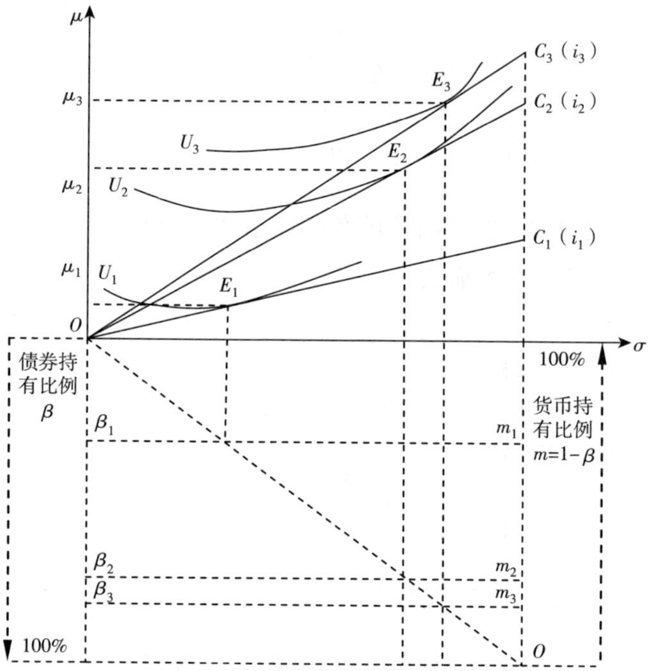

图 8－7　利率变动对投机性货币需求的影响

OC_1、OC_2 和 OC_3 就是对应于利率 i_1、i_2 和 i_3 的投资机会曲线，其中 $i_1 < i_2 < i_3$。结合风险规避者的无差异曲线图可进一步有图 8－7。图的上半部分是将无差异曲线叠加在投资机会曲线上的结果，下半部分则是资产组合图。其中，左纵轴表示债券持有比例 β，数值向下从 0

到 100%；右纵轴表示货币持有比例 m，数值向上从 0 到 100%；而全部财富为：$\beta + m = 1$。当利率为 i_1，无差异曲线 U_1 与投资机会曲线 OC_1 在 E_1 点相切，此时最优的资产组合比例为：$\beta_1 + m_1 = 1$。由于 $m_1 > \beta_1$，所以这种资产组合的收益和风险也较小。当利率为 i_2，无差异曲线 U_2 与投资机会曲线 OC_2 在 E_2 点相切，此时最优的资产组合比例为：$\beta_2 + m_2 = 1$。由于 $m_1 > m_2$，而 $\beta_1 < \beta_2$，所以与前面相比，这种资产组合的收益和风险都变大了。当利率为 i_3，无差异曲线 U_3 与投资机会曲线 OC_3 在 E_3 点相切，此时最优的资产组合比例为：$\beta_3 + m_3 = 1$。由于 m_3 的值最小而 β_3 的值最大，所以这种资产组合的收益和风险也最大。

托宾的资产组合理论很好地解释了在同一时点人们为什么会同时持有债券和货币这一实际情况，弥补了凯恩斯关于投机性货币需求理论的某些不足。更重要的是，托宾突破了前人单纯从资产收益的角度考察货币需求的狭隘视野，而将风险这一因素引入到货币需求决定的分析中，成功地运用马可维茨提出的均值—方差理论对人们的资产选择行为进行了精致表述，使投机性货币需求理论更接近于现实，因此无论是在货币需求理论上还是在资产选择理论上都有着重大意义。

后人对托宾资产选择理论的批评主要集中在两个方面：一是认为这一理论并没有完全克服凯恩斯理论的缺陷，始终坚持将资产分为现金和债券两种；二是片面强调现金的安全性，而忽视了通货膨胀因素对现金购买力的影响。

三、现代货币数量论

现代货币数量论是以美国芝加哥大学经济学教授米尔顿·弗里德曼（Milton Friedman）为首的货币主义学派所创立和发展起来的一个对宏观经济学很有影响的学说。在凯恩斯主义经济学一统天下的 20 世纪 50 年代后期，弗里德曼提出现代货币数量论以对抗早期凯恩斯主义者过分强调财政政策的倾向，这的确让人耳目一新。

（一）货币需求的决定因素

1956 年，弗里德曼在其发表的《货币数量论的重新表述》一文中开宗明义地指出，货币数量论首先是一种货币需求理论，其次才是产出、货币收入或物价水平的理论。因此，货币数量论所要研究的，主要是影响人们货币需求的各种因素。

在弗里德曼看来，影响货币需求的因素可分为四类：

1. 总财富

这是一个包含货币在内的各种资产的总和，是制约人们货币需求量的规模变量，相当于消费者行为理论中的预算约束，它界定了人们持有货币量的上限。

弗里德曼将总财富分为两类：人力财富和非人力财富。前者是指人们获取财富的能力，包括体力、智力以及各种技能、技巧，其大小与接受的教育密切相关，故又称为“人力资本”；后者是指各种物质性财富，包括生产资料、住宅、耐用消费品等各种财产。无论是人力财富，还是非人力财富，二者都可以给其所有者带来收入。

弗里德曼认为，在现实生活中，总财富很难准确估计，而总财富与收入之间存在着十分密切的关系，因而可以用收入来代替总财富作为货币需求函数中的一个变量。但是，如果以日常意义上的收入数量来代替，则存在着明显的缺陷，因为日常收入经常随着时间变化而波动。为克服这一缺陷，弗里德曼引入了一个新概念：恒久性收入。所谓“恒久性收入”，是指过去、现在乃至将来一个相当长时期中的平均收入水平。在按照时间远近进行加权平均后，恒久性收入在短期中就是基本稳定的了。

2. 人力财富和非人力财富的比例

弗里德曼认为，货币需求不仅决定于财富总量，而且还受到财富构成的影响。作为个人的赚钱能力，人力财富给人们带来的收入具有不稳定性，因为人力财富向非人力财富的转化是要受到诸如经济形势、经济环境、社会制度等因素的限制的。因此，在实现人力财富向非人力财富转化的过程中，为应付不时之需，人们必须持有一定量的货币。这样一来，人力财富在总财富中所占的比例越大，人们对货币的需求必然会越多。

3. 货币和其他资产的预期收益

由于弗里德曼将货币划分为现金和存款两种，因此持有货币的预期收益就与物价水平和银行利率紧密相关。在物价稳定的情况下，持有现金的预期收益为0，而存款则带来利息收入；在通货膨胀时期，持有现金的预期收益为负，而存款的实际利息收入也将下降。因此，虽然货币需求量与持有货币的预期收益成正比，但与物价水平的预期变动率成反比。

从机会成本角度，弗里德曼还分析了以债券、股票和实物资产为代表的其他资产收益率对货币需求的影响。购买债券和股票的收益由两部分组成：一是利息或红利收入；二是资本利得收入，即贱买贵卖所带来的收入。实物资产的收益率就是物价水平的变动率。因为物价水平上升，实物资产的名义价值提高；反之，物价水平下降，实物资产的名义价值也相应下降。显然，以债券、股票和实物资产为代表的其他资产的预期收益率越高，持有货币的机会成本就越大，货币需求就越小，相反，这些资产的预期收益率越低，机会成本越小，货币需求就会增加。

4. 其他因素

除上述三大主要影响因素外，弗里德曼认为诸如人口、技术、制度、个人偏好等因素也会影响人们的货币需求。

（二）货币需求函数

根据上面的分析，弗里德曼将其货币需求函数表示为：

$$M = f(P, r_m, r_b, r_e, \frac{1}{P} \cdot \frac{\mathrm{d}P}{\mathrm{d}t}, w, Y, u) \quad (8.23)$$

其中，M 表示名义货币需求；P 表示物价水平；r_m 表示货币的预期收益率；r_b 表示债券的预期收益率；r_e 表示股票的预期收益率；$\frac{1}{P} \cdot \frac{\mathrm{d}P}{\mathrm{d}t}$ 表示物价水平的预期变动率，即实物资产的预期收益率；w 表示非人力财富与人力财富的比例；Y 表示名义货币收入；u 表示影响货币需求的其他因素，是随机变量。

但弗里德曼强调的是实际货币需求，因为“我们所讨论的货币需求，必须是对商品和劳务的实质余额的需求，而不是对名义余额的需求”，“这是新、旧货币数量论的基本特征”。将（8.23）式两边同时除以 P，就可以得到实际货币需求函数：

$$\frac{M}{P}=f(r_m,r_b,r_e,\frac{1}{P}\cdot\frac{dP}{dt},w,\frac{Y}{P},u) \tag{8.24}$$

弗里德曼认为，短期内，w 和 u 是不会发生多大变化的，这是因为前者作为财富的构成比例具有相对稳定性，后者主要决定于货币本身的效用和制度因素。根据对发达国家统计资料的分析，弗里德曼又发现，物价变动率只有在变化幅度很大、期限较长时才直接影响货币需求，但这种情况很少发生，因此，在考察短期货币需求的影响因素时，$\frac{1}{P}\cdot\frac{dP}{dt}$ 也可以不考虑。至于货币的预期收益率 r_m 、债券的预期收益率 r_b 和股票的预期收益率 r_e ，它们都受市场利率制约，因此可以归结为一个变量——市场利率 i 。这样，弗里德曼的货币需求函数就简化为：

$$\frac{M}{P}=f(y,i) \tag{8.25}$$

其中，y 等于 $\frac{Y}{P}$ ，表示实际收入，它可以用恒久性收入代替，因此是基本稳定的。i 表示市场利率。弗里德曼通过实证分析发现，利率变动对实际货币需求的影响非常小，在1892年至1960年间，实际货币需求的利率弹性仅为 -0.155，即当利率上升1%时，实际货币需求下降0.155%。由此，弗里德曼得出了其货币需求理论中的一个最重要结论：货币需求是稳定的。

从分析思路看，弗里德曼所采用的显然也是资产选择分析法，这一点与凯恩斯相同，都是对马歇尔方法的继承。而从货币需求函数的形式上看，两家也可谓殊途同归，都将货币需求的最终决定因素定位在收入和利率上。这是否意味着两种货币需求理论没有实质区别呢？其实不然，这两种理论至少存在四大区别：

第一，在流动性偏好理论中，凯恩斯对资产进行了简单的两分法：货币和债券。因为在凯恩斯看来，决定债券和其他金融资产预期回报率的最主要因素是利率，这些预期回报率的波动具有一致性，因此其他金融资产完全可被债券予以代表而不必列入货币需求函数。与凯恩斯的看法不同，弗里德曼认为，债券、股票甚至实物资产都是货币的替代品，除利率这一共同影响因素外，债券、股票和实物资产还各自受到很多其他独特因素的影响，这样在考察货币需求变动时，三者彼此之间并不能完全替代。在这个意义上可以说，弗里德曼对货币需求影响因素的认识更加全面和深入。

第二，在流动性偏好理论中，凯恩斯并没有考虑实物资产对货币的替代问题，这样货币需求的变动就只与收入和利率相关，而不会对总支出发生直接作用。相反，弗里德曼强调实物资产对货币的替代作用，其结论是，货币需求的变动可能直接影响实物资产，也就是总支出。

第三，在流动性偏好理论中，凯恩斯认为持有货币的预期收益率为0，利率变动对货币需求的影响是直接而显著的，因此利率能够成为联系货币供给与货币需求的桥梁。相反，弗里德曼认为持有货币的预期收益率可以变动。当利率上升时，银行为扩大贷款以获取更多利润必然引起对存款的争夺。这种争夺无论是通过直接提高利率的方式进行，还是通过诸如改善服务质量等间接方式进行，对存款户，也就是货币持有人来说，都意味着货币收益率的提高。因此，利率上升一方面引起债券、股票等其他资产收益增加，另一方面也引起货币收益增加。两者相互抵消后，它们之间的收益差距（即 $r_m - r_b$ 和 $r_m - r_e$）就会保持不变。进一步说，利率上升对持有货币的机会成本是不产生影响的，故货币需求不会发生变化。这样，弗里德曼最终否定了凯恩斯有关利率变动影响货币需求的观点。

第四，虽然两种货币需求函数中都涉及收入，但弗里德曼却赋予“收入”全新的内容。显然，用“恒久性收入”替代一般意义上的收入，是弗里德曼货币需求理论的关键。从这一概念出发，弗里德曼推理出货币需求的可预测性和相对稳定性，而这又决定了货币流通速度的可预测性和相对稳定性。如此一来，“货币供给量的变化只会影响物价水平”这一传统货币数量论的结论也就不证自明了，在这一点上，两种货币数量论的立场是完全一致的。正因为如此，弗里德曼才将自己的货币需求理论冠之以“货币数量论”，并认为是对“货币数量论的重新表述”。

但是，这种“重新表述”有点显得“旧瓶装新酒”。因为，现代货币数量论在以下几个方面与传统货币数量论存在明显区别：

第一，弗里德曼的货币需求理论更具实用性，因为其货币需求研究的目的是要在全面批判凯恩斯主义政策主张的基础上，为货币当局执行货币政策提供理论依据与政策规则。

第二，传统货币数量论直接假定货币流通速度为一个固定的常数，现代货币数量论却通过精致论证认为，货币流通速度虽非如凯恩斯所言，是一个变动无常的数，但传统货币数量论的观点却过于简单和机械。实际上，货币流通速度应该是一个稳定的、可以预测的变量。

第三，现代货币数量论放弃了传统货币数量论所认为的，由于经济始终处在充分就业状态，实际国民收入永远不变，从而价格变化必然与货币供给的变化保持完全同步的观点。相反，现代货币数量论认为，货币数量的变化在短期内是可以造成实际国民收入变化的，因此，货币供给的变化并不一定完全通过物价水平表现出来，两者变动的比例性必须视其他条件而定。

【专栏8－3】

你有智能信用卡吗？

20世纪90年代中期，几家银行和其他一些公司开始测试高科技电子货币或称为“电子现金”的东西，这种货币的一个可行的形式是使用加密电子信息从一个电脑到另一个电脑传送账户结余，整个过程有可能会绕过银行而运作。

到目前为止，电子现金（E-cash）最一般的形式叫作保值卡（Stored-valve Card），它的工作方式如下：你可以买到一张嵌有内存的智能卡（类似信用卡），芯片或磁条中记录着你以前的支付情况。平常的钱转化成电子现金之后，通过简单的将卡插入自动售货机或存储器特制的插孔中，你就可以用存贮在卡上的现金购物。当你卡中的存值用完时可以在自动存款机上补充它。

电子现金的使用会导致以下一些新的问题：第一，各国政府长期以来一直垄断对现金的发放，而电子现金也许会冲垮这种垄断。第二，消费者和商业机构存在隐私的泄露和安全性问题，他们会担心，由于系统错误和电脑黑客，他们的电子交易是否安全？法律实施机构也担心，大量难以追踪的基金电子交易也许会导致犯罪和逃税。

尽管未来主义者确定地预测，这些新产品代表了未来的货币，但怀疑者还是大有人在。看来只有时间能告诉我们新技术是否能行得通。

本章小结

货币需求理论主要研究三大问题：一是人们的持币动机，二是决定或影响货币需求的各种因素，三是货币需求量的变动对实际经济生活的影响。

对货币需求内涵的把握需从货币需要与货币需求、微观货币需求与宏观货币需求及名义货币需求与实际货币需求三个角度进行。人们之所以需要持有货币是因为货币具有价值贮藏和交易媒介功能。

决定或影响货币需求的因素众多，主要包括：收入、利率、汇率、商品经济发达程度、价格水平、货币流通速度、信用以及心理预期和偏好等。

货币数量论是西方货币理论中流传最广、影响最大的一种经济理论，它主要研究货币数量、货币价值以及物价水平三者的关系。货币数量论有传统货币数量论和现代货币数量论之分。现代货币数量论特指20世纪50年代以来以弗里德曼为代表的货币需求理论，而传统货币数量论产生的时间则一直可追溯到16世纪。费雪的现金交易说和剑桥学派的现金余额说是传统货币数量论的两种代表性学说。

凯恩斯认为人们持有货币主要出自三大动机：交易动机、预防动机和投机动机。在流动性偏好理论中，凯恩斯特别强调利率的作用，并证明货币需求和货币流通速度具有可变性，从而批驳了传统货币数量论的观点。鲍莫尔、惠伦、托宾等人分别从交易性货币需求、预防性货币需求和投机性货币需求等方面丰富并发展了凯恩斯的货币需求理论。他们对利率的强调为凯恩斯主义的货币政策提供了坚实的理论基础。

现代货币数量论将人们的资产选择行为范围进一步扩大，论证了货币需求对利率的不敏感性，指出货币需求具有高度稳定性，从而对货币数量论进行了重新表述。

重要概念

货币需求　微观货币需求　宏观货币需求　名义货币需求　实际货币需求　货币数量论　流动性偏好　交易性货币需求　预防性货币需求　投机性货币需求　恒久性收入

第九章 货币供给

货币供给亦称货币供应，它不仅是一个重要的货币理论问题，也是一个涉及货币控制和管理政策的重大实践问题，世界各国对货币供给都给予高度重视。但遗憾的是，有关货币供给的理论研究却长期停滞不前。这是因为在20世纪60年代以前，几乎所有的经济学家都认为，货币供给与经济运行的客观规律无关，它只是外在地决定于货币当局或中央银行的主观意志，是一个货币当局或中央银行能够绝对控制的变量。直到20世纪60年代初，一些经济学家通过实证研究，才发现货币供给在很大程度上也是一个内生变量，从而才开始将货币供给作为一种受制于客观经济规律的范畴进行理论上的研究。于是，现代意义的货币供给理论才得以逐渐产生与发展。本章主要介绍货币计量、存款创造、货币供给模型、主要货币供给理论及货币控制等基本知识。

第一节 货币的计量

简单来说，货币供给就是一个国家在一定时点上所拥有的货币存量。显然，要统计出这一存量，其前提是必须弄清楚货币的外延，即货币包括哪些？“货币的定义体系”所要解决的正是这一问题。

一、有关货币外延的争议

虽然在货币的内涵问题上，西方经济学家基本达成了共识，即认为货币本质上是用来充当交易媒介和支付手段的物品。但在货币的外延，即货币具体包括哪些物品问题上，长期以来却存在着巨大的分歧。

有关货币外延问题的争论最早可追溯至19世纪的“通货论争”。以奥维尔斯顿（Lord Overstone）为代表的通货学派认为：“货币具有三个特性。即：①货币的数量由贵金属分配于世界各国的规律所决定；②货币在各国为一切商品价位的一般尺度，即货币为一切商品的价值据以测度、一切契约据以履行的标准；③货币为任何人在任何时间和任何地点进行交易所必需的一般的交换手段——凡是货币都具有这些特性。”以此为标准，奥维尔斯顿进而认为，金属货币完全具有这些性质，所以是货币；银行券是金属货币的替身，不管其能否兑现，均是货币，即可兑现的银行券和不可兑现的银行券没有区别，同样都是货币；而汇票与银行存款则因只具有第三个特性，而不具有其余两个特性，所以不是货币。这样，货币就只应包括金属货币和银行券，而银行券以外的其它各种信用工具则应排除在外。银行学派的代表人物图克（Thomas Tooke）等人则认为，银行券与其它信用形态虽然在形式上不同（如银行券不要背书，无需检验和审核），但其本质和作用却没有什么不同。既然银行券这种不占重要比例的信用工具都能作为货币，那么，就没有理由把其它信用工具排斥在货币之外。因此，在银行学派看来，货币的外延应扩展到其它信用形态。

“通货论争”虽然使理论界认识到应把银行存款纳入货币的范畴，但涉及到何种存款是货币时，争议又一次爆发了。甘末尔（F. W. Kemmerer）等人认为只有转帐支票才是货币；费雪等坚持所有存款都是货币；佩塞克和萨文认为只有活期存款是货币；纽伦和波特认为，无论是活期存款还是定期存款，它们都能够用来进行支付，因此都是货币；克劳尔（R. W. Clower）等则认为银行透支额、信用卡和旅行支票都应包括在货币 M_1 中。

弗里德曼独辟蹊径，从价值贮藏角度来定义货币数量的规定性。用弗里德曼的话说，货币是“能使购买行为从售卖行为中分离出来的购买力的暂栖所”。这样，商业银行体系的其它存款，如储蓄存款和定期存款也是货币，货币总量表现为流通量小的现金与商业银行体系中的各种存款（活期存款、储蓄存款、定期存款）之总和。

1959年，以拉德克利夫勋爵为首的“货币体系运行研究委员会”发表了洋洋洒洒350万字的《拉德克利夫报告》。该报告认为，除了银行和其它金融机构的存款外，现代经济中还存在不少信用工具，它们也具有相当程度的或程度不同的流动性或货币性，如政府或大企业发行的短期债券、人寿保险公司的保单、互惠基金及退休基金的股份等。这些信用工具（或短期流动资产）在金融市场上贴现或变现的机会极多，具有较强的流动性，与狭义货币相比，它们只有程度上的不同，而无本质的差别，所以也可将其视为货币。这样一来货币的外延就更广了。

概括来说，当今经济学界在货币外延问题上主要存在三种意见：

1. 窄口径的货币供给量（M_1）

窄口径的货币供给量等于银行系统以外的通货量（C）与一定时期活期存款余额（D）之和。之所以如此，原因在于：①交易职能是货币最重要的职能之一，因此货币供给量应包括所有被作为交易媒介使用的物品。②从大多数国家货币当局普遍接受的程度来看，统计实证研究足以证明 M_1 与现实经济运行存在密切的关系。

2. 宽口径的货币供给量（M_2）

弗里德曼从货币是购买力的暂栖所定义出发，认为货币供给量理应等价于窄口径的货币供给量与相对应时期的定期存款与储蓄存款的余额（T）。弗里德曼对美国货币史的统计实证研究表明：宽口径的货币供给量更能体现货币与经济运行的相关性。

3. 流动性口径的货币供给量（M_3）

由于各种形式的金融资产如定期存款、储蓄存款、债券与商业票据等能够变现，因此它们与通货和活期存款并无本质上的区别，只是其流动性强弱程度有所不同。为了准确反映货币供给量的变化，应根据各种金融资产的流动性程度确定其相应的变现系统，再加总计算。通货和活期存款的流动性均为1，假设某一个单位第 i 种相应金融资产的面值为 A_i，则有：

$$M_3 = M_1 + \sum a_i \cdot A_i$$

$$\text{s.t.:} \quad 0 < a_i < 1$$

流动性口径的货币供给量依据各种金融资产的流动性折算为通货，再加总计算，较之简单的数量加总，从逻辑上来说，则更为合理，因为它区分了通货和其它金融资产。但是其困难在于如何准确地确定各种金融资产的流动性。

二、货币当局的做法

在货币政策实施中，货币供给指标至关重要，货币当局选择何种口径的货币作为控制变量直接关系着货币政策的成败，而理论的分歧又使货币当局无所适从。在左右为难中，各国政府最终采用了一种折中的做法：同时公布几种口径各不相同的货币。这就是著名的“货币的定义体系”。

（一）美国联邦储备委员会的货币供给口径

早在20世纪60年代美国联邦储备委员会就开始进行货币总量指标定义的工作。最初，《联邦储备公报》公布的货币总量指标只有一项——货币存量，包括通货和活期存款。1971年后，公布的货币总量指标增加为三项：M_1、M_2和M_3。1975年后又增加了两项：M_4和M_5。1980年2月7日对货币总量指标又进行新定义，将货币指标体系变为五种：M—1A，M—1B，M—2，M—3和L。1982年1月6日，联储将M—1A和M—1B合并为M_1，从而形成M_1、M_2、M_3和L的体系。20世纪90年代起，又增加了债务指标。2006年3月开始，美联储认为M_3中除了M_2外的部分并不能提供更多经济运行方面的信息，不再公布M_3数据。表9－1对美国现行的货币供给体系的具体内容进行了描述。

表9－1　美国货币总量的指标（2013年12月）

单位：十亿美元

季节调整后的M_1	2648.30
通货	1159.80
旅行存款	3.50
活期存款	1016.10
其他支票存款	468.80
商业银行	256.30
其他存款机构	212.60

续表 9－1

季节调整后的 M_2（不包括 M_1）	8310.60
储蓄存款	7133.20
商业银行	6108.30
其他存款机构	1024.90
小额定期存款	545.00
商业银行	403.20
其他存款机构	141.80
货币市场互助基金	632.40

资料来源：根据 http://www.federalreserve.gov/releases/h6/current/default.htm 整理。目前美联储公布的货币层次为：$M_1 = M_0$ + 旅行支票（非银行发行）+ 商业银行活期存款（不包括存款机构、美国政府以及外国银行及官方机构活期存款）－托收未达款和联邦储备银行在途资金 + 其他可签发支票的存款；$M_2 = M_1$ + 储蓄存款（包括货币市场存款账户 MMDAS）+ 小额定期存款（面额小于 $ 100000）－存款机构中个人退休金账户（IRA）和基奥计划份额 + 货币市场共同基金份额（非机构持有）－货币市场基金中的个人退休金账户和基奥计划份额。

（二）中国人民银行的货币供给口径

我国从 1984 年开始对货币层次进行划分，1994 年第二季度起定期向社会公布货币供应量的统计监测指标。早期，我国货币分为四个层次：

M_0 = 流通中的现金

$M_1 = M_0$ + 企业活期存款 + 农业存款 + 机关团体部队存款 + 信用卡存款

$M_2 = M_1$ + 企业定期存款 + 居民储蓄存款 + 信托类存款 + 临时存款 + 财政预算外存款

$M_3 = M_2$ + 金融债券 + 商业票据 + 大额可转让定期存单（CDs）+ 同业存放

近年来，在中国人民银行公布的货币供给统计资料中，中国人民银行通常把货币分成三个层次。表 9－2 分析了我国 2013 年 12 月的货币供给情况。

表 9-2 中国货币层次概况（2013 年 12 月）

单位：亿元人民币

货币和准货币	1106524.98
货币	337291.05
流通中货币	58574.44
单位活期存款	278716.61
准货币	769233.93
单位定期存款	232696.58
个人存款	467031.12
其他存款	69506.23

资料来源：中国人民银行网站。

第二节 存款创造

如果有人告诉你，当你将 1 元钱现金存入商业银行后，会引起数倍的银行存款增加，你也许会感到惊讶。但这却是金融学的基本原理之一：存款创造。

一、存款准备金与存款准备金比率

存款准备金是商业银行在吸收存款后，以库存现金或在中央银行存款的形式保留的、用于应付存款人随时提现的那部分流动资产储备。存款准备金比率就是存款准备金占银行吸收存款总量的比例。在现代市场经济中，存款准备金比率是中央银行调控货币供给量的一个重要手段。对于这种手段的具体运用及其效果等问题将在本书货币政策一章中另作说明。需要指出的是，对于商业银行来说，根据中央银行规定的存款准备金比率保留的那部分存款准备金，是必须保留的法定存款准备金。但是，当商业银行根据中央银行规定的比率缴存了法定准备金以后，它是否保留超额准备金，或者保留多少超额准备金，则完全由商业银行自主决定。

二、原始存款与派生存款

原始存款与派生存款是与存款创造紧密相连的一对概念。原始存款，狭义的是指客户以现金形式存入商业银行的款项。对整个商业银行体系来说，广义的也包括能同时增加准备金的存款。例如，中央银行以支票方式存入商业银行的直接存款，财政拨款后客户存入商业银行的款项，客户出售黄金、外汇后存入商业很行的款项等。而派生存款是商业银行通过贷款、贴现以及投资而衍生出来的间接存款。

三、存款创造

存款货币的创造需具备两个条件：部分准备金制度和部分提现制度。为理解这些条件，我们不妨来考察两种极端情况。一种情况是提取100%的法定存款准备金。这意味着银行吸收多少存款就得送交中央银行多少法定存款准备金，而不得留下任何剩余资金进行放贷。如此一来，银行体系的存款货币创造就无从谈起了。另一种情况是借款人100%提取现金，即银行体系全部以现金的方式发放贷款。这意味着借款人会始终持有现金而不会将其存入银行体系，因此在这笔贷款未偿还前，整个银行系统的存款和贷款的增加就是一次性的，这样一来，存款的多倍创造也就不存在了。

（一）存款创造：一种最简单的情形

为了更好地了解存款货币创造的完整过程，我们先分析一种最简单的情形。说它简单，是因为存在着如下苛刻的假设条件：

第一，假设银行没有任何超额准备金。换句话说，银行除留下法定准备金外，其余的存款都将贷放出去。

第二，假设银行的所有贷款都不以现金发放，所有交易都通过银行间的账户划拨来进行。

第三，假设银行只开设活期存款账户，而不开设定期存款账户。

显然，在这些假设下，就整个银行体系而言，一笔贷款的发放必然引起多笔存款和多笔贷款的连锁发生。这一点通过一个具体事例就可一目了然。

例如，A在甲银行存入现金100元，在活期存款的法定准备金比率为20%的情况下，甲银行拿出80元作为贷款贷给B。这一行为反映在甲银行的资产负债表上即为表9－3。

表9－3　甲银行的资产负债表

单位：元

资　产		负　债	
准备金	20	存款	100
贷款	80		
总额	100	总额	100

B获得80元的贷款后，由于不持有现金，他将把这笔存款存入他的开户银行乙。于是第一笔派生存款就产生了，它在数量上就等于乙银行所吸收的80元存款。同样道理，乙银行在按20%的法定准备金比率给中央银行上缴了16元后，也会将剩下的64元贷放给C。这一过程也可用乙银行的资产负债表来反映（见表9－4）。

表9－4　乙银行的资产负债表

单位：元

资　产		负　债	
准备金	16	存款	80
贷款	64		
总额	80	总额	80

C在获得乙银行的64元贷款后，将这笔钱存入其开户银行丙。这样一来，在丙银行获得64元存款的同时整个社会又获得了第二笔等额的派生存款。同理，丙银行在提取12.8元的法定存款准备金后，又会将剩余的51.2元贷放出去。如此循环下去，最终将在整个商业银行系统形成连锁反应（见表9－5）。

表 9-5 银行系统存款创造过程

银行名称	活期存款增加额	准备金增加额	贷款增加额
甲	100	20	80
乙	80	16	64
丙	64	12.8	51.2
丁	51.2	10.24	40.96
⋮	⋮	⋮	⋮
合计	500	100	400

显然，各银行的活期存款增加额构成了一个无穷递减等比数列，即100，100（1－20%），100（1－20%）^{2}，100（1－20%）^{3}，……。根据无穷等比递减数列的求和公式，可知整个商业银行系统的活期存款增加额为：

$$100+100(1-20\%)+100(1-20\%)^2+100(1-20\%)^3+\cdots$$

$$=100\times\frac{1}{1-(1-20\%)}$$

$$=100\times\frac{1}{20\%}$$

$$=500$$

这样，100元的原始存款就创造出了400元的派生存款，进而使银行系统的存款货币总额达到500元，它是100元存款的5倍，这就是存款创造乘数，它在数值上恰好等于法定存款准备金比率的倒数，即$\frac{1}{20\%}$。

假设ΔD表示整个银行体系的活期存款总额，ΔR表示原始存款，r_d表示活期存款的法定准备金比率，（活期）存款乘数为d，则可得：

$$\Delta D=\Delta R\times\frac{1}{r_d} \tag{9.1}$$

$$d=\frac{\Delta D}{\Delta D}\times\frac{1}{r_d} \tag{9.2}$$

（二）存款创造：复杂的情形

当然，上述存款创造是最简单的存款创造，相应地其乘数也是一种最简单的存款乘数。下面来考虑逐步放松三大假设条件时的存款创造问题。

1. 假设商业银行持有超额准备金

考虑到谨慎经营或应付意外事件，等待更好的投资机会，受客户需求的制约以及经济运行大环境的影响等因素，商业银行除了按照要求缴纳法定存款准备金之外，还会保留一部分超额准备金，这使得能够用于发放贷款的资金相应减少。如果各家银行都持有5%的超额准备金，则各银行活期存款增加额依次为：

甲：100

乙：$100[1-(20\%+5\%)]$

丙：$100[1-(20\%+5\%)]^2$

丁：$100[1-(20\%+5\%)]^3$

……

对此求和，整个商业银行系统的活期存款增加额为：

$$\begin{aligned}\Delta D &= \frac{100}{1-[1-(20\%+5\%)]}\\ &= 100\times\frac{1}{20\%+5\%}\\ &= 400\end{aligned}$$

设超额准备金 E 与活期存款 D 之比（即超额准备金比率）为 e，则存款总额为：

$$\Delta D = \Delta R\times\frac{1}{r_d+e} \tag{9.3}$$

存款乘数为：

$$d=\frac{1}{r_d+e} \tag{9.4}$$

2. 假设商业银行有现金漏损

客户获得收入后总会从银行提取一部分现金，以现金的形式持有，从而使这部分资金流出银行系统，这就是现金漏损。因为部分现金从银行漏出，银行就不可能利用它们来进一步扩张贷款，所以它们也就从存款创造过程中退出了。在上例中，假设银行系统每增加1元的活期存款，客户便提取1角钱，也就是说现金与活期存款将保持1∶9的比例。那么，各银行的活期存款增加额依次为：

甲：$100\times 90\%$

乙：$100\{1-[10\%+90\%(20\%+5\%)]\}\times 90\%$

丙：$100\{1-[10\%+90\%(20\%+5\%)]\}^2\times 90\%$

丁：$100\{1-[10\%+90\%(20\%+5\%)]\}^3\times 90\%$

……

显然，它们也构成了一个无穷递减等比数列，其和为：

$$\Delta D=\frac{100\times 90\%}{1-\{1-[10\%+90\%(20\%+5\%)]\}}$$

$$=100\times\frac{1}{\frac{10\%}{90\%}+20\%+5\%}$$

$$=276.92$$

设现金 C 与活期存款 D 之比（即现金漏损率或通货比率）为 c，则存款总额为：

$$\Delta D=\Delta R\times\frac{1}{c+r_d+e}\tag{9.5}$$

存款乘数为：

$$d=\frac{1}{c+r_d+e}\tag{9.6}$$

3. 假设商业银行有定期存款

与超额准备金和现金漏损类似，定期存款的存在也将分流一部分活期存款。但定期存款的“漏出”与前两种“漏出”有一点不同，这就是在按照定期存款法定存款准备金比率留出法定存款准备金后，其余的定期存款也可像活期存款一样贷放出去。如果定期存款的法定存款准备金比率为6%，银行系统每增加1元钱活期存款，其中有3角钱会向定期存款转化，若其他条件均不变，则现金、活期存款与定期存款之比为1∶6∶3，那么各银行的活期存款增加额依次为：

甲：$100\times 60\%$

乙：$100\{1-[10\%+60\%(20\%+5\%)+30\%\times 6\%]\}\times 60\%$

丙：$100\{1-[10\%+60\%(20\%+5\%)+30\%\times 6\%]\}^2\times 60\%$

丁：$100\{1-[10\%+60\%(20\%+5\%)+30\%\times 6\%]\}^{3}\times 60\%$

……

对此求和，整个商业银行体系的活期存款增加为：

$$\Delta D=\frac{100\times 60\%}{1-\{1-[10\%+60\%(20\%+5\%)+30\%\times 6\%]\}}$$

$$=100\times\frac{1}{\frac{10\%}{60\%}+20\%+5\%+\frac{30\%}{60\%}\times 6\%}$$

$$=223.88$$

设定期存款 T 与活期存款 D 之比（即定期存款比率）为 t，定期存款的法定准备金比率为 r_t，则存款总额为：

$$\Delta D=\Delta R\times\frac{1}{c+r_d+e+r_t\times t} \tag{9.7}$$

存款乘数为：

$$d=\frac{1}{c+r_d+e+r_t\times t} \tag{9.8}$$

这就是完整意义上的存款创造。由于它取消了三大苛刻假设，这使得该乘数具有极大的现实性。实践中，只要知道了这一乘数，就可计算出单位存款的增加会给整个银行系统带来多少派生存款。

第三节　货币供给的模型分析

与存款创造类似，中央银行每增加一单位货币的供给也会带来整个社会多倍的货币供给增加，这就是货币供给创造。本节由简单到复杂，对货币供给的这一原理进行分析。

当代货币供给模型的核心思想是，一国一定时点上的货币总供给等于基础货币与货币乘数的乘积。基础货币，又称货币基础或高能货币，即流通中的现金和银行准备金的总和。如果以 B 代表基础货币，C 代表流通中的现金，R 代表银行准备金，则三者的关系可表示为：

$$B=C+R \tag{9.9}$$

基础货币是决定货币供给的一个重要因素，但不是唯一因素。在基础货币一定的条件下，货币乘数的变动将引起货币供给的变动。一般来说，基础货币是中央银行能够加以控制的，而货币乘数则是中央银行所不能完全控制的。所以，在现代货币供给理论中，人们往往较多地致力于对货币乘数及其决定因素的研究。而在这些研究中所形成的各种货币供给模型，实际上主要是货币乘数模型。

一、货币 M_1 的供给模型

作为狭义货币，货币 M_1 是各国中央银行关注的重点，因此，本节的介绍先从这一层次的货币供给开始。

（一）简单的货币供给模型：仅含有活期存款

这种货币供给模型，类似于存款创造中的简单情形，因此也有着类似的假设条件。具体包括：第一，假设社会公众不持有通货，所有交易完全通过银行支票进行转账；第二，假设商业银行只开设活期存款账户，而不开设定期存款账户；第三，假设银行不持有超额准备金。则狭义货币 M_1 仅表现为活期存款 D，基础货币 B 仅表现为准备金 R。因此有：

$$m_1 = \frac{M_1}{B} = \frac{D}{R} = \frac{1}{r_d}$$

$$M_1 = m_1 \times B = \frac{1}{r_d} \times B \tag{9.10}$$

简单货币供给模型的优点在于一目了然地为我们揭示出“货币供给等于准备金与货币乘数的乘积”这一原理。由于货币乘数唯一地决定于法定存款准备金比率，因此，简单货币供给模型的政策含义十分明确，那就是中央银行能够对货币供给实行完全控制。

简单货币供给模型的局限性也是十分明显的。因为上述三大假设显然是不符合现实的。首先，即使在信用制度高度发达的今天，现金仍然是货币的主要存在形态之一，而且，人们持有现金的目的也不仅仅为满足商品交易；其次，银行的存款种类远远不止活期存款一种，而金融创新更是在不断拓展着人们的资产选择范围；最后，出于安全性和流动性，乃至投机性的目的，银行往往需要持有超额准备金。因此，有必要对简单货币供给模型进行扩展，以与现实经济生活相符合。

（二）扩展一：含有通货与活期存款的货币供给模型

如果将简单货币供给模型中的第一个假设条件取消，狭义货币 M_1 则在活期存款的基础上又增加了通货 C 。对应地，基础货币 B 也变为准备金 R 和通货 C 之和。

$$m_1 = \frac{M_1}{B} = \frac{C + D}{C + R} = \frac{c + 1}{c + r_d}$$

$$M_1 = m_1 \times B = \frac{c + 1}{c + r_d} \times B \tag{9.11}$$

（三）扩展二：含有定期存款的货币供给模型

进一步取消简单货币供给模型中的第二个假设条件，以 R_d、R_t 分别表示活期存款的法定准备金与定期存款的法定准备金，则有：

$$m_1 = \frac{M_1}{B} = \frac{C + D}{C + R_d + R_t} = \frac{c + 1}{c + r_d + r_t \times t}$$

$$M_1 = m_1 \times B = \frac{c + 1}{c + r_d + r_t \times t} \times B \tag{9.12}$$

（四）扩展三：含有超额准备金的货币供给模型

最后，再取消简单货币供给模型中的第三个假设条件，则有：

$$m_1 = \frac{M_1}{B} = \frac{C + D}{C + R_d + R_t + E} = \frac{c + 1}{c + r_d + r_t \times t + e}$$

$$M_1 = m_1 \times B = \frac{c + 1}{c + r_d + r_t \times t + e} \times B \tag{9.13}$$

二、货币 M_2 的供给模型

由于货币 M_2 等于货币 M_1 再加上定期存款 T , m_2 代表与广义货币 M_2 对应的货币乘数，则：

$$m_2 = \frac{M_2}{B} = \frac{C + D + T}{C + R_d + R_t + E} = \frac{c + 1 + t}{c + r_d + r_t \times t + e}$$

$$M_2 = m_2 \times B = \frac{c + 1 + t}{c + r_d + r_t \times t + e} \times B \tag{9.14}$$

在货币 M_2 的供给模型中，货币乘数 m_2 相应地大于货币 M_1 供给模型中的货币乘数 m_1，这是因为在其他条件相对不变的情形下，货币的统计计算范围相应扩大了。

第四节　西方当代货币供给理论

货币供给理论的思想渊源一直可追溯到18世纪的信用创造说，它认为信用创造货币。1810—1840年，英国“通货主义学派”与“银行主义学派”的“通货论争”为货币供给理论的最终形成创造了条件。20世纪20年代，菲利普斯（C. A. Phillips）第一次使用了“原始存款”和“派生存款”这两个重要概念，它为现代货币供给理论提供了理论雏形。但一直到1952年，在米德（J. E. Meade）运用货币供给方程系统研究货币供给量和银行系统后，现代货币供给理论才真正形成。此后，研究货币供给的热潮经久未衰，这一方面得益于货币政策在一国经济生活中作用的日益突出，另一方面也得益于各种复杂数学工具的引入与模型化。而在西方当代经济理论中，弗里德曼—施瓦茨货币供给模型、卡甘货币供给模型和乔顿货币供给模型久负盛名，对后人产生了深远影响。下面就对这三大模型做一简介。

一、弗里德曼—施瓦茨货币供给模型

弗里德曼和施瓦茨在1963年出版了《1867—1960年美国货币史》。在这本书的附录B中，弗里德曼和施瓦茨根据对美国近百年的货币史的实证研究，提出了一种货币供给决定模型，并详细分析了影响货币供给的各种主客观因素。

弗里德曼和施瓦茨认为，现代社会的货币存量大致可分为两部分：一是货币当局的负债，即通货；二是银行的负债，即银行存款，指活期存款、定期存款和储蓄存款的总和。如果以 M、C 和 D 分别表示货币存量、通货和银行存款，则三者的关系为：

$$M = C + D \tag{9.15}$$

弗里德曼和施瓦茨将中央银行所能直接控制的货币称作“高能货币”，它由两部分构成：社会公众持有的通货和银行的准备金（包括库存现金和中央银行的存款准备金）。可以看出，弗里德曼和施瓦茨所谓的“高能货币”实际上就是前文中的基础货币。若以 H 、C 和 R 分别代表高能货币、通货和银行准备金，则：

$$H = C + R \tag{9.16}$$

将式 9.15 除以式 9.16 可得：

$$\frac{M}{H} = \frac{C + D}{C + R} = \frac{\frac{D}{R}(1 + \frac{D}{C})}{\frac{D}{R} + \frac{D}{C}} \tag{9.17}$$

若令货币乘数 m 代表 $\frac{\frac{D}{R}(1 + \frac{D}{C})}{\frac{D}{R} + \frac{D}{C}}$ ，则：

$$M = H \times m \tag{9.18}$$

从上面的推导中可看出，在弗里德曼—施瓦茨货币供给模型中，货币存量主要由三个因素共同决定：高能货币 H 、银行存款与其准备金之比 $\frac{D}{R}$ 和银行存款与社会公众持有的通货之比 $\frac{D}{C}$ 。这样看来，至少有三类经济主体参与了货币供给的决定：货币当局决定高能货币，银行决定银行存款与其准备金之比 $\frac{D}{R}$ ，社会公众决定银行存款与通货之比 $\frac{D}{C}$ 。但在弗里德曼和施瓦茨看来，货币当局虽然能直接控制高能货币，但高能货币对 $\frac{D}{R}$ 和 $\frac{D}{C}$ 又具有决定性的影响。例如，当中央银行增加高能货币时，货币总供给增加，银行的实际超额准备金超过其意愿水平，银行便会增加购进盈利性资产（如扩大贷款或证券投资）以减少实际超额准备金，从而对银行存款与其准备金之比 $\frac{D}{R}$ 产生影响。而对社会公众来说，他们持有的货币余额的增加也会引致其增加消费或投资，这同样会影响到社会公众的银行存款与通货之比 $\frac{D}{C}$ 。因此，归根结底是货币当局在最终决定着整个社会的货币供给。这样，弗里德曼和施瓦茨就论证了货币供给的外生性，为其货币政策主张扫清了障碍。

二、卡甘货币供给模型

在1965年出版的《1875—1960年美国货币存量变化的决定及其影响》一书中，美国著名经济学家菲利普·卡甘（Phillip Cagan）提出了自己的货币供给模型，这就是：

$$M = \frac{H}{\frac{C}{M} + \frac{R}{D} - \frac{C}{M} \cdot \frac{R}{D}} \tag{9.19}$$

其中，M代表货币存量，H代表高能货币，C代表社会公众手中持有的通货，R代表银行的准备金，D代表银行的存款，$\frac{C}{M}$代表通货比率，$\frac{R}{D}$代表准备金比率。

比较弗里德曼和施瓦茨的货币供给模型与卡甘的货币供给模型可看出，二者有着惊人的相似性。首先，两种模型都是在对美国货币史进行实证研究的基础上提出的。其次，两种模型中的货币定义完全相同。最后，两种模型所得出的主要结论基本相同。因为在决定货币供给的三个因素中，虽然有两个在名称与形式上存在不同，但从本质上看，$\frac{D}{R}$与$\frac{R}{D}$互为倒数；而$\frac{C}{M} = \frac{C}{C+D}$，与$\frac{D}{C}$一样，它所要揭示的也是社会公众手中持有的通货$C$和银行的存款$D$的变化对货币乘数的影响。因此，有人干脆将三人的研究合在一起，统称为“弗里德曼—施瓦茨—卡甘分析”。

三、乔顿货币供给模型

无论是弗里德曼—施瓦茨货币供给模型，还是卡甘货币供给模型，它们都存在两点不足：一是经济变量关系繁杂，学术味浓而不易为一般人所理解；二是所考察的货币为广义货币M_2。20世纪60年代，美国经济学家乔顿（J. L. Jordan）对上述两种货币供给模型进行了改进和补充，推导出一个比较简洁明了的货币供给模型。

与弗里德曼—施瓦茨货币供给模型和卡甘货币供给模型所不同的是，乔顿货币供给模型考察的是狭义货币 M_1 。狭义货币 M_1 等于商业银行的活期存款 D 加上社会公众持有的通货 C ，即：

$$M_1 = C + D \tag{9.20}$$

根据货币乘数的定义可知：

$$m_1 = \frac{M_1}{B} = \frac{C + D}{C + R} \tag{9.21}$$

其中，m_1 代表与狭义货币 M_1 对应的货币乘数，B 代表基础货币，R 代表银行准备金。

由于银行准备金 R 包括三部分：活期存款的法定准备金 R_d（ $= r_d \times D$ ）、定期存款的法定准备金 R_t（ $= r_t \times T$ ）和超额准备金 E（ $= e \times D$ ）。故式（9.21）又可变为：

$$m_1 = \frac{C + D}{C + R_d + R_t + E} = \frac{C + D}{C + r_d \times D + r_t \times T + E} \tag{9.22}$$

将式（9.22）的分子和分母同除以 D 得：

$$m_1 = \frac{\frac{C}{D} + 1}{\frac{C}{D} + \frac{R_d}{D} + \frac{R_t}{T_t} \times \frac{T}{D} + \frac{E}{D}} \tag{9.23}$$

令 $c = \frac{C}{D}$，$t = \frac{T}{D}$，则式（9.23）可简化为：

$$m_1 = \frac{c + 1}{c + r_d + r_t \times t + e} \tag{9.24}$$

因为 $M_1 = m_1 \times B$ ，所以有

$$M_1 = \frac{c + 1}{c + r_d + r_t \times t + e} \times B \tag{9.25}$$

利用这一模型，我们可以很容易地推导出广义货币 M_2 的货币供给模型。由于 $M_2 = C + D + T$ ，故：

$$m_2 = \frac{c + 1 + t}{c + r_d + r_t \times t + e} \tag{9.26}$$

$$M_2 = m_2 \times B = \frac{c + 1 + t}{c + r_d + r_t \times t + e} \times B \qquad (9.27)$$

由式（9.27）可知，乔顿货币供给模型中的货币乘数是由多种因素共同决定的，而这些因素分别受到中央银行、商业银行与社会公众的行为影响。其中，r_d、r_t 由货币当局或中央银行所决定，e 由商业银行所决定，c、t 由社会公众的资产选择所决定。由此可见，货币当局或中央银行实际上只对决定货币乘数部分因素而非全部因素具有控制能力。这就说明，货币供给并不是一个完全决定于中央银行的主观意志而不受经济运行的内在规律所影响的外生变量。

乔顿货币供给模型可方便地用于各种特殊情况的分析。比如当我们假设不存在超额准备金时，则式（9.26）将变为：

$$m_2 = \frac{c + 1 + t}{c + r_d + r_t \times t} \qquad (9.28)$$

进一步假设商业银行没有现金漏损，则式（9.28）变为：

$$m_2 = \frac{1 + t}{r_d + r_t \times t} \qquad (9.29)$$

再假设取消定期存款的法定准备金要求，于是，式（9.29）进一步变为：

$$m_2 = \frac{1}{r_d} \qquad (9.30)$$

乔顿货币供给模型的灵活性使得这一模型一经提出，就得到了广泛的接受和认可，并被大多数货币金融教材所采用，它被经济学界看作货币供给决定的一般模型。

第五节　货币控制

货币供给模型表明，一个社会一定时期的货币总供给量主要决定于两个因素：基础货币和货币乘数。因此，所谓货币的控制，也就是基础货币的控制和货币乘数的控制。

一、基础货币的控制

基础货币包括流通中的现金和银行准备金两部分，因此，基础货币实际上是中央银行的负债。显然，要研究基础货币的影响因素，其源头应该追溯到中央银行的资产负债表。如果将各国情况加以抽象，则可以得到一张简化的中央银行资产负债表（见表9－6）：

表9－6　中央银行资产负债表

资　　产	负　　债
A1：证券	L1：现金（包括通货和库存现金）
A2：贴现和放款	L2：银行存款
A3：财政借款或透支	L3：财政存款
A4：黄金、外汇和特别提款权	L4：其他负债
A5：在途资金	L5：自有资本
A6：其他资产	

根据基础货币的定义，基础货币在中央银行资产负债表中应包括两项：现金 L1 和银行存款 L2。而根据“资产 = 负债”的会计原则，这两项可以表示为：

$$B = L1 + L2$$

$$= (A1 + A2 + A3 + A4 + A5 + A6) - (L3 + L4 + L5) \qquad (9.31)$$

由此可见，影响基础货币的因素至少有9个，其中，6个为中央银行的资产项目，3个为中央银行的负债项目。等式也表明，在其他条件不变的情况下，中央银行资产增加多少就会引起基础货币增加多少；相反，中央银行负债的增加则会引起基础货币的等额减少。它们之间的具体关系如表9－7所示。

显然，中央银行可以通过调整其资产或负债控制基础货币，进而控制货币供给。中央银行调整其资产或负债最常用的手法就是所谓的“三大法宝”：公开市场操作、法定准备金政策和再贴现政策。三大货币政策工具的传导机理将在第十三章中详细分析。

表9-7　中央银行资产和负债项目对基础货币的影响

资产或负债变动方向		基础货币的变动方向
A1：证券	↑（↓）	↑（↓）
A2：贴现和放款	↑（↓）	↑（↓）
A3：财政借款或透支	↑（↓）	↑（↓）
A4：黄金、外汇和特别提款权	↑（↓）	↑（↓）
A5：在途资金	↑（↓）	↑（↓）
A6：其他资产	↑（↓）	↑（↓）
L3：财政存款	↑（↓）	↓（↑）
L4：其他负债	↑（↓）	↓（↑）
L5：自有资本	↑（↓）	↓（↑）

那么，中央银行是不是可以完全控制基础货币呢？仔细分析各因素可发现，中央银行并不能完全自由地调控影响基础货币的九大因素。例如，在贴现和放款上，虽然中央银行可以通过调整再贴现率来影响商业银行的贷款需求，且有权最终决定是否进行贷款，但更值得注意的是，在整个贴现业务开展过程中，中央银行始终处在被动地位；相反，是否申请贴现贷款的主动权却掌握在商业银行手中。又如在财政借款或透支上，中央银行的作为也是相当有限的，特别是在中央银行独立性不强时，情况更是如此，严重时甚至中央银行本身都沦落为第二财政。1984 年以前的中国人民银行就是这种情形的最好例证。而在黄金、外汇和特别提款权、在途资金等方面也是如此，中央银行对它们的调控必须受制于汇率政策、进出口贸易、国际金融制度、国内经济形势、社会收支习惯等诸多因素。总而言之，中央银行是在权衡各种因素的基础上部分有效地实现对基础货币的控制。

二、货币乘数的控制

货币乘数也称货币扩张系数，是用于说明货币供给量与基础货币的倍数关系的一种系数。根据乔顿货币供给模型，货币乘数同时决定于五大因素：活期存款的法定准备金比率 r_d 、定期存款的法定准备金比率 r_t 、定期存款比率 t 、超额准备金比率 e 和通货比率 c 。下面对这些因素做些具体分析。

（一）法定存款准备金比率（r_d、r_t）

法定存款准备金比率是指中央银行所规定的、商业银行必须保有的存款准备金对其存款负债总额的比率。由于定期存款较活期存款相对稳定，因此，一般地说，定期存款的法定准备金比率较低，而活期存款的法定准备金比率较高。根据式（9.24）和式（9.26）可知，r_d、r_t 这两个变量都只出现在货币乘数公式的分母中。由于 c、e、t 都是非负数，因此 r_d、r_t 的变动必将对货币乘数从而对整个货币供给量产生负面的影响。也就是说，如果 r_d、r_t 提高，则货币乘数缩小，货币供给量减少；反之则反是。

为了分析的简单化，在实际应用中人们往往将活期存款的法定准备金比率 r_d 和定期存款的法定准备金比率 r_t 合称为法定存款准备金比率 r。法定存款准备金比率又是如何决定的呢？法定存款准备金比率主要取决于三个方面的因素[①]：一是中央银行的货币政策意向。一般说来，中央银行的货币政策意向是逆经济风向行事的，因而法定存款准备金比率与现代经济运行态势逆向变动。即在高涨时期，中央银行提高法定存款准备金比率，紧缩银根；在萧条时期，中央银行设法降低法定存款准备金比率，放松银根以刺激经济增长；而相对平稳时期，中央银行则设法维持法定存款准备金比率相对稳定。二是商业银行的存款负债结构。这是因为，中央银行一般对定期存款所规定的法定存款准备金比率相对较低，而活期存款的则较高，故商业银行存款负债结构的改变会影响到法定存款准备金比率。三是商业银行的规模与位置。中央银行根据商业银行的规模与位置远近实施不同的法定存款准备金比率要求，这种情况只有某些国家如美国才存在。一般说来，商业银行的规模较大，其法定存款准备金比率相对较高，反之，则相对较低；商业银行所在地有中央银行分支机构的法定存款准备金比率相对较高，反之，则较低。就此而论，即使中央银行货币政策的意向和商业银行存款负债结构相对稳定，但只要存在着存款在不同规模的商

① 伍海华编著：《西方货币金融理论》，中国金融出版社 2002 年版，第 99—100 页，有所改动。

业银行之间和不同地区的商业银行之间转移的现象，则整个商业银行体系的法定存款准备金比率也会程度不同地发生变化。综上所述，如果以 P' 代表中央银行的货币政策意向，S 为商业银行的存款负债结构，θ 为相应的商业银行规模和位置，则有：

$$r = f(P', S, \theta) \tag{9.32}$$

（二）定期存款比率（t）

定期存款比率是指商业银行的定期存款对活期存款的比率。这一比率的变动主要取决于社会公众的资产选择行为。根据式（9.24）可知，t 只出现在货币乘数公式的分母中。由于 c、r_d、r_t 与 e 都是非负数，因此，t 的变动必然引起货币乘数的反向变动。但是，t 同时出现在式（9.26）的分子与分母中，这就必须要借助于简单的数学推导，即求 m_2 对 t 的偏导数，即：

$$\frac{\partial m_2}{\partial t} = \frac{(r_d - r_t) + e + c \times (1 - r_t)}{(c + r_d + r_t \times t + e)^2} \tag{9.33}$$

显然，一般情况下，式（9.33）中的各个变量的值均大于零。该式的分母为各变量之和的平方，因此，它必然大于零。而在分子中，因为活期存款的法定准备金比率 r_d 通常高于定期存款的法定准备金比率 r_t，又因为在部分准备金制度下，r_t 总是小于1的非负数，因此 $r_d - r_t$ 与 $1 - r_t$ 这两项的值均大于零。由于该式中的分母大于零，而分子和各项之和也大于零，因此，m_2 对 t 的偏导数必然大于零。这就说明，t 的变动必然引起货币乘数的同向变动。

为什么会出现这一相互矛盾的结论呢？秘密还是在货币层次的划分上。由于货币 M_1 仅包括现金和活期存款两部分，这样，在存款总量一定的前提下，定期存款占活期存款的比率 t 越大，每次存款中渗漏出的定期存款就越多。由于定期存款的法定准备金比率 r_t 往往小于活期存款的法定准备金比率 r_d（在美国，定期存款甚至没有法定准备金要求），因此渗漏出的定期存款越多，商业银行能用于发放的贷款越多，货币创造加大。但另一方面，定期存款的大量渗漏必然削弱活期存款的创造量。两种相反过程相互作用必然削弱货币 M_1 的增加幅度，从而使货币乘数 m_1 较小。而当货币口径为 M_2 时，虽然上述两种效应仍旧存在，但增添了定期存款增加效应，因此总的结果是，货币创造更大，货币乘数 m_2 变大。

将存款分割为活期存款和定期存款实际上是社会公众的一种资产选择行为。定期存款比率 t 的决定可用以下函数式表述：

$$t = f_t(y, p_t, i_t) \tag{9.34}$$

$$\text{s.t:} \quad dt/dy > 0, dt/dp_t < 0, dt/di_t > 0$$

其中，y 为非银行部门的可支配收入，p_t 为非银行部门持有定期存款的机会成本，i_t 为相应的定期存款利率。在经济运行中，定期存款比率主要取决于以下因素[①]：（1）非银行部门的可支配收入。定期存款是相应的非银行部门可支配收入的递增函数。（2）非银行部门持有定期存款的机会成本。定期存款是这一机会成本的递减函数。（3）定期存款利率。一般来说，定期存款利率越高，定期存款比率越大；反之则越小。

（三）超额准备金比率（e）

超额准备金比率是商业银行持有的超额准备金占活期存款的比率。根据式（9.24）和式（9.26）可知，e 只出现在货币乘数公式的分母中。由于 c 、r_d 、r_t 、t 都是非负数，因此，超额准备金比率 e 增大，货币乘数 m_1 、m_2 变小；超额准备金比率 e 下降，货币乘数 m_1 、m_2 变大。

一般说来，超额准备金比率 e 的大小是商业银行自己决定的，它的形成也是一种资产选择行为。因此，超额准备金比率 e 可用下列函数关系式来表述：

$$e = f_e(p_e, i_e, c_e, T, P', t') \tag{9.35}$$

$$\text{s.t:} \quad de/dp_e < 0, de/di_e > 0, de/dc_e > 0, de/dT < 0$$

其中，P_e 为商业银行保存超额准备的机会成本，i_e 为商业银行借入准备金的代价，c_e 为非银行部门对通货的偏好，T 为非银行部门对定期存款的偏好，P' 为中央银行的货币政策意向，t' 为商业银行的业务经营系统。它们对超额准备金比率 e 的影响可概括为[②]：（1）在其他变量相

① 伍海华编著：《西方货币金融理论》，中国金融出版社 2002 年版，第 102 页。
② 伍海华编著：《西方货币金融理论》，中国金融出版社 2002 年版，第 100 页。

对一定时，e 是 P_e 的递减函数。（2）在其他变量相对一定时，e 是 i_e 的递增函数，商业银行借入准备金的代价主要用中央银行再贴现率和商业银行同业拆借利率来测度。（3）在其他变量相对不变的情况下，e 是非银行部门对通货偏好 c_e 的递增函数。（4）在其他变量相对稳定时，e 是 T 的递减函数。（5）在其他变量相对一定的条件下，P' 也会影响 e 的决定。如中央银行紧缩货币时，商业银行将保存较多的超额准备；反之，商业银行则保存较少的超额准备。（6）在其他变量相对稳定的情况下，商业银行的业务经营系统 t' 也会影响 e。其作用机理是：若商业银行的业务经营系统趋于保守，即在流动性、安全性和盈利性的权衡中侧重于前二者，则通常会保存较多的超额准备；反之，若商业银行偏重盈利性，则会保存较少的超额准备。

（四）通货比率（c）

通货比率是指社会公众所持有的现金与商业银行活期存款的比率。这一比率也主要取决于社会公众的资产选择行为。影响人们资产选择行为从而影响 c 的因素主要有：（1）总财富。一般来说，随着财富的增加，人们持有的通货增加，但另一方面，人们的活期存款也会增加。因此，财富增加使通货占活期存款的比率 c 是变大还是变小将取决于这两种资产的财富弹性。如果通货的财富弹性大于活期存款的财富弹性，则随着财富的增加，通货占活期存款的比率 c 将增大；两种弹性相等，则这一比率将保持不变；前者比后者小，则比率变小。各国经验表明，第三种情况是比较符合现实的，这大概是由于财富的增加使以现金形式持有资产变得越来越不方便的缘故。（2）机会成本。显然，持有通货是不能带来利息收入的，因此，通货占活期存款的比率 c 应与利率和通货膨胀率负相关。（3）金融创新。虽然与其他资产相比，通货具有最高的流动性和安全性，因此，作为交易媒介，通货具有一定的不可替代性，但这种不可替代性现在越来越受到金融创新的影响。一方面，金融创新可以降低通货的相对优越性。因为随着信息技术的发展，层出不穷的金融创新产品或者带来流动性增大，或者带来安全性提高，或者使二者兼而有之。另一方面，金融创新通过提供新的金融资产形式，拓宽了人们资产选择的范围，从而带来对通货的替代。

对式（9.24）、式（9.26）的货币乘数 m_1 与 m_2 分别求 c 的偏导数并整理得：

$$\frac{\partial m_1}{\partial c}=\frac{(r_d+r_t\times t+e)-1}{(c+r_d+r_t\times t+e)^2} \tag{9.42}$$

$$\frac{\partial m_2}{\partial c}=\frac{(r_d+e-1)+t(r_t-1)}{(c+r_d+r_t\times t+e)^2} \tag{9.43}$$

由于 r_d、e 和 r_t 值一般都远小于1，因此，$\frac{\partial m_1}{\partial c}$ 和 $\frac{\partial m_2}{\partial c}$ 一般也应为负数，即货币乘数 m_1 和 m_2 与通货比率 c 负相关。出现这一关系的原因是，在基础货币数量一定时，通货比率 c 越大，表明社会公众从银行提取的现金越多，银行用于放款或投资的货币越少，从而造成货币总供给和货币乘数下降。

三、货币供给控制

通过对决定货币供给的两大要素——基础货币和货币乘数的分析可发现，中央银行可以通过开展公开市场业务和制定再贴现率影响基础货币，通过制定法定准备金比率影响货币乘数；商业银行可以通过开展再贴现活动影响基础货币，通过提留超额准备金影响货币乘数；社会公众可以通过通货的持有和存款种类选择影响货币乘数。三大主体——中央银行、商业银行和社会公众相互作用，最终共同决定全社会的货币供给。它们对货币供给的控制机制可用图 9－1 加以简单概括。

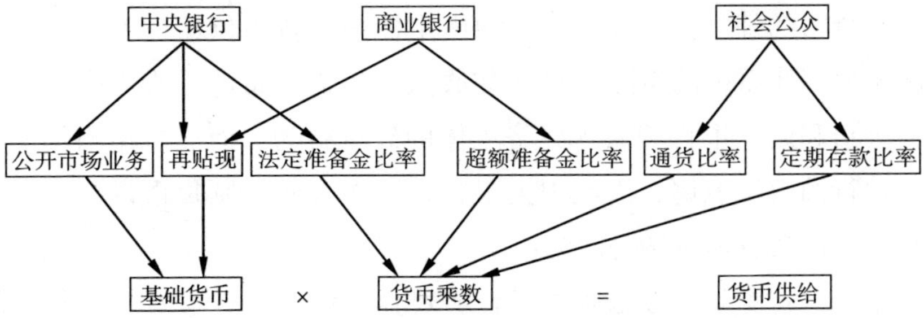

图 9－1　货币供给过程①

① 易纲、海闻：《货币银行学》，上海人民出版社 1999 年版，第 329 页。

四、货币供给的外生性和内生性

货币供给的外生性和内生性问题是一个与货币控制紧密相关而又争议颇大的问题。所谓货币的外生性，指货币供给的变动完全由中央银行决定，而经济体系中的实际变量和微观经济主体只能被动适应货币供给的变动。在一些学者看来，货币之所以是外生的，是因为：

第一，货币供给量主要决定于三个方面的因素：基础货币 B 、准备金比率 r 、通货比率 c 。其中，基础货币反映了中央银行的行为，r 反映了商业银行的行为，而 c 则反映了非银行部门的行为。基础货币可由中央银行直接控制，商业银行从基础货币中吸收存款准备金及其所愿意保有的超额准备金，非银行部门从基础货币中吸收通货以满足其对货币的各种需求。

第二，假定 r 、c 为常数，或者其变化较稳定，则货币供给量的变化将完全取决于 B 的变化，而 B 的变化又处于中央银行的控制之下，因此中央银行可通过控制基础货币来控制货币供给量，这样货币供给量便可视为由中央银行在经济体系以外所决定的外生可控变量。

第三，经济波动取决于货币供给与货币需求的相互作用，而统计实证表明货币需求函数在长期内是极为稳定的，对应的货币供给量又是外生可控的，因此，货币供给量的变化就成为影响经济波动的根本原因，产出和价格波动只有通过货币供给量的变化来解释，中央银行完全可以通过控制货币供给量的变化来控制产出和价格的波动。

与货币的外生性相反，货币的内生性是指货币供给的变动，主要取决于经济体系中的实际变量（如收入、投资、储蓄、消费等）以及社会公众和商业银行等微观经济主体的经济行为，而非货币当局——中央银行的政策意愿，因此中央银行并不能有效控制货币供给。货币供给之所以具有内生性是因为：

第一，在竞争性金融领域里，随着金融体系的日益发达及其内部竞争的加剧，随着社会公众可选择的资产持有形式的日益多样化及其相互替代性的增强，一方面商业银行的存款和资产规模要受到存款的资产偏好和银行贷款、投资机会的影响，另一方面其他非银行金融机构存款创造能力也会随着其贷款融资活动的增加而提高，而社会公众资产偏好导致的资产结构又是现实经济运行经常调整变化的结果，这就使货币供给的变化具有内生性。

第二，就银行存贷关系而言，银行的负债是由银行的资产决定的，但在金融体系高度发达的现代经济运行中，只要存在贷款需求，银行部门就能提供信贷并由此创造出存款货币，致使货币供给量增加，这样便形成从银行部门到企业等实业部门的信贷货币流。

第三，就金融中介的创新而言，金融中介的创新能够起到运用闲置资金、节约头寸、改变货币流通速度的作用。故若中央银行只是部分地提供所需货币，通过金融创新也可以相对地扩大货币供给量。

第四，就现代企业的功能而言，现代企业可以创造非银行形式的支付而扩大信用规模，因为银行信贷并非满足企业新增投资支出的唯一途径，企业可以通过发行或交换期票甚至通过不履行还款义务等途径创造出非自愿商业信贷的方式来支付投资项目支出。

显然，货币供给的外生性与内生性问题是一个内涵极其丰富的话题，两种观点的对立或差异主要源自不同的研究视角与层次。两种理论在强调各自主要观点的同时，并没有完全否定另一方。因为一方面，承认货币供给的内生性并不等于否认中央银行控制货币供给量的有效性。因为商业银行的存在，即使不受控制，也并非意味着通过基础货币供给所实行的货币控制对经济运行并无影响；非银行金融机构的存在也并不意味着对商业银行的货币控制形同虚设；且即使不受控制的非银行金融机构资产和负债的增减完全有能力抵消受控制的商业银行的货币资产强制性的反向变动，中央银行对货币供给量的控制仍然有效。问题只不过在于货币资产与其他金融资产之间、商业银行的货币创造能力与非银行金融机构的货币创造能力之间的替代性会大大降低中央银行对货币供给量的控制效应。而另一方面，强调货币供给的外生性分析并不否认经济系统中实际经济活动对货币供给量决定的影响，只是表明实际经济活动中对货币供给量决定的影响远不如中央银行的影响那么强。且货币供给的外生性分析是专就宽口径的货币供给量 M_2 而言的。

值得注意的是，无论是货币供给外生论者，还是内生论者，他们的理论观点都是为其货币政策主张服务的。因为，如果认为货币供给具有外生性，就等于说货币供给可以由中央银行完全自主决定，而货币政策调节的决定性也就不言而喻了；如果认为货币供给具有内生性，则意味着货币供给是被动地决定于客观经济过程，中央银行并不具有自主控制货币供给的能力，因此，货币政策特别是以货币供给量为中介目标的货币政策，其调节作用就是有限的了。这样一来，货币政策工具选择的调整也就再自然不过了。

本章小结

货币供给亦称货币供应，它不仅是一个重要的货币理论问题，也是一个涉及货币控制和管理政策的重大实践问题，世界各国对货币供给都给予高度的重视。在现代货币供给理论中，货币供给通常是一个存量的概念。它是一个国家在一定时点上的货币总量。

在部分准备金制度和部分提现制度的前提下，单位存款可带来社会总存款的多倍增加，这就是存款货币创造。存款创造乘数与法定存款准备金比率、超额准备金比率、现金漏出率以及定期存款占存款的比例等因素相关。

现代货币供给理论形成于20世纪60年代，先后出现了弗里德曼—施瓦茨货币供给模型、卡甘货币供给模型和乔顿货币供给模型等著名的货币供给模型。现代货币供给理论的核心思想是，一国一定时点上的货币总供给等于基础货币与货币乘数的乘积。

基础货币包括流通中的现金和银行准备金两部分，它表现为中央银行的负债。中央银行通过调整其资产或负债能够控制基础货币，进而控制货币供给。而中央银行调整其资产或负债的最常用的手法就是所谓的“三大货币政策工具”。

货币乘数决定于五大因素：活期存款的法定准备金比率、定期存款的法定准备金比率、定期存款比率、超额准备金比率和通货比率。

中央银行、商业银行和社会公众三大经济主体相互作用，最终共同决定全社会的货币供给。而货币供给的外生性和内生性问题则是一个与货币控制紧密相关而又争议颇大的问题。货币供给的外生性和内生性观点的对立或差异主要源自不同的研究视角与层次，但值得注意的是，无论是货币供给外生论者，还是内生论者，他们的理论观点都是为其货币政策主张服务的。

重要概念

货币供给　原始存款　派生存款　存款创造　基础货币　货币乘数　货币供给的外生性　货币供给的内生性

第十章　通货膨胀和通货紧缩

作为纸币制度下的经济现象，通货膨胀和通货紧缩已成为当今世界各国普遍存在的经济问题。如何科学地定义、衡量通货膨胀和通货紧缩，正确揭示它们的成因，以及如何有效地治理和防止它们，已成为现代经济学研究的重要课题。本章通过对通货膨胀的定义、衡量、种类、成因、社会经济效应及治理通货膨胀的措施的介绍，使学生对通货膨胀这一货币现象有一个较完整的认识。同时，要求学生对通货紧缩这一新货币现象的含义、成因以及治理有初步了解。

第一节　通货膨胀的定义及其衡量

通货膨胀虽然是一个被广泛使用的经济范畴，但是，迄今为止，无论在西方还是中国经济学界，对于通货膨胀的定义却没有取得一致的看法。对此，颇具权威的《大英百科全书》也只能写道："不存在一个唯一的、普遍接受的关于通货膨胀的定义。"

一、通货膨胀的定义

总体上看，对通货膨胀的定义，有"货币派"和"物价派"两种。"货币派"用货币数量的过度增长来定义通货膨胀，这种理论由来已久，其代表即新、旧货币数量论者。在旧货币数量论者眼里，通货膨胀只不过是"太多的货币追逐太少的货物"，而在新货币数量论者眼里，"通货膨胀总是个货币现象"。虽然两者的说法不尽相同，但其实质内容却是相同的，那就是认为：通货膨胀首先是一种货币现象，其实质是货币数量的过量增长，而物价上涨只是通货膨胀的表现形式，且并不是完全的表现形式，因为在政府实施价格管制或其他因素发生变化的情况下，即使当货币发行过多并超过某种临界点时，过量的货币并不一定通过物价上涨表现出来。"物价派"用价格总水平的持续上升的过程来定义通货膨胀，凯恩斯是"物价派"的代表人物。在凯恩斯看来，货币数量论关于货币数量直接决定物价的理论是片面的，这只是在充分就业已经实现以后的一种特殊情况。相反，在非充分就业的情况下，增加的货币会通过降低利率而刺激投资，进而通过乘数作用而引起社会总产量和就业的成倍增加，此时物价可保持不变。在凯恩斯之后，大多数西方经济学家把通货膨胀一般定义为物价的全面上涨。例如，保罗·萨缪尔森就断言："通货膨胀的意思是：物品和生产要素的价格普遍上升的时期——面包、汽车、理发价格上升；工资、租金等等也都上升。"①

显然，无论是货币派还是物价派，其观点都有偏颇之处。正确的方法应该是将两者结合起来，将货币过量发行和物价上涨都纳入通货膨胀的定义中，只有这样才能真正揭示通货膨胀的内涵。正因为如此，我们可将通货膨胀定义为：在纸币本位制和物价自由浮动的条件下，通货膨胀是由于货币供应量超过商品流通的客观需要量，从而引起货币不断贬值和一般物价水平持续上涨的经济现象。

二、通货膨胀的衡量

通货膨胀是一种货币现象，但是，这一货币现象很难通过纯粹的货币数量关系予以表现，而只有通过货币和商品（含劳务）的相对数量关系才能获得充分的表现。这是因为货币量是一个范围很广的资产概念，可分为三个层次：M_1、M_2、M_3，如果用货币量的变动来衡量通货膨胀，那么，不仅对M_1、M_2、M_3的选择存在争议，而且不同的国家货币层次的划分方法也不尽相同，因此将使通货膨胀的衡量结果丧

---

① 保罗·萨缪尔森：《经济学》上册，商务印书馆1979年版，第380页。

失可比性。相反，商品价格是商品价值的货币表现，是商品和货币不可分离的数量关系的结晶。在价格自由波动的条件下，用过多的货币来表现价值总量不变的商品价格，必然导致单位货币价值的下降和一般物价水平的上升，这就是通货膨胀。正因为一般物价水平能科学、准确地表现商品和货币之间价值变化的数量关系，因此，它也就成为衡量通货膨胀程度的主要指标。

（一）一般物价水平与物价指数

一般物价水平就是一国或地区所有商品和劳务的价格加总在一起的加权平均数。但是，在实际的经济生活中，一般物价水平并不以加权平均数的绝对值来衡量，而是以不同时期的价格加权平均数之比来衡量，这就是物价指数。由于计算方法不同，物价指数分为拉氏物价指数和派氏物价指数两种。目前一些发达的西方国家都以拉氏法来编制物价指数，而我国则以派氏法编制。

1. 拉氏物价指数

拉氏物价指数是德国统计学家拉斯佩雷斯（E. Laspeyres）在 1864 年提出的计算物价指数的加权体系公式。拉氏物价指数公式（又称为基期加权价格指数）采用基期的商品来衡量，以基期的消费量计算消费结构，反映原先在基期购买的一篮子商品费用的相对变化，如（10.1）式所示。其中，P_i^t 表示第 i 种商品在 t 期的价格，P_i^{t-1} 表示第 i 种商品在 $t-1$ 期（即基期）的价格，q_i^{t-1} 表示第 i 种商品在 $t-1$ 期的销售量。

$$P_L = \frac{\sum_{i=1}^{n} P_i^t q_i^{t-1}}{\sum_{i=1}^{n} P_i^{t-1} q_i^{t-1}} \tag{10.1}$$

拉氏物价指数的优点是：第一，它以同一基期的商品销售量为权数，可以把不同时期的指数直接对比说明价格变化程度；第二，计算中所用的商品销售结构的资料在实践中可以获得，只需对商品销售结构进行简单调整即可；第三，它不受商品销售量变动的影响，其指数分子与分母的差额，能够真实的表明由于价格变动而使一国增加或减少的一篮子商品的支出费用。尽管拉氏法是统计中较为经常使用的一种指数的编制方法，但用它编制也存在不足之处，主要是：第一，它未考虑商品销售量的变化；第二，它未考虑消费者的满足程度；第三，它未考虑商品质量变化而引起的价格的变动，因质量的提高而引起的价格上升不应当反映在物价指数中，而“纯”物价的变动和因质量提高而引起的涨价往往很难分开。此外，发达国家用拉氏法编制的物价指数不能反映需求变动的效应，它给予价格变得相对昂贵的商品的权数太大，给予价格变得相对便宜的商品的权数太小。同时，对商品因质量提高而价格上涨的部分未能剔除，这些缺憾相对于真实的物价变化来说是一种高估，它夸大了实际价格的上涨幅度。毫无疑问，当价格上升时，购买量在两个时期发生了较大变化，发达国家通货膨胀的程度被拉氏物价指数夸大了。

2. 派氏物价指数

派氏物价指数是德国统计学家派许（Paasche）在1874年提出的计算物价指数的加权体系公式，如（10.2）式所示。派氏物价指数公式不采用基期的商品作为权数，而是采用报告期的商品作为权数。

$$P_L = \frac{\sum_{i=1}^{n} P_i^t q_i^t}{\sum_{i=1}^{n} P_i^{t-1} q_i^t} \tag{10.2}$$

派氏指数的优点是：第一，它考虑了价格变动对需求模式的影响，能够同时反映价格和商品销售结构的变化；第二，派氏指数反映消费者在当期购买商品和劳务的真正支出额，这一数值在分析问题时具有一定的现实意义。当然，派氏指数也存在一些缺点：第一，在计算过程中，它需要收集所考察的每个年份的商品销售结构，这种资料的收集有时是非常困难的；第二，派氏指数没有指出商品销售结构的影响，它所反映的相对变动不是纯价格的变化，还包括商品销售结构的影响；第三，由于不同时期的指数使用不同的需求模式，派氏指数不能进行不同时期的指数比较。

（二）通货膨胀的衡量

无论对通货膨胀的定义有何不同，世界各国对通货膨胀程度的衡量，实际都是使用物价指数。通常说通货膨胀率多大，就是指物价指数上涨多少。居民消费物价指数（CPI）、批发物价指数（WPI）和国民生产总值或国内生产总值折算指数是采用得较多的三种主要物价指数。

1. 消费物价指数

消费物价指数也称为零售物价指数或生活费用指数，它反映消费者为购买消费品而付出的价格的变动情况。这种指数是由各国政府根据各国若干主要食品、衣服和其他日用消费品的零售价格，以及水、电、住房、交通、医疗、娱乐等服务费用而编制计算出来的。有些国家进一步根据不同收入阶层的消费支出结构的不同，编制不同的消费物价指数。

消费物价指数的优点是能及时反映消费品供给与需求的对比关系，资料容易搜集，公布次数较为频繁，能够迅速直接地反映影响居民生活的价格趋势。缺点是范围较窄，只包括社会最终产品中的居民消费品这一部分，不包括公共部门的消费、生产资料和资本产品以及进出口商品，从而不足以说明全面的情况。另外，一部分消费品价格的提高，可能是由于品质的改善，消费物价指数不能准确地表明这一点，因而有夸大物价上涨幅度的可能。

2. 批发物价指数

批发物价指数是根据制成品和原材料的批发价格编制的指数。这一指数的优点是对商业周期反应敏感，缺点是不包括劳务产品在内，同时它只计算了商业周期中生产环节和批发环节上的价格变动，没有包括商品最终销售时的价格变动，其波动幅度常常小于零售商品的价格波动幅度。因而，在用该指数判断总供给与总需求的对比关系时，可能会出现信号失真的现象。

3. 国民生产总值或国内生产总值折算指数

国民生产总值或国内生产总值折算指数是一种衡量一国经济不同时期内所生产的最终产品和劳务的价格总水平变化程度的经济指标。所谓“折算”，这里意指通过物价指数将以货币表示的名义价值调整为实际价值，也即指将名义国民生产总值（或国民收入）调整成为实际的国民生产总值（或国民收入），用来进行这类调整的指数就是“折算指数”。即按当年价格计算的国民生产总值或国内生产总值与按基年不变价格计算的国民生产总值或国内生产总值的比率。例如，我国1994年国民生产总值按当年价格计算为45006亿元人民币，而若按1990年不变价格计算则为29372亿元人民币。设1990年“折算指数”为100，则1994年的“折算指数”为45006/29372×100=153.20，说明1994年物价比1990年上涨了53.2%。

国民生产总值或国内生产总值折算指数的优点是范围广泛，除了居民消费品外，还包括公共部门的消费品、生产资料和资本产品，以及进出口商品，因此能较准确地反映一般物价水平的趋向。其缺点是资料较难搜集，需要对不在市场上发生交易的商品和劳务进行换算，因此公布次数不如消费物价指数频繁。

三、通货膨胀的类型

依据不同的标准，通货膨胀有多种分类方法，常见的分类如图10－1所示。

分类标准	类型
价格上涨速度	温和型通货膨胀 奔腾型通货膨胀 超级型通货膨胀
通货膨胀成因	需求拉上型通货膨胀 成本推动型通货膨胀 混合型通货膨胀 结构型通货膨胀
市场机制作用	公开型通货膨胀 隐蔽型通货膨胀
通货膨胀预期	预期的通货膨胀 非预期的通货膨胀

图10－1　通货膨胀分类

（一）按照价格上涨的速度划分

温和型通货膨胀，指每年物价的上升率在10%以内。其中3%左右的物价上升称为爬行型通货膨胀，是经济发展的润滑剂。因为通常人们感觉不到这种价格上升，会将任何小于物价上升幅度的货币工资的上升当作实际工资的上升。这样，一方面，工人增加劳动供给；另一方面，厂商增加劳动需求（实际工资下降），最终使就业量和收入增加。

奔腾型通货膨胀，又叫跑马式或较严重型通货膨胀，指年通货膨胀率在10%以上100%以内。

超级型通货膨胀，又称恶性通货膨胀，指通货膨胀率在100%以上。德国在1922年1月到1923年1月价格指数从100上升到10000亿，提高99亿倍。

（二）按照通货膨胀的原因划分

需求拉上型通货膨胀，指由于总需求过度增长（超过了总供给）而引起的物价水平上升。

成本推动型通货膨胀，指由于供给减少，导致总需求超过总供给而引起的通货膨胀。

混合型通货膨胀，又称供求混合推进型通货膨胀，指由于总需求过度增长和供给减少同时作用而引起的通货膨胀。

结构型通货膨胀，是指由于社会经济结构方面的因素而引起的物价水平上升。

（三）按市场机制作用划分

公开型通货膨胀，指在物价可自由浮动条件下，可完全通过一般物价水平上升的形式表现出来的通货膨胀。

隐蔽型通货膨胀，又称抑制型通货膨胀，指在物价受抑制条件下，不以物价水平的上升而以物品短缺表现出来的通货膨胀。

（四）按照公众对通货膨胀的预期程度划分

预期的通货膨胀，是指公众可以正确地预期物价上涨率的通货膨胀。由于人们都会将预期到的通货膨胀考虑到自己的交易契约中去，故预期到的通货膨胀就变成有惯性的通货膨胀，会年复一年地持续下去。

非预期的通货膨胀，是指公众没有正确地预期到的通货膨胀，即价格上升的速度超出人们的预料，或者人们根本没有想到价格的上涨问题。非预期的通货膨胀无法被人们考虑到交易契约中去，故非预期到的通货膨胀没有惯性。

第二节　通货膨胀的成因

长期以来，通货膨胀问题都是经济学界关注的焦点。由于研究角度不同，经济学家提出了种种理论与假说，试图解释通货膨胀的产生原因与机理。

一、需求拉上说

“需求拉上说”认为通货膨胀产生的原因在于经济发展过程中社会总需求大于总供给，从而引起一般物价水平的持续上升，即通货膨胀是由需求过多拉起来的。需求拉上型通货膨胀的作用机理可通过图10－2加以说明。图中 *AS* 表示总供给曲线，*AD* 表示总需求曲线。在 *AS* 曲线一定的情况下，*AD* 曲线由 AD_0 上升到 AD_1 再上升到 AD_2 时，物价水平由 P_0 上升到 P_1 再到 P_2。值得注意的是，“需求拉上”在导致物价水平上升的同时，也可能推动产出的增长，其前提条件是经济体中存在闲置资源。也就是说，在经济尚未达到充分就业，社会中尚存在可利用资源时，总需求的扩大会引导资源的更充分利用从而拉动产出的增加。而当经济中不存在闲置资源时，总需求的扩大则不会促进产出的增加，只会导致物价总水平的上涨。如图10－2所示，在 *AD* 曲线由 AD_0 上升到 AD_1 再上升到 AD_2，而物价水平由 P_0 上升到 P_1 再到 P_2 的同时，总产量也由 Y_O 增加到 Y_1 进而增加到 Y_2。也就是说，当物价水平上升时，产量和物价同时增加，是由于社会未达到充分就业状态，*AS* 曲线在产量未达到 Y_2 之前是一条向右上方倾斜的曲线。但当生产量达到 Y_2 以后，*AS* 曲线变为一条与纵轴平行的直线，它表明经济已达到充分就业状态，社会中不存在闲置资源，*AD* 曲线再往上移动，只会拉动物价水平的上涨，而总产量不会增加。

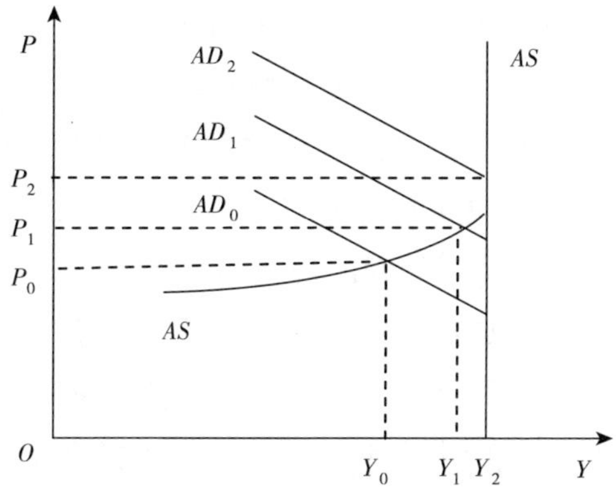

图 10－2　需求拉动型通货膨胀

根据需求作用方式的不同，需求拉上型通货膨胀又可分为两类：一种是需求牵动的通货膨胀，另一种是需求移动的通货膨胀。需求牵动的通货膨胀论认为，物价上涨的原因是由于商品与劳务的总需求大于总供给所造成的。这一理论具有两种形态：一是凯恩斯学派的过度需求理论，其核心是由于总支出（消费 *C*、投资 *I* 和政府支出 *G* 的总和）大于国民生产总值所造成的通货膨胀缺口，即商品市场上的总需求大于总供给的现象或劳动力市场上的总需求大于总供给的现象所造成的通货膨胀缺口（“商品缺口”和“要素缺口”）。需求牵动的通货膨胀论的另一个主要形态是货币数量说，即认为通货膨胀是一种纯粹的货币现象，由于货币数量的增加超过了生产量的增加，则物价必然会上升。需求移动的通货膨胀论和需求牵动的通货膨胀论的不同之处在于，需求移动的通货膨胀认为，即使总需求不变，物价仍有上升的可能，其理由是总需求虽然不变，但由于其各个组成部分很可能会发生重大变化，造成了总体经济的通货膨胀现象。

二、成本推动说

“成本推动说”是在 20 世纪 50 年代后期流行起来的一种通货膨胀

理论，因此，成本推动型通货膨胀被萨缪尔森称之为“新发病”。与需求拉上型通货膨胀相反，成本推动型通货膨胀认为通货膨胀的根源在于总供给方面，而不是在总需求方面的变化，从总供给的角度来分析通货膨胀的原因。供给就是生产，根据生产函数，生产取决于成本。因此，从总供给的角度看，引起通货膨胀的原因在于成本的增加。成本增加意味着只有在高于从前的价格水平时，才能达到与以前一样的产量水平，即总供给曲线向左上方移动使国民收入减少，价格水平上升，这种价格上升就是成本推动的通货膨胀。

根据成本总额各组成部分在引起物价上涨过程中的作用，成本推动型通货膨胀可分为三种类型：一是工资推动的通货膨胀，即由于货币工资的增长率超过劳动生产率的增长率导致的通货膨胀；二是利润推动的通货膨胀，即垄断经济组织为追逐高额利润，通过制定垄断价格人为地抬高物价而造成的通货膨胀，也称为利润附加型；三是进口成本推动的通货膨胀，由于许多商品的生产依赖原材料的进口，当进口原材料由于汇率因素或其他因素导致进口价格提高时，进口企业的生产成本必然上升，同时也会带动本国的相关行业的价格上涨，从而推动价格水平上涨。

成本推动型通货膨胀如图 10－3 所示，图中 *AS* 曲线表示总供给，*AD* 曲线表示总需求。假定经济处于初始的充分就业状态，其总产出为 Y_0，价格水平为 P_0。当企业成本增加时，存在两种选择：一是同等产出水平上，要求更高的价格；二是同等价格水平上，只提供较少的产出。因而当总供给增加时使总供给曲线 *AS* 向左上方移动，在总需求曲线 *AD* 不变的情况下，*AS* 曲线由 AS_0 到 AS_1 再到 AS_2，产量由原来的 Y_0 减少到 Y_1 再到 Y_2，价格水平由 P_0 上升到 P_1 再到 P_2。也就是说，在假定总需求不变时，成本的增加会导致物价水平的上涨，经济平衡的条件只能引起实际产出的减少，必然引起就业水平的下降。

需求拉动型通货膨胀和成本推动型通货膨胀二者的主要区别，除表现在需求和供给两方面的独立作用外，还表现在政策方面的效果。简单来说，如果收缩性货币政策和财政政策能抑制通货膨胀，而不至于引起失业和经济衰退，则通货膨胀显然属于需求拉动型通货膨胀。

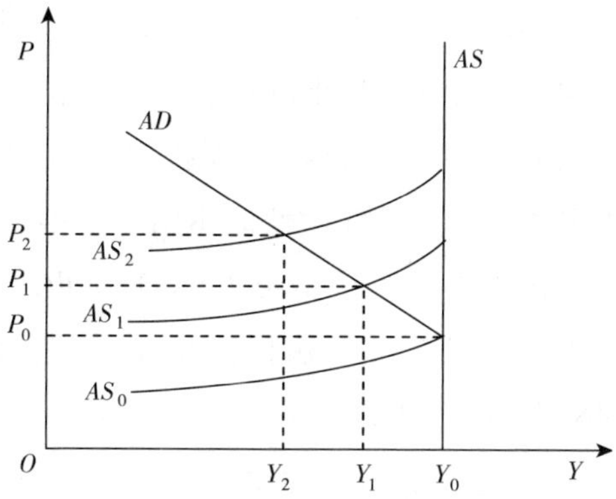

图 10－3　成本推动型通货膨胀

相反，如果这种收缩性货币政策和财政政策会引起失业和经济衰退，则通货膨胀必然属于成本推动型通货膨胀。但在现实经济的通货膨胀中，需求因素和供给因素往往相互混合，很难将其分开。

三、供求混合推进说

这种理论把总需求与总供给结合起来分析通货膨胀的原因。经济学家认为，通货膨胀的根源不是单一的总需求或总供给，而是这两者共同作用的结果。如果通货膨胀是由需求拉动开始的，即过度需求的存在引起物价上升，这种物价上升会使工资增加，从而供给成本的增加又引起成本推动的通货膨胀。如果通货膨胀是由成本推动开始的，即成本增加引起物价上升，这时如果没有总需求的相应增加，工资上升最终会使生产减少，失业增加，从而使成本推动引起的通货膨胀停止。例如当非充分就业的均衡存在时，就业的难题往往会引出政府的需求扩张政策，以期缓解矛盾。这样，成本推动与需求拉上并存的混合型通货膨胀就会成为经济生活的现实。只有成本推动物价上涨而无需求拉动，就会造成大量商品卖不出去，迫使生产紧缩，工人失业，最后将成本推动的通货膨胀终止。因此，只有在成本推动的同时，又有总需求的增加，这种通货膨胀才能持续下去。

如图 10－4 所示，假定最初由于生产领域的某些原因引起成本上升，供给曲线 AS 由 AS_0 向左上方移动到 AS_1，AS_1 与最初的需求曲线 AD_0 交于 e_1 点，价格水平由 P_0 上升到 P_1，为了阻止实际产出的减少和防止失业率增加，政府必然采取鼓励投资和刺激消费的政策，需求曲线由原来的 AD_0 上升到 AD_1，这样就使原本由成本推进的价格上升进一步发展到需求拉动的价格上升，价格由 P_1 上升到 P_2，AS_1 和 AD_1 交于 e_2。需求拉动的价格上升又会进一步提高企业成本，导致供给曲线由 AS_1 上升到 AS_2，AS_2 与 AD_1 相交于 e_3 点，与其相对应的价格为 P_3。这样的过程持续下去，就会表现出一种供给曲线与需求曲线相互推进的机制，短期的均衡点则不断的变化，价格呈“螺旋形”持续上升。

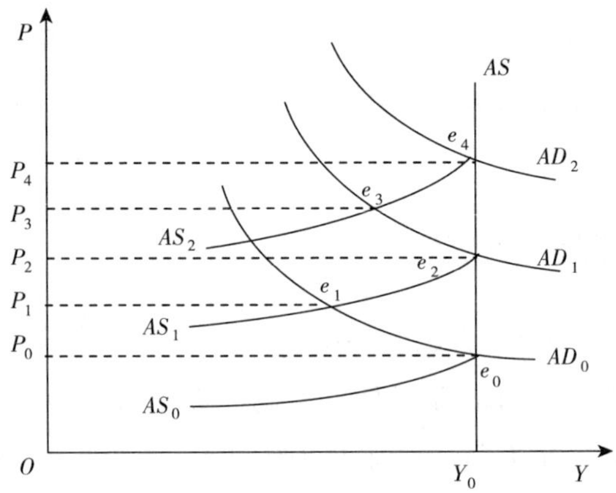

图 10－4　供求混合型通货膨胀

四、结构型通货膨胀说

20 世纪 50 年代末至 60 年代初，正当“需求拉上说”和“成本推动说”争论不休之际，西方一些经济学家又从一国经济结构及其变化方面去寻找通货膨胀产生的根源。“结构型通货膨胀说”由此产生。首创“结构型通货膨胀说”的经济学家是斯屈里坦和鲍莫尔等人，其核心思想是“不平衡增长模型”。由于这一理论成型于北欧学派，故称为“北欧模型”，它是以实行开放经济的小国为探讨背景的。

“北欧模型”的基本思路是：（1）把一国的经济分为开放部门 E

和非开放部门S；（2）开放部门产品接受世界市场价格，它的通货膨胀率 π_E 取决于世界的通货膨胀率 π_W ；（3）开放部门的通货膨胀率 π_E 和劳动生产率 λ_E 决定该部门的工资增长率 W_E ；（4）开放部门的工资增长率 W_E 影响非开放部门的工资增长率 W_S ，两者趋于统一；（5）非开放部门的产品按成本加上稳定的利润定价，从而它的工资增长率 W_S 和该部门的劳动生产增长率 λ_S 之差，决定着非开放部门的通货膨胀率 π_S 。

开放部门的通货膨胀率 π_E 和非开放部门的通货膨胀率 π_S ，按其各自在国民经济中的比重加权，共同决定国内的通货膨胀率 π 。其模型图示如图10－5。

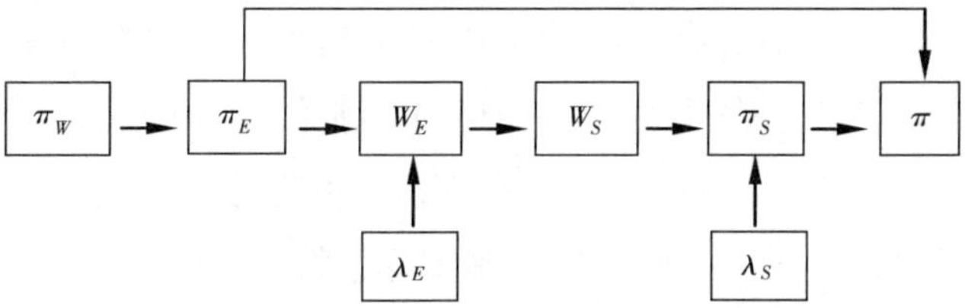

图10－5　国内通货膨胀率的决定模型

五、预期说

“预期说”认为，无论是什么原因引起的通货膨胀，即使最初引起的通货膨胀的原因消除了，它也会由于人们的预期而持续，甚至加剧。预期对人们的经济行为有重要的影响，而预期往往又是根据过去的经验形成的。在产生了通货膨胀的情况下，人们要根据过去的通货膨胀率来预期未来的通货膨胀率，并把这种预期作为指导未来经济行为的依据。“预期说”通货膨胀理论，具有许多不同的预期假说，这里主要介绍两种：一种是适应性预期，另一种是理性预期。

适应性预期的简单形式可以表述为 $\pi^e = \pi^{-1}$ ，即本期的通货膨胀率的预期等于上一期的通货膨胀率，或者是本期的通货膨胀预期等于过去几期实际通货膨胀率的移动平均，或者在上一期的通货膨胀率上加一个修正值，此修正值可视为相对于上一期的通货膨胀趋势的延续。

理性预期假说是指人们对未来通货膨胀的预期是基于这一变量未来行为在经济上的所有可利用信息，它假设人们在其预期的过程中不会犯系统性的错误。很明显，理性预期是排除 $\pi^e = \pi^{-1}$ 这一机械预期的方法。但是人们在实际生活中对于未来通货膨胀的预期往往可以认为是接近 π^{-1} 的。这是因为：第一，存在着一种对过去通货膨胀进行工资补偿的方式，所以本期的通货膨胀率就包含了上一期的通货膨胀的实际水平，而这一点是容易被人们认识到的；第二，存在着期货市场和大量包含对执行期权价格预期的合同，这些合同确定的价格不能立即执行，当没有重大的对预期产生影响的外在因素存在时，可以认为这种合同的价格预期是由上一期价格变化的趋势决定的，这就产生了价格黏性；第三，存在着对过去通货膨胀趋势而相机抉择的行为，这些行为在宏观经济中表现为对本期通货膨胀的预期中包含了大量上一期通货膨胀的因素，而且人们能够获得这些信息。因此，基于这些信息所作的预期就会与上一期通货膨胀率非常接近。①

一般地，通货膨胀的预期理论认为，通货膨胀的简单适应性预期为 $\pi^e = \pi^{-1}$，在经济中预期通货膨胀通过工资补偿进入本期通货膨胀。调整后的通货膨胀曲线为 $\pi = \pi^e + \lambda(Y - Y^*)$，其中 $\pi^e = \pi^{-1}$。因此，可以看出，每一期的通货膨胀都会黏性地进入本期以及以后的每一期，是否衰减以及衰减的程度取决于经济体系对它的调整。

六、通货膨胀新理论：冲击和传导理论

冲击与传导理论是一种关于通货膨胀成因分析的新的理论。该理论认为，冲击是一种施加于经济系统的力量，这种力量可以来自经济系统内部，也可以来自经济系统外部；可以是经济力量，也可以是非经济力量；可以是确定的，也可以是非确定的。例如，进口产品价格

---

① 这里面包含的推测是 $\pi^e = \pi^{-1}$。由于 π^e 的具体值我们不得而知，无法做检验，所以替代方法是我们将 $\pi = \pi^e + \lambda(Y - Y^*)$ 这个公式在经济中的适用性当作已知给定的，考察 $\pi = \pi^{-1} + \lambda(Y - Y^*)$ 的关系是否成立。如果成立，就当作 $\pi^e = \pi^{-1}$ 的关系存在。

上升可以视为一种来自外部的冲击，利率提高可视为一种政策冲击等等。一个冲击发生后，将会对经济系统产生一系列的影响，这一影响过程称之为传导。如进口产品价格上升必将促使国内通货膨胀水平上升，这一影响的具体途径，就是一个传导过程。

冲击和传导理论认为，当经济增长速度过快时，必定会出现通货膨胀。在经济增长与通货膨胀之间存在着一定的因果关系，因此，可以把经济增长视为影响通货膨胀的一个重要冲击因素。这一因果关系体现在以下两点：一是通货膨胀与经济增长的阶段有关。如果经济增长低于潜在增长水平，其对应的通货膨胀率较低；而当经济增长高于潜在增长水平时，通货膨胀率较高。二是在经济周期的不同阶段，相同的经济增长率对应着不同的通货膨胀率。一般而言，对应于扩张时期的通货膨胀率较低，而对应于收缩时期的通货膨胀率则较高。该理论认为，要正确把握通货膨胀可能的发展变化，必须把它与经济增长的动态比较结合起来考虑。例如，当前经济增长率处于较高水平，可以认为下一年度的经济增长可能会呈下降趋势，因为同一经济增长率在收缩时期会对应较高的通货膨胀率，而且通货膨胀与经济增长阶段也具有一定的关系，同时经济增长是向潜在增长水平下降，所以通货膨胀率将会上升。

除了经济增长之外，还有很多比较重要的冲击因素，如政治经济体制的改革、经济结构的转变、战争、国际收支状况以及一些突发的不确定性事件等。在一定条件下，这些因素可能会超过经济增长而成为影响通货膨胀的主要因素。例如，若一国国际收支出现持续的、大量的顺差，那么一方面意味着国内市场上商品的供应量减少，另一方面因出口换回的外汇或流入的外国资本在国内市场上不能流通，需要兑换成本国货币，就会迫使政府大量投放本国货币。在这两方面原因之下，通货膨胀将会显著上升。可见，要想比较准确地把握通货膨胀的发展状况，必须注意全面观察各种可能的冲击将对通货膨胀发展所产生的影响。能否及时判断各种冲击的产生与传导，对投资者来说将是至关重要的。

第三节　通货膨胀对经济的影响

经济学家之所以关注通货膨胀，是因为通货膨胀对一国经济可产生多方面的影响，这里选择几个比较重要的方面进行介绍。

一、通货膨胀与经济增长的关系

经济增长和通货膨胀是衡量一国国民经济状况的两个重要指标，也是决定一个国家能否增强综合国力、提高人民生活水平的重要因素。经济增长是货币稳定的基础，货币稳定是经济持续增长的必要前提。

经济增长和通货膨胀之间的关系可分为下列几种：一是双高型，即高的经济增长率和高的通货膨胀率。这种类型可能出现在采用高的通货膨胀率政策来实现高的经济增长率目标的国家，其结果也可能导致经济效益低下。二是双低型，即低的经济增长率和低的通货膨胀率。在经济贫困落后、生产力水平低下，或者为防止通货膨胀而采取低经济增长的政策措施等情况下的国家会出现这种类型。三是一高一低型。这种类型又可分为两种：高的经济增长率和低的通货膨胀率、低的经济增长率和高的通货膨胀率。前者表明一国经济结构比较合理，资源得以充分利用，经济运行正常，效益较好；后者则在战争、政变或发生重大政策失误等情况下出现的，表明一国经济陷入非良性循环之中。四是滞胀型，即经济停滞和高的通货膨胀同时并存。战后许多西方国家为摆脱经济危机的困扰，相继采取了放宽信贷、扩大投资、增加开支，或减税降息，以刺激生产，维持高的就业率，导致巨大的通货膨胀压力，为缓解这种压力，西方国家又不得不采取紧缩性的财政货币政策，紧缩的结果是经济的零增长，甚至负增长，最终陷入经济停滞、高失业率和高通货膨胀率并存的局面。

通货膨胀对经济增长的影响，有多种不同的意见。归纳起来大致有三种，即“促进论”、“促退论”和“中性论”。

（一）促进论

促进论认为通货膨胀可以促进经济增长。这种观点主要遵循凯恩斯有效需求不足的分析传统，其理由在于：第一，通货膨胀有利于国家获得建设资金。通货膨胀是由于货币供应量过多引起的。国家可以通过多发行货币来弥补基础建设资金的不足，以及在通货膨胀下通过举债占有债权人的一部分利益从而拓展资金来源，成为经济增长的原动力。另外，通货膨胀所引起的“通货膨胀税”可以增加政府税收，从而增加政府支出。第二，通货膨胀有利于刺激投资。在货币幻觉的作用下，通货膨胀引起的有利于雇主不利于工人的影响可以增加利润，从而刺激投资。第三，通货膨胀会加剧收入分配的不平等，而富人的储蓄倾向又大于穷人，所以，通货膨胀可以通过加剧收入不平等而增加储蓄。因此，对于资金缺乏的发展中国家来说，利用通货膨胀来发展经济尤为重要，可以提高储蓄率，加速资本积累，也可刺激经济增长。第四，通货膨胀有利于优化产业结构。在通货膨胀时期，畅销商品的价格增长较快，而滞销商品价格增长较慢，促使企业调整产业结构和产品结构。第五，通货膨胀有利于充分利用闲置资源。通货膨胀表现为商品价格的普遍上涨，这使商品销售加快，商业利润和产业利润增加，从而刺激企业扩大生产规模，使各种闲置资源投入再生产过程。

（二）促退论

促退论认为通货膨胀不但不能促进经济增长，反而会阻碍经济发展。其理由在于：第一，在市场经济中，通货膨胀使价格信号扭曲，无法正常反映社会供求状态，从而使价格调节经济的作用无法正常发挥，经济无法正常发展。第二，通货膨胀破坏了正常的经济秩序，使投资风险增大，社会动荡，从而经济混乱，经济效率低下。第三，通货膨胀所引起的紧缩性政策会抑制经济发展。第四，在固定汇率下，通货膨胀所引起的货币贬值不利于对外经济交往。也许通货膨胀在某个时期可以促进经济发展，但最终结果却是不利于经济发展。采用通货膨胀的方法来刺激经济无疑是“饮鸩止渴”。

（三）中性论

中性论认为，通货膨胀与经济增长并没有什么必然的联系，货币在经济中是中性的，从长期来看决定经济发展的是实际因素（如劳动、资本、自然资源等），而不是价格水平。在长期中由于货币量变动引起的通货膨胀，既不会有利于经济也不会不利于经济的发展。因此，没有必要把经济增长与通货膨胀联系在一起。

二、通货膨胀与失业的关系

学术界关于通货膨胀与失业之间的关系主要有两种观点。一种观点认为通货膨胀与失业之间具有替代关系，即可以用较高的通货膨胀率换取较低的失业率，或者用较高的失业率换取较低的通货膨胀率。这一观点的代表人物是英国著名经济学家菲利普斯（A. W. Phillips），他于1958年在《经济学》杂志上发表了他的著名论文《1861—1957年联合王国的失业与货币工资率的变化率之间的关系》。在该文中，菲利普斯通过对英国统计数据的回归分析，提出了著名的菲利普斯曲线的原型，即工资率的变化率与失业率呈反向运动（如图10－6）。

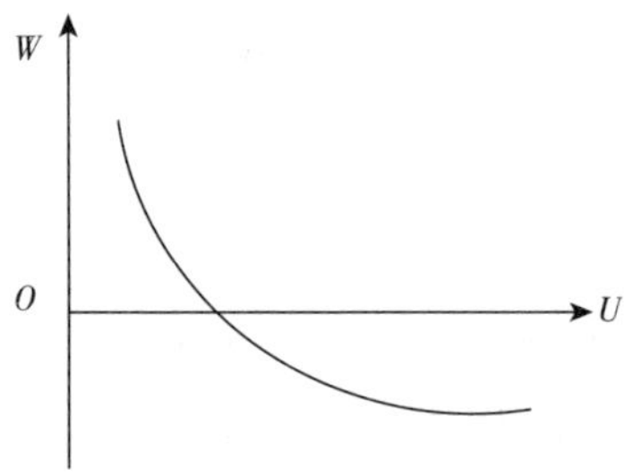

图10－6　菲利普斯曲线

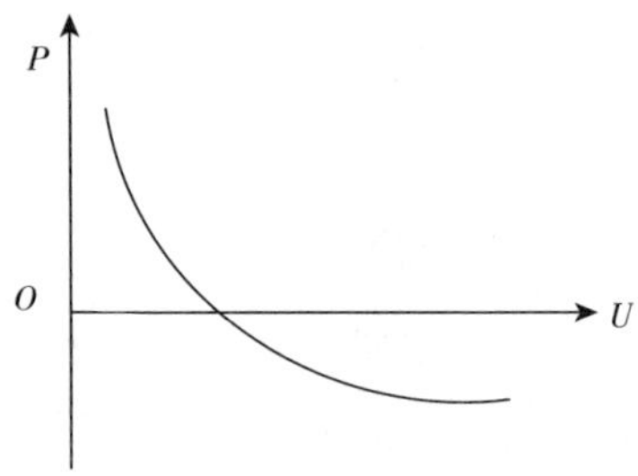

图10－7　修正后的菲利普斯曲线

图10－6所示的向右下方倾斜的曲线为失业率和货币工资变动率之间的反向关系，其中横轴 U 代表失业率，纵轴 W 表示货币工资变动率。1960年，萨缪尔森和索洛将原来的菲利普斯曲线转化成了描绘通货膨胀率与失业率之间替代关系的曲线，如图10－7所示。图中，横轴 U 代表失业率，纵轴 P 表示通货膨胀率，图中曲线向右下方倾斜，

说明通货膨胀率越高，失业率就越低；而通货膨胀率越低，则失业率越高。这条修改了的曲线后来成为真正意义上的菲利普斯曲线。在1967 年和 1968 年，费尔普斯和弗里德曼分别发表他们对稳定的菲利普斯曲线的质疑，提出了“附加预期的菲利普斯曲线”。他们指出，对于任意既定的通货膨胀率，都有一条向下倾斜的菲利普斯曲线。但随着预期通货膨胀率的变动，这条菲利普斯曲线将发生向上或向下的移动，从而形成一个菲利普斯曲线簇。由于这些曲线与特定的预期通货膨胀率相联系，因而是不稳定的，只能短期存在。因此，向下倾斜的菲利普斯曲线应称之为短期的菲利普斯曲线。与其相对应的长期菲利普斯曲线则是垂直的，因为在长期中，工人将根据实际发生的情况调整预期，使预期的通货膨胀率与实际发生的通货膨胀率一致。这样，工人会要求增加名义工资使实际工资不变，从而通货膨胀就不会起到减少失业的作用，故通货膨胀率与失业率之间的替代作用不再存在，如图10 -8 所示。

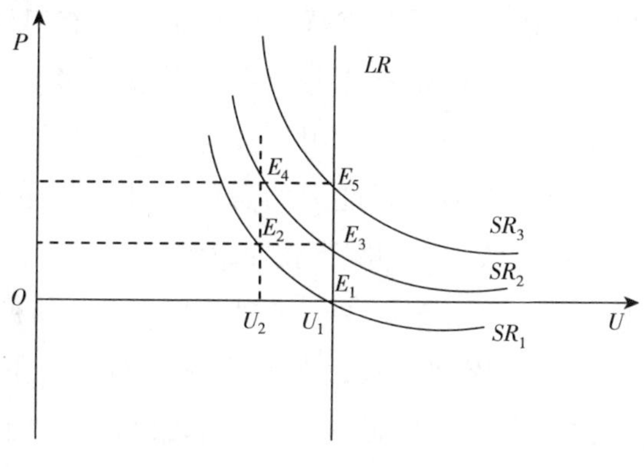

图 10 -8　短期菲利普斯曲线移动和长期菲利普斯曲线

图 10 -8 给出了一条垂直的菲利普斯曲线 LR 和三条向右下方倾斜的菲利普斯曲线 SR_1、SR_2、SR_3，SR_1、SR_2、SR_3 分别对应不同的预期通货膨胀率。假定在初始阶段，经济处于均衡点 E_1 处，失业率为 U_1，实际的通货膨胀率和预期通货膨胀率均为 0，因此存在一条过 E_1 点的菲利普斯曲线 SR_1。当经济中存在通货膨胀因素使通货膨胀率上升而不

被预料时，均衡点将沿着 SR_1 变动到 E_2 点，失业率下降到 U_2。但 E_2 点显然不是一个长期均衡点，因为通货膨胀预期会使实际的通货膨胀率上升，从而使短期的菲利普斯曲线右移至 SR_2。此时，均衡点位于 E_3，失业率恢复到自然水平。然而，为保持国内稳定，政府可能必须降低失业率到 U_2，使通货膨胀率进一步上升高出上期通货膨胀水平，结果导致通货膨胀率沿 SR_2 移动到 E_4 点。同样，E_4 点不是长期均衡点，它会向 E_5 点移动。因此，对自然失业率的偏离只是暂时的，长期均衡点 E_1、E_3、E_5 决定的菲利普斯曲线是垂直的。长期菲利普斯曲线说明，在长期内通货膨胀率和失业率之间不存在替代关系，即高的通货膨胀率不一定带来高的就业率，这一结论对于一国宏观经济政策的制定有着重要的意义。

三、通货膨胀的其他影响

（一）通货膨胀对生产的影响

1. 通货膨胀对生产增长的刺激作用是暂时的

通货膨胀初期阶段，货币贬值所产生的影响具有时滞性，如果此时生产设备和劳动力资源尚未被充分利用，则通货膨胀会对生产和就业产生一定的刺激作用。但这种作用不会持久，因为初始阶段产量和就业水平的增加建立在对有支付能力的需求的过度消耗上，一旦通货膨胀继续发展，必然导致生产缩减，就业率下降。

2. 通货膨胀使生产性投资减少，不利于生产的长期稳定发展

生产性企业的经营周期较长，在通货膨胀的冲击下，风险加大，利润空间缩小，收益率降低。而商业企业和投机性部门经营周期短，资金周转快，容易获利。在这种情况下，资金就会从生产性行业流向非生产性行业，甚至流向国外，致使生产性资本缺口加大。

3. 通货膨胀会引起产业结构失衡

通货膨胀期间，各种商品的价格上涨幅度不一，因而利润分配存在差异。价格上涨较快、涨幅较大、盈利水平高的行业必然扩大生产，但价格上涨较慢、涨幅较小、盈利水平低的行业也力求获得平均利润，导致资源盲目配置，产业结构发展失衡，国民经济畸形发展。

（二）通货膨胀对商品流通的影响

1. 通货膨胀扭曲了商品市场供求关系

在通货膨胀时期，居民往往积极寻求货币的有效保值手段，或抢购商品，而企业则出现惜售心理，直接扭曲了商品供求关系，致使流通秩序混乱。

2. 通货膨胀扰乱了商品流通渠道

通货膨胀使物价在地区之间差异拉大，加剧了地区间倒买倒卖，甚至引发产销倒流、盲目逐利现象，不利于市场的繁荣稳定。

3. 通货膨胀阻碍了商品的出口

通货膨胀使国内出口商品价格上涨，从而减低了本国商品在国际市场的竞争力，不利于商品出口，从而引发国际收支失衡。

（三）通货膨胀对收入再分配的影响

由于社会各阶层收入来源不同，在物价总水平上涨时，有的人收入水平会下降，有的人收入水平会提高。这种由物价上涨造成的收入再分配，就是通货膨胀的收入再分配效应。

1. 实物财富持有者受益，而货币财富持有者受损

实物财富包括不动产、贵金属、珠宝、古董以及艺术品等，在通货膨胀时期，它们的持有者会因价格的上涨获取利益。货币财富包括现金、银行存款等，它们的持有者将因货币的贬值而受到损失。

2. 债务人受益，而债权人受损

因为债务人和债权人之间事先存在着某种契约关系，当通货膨胀加剧时，契约的本金将因货币的贬值使其实际价值降低，同时，由于实际利率等于名义利率减去通货膨胀率，通货膨胀率上升时，实际利率必然下降，因而使债权人处于受损地位，相反，债权人将从中获得利益。

3. 浮动收入者受益，而固定收入者受损

固定收入者一般指工薪阶层和靠领取退休金、救济金以及社会最低保障金维持生活的人，除此之外，一般为浮动收入者。通货膨胀时期，浮动收入阶层因工资上涨，其生活水平一般不会受到太大的冲击，而固定收入阶层的实际收入会因通货膨胀率的上升而下降，导致生活

水平降低。

（四）通货膨胀对财政的影响

1. 改变财政收入结构

货币贬值，意味着政府对货币持有者进行了隐蔽性、强制性的征税，即“通货膨胀税”。虽然表面上增加了财政收入，但由于生产萎缩和流通阻滞，同时又会使财政税收成倍减少。

2. 影响公债发行

在通货膨胀时期发行公债，有利于政府筹集资金，但居民的认购积极性较低，在一定程度上不利于公债的发行。

3. 减低国库库款的价值

国库税收和其他收入会因货币的贬值而降低价值，使其实际收入减少。

4. 影响财政收支平衡

财政支出因物价上涨而增加，但财政收入不能同步增加，可能造成财政收支失衡。

（五）通货膨胀对金融的影响

1. 通货膨胀妨碍货币职能的发挥

在通货膨胀期间，币值不稳，使货币的价值不能通过市场的供求真实反映，导致价格信号失真，致使货币的价值尺度职能丧失。由于货币贬值，社会购买力下降，居民不愿持有货币或进行储蓄，使货币的储藏手段职能弱化。恶性的通货膨胀还可能妨碍货币流通手段和支付职能的发挥。

2. 通货膨胀破坏了正常的社会信用关系

在通货膨胀中，利率的提高滞后于物价的上涨，债权人为避免损失，会缩减信用规模，而债务人对信用的需求相对增加，加剧资金供求失衡；另一方面，到期债务不能如期偿还，还会进一步影响到债权人利益，致使债权人风险加大，破坏正常的社会信用关系。

此外，通货膨胀还会导致社会分配不公、贫富分化加剧，使投机盛行、市场动荡，从而引发社会问题。

第四节　通货膨胀的治理

由于通货膨胀对于经济的正常发展有相当不利的影响，所以许多国家都十分重视，将通货膨胀的防范和治理视为经济工作的主要任务之一，制定并采取了一系列措施来抑制通货膨胀。概括而言，主要措施有：

一、紧缩性的财政金融政策

在经济上出现总需求过度，以至于造成需求拉上的通货膨胀时，一般采取紧缩性财政金融政策。

（一）紧缩性的财政政策

政府通过紧缩性的财政政策主要影响消费和政府支出，其主要内容有：(1) 削减政府预算、限制公共事业投资，其中主要是减少政府支出，以减少财政赤字；(2) 降低政府转移支付水平，减少社会福利费用；(3) 增税；(4) 发行公债，以弥补政府支出与税收之间的差额，减轻市场压力；(5) 开征特别消费税；等等。

（二）紧缩性的货币政策

政府通过紧缩性的货币政策，主要影响投资和社会总需求，主要内容有：(1) 出售政府债券，以缩减货币供应潜在的膨胀；(2) 提高贴现率和再贴现率；(3) 提高法定存款准备金比率；(4) 直接提高利率，紧缩信贷；等等。

另外，政府还可将财政政策和货币政策进行松紧搭配以治理通货膨胀，如紧的财政政策与松的货币政策相搭配，或紧的货币政策与松的财政政策相塔配。而在通货膨胀相当严重时则可采取双紧政策，即紧的财政政策与紧的货币政策相搭配，以增强政策的力度。

二、收入政策

收入政策就是政府为了降低一般物价水平上涨的幅度而采取的强

制性或非强制性的限制货币工资和价格的政策。其目的在于控制通货膨胀而不至于陷入“滞胀”。收入政策一般包括以下内容：

（一）确定工资—物价指导线，以限制工资—物价的上升

这种指导线是由政府当局在一定年份内允许总货币收入增加的一个目标数值线，即根据统计的平均生产力的增长，估算出货币收入的最大限度增长，而每个部门的工资增长率应该等于全社会劳动生产率增长趋势，不允许超过。只有这样，才能维持整个经济每单位产量的劳动成本的稳定，因而预定的货币收入增长就会使物价总水平不变。

（二）工资管制

即强制控制全社会职工工资增长总额和幅度，或政府强制性规定职工工资在若干时期内的增长必须固定在一定水平上。管制工资被认为能降低商品成本，从而减轻成本推动型通货膨胀的压力。这是通货膨胀相当严重时采取的非常措施，但正是因为通货膨胀严重，使人民生活水平持续下降，从而使工资管制实施起来更为困难。

（三）以纳税为基础的收入政策

具体做法是对过多的增加工资的企业按工资增长超额比率征以特别税款。一般认为，该做法可以使企业拒绝工资超额提高，并同工会达成工资协定，降低工资增长率，减缓通货膨胀。

三、供应政策

这是一种长期的反通货膨胀措施，其实施理由是刺激需求、抑制通货膨胀的观点忽视了运用刺激生产力的方法来同时解决通货膨胀和失业问题。增加有效供给应该是治理通货膨胀最根本的手段，但它要受到生产力发展水平和供给弹性的限制。供应政策主要包括：

第一，减税，即降低边际税率。这种办法被认为是解决“滞胀”的最佳办法。

第二，削减社会福利开支。

第三，稳定币值。

第四，放松管制，精简规章制度，给企业等微观经济主体松绑，减少政府对企业活动的限制，让企业在市场经济原则下更好地扩大商品供给。

治理通货膨胀的其他政策还包括物价管制、收入指数化、取消币制等。值得注意的是，通货膨胀是一个十分复杂的经济现象，其产生的原因是多方面的，需要我们有针对性地根据原因采取不同的治理对策，对症下药。这种对症下药，并不是简单地根据原因分析一一对应，也不能机械僵化地照搬别人或自己以往的经验。而且，即使是对症下药，也要以某一方案为主或优先，同时结合其他治理方案综合进行。也就是说，治理通货膨胀是一项系统工程，各治理方案相互配合才能取得理想的效果。

第五节　通货紧缩理论概述

通货紧缩（Deflation）的危害性非常大，国外历史上发生的通货紧缩，往往与经济萧条、失业上升相伴随。对此，克鲁格曼（P. R. Krugman）甚至认为："通货紧缩终究会成为一个很严重的问题，政策的制订者很难像我们所期望的那样防止它的发生，或者使形势逆转。"原因是：一方面价格总水平的持续下降或者会引起货币工资的减少，或者会由于工资黏性导致就业减少；另一方面持续的通货紧缩会使消费者推迟购买，以等待更低价格的出现，经济会由此陷入通货紧缩的螺旋中，最终导致衰退或萧条。更为严重的是通货紧缩还会引发银行业危机，大大提高实际利率水平，引发企业破产的浪潮，以致局部的债务链条中断，从而导致整个信用体系的紊乱甚至崩溃，成为经济复苏的沉重负担。那么，什么是通货紧缩？它是如何产生的？如何治理？本节拟对此进行分析和介绍。

一、通货紧缩的含义及其判断标准

通货紧缩是与通货膨胀相对应的概念，目前理论界有关通货紧缩尚未形成一个统一的理论定义，这直接给判断通货紧缩是否发生带来了困难。

（一）通货紧缩的含义

通货紧缩的分类标准不同，则对通货紧缩含义的界定也不同。为了准确把握通货紧缩的含义，这里对通货紧缩的界定主要分以下两种方法进行介绍：一种方法是以“要素”为标准的分类，另一种方法以物价下降、货币供给下降和经济衰退三者之间的关系为依据来界定通货紧缩。

1. 以“要素”为标准的分类

此方法对通货紧缩的界定包括三类：

（1）单要素论

单要素论认为通货紧缩是价格水平普遍的持续的下降。这种定义与国外某些经济学教科书和权威辞典的解释相一致。如斯蒂格利茨在其《经济学》中写道：“通货紧缩表示价格水平的稳定下降。”《新帕尔格雷夫经济学大辞典》也认为，通货紧缩是物价下降和币值上升的一个过程。

（2）双要素论

双要素论认为通货紧缩包括价格水平的持续下降和货币供应量的持续下降。通货紧缩一般有两个特征：一是商品和劳务价格持续下跌，二是货币供应量持续下降。

（3）三要素论

三要素论认为通货紧缩应包括价格水平的持续下降、货币供应量的持续下降与经济增长率的持续下降。

2. 以物价下降、货币供给下降和经济衰退三者之间的关系为依据

此方法对通货紧缩的界定包括两类：

（1）“价格派”

他们认为，通货紧缩与货币供给下降和经济衰退之间没有直接的必然联系，可通过与通货膨胀相对照得出通货紧缩的定义。“价格派”认为，通货紧缩是与通货膨胀相反的一种经济现象，通货膨胀是货物与服务价格普遍的持续上升，通货紧缩则是货物与服务价格普遍的持续下降。

(2)“货币派”

他们认为，通货紧缩过程中物价持续下降、货币供给量下降和经济衰退是三个不可分割的方面。通货紧缩主要有三个特征：一是物价的持续下跌，货币供给量的持续减少；二是有效需求不足，失业率居高不下；三是经济全面衰退，国内生产总值大幅下滑或负增长。也就是说，通货紧缩应具备“两个特征、一个伴随”，即物价水平的持续下降和货币供应量的持续下降并伴随着经济衰退。

（二）对上述定义的质疑

部分学者对上述定义提出了质疑，主要有以下三种观点：

第一种观点认为：从逻辑上得不出通货减少物价就必然下跌的结论；银行货币供给量与通货量不存在必然的同向变动关系；货币供给变动与经济增长也不是同量等向的关系；从投资小于储蓄存在“通货紧缩缺口”来定义的通货紧缩，实际上是投资不足。同时认为，正确理解通货紧缩是货币现象应从以下两个角度出发：一是只有在货币作为交换媒介的条件下才会出现通货紧缩；二是引起通货紧缩的原因最终是货币供给的变化。

第二种观点则认为：首先，从价格总水平的持续下降定义通货紧缩的内涵比较直观，便于衡量。不能用货币量紧缩来定义通货紧缩，否则会排斥对通货紧缩其他原因的分析和判断。其次，经济衰退是通货紧缩的结果而不是其本身，通货紧缩是经济衰退的一个原因而不是唯一的原因。

第三种观点认为：一般意义上的通货紧缩并不一定会出现经济衰退，只有危害型通货紧缩发展到一定阶段才会出现经济衰退；货币供给量减少通常会引致通货紧缩，但出现通货紧缩并不一定是由于货币绝对供给量的减少，对实际经济增长和物价起作用的是实际货币流通量。

（三）通货紧缩的判断标准

由于对通货紧缩的定义不同，因此对是否存在通货紧缩的判断标准不同，对每一要素的判断也不尽相同。

在对物价下降的衡量中，持续时间长短的判断有以下四种标准：

一是以价格水平持续下降半年为通货紧缩。二是以价格持续下降两年为通货紧缩。三是通货膨胀率由正变负为轻度通货紧缩；由正变为负，且时间超过一年为中度通货紧缩；由正变为负，且达到两年或两年以上的为重度通货紧缩。四是通货膨胀率低于1%为通货紧缩。另外，采用的比较基期也有所不同：一种采用同比，另一种则采用消除了季节性变动的环比。

在对货币供给量的衡量中对变动趋势的测定也有两种标准：一是以货币供给量的绝对下降作为通货紧缩。二是以货币供给量的相对下降即货币供给增长率的下降作为通货紧缩。理由是货币供给的绝对增长一部分要用来弥补新增人口的货币需求，另一部分要用来弥补生产率提高后增加的货币总需求。

在对经济衰退的衡量上，主要有两种标准：一是以相对量的下降即经济增长率的下降来代替严格意义上的负增长，这主要是针对战后经济周期从古典型向增长型转变的事实而采取的变通；二是以产出缺口来确定是否出现了经济衰退，即以实际增长曲线对潜在增长曲线路径的偏离幅度为标准。

依据标准不同，通货紧缩有多种分类方法：按照持续时间的长短，可将其划分成长期性通货紧缩（持续期在10年以上）和短期性通货紧缩（持续期在10年以下）；按物价与经济增长之间关系的不同，可划分成伴随着经济增长的通货紧缩、伴随着经济增长率增长的通货紧缩和伴随着经济衰退的通货紧缩；按成因可将通货紧缩划分成由科技突破、工艺改造、交通运输系统改善、管制解除、竞争加剧、原料和进口品价格下降等因素促成的成本抑制型通货紧缩和由预期收入减少、资本边际效率下降、突发性金融危机等因素导致需求不足而形成的需求抑制型通货紧缩；按影响可划分成会使总产出水平提高的无害型通货紧缩（又可称之为温和型或技术进步型通货紧缩）和危害型通货紧缩，后者往往是由于生产能力过剩和需求低迷导致的，表现为实际产出与潜在产出水平之间的缺口越来越大。

二、通货紧缩的有关理论

西方经济学对通货紧缩的研究始于20世纪30年代的大萧条，从早期欧文·费雪的“债务—通货紧缩”理论，到后来的现代货币主义理论，再到凯恩斯的通货紧缩理论，随着时代的发展，对于通货紧缩的讨论从未终止。

（一）欧文·费雪的“债务—通货紧缩”理论

欧文·费雪的“债务—通货紧缩”理论产生于他对“大萧条”的解释，该理论具有重要的地位，成为后来研究通货紧缩的基础。欧文·费雪在1933年发表的《大萧条的债务—通货紧缩理论》一文中，详细阐述了“债务—通货紧缩”机制。该机制的逻辑体系涉及两个最主要的变量：债务和通货紧缩，以及七个相对次要的变量：流通媒介及其流通速度、价格水平、资本净值、利润、交易、商业信心、利率，对于解释大萧条的成因具有重要意义。

“债务—通货紧缩”理论假定经济体系最初处于均衡态，然后受到过度负债[①]的扰动，这样，在某个时点存在的“过度负债”就会引起债务清偿，进而发生以下的链式反应：债务清偿引致商品廉价出售，并且引致存款货币的收缩，及其流通速度下降；存款货币的下降及其流通速度的收缩，在廉价出售的情形下，引致价格水平的下降；由于没有外来的“再次通胀”的外生性干预，就必然使商业部门的资产净值发生更大幅度的下降，这将加速企业破产和工人利润下降；在一个“资本主义”的社会里，这又导致陷入营运亏损的企业被迫减少产出、交易和劳动雇佣；这些企业亏损、破产和工人失业，会引致悲观情绪和信心丧失，这反过来又进一步引致“持现”行为和存款货币流通速度的进一步下降。在以上的变化中，利率也会产生复杂的变动，具体地说，就是名义利率下降和真实利率上升。

① 欧文·费雪特别强调，债务并不是一个简单的数字，债务的期限分布也是一个重要的考虑因素。已经到期需要立即支付的债务总是要更为棘手，由债权人随时决定偿还与否的债务同样总是比由债务人随时决定偿还与否的债务更为棘手。

应该强调的是，在欧文·费雪的“逻辑顺序”中，除了债务本身和债务利息之外，所有的经济波动都来自于一般价格水平的波动（下降）。如此一来，就可以以一个简单的理论框架来解释大量的商业周期现象。

欧文·费雪认为，仅仅是过度负债本身（没有引发通货紧缩）或者通货紧缩本身（是由于别的原因而不是过度负债引起了通货紧缩）都不足为虑。但过度债务和通货紧缩这两者结合起来就会制造出可怕的后果——由过度负债引致的通货紧缩反过来又会对债务产生影响；每一个尚未偿付的债务由于通货紧缩可能变得更有价值。特别是在过度负债的起始规模足够大的情形下，此问题尤为突出——当进行债务清偿时，首先是引起价格水平的下降；此时，名义债务量的减少根本不足以抵补由于价格水平的下降所引致的真实的未偿付债务数量的上升。

在欧文·费雪看来，这个悖论正是造成大萧条的主要（即使不是全部）原因。欧文·费雪对1929—1933年大萧条的真实债务的变化作了这样的估算：到1933年3月，债务清偿减少了20%的名义债务额，但是美元升值约75%，这样算下来，真实债务上升了40%。除非有反向的力量阻止价格下跌，1929—1933年的萧条将会继续连年恶化下去。最终，仅仅当破产的局面普遍出现时，负债才会停止扩大并趋于收缩。然后，就是复苏和新一轮繁荣—萧条的开始。以这种“天赋”的方式来摆脱萧条，代价就是残酷的破产、失业和饥饿。反过来看，如果理论逻辑的分析是正确的，那么理论上就有预先防止萧条的可能，也就是说，只要将价格水平推回到原来的平均价格水平，并维持住这个价格水平。

（二）现代货币主义理论

现代货币主义没有形成系统的通货紧缩理论，他们对通货紧缩的关注和论述主要体现在两个方面：

一是对“大萧条”的解释。弗里德曼和施瓦茨在其代表作《美国货币史：1867—1960》一书中认为，“大萧条”这样的空前灾难是由于货币量的外生性变动造成的。也就是说，货币供应的减少导致了大萧条的产生。他们认为，1930—1933 年间发生的四次银行危机导致了货币乘数和货币数量的下降，而联邦储备委员会未能及时地扩大基础货币供给以抵消上述变动，从而引发了大萧条。

按照货币主义的观点，通货紧缩的原因在于货币政策的失误，其例证就是在 20 世纪 30 年代危机期间，美联储货币政策的逆向操作导致通货紧缩和经济衰退。由于紧缩性货币政策的实施，使货币供应量大幅下降，同时，生产和消费支出大幅萎缩，从而使居民实际收入和预期收入也随之降低，而债务的实际利率上升，使潜在的债务人产生到期不能偿还债务的预期，因而对货币的需求也大幅下降，最终引发通货紧缩。

二是对传导机制的论述。弗里德曼认为，当货币紧缩时，货币的边际收益率上升，人们倾向于将其他资产转换成货币资产，这就导致金融资产和实物资产价格的降低。

但是，弗里德曼也指出，货币存量的变动和价格的变动之间的关系虽然十分紧密，但并不是严格的一一对应关系，产量的变动和公众希望持有的货币数量的变动，与所造成的货币存量变动和价格之间常常是不一致的。因此，他认为更为重要的是考察单位产量变动所对应的货币存量的变动，同时还要考虑货币流通速度的变化。

弗里德曼等人经过大量的实证分析认为，货币存量的变动和价格水平变动不仅在幅度上存在不一致，而且由于从货币存量到价格水平的变动之间的传递需要一个过程，两者在实践上也存在不稳定的间隔，这种时滞往往更难把握，因而货币存量的变动与价格的变动经常会出现差异。

（三）凯恩斯的通货紧缩理论及其发展

凯恩斯在《就业、利息和货币通论》一书中提出的“有效需求理论”，直接解释了大萧条中存在的大量非自愿性失业和严重通货紧缩现象，为其通货紧缩理论奠定了基础。后来，美国经济学家保罗·克鲁格曼则结合当代经济发展新情况，对凯恩斯的通货紧缩理论进行了发展。

1. 凯恩斯的通货紧缩理论

作为大萧条时代的产物——凯恩斯经济学是以分析和解决通货紧缩为宗旨的。凯恩斯理论认为，资本主义之所以会发生世界生产过剩危机，产生失业与严重的通货紧缩，根本原因在于“有效需求不足”。而“有效需求不足”的原因在于消费倾向下降导致消费需求不足，资本边际效率下降导致投资需求不足，从而减少了有效需求，使失业增加，价格下跌。

凯恩斯理论把 *IS-LM* 模型作为主要分析工具，从商品市场和货币市场的同时均衡中，推导出总需求（*AD*）函数和总供给（*AS*）函数，得出均衡的物价总水平和均衡的国民收入水平。他们也因此提出了治理通货紧缩的建议。他们认为，通货紧缩是由总需求不足引起的，可以通过政府控制的包括政府支出、税率和货币供应量均衡体系的外部变量来使总需求发生再膨胀，而上述外部变量即为扩张的财政政策和货币政策，它将引起 *IS* 曲线或 *LM* 曲线向右方移动，由此，*AD* 曲线也会向总供给和总需求的右上方移动，结果推动了均衡物价水平和均衡国民收入的同时提高，从而把经济从通货紧缩的恶性循环中解脱出来。

凯恩斯通货紧缩理论的重大缺陷表现为其忽略了经济体系中的许多重要因素，如金融市场，这是因为凯恩斯主义认为金融市场仅仅是经济活动的载体，对实体经济不产生任何影响。20 世纪 70 年代后，滞胀的打击才使人们真正认识到凯恩斯主义忽略金融市场的缺陷。

2. 克鲁格曼的通货紧缩理论

克鲁格曼继承了凯恩斯的传统，认为总需求不足是导致通货紧缩的主要原因。但在对通货紧缩产生的原因和机制分析以及政策建议上，克鲁格曼则提出了许多新的看法，形成了一套独特的理论。

克鲁格曼认为，单从供给过剩来解释通货紧缩是片面的，因为其不足以解释和证明日本、中国、新加坡、瑞典等国通过增加基础货币投放、扩大政府财政支出等手段刺激社会总需求，并取得成效的情况。他认为，通货紧缩更主要的原因在于需求方面，如果需求相应增加，就不会发生大量的“生产过剩”，通货紧缩便不会发生。从日本、中国、新加坡和瑞典的实际来看，社会需求不足是通货紧缩形成的根本原因。克鲁格曼认为，日本通货紧缩是由于在20世纪70年代，人口老龄化问题日趋严重，制约了需求的进一步增长所致。而日本政府为刺激需求，多次降息，使其利率几乎接近于零，其效果仍不明显。克鲁格曼认为日本经济已陷入“流动性陷阱”，应采用非传统的货币政策，通过财政透支，形成一个长达15年之久的4%的通货膨胀预期，以降低实际利率，刺激投资需求和消费需求。

通货紧缩物价下跌，是市场价格机制强制实现经济均衡的必然，更是“流动性陷阱”作用的结果。克鲁格曼认为，在信用货币条件下，之所以发生通货紧缩而传统的货币政策效力弱化，其根本原因在于经济陷入“流动性陷阱”状态；社会公众偏好于未来，即使短期名义利率降至很低的程度，甚至为零，储蓄倾向仍然高于投资倾向。要消除储蓄与投资之间的缺口，只有降低物价水平或降低名义利率，使消费和投资支出增加。由于名义利率不能为负，因而在利率水平已经很低时，利率机制对经济的调节功能便失去效力，于是，实现经济均衡的唯一途径就是物价水平下跌。

在上述分析的基础上，克鲁格曼主张用“有管理的通货膨胀”来治理通货紧缩。这形成了对传统货币金融理论的挑战。传统货币金融理论认为，物价水平的稳定是实现经济均衡的条件。公众对物价水平保持稳定的预期，是货币政策有效性的必要前提。克鲁格曼的看法则不同，他证明了在“流动性陷阱”的条件下，保持零通货膨胀的货币政策不再是中性的，而是紧缩性的，公众对物价稳定的预期会使货币政策效力丧失。因此，不能盲目追求物价水平稳定，更不能造成公众对物价稳定的预期。一旦通货紧缩发生，可以用有管理的通货膨胀或适度的通货膨胀进行治理。即增发货币，扩大支出，增加需求，以更多的货币吸纳和消化“过剩”的商品，以此实现经济均衡。

三、通货紧缩的治理

从各国的普遍经验看，经济出现通货紧缩时，政府往往采取如下主要对策：

（一）增加国内有效需求或称"拉动内需"

国内有效需求包括两个方面：投资需求和消费需求。增加投资需求的渠道包括：增加政府公共投资，如增加基础设施建设，以此拉动投资品市场需求，并增加就业；刺激私人部门或民间投资，主要做法是采取降低税收、降低利率、增加信贷等措施，提高企业经营者的投资收益率，增强其投资的信心和增加投资机会。与增加政府公共投资相比，刺激私人部门或民间投资尤为重要。这是因为，私人部门或企业是国民经济的微观基础，激活企业是激活整个市场和整个经济的关键。

增加消费需求的具体方法包括增加政府采购、提高公共消费水平和刺激家庭个人消费等。值得注意的是，由于在通货紧缩的情况下，就业预期、工资预期等趋于下降，消费者普遍缩减支出，增加储蓄。因此，为刺激家庭个人消费，政府需要通过各种途径，如增加工资、增加社会福利、提供消费信贷、降低利率等，使消费者支付能力提高，提升消费等级。

（二）增加外部需求，促进出口

将外部需求引入国内市场，消化相对过剩的供给能力，是被许多国家的经验所证明了的一条治理通货紧缩的重要途径。在通货紧缩的情况下，一般应采取本币贬值的策略。同时，在国际贸易中还要尽可能争取有利于扩大出口而限制进口的条件。

（三）改善供给结构，增加有效供给

通货紧缩表现为总供给水平大于总需求水平，导致物价总水平下降。因此，治理通货紧缩最好是双管齐下，一方面应刺激总需求，另一方面还应抑制和调整总供给。为解决好供给问题，最重要的是，一国应适时调整产业结构，并鼓励企业加快技术进步、提高产品质量和改善企业经营管理水平，通过产品结构的改善，增加有效供给。

本章小结

在纸币本位制和物价自由浮动的条件下，通货膨胀是由于货币供应量超过商品流通的客观需要量，从而引起货币不断贬值和一般物价水平持续上涨的经济现象。衡量通货膨胀常用的指标有三种：消费物价指数、批发物价指数和国民生产总值或国内生产总值折算指数。

由于研究角度不同，经济学家提出了种种理论与假说，试图解释通货膨胀的产生原因与机理。其中，比较有影响的理论有需求拉上说、成本推动说、供求混合推进说、结构型通货膨胀说、预期说，以及通货膨胀的冲击和传导理论。

对于通货膨胀和经济增长的关系有三种观点，即促进论、促退论和中性论。通货膨胀和失业的关系体现为长期菲利普斯曲线和短期菲利普斯曲线。通货膨胀对经济的影响还表现在对生产、商品流通、收入再分配、财政以及金融的影响上。

通货紧缩的含义与通货膨胀相反，其主要理论是欧文·费雪的“债务—通货紧缩理论”、现代货币主义理论和凯恩斯通货紧缩理论及其发展。从各国的普遍经验看，经济出现通货紧缩时，政府往往采取三种主要对策：拉动内需、增加外需和增加有效供给。

重要概念

通货膨胀　一般物价水平　物价指数　消费物价指数　批发物价指数　国民生产总值或国内生产总值折算指数　拉氏物价指数　派氏物价指数　需求拉上型通货膨胀　成本推动型通货膨胀　供求混合推进型通货膨胀　结构性通货膨胀　菲利普斯曲线　通货紧缩

第十一章　货币政策

货币政策作为宏观需求管理政策，在整个国民经济宏观调控体系中居于十分重要的地位。货币政策目标的正确选择、决策程序的科学合理和政策工具的正确使用是货币政策作用有效发挥的重要前提。货币政策目标选定后，中央银行必须利用自己的特殊地位，选择适当的中介目标并运用相应的政策工具，对宏观经济运行进行调节，以保证政策目标的实现。从货币政策工具到货币政策目标实现的整个传导过程就是货币政策的传导机制。一项货币政策能否取得预期效果，需准确地检验货币政策效果，并对影响其效果的因素进行研究，这就是货币政策效果问题。货币政策的实施还需注意与其他宏观经济政策，特别是与财政政策的配合协调问题。本章将会对这些问题进行详细讨论。

第一节　货币政策及其目标体系

一、货币政策的含义

货币政策是指中央银行为实现既定的经济目标运用各种工具控制、调节货币供应量和利率水平，进而影响宏观经济的方针和措施的总和。货币政策通常包括三个方面的内容：一是货币政策的目标；二是实现货币政策目标的操作工具和手段，也称为货币政策工具；三是执行货币政策所达到的政策效果。由于从确定目标到运用工具，并实现最终的政策效果，需要经过一些作用环节和时滞，因而货币政策研究还必须包括货币政策的中介目标和传导机制等内容。

一国政府所制定和实施的某项经济政策，一般只对经济运行中的某些方面产生影响，再加上社会公众预期的作用，往往会降低其作用效果，从而大大降低政府实现某项政策所要达到目标的可能性。而货币政策却不同，它既有政策的最终目标，又有中介目标；既有强制性政策工具，又有非强制性、指导性工具；既有公开手段和方法，又有比较隐蔽的手段和方法。因此，货币政策对宏观经济的调节能力一般较强，调控效果也较好，是各国对经济运行进行宏观调控的主要手段。另外，由于大多数货币政策工具都是经济手段，运用起来比较灵活，行政干预的成分较少，政策回旋的空间较大。市场经济水平较高的发达国家都十分重视用货币政策对宏观经济运行进行调控。

一般来说，货币政策具有以下几个特征：

第一，货币政策是一项宏观经济政策。宏观经济政策目标基本上也是货币政策的目标，以需求管理为核心的货币政策是一种总量调节和结构调节相结合，并以总量调节为主的宏观经济政策。货币政策的制定和实施，旨在通过对货币供应量、利率、汇率等宏观金融变量的调控，来对整个国民经济运行中的经济增长、物价稳定、国际收支状况和就业水平等宏观经济运行情况产生影响，以促进社会经济的协调、健康和稳定发展。

第二，货币政策主要是间接调节经济运行的政策。货币政策对经济运行的调节，主要是通过经济手段，利用市场机制的作用，通过调节货币供应量以及其他金融变量影响经济活动主体的行为来达到间接调节经济变量，影响宏观经济运行的目的。当然，这并不排除在特定的经济金融条件下采取行政手段调节的可能性。

第三，货币政策是调节社会总需求的需求管理政策。货币政策通过货币供应量和利率水平的变化来调节社会总需求。由于货币供给形成对商品和劳务的购买能力，货币作为一般社会财富的表现，对商品和劳务的追逐形成社会总需求。利率水平则通过对投资需求、消费需求的调节而影响社会总需求。另外，汇率的变化将通过对进出口贸易、国际资本流动的影响形成对社会总需求的影响。因此，货币政策对宏观经济的调节是通过调节总需求实现的，总供给的变化是作为总需求变化的结果而发生的。货币政策是一种直接调节总需求、间接调节总供给的宏观政策。

二、货币政策的最终目标

（一）货币政策最终目标的内涵

货币政策目标体系包括货币政策的最终目标和中介目标。前者指中央银行制定和实施货币政策，对国民经济进行调节最终要达到的目标，一般是一国宏观经济的目标；后者则是为实现货币政策的最终目标而设置的可供观察和调整的指标。货币政策的最终目标主要有四个方面：稳定物价、充分就业、经济增长和国际收支平衡。

1. 稳定物价

物价稳定与经济发展有着密切的联系，物价稳定是经济发展的前提，经济发展又是物价稳定的基础。要实现物价稳定的目标，既要控制通货膨胀，也要防止通货紧缩。人们之所以希望物价水平能保持稳定，是因为物价水平的持续上升会造成经济中的不确定性增加。例如，在物价水平不断变动的情况下，商品和劳务中所包含的信息就难以理解，消费者、企业和政府的决策也就难以确定。物价水平极端不稳定所引发的恶性通货膨胀会对经济造成严重的冲击，如德国在1921—1923年恶性通货膨胀后的两年中，物价水平的持续上涨严重冲击了德国经济，国内生产总值急剧下降。通货膨胀也会使人们难以对未来的行动做出妥善的计划和安排。通货膨胀还可能造成一个国家的紧张气氛，使社会失去对本国货币的信任，严重的情况可能会产生大量的货币替代现象，导致国家货币主权地位的丧失，引起经济和社会的动荡。

但究竟什么是物价稳定，这对于不同的国家以及不同的经济学家来说有着不同的看法。大多数经济学家都认为，在通货膨胀和通货紧缩已成为世界性经济现象的环境中，企图把物价固定在一个绝对不变的水平上是不可能的。在现代经济中，物价如果陷于绝对静止的状态，反而是一种不正常的现象。在通货膨胀的情况下，最关键的是能否把通货膨胀控制在可以承受的限度之内。有的经济学家认为，5%以内的通货膨胀率是一种温和的通货膨胀，对经济的发展有一定的刺激作用，也是经济运行所能承受的；而另一些经济学家却认为3%以内的通货膨胀率才是可取的。在不同的国家和不同的情况下，人们对物价波动的承受能力是不同的，但任何一个国家或地区都不愿意物价大幅度上涨，而是企图将通货膨胀率限制在最低水平上，以便与其他经济目标相协调。

2. 充分就业

之所以将充分就业作为货币政策的最终目标之一，是由于一个国家的劳动力能否充分就业，是衡量该国的各种资源是否达到充分利用、经济是否正常发展的标志。如果实现了充分就业，就意味着各种社会资源得到了最大限度的有效利用，经济发展也是正常的。但到底什么是充分就业也很难判断。在西方经济学中，所谓“充分就业”一般是指消除了一国经济中的非自愿性失业的状态。非自愿性失业是指在愿意接受现行的工资水平和工作条件的情况下，仍然找不到工作所形成的失业现象。在现实生活中，除了非自愿性失业之外，还有两种失业实际上是不可避免的：一种是自愿失业，另一种是磨擦性失业。自愿失业是指由于劳动者不愿意接受现行的工资水平和工作条件而形成的失业。磨擦性失业是指由于短期内劳动力供求的暂时失衡而造成的失业。很显然，充分就业与这两种失业的存在是不矛盾的。因此，作为货币政策的最终目标，充分就业也只是意味着通过实施一定的货币政策，以减少或消除社会上存在的非自愿失业，并不意味着将失业率降到零。有的经济学家认为，3%的失业率就可以看作是充分就业了，而有的则认为长期维持在4%—5%的失业率是比较好的。美国多数经济学家都认为，失业率在5%以下就应算作充分就业。

3. 经济增长

在西方经济学中，关于经济增长的含义主要有两种观点：一是指国民生产总值的增长，即一国在一定时期内所生产的商品和劳务总量的增加，或者是人均国民生产总值的增加；二是指一国生产商品和劳务的能力的增加。经济增长取决于一国政治与经济的稳定、技术的进步、资本投入的增加、投资效率的提高、社会劳动力的增加和劳动生产率的提高等因素。

经济增长要保持一定的速度，过快或过慢都是不可取的，关键是一国经济要在一个较长时期内始终处于稳定增长的状态之中。但究竟多高的增长速度才是合适的，那就要视各国的具体情况而定，要在经济增长利益和经济增长成本之间进行权衡和比较。在西方一些发达国家，年经济增长率如能达到2%—3%就算是相当不错了，如美国就以人均国民生产总值的年增长率达到1%—4%为目标。而在一些新兴工业化国家，经济增长速度普遍较高，如我国的经济增长长期保持在7%、8%，甚至10%以上的水平。这不能简单地认为我国经济增长速度过快，而要视我国不同时期的具体情况而定，关键是要看经济增长速度与不同时期的经济环境是否协调，与我国的国力是否适应。另外，一定速度的经济增长，往往是以付出一定的成本为代价的，如在产值增长的背后，可能隐藏着社会资源的浪费和环境的污染等问题。因此，能够提高社会公众的福利水平，使稀缺的社会资源得到充分合理利用的经济增长水平才是合理的、适度的。

4. 国际收支平衡

国际收支平衡是指一个国家或地区与世界其他国家或地区之间在一定时期内全部经济活动往来的收支基本持平、略有顺差或略有逆差。保持国际收支平衡是保证国民经济持续稳定健康发展和国家经济安全稳定的重要条件。如果一个国家的国际收支失衡，不论是顺差还是逆差，都会对该国的经济发展带来不利影响。巨额的国际收支逆差可能会导致外汇市场对本币信心的急剧下降，资本大量外流，外汇储备急剧下降，本币大幅贬值，严重的还会导致该国发生货币金融危机。而长期的巨额国际收支顺差，往往会使外汇储备大量闲置，同时又不得不因购买大量外汇而增发本币，就有可能导致或加剧国内的通货膨胀。运用货币政策调节国际收支，主要的目标是通过调节利率和汇率水平来实现本外币政策的协调和国际收支平衡。

除了上述四大目标外，保持金融稳定也是相当重要的。中央银行应灵活运用货币政策，以避免货币危机、金融危机和经济危机对一国经济的不良影响，维护金融稳定。货币危机是由于货币严重贬值带来的货币信用危机，在不兑现的信用货币条件下，一旦发生信用危机，将可能直接威胁到该货币的流通和生存。货币危机既可能由国内恶性通货膨胀引起，也可能由本币对外严重贬值所致。金融危机主要是指由银行支付危机带来的大量金融机构倒闭，进而影响到金融体系的正常运行。1997 年，东南亚国家由于本币大幅贬值，使企业和银行所借大量短期外债的本币偿债成本大幅上升，导致大量的企业和金融机构无力偿债而破产，亚洲金融危机由此爆发。经济危机是社会经济的正常运行秩序遭受严重破坏，企业大量破产，失业大幅上升，经济严重衰退，甚至濒临崩溃的一种恶性经济灾难。历史上出现的经济危机，大多是由金融危机引发的，如 2008 年世界经济危机就是由金融危机引发的。在世界经济一体化、金融全球化不断推进的今天，保持一个国家的金融稳定意义重大，货币政策拥有广阔的舞台。

（二）货币政策最终目标之间的矛盾与统一

1. 稳定物价与充分就业

应该说，如果物价稳定了，就可以为劳动者的充分就业与其他生产要素的充分利用提供一个良好的货币环境，充分就业同时又可为物价的稳定提供物质基础。从这一意义上讲，稳定物价与充分就业之间是统一的。但澳大利亚籍英国著名经济学家菲利普斯在研究了 1861—1957 年英国的失业率与物价变动之间的关系后得出结论：物价上涨率与失业率之间存在着一种此消彼长的关系。他把这一现象概括为一条曲线，人们称为“菲利普斯曲线”（见第十二章相关内容）。如果要减少失业或实现充分就业，就必须要增加货币供应量以刺激社会总需求的增加，而总需求的增加在一定程度上必然会引起物价水平的上涨。相反，如果要压低物价上涨率，就必然要减少货币供应量以抑制社会总需求的增加，而社会总需求的减少必然会导致失业率的提高。因此，在失业率和物价上涨率之间，可能有三种组合：一是失业率较高的物价稳定，二是通货膨胀水平较高的充分就业，三是在物价上涨率和失业率的两极之间进行相机抉择。作为中央银行的货币政策最终目标，既不应选择失业率较高的物价稳定，也不应选择通货膨胀率较高的充分就业，而只能在两者之间根据具体的社会经济条件进行相机抉择。

2. 稳定物价与经济增长

一般来说，这两个目标是可以相互统一的，物价稳定就意味着货币的购买力稳定，这样就可以为经济发展提供一个良好的金融环境和稳定的价值尺度，从而使得经济能够稳定增长。经济增长了，稳定物价和货币购买力也就有了雄厚的物质基础。所以，我们既可以通过稳定物价来发展经济，也可以通过发展经济来稳定物价。但是，世界各国的经济发展史表明，在经济发展较快时，总难免会伴随有物价较大幅度的上涨，如果这时过分强调物价的稳定，经济的增长和发展就会受阻。此时的中央银行或货币当局往往只能在两者之间进行调和，即在可以接受的物价上涨水平内发展经济，在保证经济最低增长的前提下稳定物价。

3. 稳定物价和国际收支平衡

稳定物价主要是指稳定货币的对内价值，而平衡国际收支则是为了稳定货币的对外价值。如果国内物价不稳，国际收支便很难平衡。因为当国内物价高于国外物价时，必然会引起出口下降、进口增加，从而出现贸易逆差。而当国内物价稳定时，国际收支却并非一定能平衡。例如当一国物价保持不变，而国外物价却上涨时，就会使本国商品的价格相对于外国商品显得较低，致使该国出口增加，而进口减少，国际收支就会产生顺差。因此，在世界经济一体化的大趋势下，一国的物价水平与国际收支之间存在着较为复杂的关系。在一国物价稳定时，国际收支能否平衡还要取决于该国的经济发展战略、资源结构、生产结构与消费结构的对称状况、对外贸易政策、关税政策、利用外资政策等等，同时还要受其他国家贸易政策和经济形势等诸多因素的影响。

4. 经济增长与国际收支平衡

在正常情况下，经济增长与国际收支平衡之间没有太大的矛盾。但随着国内经济的发展，国民收入增加以及对外支付能力的增加，通常会增加对进口商品的需求，如果这时的出口贸易不能随进口贸易的增加而相应增加，就会引起贸易收支状况的恶化，形成贸易逆差。当逆差很大时，就得限制进口，并压缩国内投资规模，这就会妨碍国内的经济增长，甚至会引起经济衰退。另外，要促进国内的经济增长，往往需要增加投资，在国内储蓄不足的情况下，就要引进外资。外资的流入虽然可以在一定程度上弥补贸易逆差造成的国际收支失衡，却并不一定能保证经济增长与国际收支平衡目标的同时实现。

5. 充分就业与国际收支平衡

就业人数增加时，收入水平就会提高，当有支付能力的需求扩大时，就会使得对外国商品的需求增加，这样就可能会形成或扩大国际收支逆差。政府为了减少逆差，一般就会采用紧缩性的货币与财政政策，以抑制国内需求，这样又会导致就业机会的减少，使得失业率提高。因此，从短期来看，充分就业时的国际收支很可能不平衡，而当国际收支平衡时却很可能存在大量失业。所以，充分就业与国际收支平衡这两大目标之间也存在相互矛盾的地方。

6. 充分就业与经济增长

通常情况下，就业人数越多，经济增长速度就会越快；而经济增长速度越快，为劳动者提供的就业机会也就越多。但在这种统一关系的背后，还存在一个劳动生产率的动态变化问题。如果就业增加带来的经济增长伴随着社会平均劳动生产率水平的下降，那就意味着经济增长是以投入产出比的下降为前提的，是一种粗放式增长，这不仅意味着本期浪费更多的资源，还会影响到后期的经济增长，因而这种就业增长是不可取的。只有就业增加所带来的经济增长同时伴随社会平均劳动生产率提高的情况才是应该鼓励的。

从上面的分析可见，在四大货币政策最终目标之间存在着不同程度的矛盾和统一关系，我们把这些关系列于表 11 - 1 中。处理这些目标之间的矛盾，应视具体经济环境的需要或者统筹兼顾，没有事先的定论。

表 11－1 货币政策最终目标之间的关系①

	稳定物价	充分就业	经济增长	国际收支平衡
稳定物价		—	*	*
充分就业	—		+	—
经济增长	*	+		—
国际收支平衡	*	—	—	

注："+"表示基本统一，"—"表示有矛盾，"*"表示既统一又矛盾。

（三）货币政策最终目标的演变与我国的争论

在20世纪30年代以前，西方国家的货币政策都只有一个目标，即维持货币价值的稳定。但自20世纪30年代以后，由于各国相继放弃金本位制，金属货币的流通被不兑现的纸币流通和信用货币流通所取代，此时币值的稳定与否是由单位货币的购买力来衡量的，而货币购买力通常是用综合物价指数来表示的，因此，稳定物价也就成为货币政策的一个最终目标。1944年和1946年，英国和美国先后颁布《就业法案》，又将充分就业正式列为货币政策的最终目标。20世纪50年代初，美国发动了朝鲜战争，为了筹措巨额战争经费，美国不得不发行大量货币，造成了严重的通货膨胀。战争结束后，美国为了遏制通货膨胀又采取了一系列紧缩性政策，使得美国经济增长率明显低于其他西方发达国家。为了维护美国的经济实力和国际地位，美联储将追求较高的经济增长率确定为货币政策的又一个最终目标。到了20世纪60年代末，美国的国际收支逆差已相当严重，1971年8月，尼克松总统不得已宣布停止美元与黄金的兑换，同时，美国国会要求货币当局运用货币政策进行干预，尽快实现国际收支平衡。20世纪70年代中期之后，"滞涨"的出现促使一些西方国家将稳定货币作为主要的货币政策目标。随后，面对日益严重的通货膨胀，各国再一次将降低通货膨胀作为主要的货币政策目标，有些国家直接采用通胀目标制。2007年

---

① 参见范从来、姜宁编著：《货币银行学》（第二版），南京大学出版社2003年版，第167页。

次债危机所引发的全球经济衰退，迫使许多国家将促进经济增长及提高就业率作为货币政策的主要目标。

【专栏 11－1】

通货膨胀目标制（Inflation Targeting）

20 世纪 70—80 年代的“滞涨”以及快速发展的金融创新，导致以货币供给量和汇率目标作为货币政策“名义锚”的作用日益减弱。中央银行货币政策在控制通货膨胀和保持经济持续平稳增长等方面的表现不尽如人意，一些国家开始尝试新的货币政策框架，新西兰储备银行于 1989 年提出实施通货膨胀目标制，荷兰、澳大利亚、加拿大（1991）、瑞士、芬兰、西班牙（1992）、英国、以色列、墨西哥（1993）等国先后公布了各自的通货膨胀控制目标。

有关通胀目标制的定义很多，简单地说，通货膨胀目标制是指货币当局明确稳定的低通货膨胀是货币政策的首要目标，其事先向社会公众公开宣布一个或多个时期的通胀的目标值或目标区间，并根据货币供应量、失业率等指标预测未来通货膨胀的走势，将此预测与通货膨胀目标进行比较，根据这两者的差距来决定政策工具的使用以确保通胀目标的实现。

通货膨胀目标制具有以下特点：

（1）高透明度是通胀目标制的一个显著的特征。通货膨胀目标制直接对物价稳定给出明确的量化承诺，使货币政策最终目标更为直接、明确和可测；实行通货膨胀目标制的中央银行在与公众的信息沟通中常常涉及央行的经济模型、就业、国际收支、库存等方面的信息，注重对公众进行基本经济知识的普及，并能及时公开货币政策委员会的会议记录（甚至包括投票记录）等信息；同时中央银行会对一些对经济有影响的冲击，就其影响程度、应对措施等给予及时的说明。以上这些均有利于公众理解中央银行的货币政策的意图，从而降低未来通货膨胀过程的不确定性，有利于公众形成稳定合理的预期，并便于公众对中央银行行为进行评价与监督，使其成为一个相较于其他一些货币政策框架来说更强的承诺。

（2）责任性是通货膨胀目标制的重要组成部分。责任性是指当中央银行未能完成预定的通货膨胀目标时，应该承担什么样的责任、履行什么样的程序和义务。若通货膨胀目标没有实现，英国、瑞典、波兰、菲律宾、新西兰、挪威、以色列、冰岛、巴西等国中央银行需发表一份公开信，解释未能达到目标的原因，并对下一步如何实现目标进行说明。澳大利亚、加拿大、智利、新西兰、英国等15个国家的中央银行行长必须到国会进行听证。规定最为严厉的是新西兰，从法律角度讲，一旦通货膨胀目标被突破，中央银行行长可能被解职，当然这一规定到目前为止还从来没有被执行过。责任性的有关规定明确了中央银行的责任，增加了政府或中央银行偏离通货膨胀目标的成本，对中央银行，特别是中央银行行长的行为形成有效约束，可以避免中央银行陷入动态不一致的陷阱，降低中央银行随经济形势变动而频繁调整货币政策相机抉择的动机。

（3）通胀目标制具有较高的灵活性。它允许央行关注通货膨胀率以外的其他变量。实践中几乎所有的通货膨胀目标制国家的中央银行都不仅仅盯住通货膨胀目标，它们还密切关注产出、就业的波动。在面对供给冲击上，通胀目标制也体现了灵活性，它允许对通货膨胀目标值短期的偏离，而且在中央银行偏离目标时，可以向公众进行解释和说明，以取得公众的理解与信任。所以一些国家的中央银行采用通过降低中期通货膨胀目标并慢慢向长期通货膨胀目标靠近的渐进式方法最小化通货紧缩中产出的下降。同时，一些国家还建立了“免责条款”，即允许中央银行在特殊情况错失通胀目标。

资料来源：陈明：《中国通货膨胀目标制研究》，东北财经大学博士论文，2010年。

就我国的货币政策最终目标应如何确定这一问题，曾存在过很长时间的争论，理论界主要有三种不同意见：

第一，认为我国货币政策的最终目标应该是保持币值和物价的基本稳定，即所谓的“单一目标论”。理由是保持币值和物价的稳定是我国的一贯政策，也是经济稳定发展的前提和基础。中央银行的首要职责就是要控制信贷规模的增长，防止通货膨胀的出现。而发展经济、充分就业是国民经济各部门的共同目标，并不是金融部门的单独目标。

第二，认为我国货币政策的最终目标应该是稳定物价和发展经济，即所谓的“双重目标论”。因为发展经济和稳定物价是我国货币政策目标不可分割的两个部分，两者之间存在着十分密切的联系，两者在货币政策最终目标中应是同等重要的。发展经济是稳定物价的重要保证，稳定物价又是经济发展的前提条件。就稳定物价而言，应是一种积极的、能动的稳定，即在经济发展中求稳定；就经济发展而言，应是持续、稳定、健康、协调的发展，即在稳定中求发展。否则，两者的要求就都不会实现，政策目标也就无从谈起了。

第三，认为我国应借鉴西方国家中央银行调控经济运行的实践，在确定我国货币政策的最终目标时，除了发展经济和稳定物价外，还要考虑充分就业和国际收支平衡等目标，即所谓的“多目标论”。这是因为，货币政策作为宏观经济间接调控的主要经济手段之一，对各个宏观经济目标都具有十分重要的影响，不能只以一个或两个宏观经济目标作为其政策目标，而应该在总体上兼顾各个目标，并在不同时期以不同的目标作为相对重点。

尽管理论界对货币政策的最终目标有这样那样的争论，但无论是哪一种观点，对“稳定物价”这一目标还是形成了共识的。因为我国在改革开放后曾饱受通货膨胀之苦，深知通货膨胀对人民生产生活的危害。1997 年后，我国又陷入了较长时间的通货紧缩，同样也对我国的经济发展造成了不良影响。那么，我国现阶段的货币政策最终目标究竟是如何确定的呢？根据 1995 年 3 月 18 日第八届全国人民代表大会第三次会议通过并经 2003 年 12 月 27 日第十届全国人民代表大会常务委员会第六次会议修改的《中国人民银行法》第三条规定，我国的货币政策目标是保持货币币值的稳定，并以此促进经济增长。2007 年 11 月，中国人民银行指出，我国的货币政策要坚持多目标。强调促进经济发展，通过发展来不断解决工作中面临的各种难题；要兼顾多个重要经济参数变量。①

由此可见，各国货币政策目标的确定是随着客观经济形势的改变而改变，在不同时期的目标选择，有的是明确突出一个目标，这称之为单目标，有的则是明确追求几个目标，则称之为多目标，因此，对目标都不应该做过分机械的论证。

三、货币政策的中介目标

从货币政策工具的运用到货币政策最终目标的实现，需要经历一个相当长的作用过程。在这个过程中，需要及时了解政策工具使用是否恰当、政策目标能否实现，这就需要借助于一些可以被量化和操作的经济指标。这些经济指标就成为实现货币政策最终目标的传导性金融变量，人们称其为货币政策的中介目标。货币政策工具是调节货币政策中介目标的一定手段，中央银行通过运用货币政策工具来影响货币政策中介目标，进而通过中介目标的变动来最终实现货币政策目标。中介目标按其所处环节、地位和时空约束条件，又可分为近期中介目标（也称为操作目标）和远期中介目标。近期中介目标是指直接受货币政策工具作用，间接影响货币政策最终目标的金融变量；远期中介目标是指间接受货币政策工具作用，直接影响货币政策最终目标的金融变量。一般所说的中介目标是指远期中介目标。

（一）中介目标的性质与选择标准

作为观测、监控货币政策工具到货币政策最终目标作用过程的金融变量，中介目标有三个基本性质：第一，控制启动器。即中央银行运用货币政策工具，一方面能直接引起作为中介目标的金融变量的变动，另一方面又能通过这些中介变量启动最终目标的实现。第二，传导指示器。即中介目标能让全社会及整个金融体系了解中央银行货币

① 参见黄达编著：《金融学》（第二版），中国人民大学出版社 2009 年版，第 290 页。

政策的作用方向和强度，传导中央银行的货币政策意向，以使各经济主体做出符合中央银行货币政策要求的决策。第三，反馈显示器。即中央银行通过中介目标的观察、检测和分析，能反映出货币政策的作用方向是否正确、强度是否恰当、时间是否适合，以便及时进行反馈调节。

货币政策中介目标的选择是实施货币政策的重要中间环节，其准确与否事关货币政策的最终目标能否实现。通常，中央银行在选择货币政策中介目标时主要考虑三条基本标准：

1. 可测性

可测性是指中央银行选择的金融变量必须具有明确合理的内涵和外延，中央银行能够迅速而准确地获取有关变量指标的资料数据，并且易于进行定量分析。对中介目标变量进行及时准确测量是十分必要的。一个中介目标是否有用，关键要看这个变量在政策偏离轨道时能否比货币政策最终目标更快地发出信号。而要让这个变量很快地发出信号的前提，就是要能够迅速准确地测量这一变量，并对它进行及时分析和预测。

2. 可控性

可控性是指中央银行能够通过运用各种政策手段，来对中介目标变量进行有效的控制和调节，能够准确地控制中介目标变量的变化情况和变动趋势。如果中央银行不能控制中介目标变量，那么即使中央银行发现某中介目标变量偏离了正常轨道，也无法改变其运行方式，这一中介目标也就失去了应有的作用。例如，有些经济学家建议用名义 GDP 作为中介目标，但由于中央银行很少能对名义 GDP 进行直接控制，名义 GDP 对中央银行应该如何安排货币政策工具提供不了多少帮助，因此它不是合适的中介目标变量。相反，中央银行却能够对货币供应量和利率从多方面进行有效控制，所以，这两个变量就可以作为中介目标变量。

3. 相关性

相关性是指中介目标必须与货币政策最终目标密切相关，这样就能保证中央银行能通过控制和调节中介目标促使最终目标的实现。相关性反映了中介目标对最终目标的影响力，相关性程度越大，这种影响力就越大，中央银行通过控制中介目标变量来控制最终目标变量的效力也就越大。更为重要的是，中介目标对最终目标的影响力必须能够准确地测量和预测，从而能够知道或预计这种影响力到底有多大。例如，虽然中央银行能够迅速、准确地获取化妆品的价格并能完全控制它，但这是没有用处的，因为中央银行不能通过化妆品的价格来影响国内的物价水平、总产出水平和就业水平。然而，货币供应量和利率这两个变量却同物价水平、总产出水平和就业水平关系密切，中央银行通过控制这两个变量就能实现对物价、总产出和就业的影响，因此，货币供应量和利率就是很好的中介目标变量。

（二）中介目标的种类

1. 近期中介目标（操作目标）

（1）基础货币

基础货币也称高能货币，是流通中的现金和商业银行的存款准备金的总和，它构成了货币供应量倍数伸缩的基础。以基础货币作为操作目标，能较好地满足可测性、可控性和相关性的要求。首先，基础货币的可测性高。一方面基础货币有明确的内涵和外延，这就是指它在性质上是一种高能货币，在范围上就是指流通中现金和金融机构的存款准备金；另一方面在统计资料的获取上，由于基础货币表现为中央银行的负债，因此就可以从中央银行的资产负债表中及时、准确地获取它的数据。其次，基础货币的可控性强。流通中现金的发行都集中于中央银行，其发行渠道是由中央银行直接控制的；金融机构的存款准备金也是直接接受中央银行法定存款准备金率调整的控制。由此可见，基础货币作为近期中介目标，中央银行可以按其政策意图主动而有效地进行调节和控制。最后，基础货币的相关性强。根据货币乘数理论，货币供应量是基础货币与货币乘数的乘积，基础货币与货币供应量呈明显的正相关关系，基础货币的变动直接影响货币供应量的变化，进而影响到市场的物价水平及整个社会的经济活动，从而促进货币政策最终目标的实现。

（2）短期利率

短期市场利率是在货币供求关系作用下的利息收益与本金的比率。

作为货币政策的近期中介目标，短期利率的主要优点在于：一是受货币供应量和中央银行再贴现率的影响，可以影响货币供求和投资行为，进而影响社会经济活动；二是与再贴现率和货币供求关系有较高的相关性，能较好地传递货币政策的意图。但短期利率作为操作目标也有缺陷，主要是由于短期利率的变化非常快，导致其可测性和可控性比较差。

2. 远期中介目标

（1）货币供应量

货币供应量同样符合货币政策中介目标的三条标准。首先，货币供应量具有较强的可测性。不论是 M_1 还是 M_2，都反映在中央银行和商业银行的资产负债表中，这就使得对于货币供应量的统计资料的收集比较容易，计算和分析也比较方便。其次，货币供应量具有很强的可控性。中央银行可以通过公开市场操作、调整法定存款准备金率、调整再贴现率等手段，以影响基础货币和货币乘数，从而实现对货币供应量的控制。最后，货币供应量与总产出、物价水平和就业水平等经济变量有着十分密切的关系，因此把货币供应量作为货币政策的中介目标，由于这种强相关性，就可以对总体经济目标的实现产生有效影响。

（2）长期利率

长期利率也可称为股权收益率，是指凭借长期金融投资所取得的股息收益与金融投资资本份额的比率。之所以有些国家或货币理论将股权收益率作为货币政策的远期中介目标，是因为股权资本的收益率和资本投资息息相关，而投资又与货币供应量和货币需求动机息息相关。当货币供应量增加，货币需求动机倾向于投机动机时，长期利率就会下降，社会总需求相应扩张，物价可能因此上升，反之亦然。同时，长期利率要受到银行系统可贷资金的作用，而可贷资金量又要受到中央银行资产的控制，因此，长期利率可以为中央银行所间接控制。但是，长期利率要作为远期中介目标有明确的约束条件和限制：第一，在所有制结构上，股份制应占绝对比重，只有这样才能保证股权收益率变动会影响社会总需求和其他经济活动的变化；第二，证券市场发育比较成熟，股权收益率与投资规模、可贷资金可供量之间联系紧密，在量上足以影响社会总投资的变化；第三，公开市场操作应成为货币政策工具中最主要的政策工具。由于这些限制条件的存在，长期利率一般只是作为远期中介目标的参考性变量。

（三）我国的货币政策中介目标

在1994年前，我国并没有明确的货币政策中介目标，中央银行一直是以采取行政命令式的直接调控手段为主。实际操作中经常选用的中介目标是信贷规模和现金发行量。但随着社会主义市场经济体制的逐步确立和完善，这两个指标越来越不能适应经济发展的客观需要。从我国现阶段的实际情况出发，大多数学者认为应把货币供应量作为我国货币政策的主要中介目标。货币供应量这一指标对经济生活的作用十分直接，它的变动会立即在经济生活中得到反映。在货币供应量各层次的划分中，M_0 的口径太窄，M_2 包括了潜在货币。在我国金融市场发育尚不健全的情况下，潜在货币与现实货币的界限还是比较清楚的，因此宜把 M_1 作为货币政策中介目标的重点。M_1 是直接用于市场交易的货币量，与经济活动尤其是与物价水平的变动密切相关。当然，中央银行在重点控制 M_1 的同时，也要兼顾 M_0 与 M_2。因为我国尚处于社会主义初级阶段，市场发育还不健全，各种结算工具并没有得到普遍推广，现金与消费品价格的变动存在一定联系，中央银行仍需采取相应调控措施，以控制现金投放量。而 M_2 中的居民储蓄存款在银行存款总额中所占的比重越来越大，大量的储蓄存款会对通货膨胀构成潜在压力，有人形象地将储蓄存款喻为“笼中虎”，故中央银行同样不能忽视。实际上，进入20世纪90年代后，我国的货币政策中介目标已经完成了由信贷规模向货币供应量的过渡。中国人民银行从1994年9月起，定期向社会公布各个层次的货币供应量指标；从1998年起，取消了商业银行的信贷规模管理，全面实行资产负债比例管理和风险管理。

在市场经济比较发达的国家除了选择货币供应量作为中介目标外，通常还以利率作为中介目标。但在现阶段，利率还不适宜作为我国的货币政策中介目标，主要是因为我国的利率市场化改革还未完成，反映资金供求关系的市场利率尚未形成，企业和银行行为还缺乏硬化的自我约束机制。但随着我国利率市场化改革的逐步深入，利率也将会成为我国货币政策的一个重要中介目标。

第二节　货币政策工具

货币政策目标的实现是通过货币政策工具的运用来完成的。所谓货币政策工具，是指中央银行为实现特定的货币政策目标，在实施货币政策时所采取的具体措施或操作方法。货币政策的执行必须通过各种货币政策工具的运用来完成。根据各种货币政策工具的基本性质以及它们在货币政策实践中的运用情况，货币政策工具大致可分为一般性货币政策工具、选择性货币政策工具和其他货币政策工具三大类。

一、一般性货币政策工具

所谓一般性货币政策工具，是指各国中央银行普遍运用或经常运用的货币政策工具。一般性货币政策工具包括三种，也称为货币政策“三大法宝”，即存款准备金政策、再贴现政策和公开市场操作。

（一）存款准备金政策

存款准备金政策是指中央银行通过调整法定存款准备金比率，来影响商业银行的信用创造能力，从而影响货币供应量的一种政策措施。存款准备金是银行及某些其他金融机构为应付客户提取存款和资金清算而缴存在中央银行的货币资金。存款准备金比率是准备金总额占存款或负债总额的比例。存款准备金分为法定存款准备金和超额准备金两部分。法定准备金是金融机构按中央银行规定的比例上缴的部分，超额准备金则是指准备金总额减去法定存款准备金的剩余部分。法定存款准备金制度建立的最初目的，是为了保持银行资产的流动性，提高金融机构的清偿能力，从而保证存款人利益以及金融机构本身的安全。当准备金制度普遍实行，中央银行拥有调整法定准备金率的权力之后，这一权力就成为中央银行控制货币供应量的一项重要工具了。

我们知道，商业银行通过贷款可以创造出成倍的派生存款。在其他条件不变时，存款创造的倍数（即存款乘数）将决定于法定存款准备金比率。如果中央银行降低法定存款准备金比率，商业银行就会有较多的超额准备金用于发放贷款，进而通过整个银行体系的连锁反应创造出更多的派生存款。反之，如果中央银行提高法定准备金比率，商业银行的超额准备金就会减少，甚至会发生法定存款准备金的短缺，从而减少贷款规模，在必要时还必须提前收回贷款或出售证券，以补足法定存款准备金。在这种情况下，商业银行只能创造出较少的派生存款，甚至引起存款货币的成倍紧缩。因此，法定准备金比率的变动同货币供应量成反比例关系。当中央银行调低法定存款准备金比率时，就是实行扩张性的货币政策；当中央银行调高法定存款准备金比率时，就是实行紧缩性的货币政策。究竟实行扩张性的货币政策还是实行紧缩性的货币政策，将取决于具体的经济形势以及货币政策的最终目标。一般来说，在经济处于需求过度和通货膨胀的情况下，中央银行可以提高法定存款准备金比率，以收缩信用规模及货币供应量；如果经济处于衰退期，中央银行就可以降低法定存款准备金比率，使商业银行及整个金融体系成倍扩张信用及货币供应量，以刺激经济增长，摆脱衰退的阴影。

存款准备金政策通常被认为是货币政策中作用最猛烈的工具。之所以最猛烈，一是由于存款准备金比率的调整通过货币乘数的变化会引起货币供应量更大幅度的变化，即使是准备率调整的幅度很小，也会引起货币供应量的巨大波动；二是由于中央银行法定存款准备金比率的调整适用于所有的在中央银行有存款要求的金融机构，这一政策的影响面是非常广泛的。通过调整法定准备金比率的准备金政策也有明显的缺陷，主要表现在：第一，由于准备金比率的调整影响力大，如果调整幅度没有掌握好，极易引起整个经济的剧烈动荡。第二，如果中央银行频繁地调整法定准备金比率，会使商业银行的流动性管理无所适从，可能引起金融机构经营管理上的其他问题。第三，在商业银行拥有大量超额准备的情况下，中央银行如果提高法定准备金比率的幅度不大（提高的幅度没有超过超额准备金率），只会使原来的超额准备金转换成法定准备金，而整个准备金总额并没有发生变化，这会使中央银行收缩货币供应量的紧缩意图落空。

由于存款准备金政策存在的种种弊端，各国中央银行在货币政策实践中是很少采用这一工具的。其实，近些年来，世界上很多国家的中央银行都纷纷降低了法定准备金比率或者干脆取消了法定准备金制度。美联储于1990年12月取消了定期存款的法定存款准备金要求，并于1992年4月将可签发支票存款的法定准备金比率从12%降低为10%。加拿大于1992年4月取消了所有两年期以上定期存款的法定存款准备要求。瑞士、新西兰、澳大利亚已完全取消了法定存款准备金的要求。[①] 面对这种情况，有人会担心银行存款将会无限扩张，其实在存款创造过程中有许多漏出并没有考虑进我们在第九章分析的货币乘数模型之中，如果把所有的漏出因素都考虑进来，那么取消存款准备金要求就不会使银行存款无限派生下去。近年来，由于宏观经济波动加剧，我国频繁使用存款准备金政策这一工具，如2007年为了抑制通

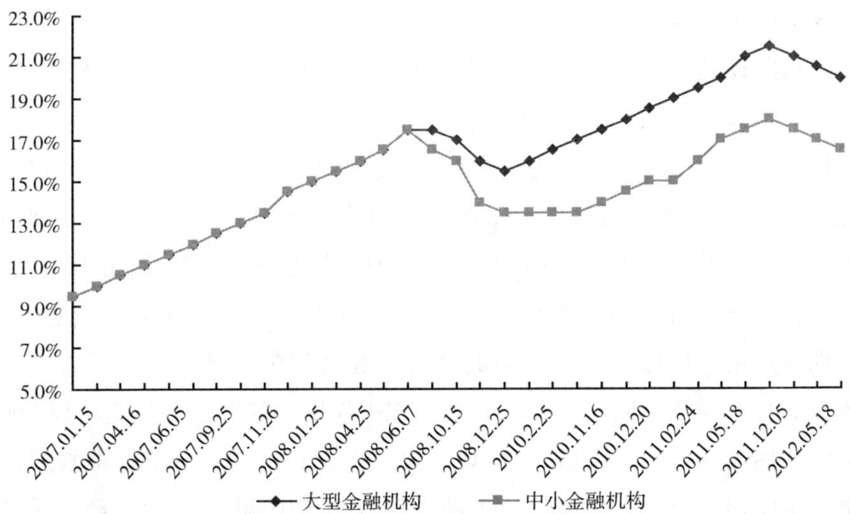

图11-1 2007—2012年我国金融机构存款准备金率调整示意图

资料来源：中国人民银行网站。

① 参见彭兴韵：《金融学原理》，生活·读书·新知三联书店2003年版，第392页。

胀，中国人民银行上调法定存款准备金比率10次，累计上调5.5个百分点，2008年上半年上调存款准备金比率5次，随后又4次下调存款准备金比率。

（二）再贴现政策

再贴现政策是中央银行通过制定和调整再贴现率来影响商业银行的信贷规模和市场利率，以实现货币政策目标的一种手段。当商业银行发生资金短缺，或因扩大信贷规模而需要补充资金时，商业银行可以凭其贴现业务中取得的未到期的商业票据向中央银行办理再贴现，再贴现率由中央银行根据当时的经济形势和货币政策的最终目标确定。再贴现政策一般包括两个方面的内容：一是再贴现率的确定与调整，二是规定何种票据有贴现的资格。前者主要着眼于短期，即中央银行根据市场的资金供求状况，随时对再贴现率进行调整，以影响商业银行借入资金的成本，刺激或抑制对贴现资金的需求，从而调节货币供应量。后者则着眼于长期，对要再贴现的票据种类和申请机构加以规定，并区别对待，以起到抑制或扶持票据出票人或持票人的作用，改变社会资金的流向。

再贴现政策是中央银行最早使用的货币政策工具。早在1873年，英国就用这一工具调节货币信用。美国的再贴现制度始于20世纪30年代，1946年美国《就业法》确定了统一的"官方贴现率"（即再贴现率）。德国的再贴现起源于帝国银行的前身普鲁士银行时期，目前再贴现贷款约占德意志联邦银行总贷款的三分之一。在20世纪70年代初，日本银行就开始较频繁地调整再贴现率，以调节社会信贷总量，特别是在第二次世界大战以后的经济重建过程中，日本银行的再贴现政策对日本经济的恢复和发展起到了积极作用。韩国银行从20世纪60年代开始运用再贴现政策，自90年代以来，其再贴现贷款逐渐限于向中小企业提供资金。我国运用再贴现政策始于1986年，大致经历了三个阶段：第一阶段是利用商业票据作为一种结算手段，通过办理贴现、再贴现以推广票据的使用，从而帮助企业解决拖欠问题；第二阶段是把再贴现作为调整信贷结构的一种手段，对某些行业、部门或商品实行信贷倾斜政策；第三阶段则将再贴现政策视为货币政策工具体系中的重要组成部分进行操作。

中央银行调整再贴现率，其目的主要有三个：第一，影响商业银行的借款成本，以影响商业银行的融资意向。当中央银行提高再贴现率时，商业银行要么是减少从中央银行的再贴现借款，因为再贴现率提高后，对商业银行的贷款需求会起到抑制作用，这样会直接紧缩信用规模；要么是同方向提高对工商企业的贷款利率，因为如果商业银行不提高贷款利率，其盈利就会受到影响，而提高贷款利率同样也会抑制工商企业的贷款需求，这样就会间接地起到紧缩货币量的作用。第二，利用“告示效应”，以影响商业银行及社会公众的预期行为。也就是说，中央银行调整再贴现率，实际上是为整个经济社会提供了一种有关货币政策的信息。比如，当中央银行降低再贴现率时，就意味着中央银行实行的是一种扩张性的货币政策；而当中央银行提高再贴现率时，就意味着中央银行实行的是一种紧缩性的货币政策。由于这种政策信号的提前提供，就可以使人们事先做好相应的反应或准备。这种“告示效应”会在很大程度上加强对金融市场的直接影响，特别是商业银行一般会自觉与中央银行保持行动一致，按同样方向和幅度调整对企业的贷款利率。第三，调整经济结构。如规定再贴现票据的种类，对不同用途的信贷加以支持或限制，促进经济发展中需要扶持的行业部门的发展；还可以对不同票据实行差别再贴现率，从而影响各种再贴现票据的再贴现规模，使货币供应结构符合中央银行的政策意图。此外，中央银行还可以通过调整再贴现率影响市场利率水平。在利率市场化的条件下，中央银行的再贴现率通常被视为一个国家的基准利率，市场利率将围绕这一基准利率上下波动。

中央银行实施再贴现政策的最大优点是可以利用这一工具来履行最后贷款人的职责，通过再贴现率的变动，影响货币供应量、短期利率以及商业银行的资金成本和超额准备金规模，以实现中央银行既调节货币供应量又调节信贷结构的政策意图。同时，作为一种一般性的货币政策工具，再贴现政策对一国经济的影响是比较缓和的，它有利于一国经济运行的相对稳定。但是，再贴现政策也有一些缺陷，主要表现在：第一，再贴现政策的运用对外界环境有较高的要求。运用这一工具必须满足两个条件：一是商业信用比较发达，票据业务必须成为经济主体进行融资的主要方式之一；二是商业银行以再贴现方式向中央银行借款的规模比较大。如果这两个条件不能满足，再贴现政策的作用就会大打折扣。第二，在实施这一政策的过程中，中央银行处于被动等待的地位。虽然中央银行可以利用再贴现率的调整来控制货币供应量的变动，但商业银行或其他金融机构是否愿意到中央银行申请再贴现，以及再贴现多少，完全是由金融机构自己决定的。第三，调整再贴现率的“告示效应”也是相对的。如果市场利率相对于再贴现率正在上升，则再贴现贷款将会增加。这时即使中央银行并无紧缩意图，但为了控制再贴现贷款规模和调节基础货币的结构，它也会提高再贴现率以使其保持与市场利率变动的一致。这一行为可能会被公众误解为中央银行正在转向紧缩性货币政策的信号。这时，更好的办法可能只能是直接向公众宣布中央银行的货币政策意向。第四，相对于法定存款准备金政策来说，虽然再贴现率比较易于调整，但是随时调整也会引起市场利率的经常波动，从而影响商业银行的经营预期，甚至导致商业银行无所适从，危害到金融业的稳定。由于上述缺点决定了再贴现政策并不是一项十分理想的货币政策工具，弗里德曼就认为应该取消再贴现政策，将公开市场操作作为唯一的货币政策工具。

（三）公开市场操作

所谓公开市场操作，是指中央银行通过在公开市场上买进或卖出有价证券（主要是政府短期债券）来投放或回笼基础货币，以控制货币供应量，并影响市场利率的一种行为。当金融市场上资金短缺时，中央银行通过公开市场操作买进有价证券，这就相当于向社会注入一笔基础货币，从而增加货币供应量；相反，当金融市场上资金过多时，中央银行可以通过卖出有价证券回笼货币，收缩信贷规模，从而减少货币供应量。

公开市场操作主要是通过银行系统准备金的增减变化来实现调节货币供应量的目的。假设一国中央银行在公开市场上向某商业银行购进500万元政府债券，这家商业银行在中央银行的准备金就会增加500

万元（如图 11 – 2），也就导致基础货币增加 500 万元，通过货币乘数的作用，货币供应量将会增加 500 万元的数倍。如果中央银行用现金购买政府债券，则会增加全社会的现金投放量，也会导致基础货币增加 500 万元，对货币供应量的倍数影响是一样的。如果中央银行在公开市场上向商业银行卖出 500 万元的政府债券，就会使商业银行在中央银行的准备金减少 500 万元，这样基础货币就会减少 500 万元，货币供应量就会倍数收缩。

某商业银行

资　产		负　债	
政府债券	–500万		
在中央银行存款	+500万		

中央银行

资　产		负　债	
政府债券	+500万	商业银行存款	+500万

图 11 – 2　公开市场操作对基础货币的影响

值得注意的是，中央银行在公开市场上买进有价证券，不仅可以使货币供应量增加，而且还会使市场利率水平下降。一方面，在市场货币需求不变时，货币供应量的增加会使货币供应大于货币需求，均衡利率水平将会下降；另一方面，中央银行买进有价证券后，会引起有价证券需求量的增加，从而在有价证券供应量一定的条件下，将会使有价证券的市场价格上升，由于有价证券的价格一般与市场利率成反向变动关系，所以证券价格的上升也会使利率水平下降。

公开市场操作具有以下明显的优点：第一，具有较强的主动性和灵活性。公开市场操作是由中央银行主动决定的，其交易规模的大小可以由中央银行完全把握，无论是让基础货币发生较大的变动还是较微小的变化，中央银行都可以通过公开市场操作来实现。公开市场操作不像法定准备金政策和再贴现政策那样，具有很大的惯性，如果中央银行发现操作失误，随时可以再次运用这一工具进行矫正。第二，具有充分的直接性特点。中央银行运用公开市场操作可以直接影响银行系统的准备金规模，迅速影响全社会的货币供应量水平，以保证货币政策目标的实现。通过公开市场操作，中央银行还可能抵消各种冲击因素对银行准备金的影响，以使准备金规模维持在预定的目标水平上，保持货币供应量的稳定。第三，可以进行经常性、连续性的操作，具有较强的伸缩性，是中央银行进行日常性调节的最为理想的货币政策工具。第四，由于公开市场操作每天都在进行，故不会导致人们的预期变化，有助于货币政策目标的实现。所以说，公开市场操作是中央银行进行宏观金融调控的一种理想工具。但要让这一工具有效地发挥作用，必须具备一定的条件：第一，中央银行要具有较高的独立性，且拥有强大的、足以调控整个金融市场的资金实力；第二，金融市场要相当发达，证券种类齐全并达到一定的规模；第三，要有其他政策工具的配合，可以设想，如果没有存款准备金制度，这一工具是无法发挥作用的。

【专栏11－2】

2012年中国人民银行的逆回购操作

2012年，保持合理流动性是央行货币调控的重要目标。2012年下半年以来，中国人民银行未使用准备金率这一常规货币政策工具，而是在公开市场连续进行逆回购操作，以向市场释放流动性，反映出央行对于公开市场操作货币政策工具的偏好。央行不仅把逆回购放在调节银根等各种货币政策工具的第一位置，而且央行报告也表明公开市场操作将成为央行管理流动性最为重要的货币政策组合。

逆回购是中国人民银行向一级交易商购买有价证券，并约定在未来特定日期将有价证券卖给一级交易商的交易行为，逆回购为央行向市场上投放流动性的操作，逆回购到期则为央行从市场收回流动性的操作。

2012年央行开启三波逆回购操作。在1月中旬，央行曾分两次进行了规模共计超过3000亿元的逆回购操作，5月份央行又进行了一定规模的逆回购操作，6月份以来，央行又连续14周进行逆回购操作，向市场释放流动性。

2012年7月3日，央行发布公告，以利率招标方式开展逆回购操作。这是继上周实施逾千亿元逆回购后，央行罕见地继续实施巨额逆回购，两周逆回购累计释放资金规模已达2680亿元。

2012年7月26日，央行实施了500亿元逆回购操作，期限7天，利率3.35%。与上周相比，期限及利率水平都完全一致。

2012年8月21日早间，央行创天量地开展了1500亿元7天逆回购操作与700亿元14天逆回购操作。这一操作规模创下了单日逆回购量的历史新高，较上周四执行的700亿元7天与200亿元14天的逆回购规模显著放量。由于本周公开市场因逆回购到期造成的资金缺口只有870亿元，因此本周截至目前暂时已实现资金净投放1330亿元。

2012年9月25日，中国人民银行发布公告，以利率招标方式开展了1000亿元14天逆回购操作与1900亿元28天逆回购操作，规模总计2900亿元。

2012年10月16日，中国人民银行分别进行180亿元人民币7天期及580亿元人民币28天期逆回购操作。

2012年10月30日，中国人民银行发布公告，以利率招标方式开展了2900亿元的7天期逆回购操作与1050亿元14天期逆回购操作，规模总计3950亿元，为央行目前最大单日逆回购操作。交易员称，此次等同于一次降准的逆回购资金投放，预计能够有效缓解月末前因多重不利因素冲击导致的资金短缺现象。

2012年11月15日，中国人民银行公开市场将进行910亿元人民币的逆回购操作，这次逆回购包括7天期420亿元及14天期490亿元，中国央行公开市场7天期逆回购中标利率持平于3.35%，14天期逆回购中标利率也持稳于3.45%。

资料来源：中国人民银行网站。

【专栏11－3】

美联储的“量化宽松”与“扭转操作”货币政策

量化宽松（QE：Quantitative Easing）货币政策最初由日本央行于2001年提出，是指在利率等常规货币政策工具不再有效的情况下，央行通过购买国债、企业债券等方式增加基础货币供给，向市场注入大量流动性，以刺激微观经济主体增加借贷和开支。

2007年美国次贷危机爆发，引发了全球性金融海啸，美国经济受到严重冲击，为有效应对急剧滑坡的经济形势，美联储不断下调短期名义利率，受零利率下限制约，传统利率杠杆手段已走到尽头。为此，美国推出量化宽松政策。2008年12月至2010年3月之间实施了规模高达1.725万亿美元的首次国债购买行动，即第一轮量化宽松政策（QE1）。2010年11月8日，美联储又推出价值6000亿美元的新一轮购买计划，即所谓的QE2。两轮“量化宽松”共投放2.3万多亿美元用于救市。从效果看，这些措施虽然在一定程度上阻止了经济的进一步深度探底，但美国经济复苏形势继续保持缓慢步伐。此外，这一政策一方面使美国国内承受高通胀压力；另一方面会加剧全球流动性泛滥和货币竞争性贬值的风险，宽松货币政策的资产组合渠道、信息渠道和流动性渠道都有明显的外溢效应，特别是释放的大量流动性进入大宗商品市场和复苏相对较快的新兴市场经济体，带来了输入型通货膨胀和短期资本流入，给新兴市场经济体带来压力，同时，世界各国还得为美国庞大的外债买单，这样一种忽视国际责任的做法将会遭到国内及国际社会舆论的强烈反对和谴责。此外，量化宽松货币政策可能导致长期通胀预期上升。

鉴于此，2011年9月21日，美联储结束了在Jackson Hole的会议后，宣布到2012年6月底，购买4000亿美元剩余期限为6年至30年的中长期国债，同时出售相同数额的剩余期限为3年或以下的中短期国债。这种“卖短买长”操作模式延长所持国债资产的整体期限，将压低长期国债收益率。从收益率曲线来看，操作结果相当于将曲线的较远端向下弯曲，因而称之为“扭转操作”（OT：Operation Twist）。这一操作模式的目的在于改变美联储所持美国国债组合，压低较长期利率，从而刺激抵押贷款持有人进行再融资，降低借贷成本，刺激经济增长，但不会向市场提供新的流动性，可望使美联储在促进经济和控制通胀之间维持微妙平衡。但此次出台的扭转操作对经济的促进作用是有限的。在美联储9月21日宣布将采取这一措施当天，道琼斯指数反而大幅下跌2.49%，次日跌幅扩大为3.51%，表明市场对扭转操作的失望情绪严重。更为关键的是，扭转操作通过政府干预压低长期利率，并没有反映市场的真实供求关系，银行、企业及投资者对于未来的资本收益率无法做出风险定价，难以促进资金转向实业投资。因此，政府人为降低长期收益率，对经济的推动效果有限。

2012年9月14日美联储麾下联邦公开市场委员会（FOMC）在结束为期两天的会议后宣布，0—0.25%超低利率的维持期限将延长到2015年中，将从15日开始推出第三轮量化宽松政策（QE3），每月采购400亿美元的抵押贷款支持证券（MBS），现有扭转操作（OT）从2012年6月份延长到年底。

2012年12月13日凌晨，美联储宣布推出第四轮量化宽松（QE4），每月采购450亿美元国债，替代扭曲操作，加上QE3每月400亿美元的的宽松额度，联储每月资产采购额达到850亿美元。除了量化宽松的猛药之外，美联储保持了零利率的政策，把利率保持在0—0.25%的极低水平。

资料来源：李乾瑞、郭俊芳、马明：《美国货币政策评析——从数量扩张到结构调整》，《山西师大学报》2012年第9期，第62—64页。

【专栏 11－4】

中国人民银行的常备借贷便利工具（Standing Lending Facility，SLF）

从国际经验来看，中央银行通常综合运用常备借贷便利和公开市场操作两大类货币政策工具管理流动性。常备借贷便利的主要特点：一是由金融机构主动发起，金融机构可根据自身流动性需求申请常备借贷便利；二是常备借贷便利是中央银行与金融机构“一对一”交易，针对性强。三是常备借贷便利的交易对手覆盖面广，通常覆盖存款金融机构。目前，全球大多数中央银行具备借贷便利类的货币政策工具。

2013 年初，中国人民银行为提高货币调控效果，有效防范银行体系流动性风险，增强对货币市场利率的调控效力，在借鉴国际经验的基础上，创新常备借贷便利工具，并根据调控需要不断改进完善常备借贷便利操作。

常备借贷便利是中国人民银行正常的流动性供给渠道，主要功能是满足金融机构期限较长的大额流动性需求。对象主要为政策性银行和全国性商业银行。期限为 1—3 个月。利率水平根据货币政策调控、引导市场利率的需要等综合确定。常备借贷便利以抵押方式发放，合格抵押品包括高信用评级的债券类资产及优质信贷资产等。总体看，中国人民银行灵活适度开展常备借贷便利取得了较好效果，有助于改善流动性供给渠道，稳定市场预期，促进货币市场平稳运行。

2013 年春节前通过常备借贷便利解决部分商业银行因现金大量投放产生的资金缺口，6 月份在货币市场受多种因素叠加影响出现波动时，对部分金融机构开展了常备借贷便利操作，促进银行体系流动性合理适度，熨平货币市场大幅波动。6 月末常备借贷便利余额达到年内最高的 4160 亿元。第三季度，通过续发行三年期央票冻结长期流动性，同时通过常备借贷便利和公开市场逆回购提供必要的短期流动性支持，两种操作相结合，既有利于在未来国际收支形势不确定的情况下保持流动性适中，也有利于维护货币市场的稳定。

9月份以来，根据外汇流入形势变化，为保持货币市场流动性合理适度，中国人民银行在继续通过常备借贷便利向符合宏观审慎要求的金融机构开展常备借贷便利的同时，根据金融机构具体情况对常备借贷便利适度有序减量操作，同时引导商业银行调整资产负债管理模式，进一步加强流动性管理。随着金融机构贷款过快投放、同业业务加速扩张和期限错配等问题有所改善，2013年末之前，中国人民银行6月份通过常备借贷便利提供的流动性已大部分收回。2013年末，常备借贷便利余额1000亿元，比6月末下降3160亿元；当年累计发放常备借贷便利23650亿元。

2004年1月，中国人民银行在北京、江苏、山东、广东、河北、山西、浙江、吉林、河南、深圳开展分支机构常备借贷便利操作试点。人民银行分支机构开展常备借贷便利操作是中央银行短期流动性调节方式的创新尝试，主要解决符合宏观审慎要求的地方法人金融机构流动性需求，完善中央银行对中小金融机构提供正常流动性供给的渠道。

2014年春节前，人民银行总行通过常备借贷便利向符合条件的大型商业银行提供了短期流动性支持，试点地区人民银行分支机构向符合条件的中小金融机构提供了短期流动性支持，稳定了市场预期，促进了货币市场平稳运行。

资料来源：中国人民银行网站。

根据以上分析，一般性货币政策工具及其基本的运用策略可用表11－2表示。

表11－2　一般性货币政策工具的基本操作方法

经济形势 / 政策工具	通货膨胀（总需求 > 总供给）	通货紧缩（总需求 < 总供给）
存款准备金政策	提高法定存款准备金比率	降低法定存款准备金比率
再贴现政策	提高再贴现率	降低再贴现率
公开市场操作	卖出有价证券	买进有价证券

二、选择性货币政策工具

选择性货币政策工具是指中央银行针对个别部门、个别企业或某些特定用途的信贷所采用的货币政策工具。与一般性货币政策工具不同，选择性货币政策工具通常可在不影响货币供应总量的条件下，影响金融体系的资金投向和不同贷款的利率水平。在这类货币政策工具中，最常用的有以下几种：

（一）消费者信用控制

所谓消费者信用控制是指中央银行对消费者分期购买耐用消费品贷款的管理措施，其目的在于影响消费者对耐用消费品的有支付能力的需求。在社会需求过旺或者发生通货膨胀时，中央银行可以对消费者信用采取一些必要的管理措施，比如对各种耐用消费品规定付现的最低额，并对用于购买这些商品的贷款规定最长期限等等，以减少社会用于购买耐用消费品的支出，并缓解通货膨胀的压力。相反，在经济衰退时期就必须撤销或者放宽对消费者信用的限制条件，以提高消费者对耐用品的购买力，促使经济回升。实践证明，消费者信用控制能较有效地控制消费信用的消长，从而对经济起到有利的调节作用。

（二）证券市场信用控制

所谓证券市场信用控制是指中央银行为防止证券买卖的过度投机，对凭信用购买证券规定必须以现金支付的比例。现款支付的金额占证券交易额的比率称为证券保证金比率，这种控制实际上就是控制证券保证金比率。规定了最低的法定保证金也就是间接控制了对证券买卖贷款的最高限额。例如，中央银行将保证金比率从50%提高到80%，则经纪人为客户垫付的款项就会由原来的50%减少到20%，这就相应减少了商业银行对证券经纪人的贷款，从而达到收缩信用的目的。中央银行对证券市场信用的调节，主要是关心资金流入市场的问题，并不是直接干预证券价格。为防止过度的证券信用，规定保证金比率有利于在证券价格上涨时，减少过度信用所造成的市场风险；而在证券价格下跌时，可以避免保证金不足的客户被迫抛售证券，从而稳定证券价格，防止证券市场的大起大落，以维持证券市场的健康稳定发展。

（三）不动产信用控制

所谓不动产信用控制是指中央银行对商业银行或其他金融机构的房地产贷款所规定的各种限制性措施，以抑制房地产交易中的过度投机行为。不动产信用控制主要包括规定商业银行或其他金融机构房地产贷款的最高限额、最长期限以及首次付款和分期还款的最低金额等。这一措施最初始于美国，后被多国运用。

（四）优惠利率

所谓优惠利率是指中央银行对国家拟重点发展的某些经济部门、行业或产品制定较低的利率，目的在于刺激这些部门的生产和投资，以调节它们的积极性，实现产业结构和产品结构的调整升级。

（五）进口保证金制度

这一方法类似于证券保证金的做法，即中央银行要求进口商预缴相当于进口额一定比例的存款，以抑制进口规模的过快增长。这一措施多为国际收支经常出现逆差的国家采用。

三、其他货币政策工具

在货币政策的具体实践中，除了以上所述的一般性货币政策工具和选择性货币政策工具以外，中央银行还可根据本国的具体情况和不同时期的具体要求，运用一些其他的货币政策工具。这些政策工具很多，既有直接的信用控制，也有间接的信用控制。

（一）直接信用控制

1. 信贷配给

信贷配给是指中央银行根据金融市场的资金供求状况以及客观经

济形势的需要，权衡轻重缓急，对商业银行系统的信贷资金加以合理的分配和必要的限制。这种信用分配方式在资金需求旺盛、资金短缺、单纯依靠市场机制作用不可能达到控制效果时最宜采用。我国长期以来实际上是以国家综合信贷计划来进行信用配给的。

2. 流动性比率

流动性比率是指中央银行为了限制商业银行的信贷能力，规定在商业银行的全部资产中流动性资产所占的比重。一般来说，资产的流动性越高，其收益性就越低。商业银行为了保持中央银行规定的流动性比率，就不能任意地将流动性资金过多地用于长期性的贷款和投资，必要时还必须减少长期贷款所占的比重，同时还需要有一部分随时应付提现的资产。这样一来，中央银行也就达到了限制信用扩张的调控目的。

3. 利率上限

一般是指以法律的形式规定商业银行和其他金融机构存贷款利率的最高水平。利率上限是最常用的直接信用管制工具，美国在1980年前曾长期实行的Q条例就是这种管制工具的典型。Q条例规定，商业银行对活期存款不准支付利息，对定期存款和储蓄存款支付的利率不得高于规定的最高利率水平。当时美国实行Q条例的主要目的是防止商业银行之间通过提高利率来争夺存款，并发放高风险的贷款。20世纪60年代，一些发展中国家不顾本国国情，盲目效仿西方国家的货币政策，通过设定利率上限来人为地压低利率水平，导致了严重的金融抑制。现在，随着各国相继实行利率市场化的改革，这种货币政策工具已经很少运用了。

4. 直接干预

直接干预是指中央银行根据金融情况，在必要时对各金融机构或某一类金融机构在一定时期内的信贷业务施以行政干预。如规定贷款的最高发放额，直接干涉银行对活期存款的吸收，规定各银行投资与贷款的方针等。中央银行对业务活动不当的商业银行，可拒绝向其提供融资，或者提供融资时收取惩罚性的利息。

（二）间接信用控制

间接信用控制是中央银行采用行政手段间接影响商业银行的信用创造能力的措施，主要有道义劝告和窗口指导等。

1. 道义劝告

这是指中央银行利用其在金融体系中的特殊地位和威望，通过对商业银行和其他金融机构的业务活动提供指导、发表看法或提出某种劝告以影响商业银行的贷款数量和贷款方向，从而达到控制和调节信用的目的。例如，在证券市场或房地产市场投机盛行时，中央银行可要求商业银行减少对这些市场的贷款。道义劝告并不具有强制力，中央银行仅是根据货币政策的意向向金融机构提出某种具体指导，使其领会意图，自愿合作。这种方法虽然没有法律约束力，但由于中央银行的特殊地位和特殊影响，事实上金融机构一般都会采取合作态度。经验证明，中央银行经常不断地与金融机构建立和保持这种对话关系，扩大它的道义影响，不仅有助于进一步提高中央银行的威信和地位，而且确实有利于货币政策的实施。

2. 窗口指导

窗口指导是指中央银行根据产业行情、物价趋势和金融市场的发展动向，对主要金融机构下达指令，要求其将贷款的增减额限制在适当的范围之内。如果商业银行不接受“指导”进行贷款，中央银行就会削减其贷款的额度，甚至采取停止提供信用等制裁措施。第二次世界大战结束后，窗口指导曾一度是日本主要的货币政策工具。日本银行（日本的中央银行）为了保持同业拆借利率的稳定，利用自己在金融体系中的威信以及金融机构对它的高度依赖，通过与金融机构的频繁接触，来指导它们自觉地遵守日本银行提出的要求，从而达到控制信贷和调节货币供应量的目的。以限制贷款增加额作为特征的窗口指导，作为一项货币政策工具，虽然仅是一种指导，不具有法律效力，但发展到今天，已经转化为一种强制性的手段。如果商业银行等金融机构不听从日本银行的窗口指导，日本银行可以对这些金融机构进行经济制裁，制裁的办法主要是在再贴现时对这些金融机构进行限制。

第三节　货币政策传导机制

货币政策传导机制是指货币当局（中央银行）从运用一定的货币政策工具到实现其预期的最终目标的途径或所经过的具体的过程。也就是说，从货币政策工具的运用到最终目标的实现将有一个过程，在这一过程中，货币政策工具的运用将首先对某些货币政策中介目标产生一定的影响，再通过这些中介目标来影响实际经济活动，从而实现货币政策的最终目标。一般来说，中央银行通过各种货币政策工具的运用，会对商业银行的准备金和短期利率等经济变量产生比较直接的影响，而这些近期中介目标变量的变动将影响货币供应量和长期利率等远期中介目标变量。由于远期中介目标变量对实际经济活动能产生比较直接的影响，因此，如果货币政策工具运用得当，就能实现货币政策的最终目标。这一传导过程见图11－3。货币政策的传导机制大致可以分为三个阶段：第一阶段，货币政策工具的运用直接作用于货币政策的近期中介目标（操作目标）；第二阶段，货币政策近期中介目标的变动影响货币政策的远期中介目标；第三阶段，货币政策远期中介目标的变动最终影响到实际经济活动，从而实现货币政策的最终目标。

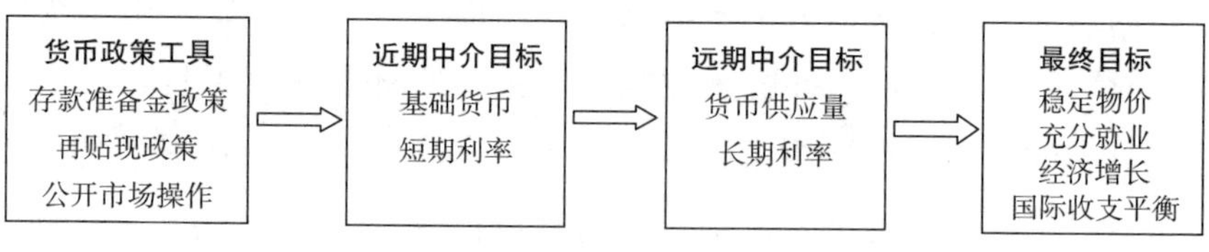

图11－3　货币政策的传导机制

例如，中央银行运用公开市场操作在公开市场上向商业银行购进一定数量的政府债券，商业银行的准备金就会增加。由于商业银行的准备金是基础货币的重要组成部分，加上货币乘数的作用，商业银行准备金的增加将会引起货币供应量的倍数扩张。从其具体的过程来看，当商业银行向中央银行出售政府债券引起准备金增加后，它就可以增加贷款或投资，这将会导致存款货币的倍数增加。此外，当货币供应量增加后，利率水平就会降低，社会投资规模就会扩大，就业人数也会增加。无论是货币供应量增加还是利率水平下降，都会引起社会总需求的增加，在社会总供给不变的情况下，物价水平就会提高。于是，这种公开市场操作的最终结果就是物价上涨、就业增加和经济增长。这就是说，中央银行通过对公开市场操作的运用，实现了充分就业和经济增长这两个最终目标，但未能达到稳定物价这一最终目标，这是由货币政策最终目标之间的矛盾所决定的。

一、凯恩斯学派的货币政策传导机制理论

凯恩斯学派的货币政策传导机制理论主要来源于凯恩斯于 1936 年出版的《就业、利息和货币通论》一书。根据凯恩斯的分析，货币供应量的增加或减少将会引起市场利率水平的下降或上升，在资本边际效率不变的条件下，利率的下降将引起投资规模的增加，利率的上升则会引起投资规模的减少。投资的增加或减少，又将进一步通过乘数作用引起总支出和总收入的同方向变动。如果用 M 表示货币供应量，i 表示利率水平，I 表示投资规模，E 表示支出，Y 表示收入，则凯恩斯的货币政策传导机制理论就可以表示如下：

$$M \rightarrow i \rightarrow I \rightarrow E \rightarrow Y$$

在凯恩斯之后，许多凯恩斯学派的经济学家对凯恩斯的这一理论进行了全面的分析，并增加了许多新的见解和内容。凯恩斯学派关于货币政策传导机制的主要观点如下：

第一，由于货币政策传导机制中的核心变量是利率，所以货币政策必须通过利率来加以传导，即货币政策的中介目标应是利率。许多西方国家在货币政策的长期实践中，实际上正是以利率作为中央银行的控制对象的。

第二，从货币政策的传导机制来看，货币政策的作用是间接的，它必须经过两个中间环节，即 $M \rightarrow i$ 和 $i \rightarrow I$，这两个中间环节的任何一个出现问题，都会导致货币政策无效。当第一个环节出问题时，就会

出现通常所说的“流动性陷阱”现象，即当利率下降到一定限度以后，任何货币量的增加都会被无限增大的投机性货币需求所吸收，利率水平不会再下降。第二个环节出问题是指投资的利率弹性不足，如在利率下降后，如果投资者对利率下降并不敏感，也会使扩张性货币政策不能取得扩大投资规模的效果。因此，凯恩斯学派非常强调财政政策的有效性，而认为货币政策是不可靠的。

第三，凯恩斯提出的货币政策传导机制理论只强调了货币和利率等金融变量的变动对实际经济活动的影响，而没有考虑实际经济活动的变化也会对货币和利率产生相应的反作用。例如，货币供应量的增加将导致利率下降，利率的下降将会刺激投资增加，投资的增加又将引起收入的成倍增加，凯恩斯的分析就到此为止了。因此，凯恩斯的分析实际上只是一种局部均衡分析，只反映货币市场对商品市场的影响，而没有反映商品市场与货币市场的相互作用。实际上，收入的增加必将引起货币需求的增加，在货币供给不变时，利率就会回升，从而使原已增加了的投资又趋于减少，收入由此而减少。如果我们采用一般均衡分析法，就会在 *IS-LM* 框架内找到一个均衡点，这一点将会同时满足货币市场与商品市场的均衡。所以货币政策对实际经济活动的传导机制，实际上并不是一个单向的过程，而是货币市场与商品市场之间循环往复的作用与反作用的过程。

二、货币学派的货币政策传导机制理论

货币学派的货币政策传导机制理论是在批评凯恩斯学派理论的过程中提出来的，因此，它与凯恩斯学派的理论有着重大的分歧。货币学派认为，货币供应量的变动无需通过利率进行传导，利率在货币政策传导机制中不起重要作用，他们更强调货币供应量在整个传导机制上的直接效果，认为货币量变动可直接引起支出与收入的变动。货币学派的货币政策传导机制理论可表示如下：

$$M \to E \to I \to Y$$

$M \to E$ 是指货币供应量的变化直接影响支出水平。这是由于，第一，货币需求有内在的稳定性，在货币需求函数中没有包括任何货币

供给的因素，因而货币供应量的变动不会直接引起货币需求的变化。第二，当货币供应改变，比如增大时，由于货币需求没有发生变化，公众手持货币量就会超出他们所愿意持有的货币余额，于是，人们将通过增加支出而消除这一过多持有的货币余额。

$E \to I$ 是指变化了的支出用于投资的过程，货币学派认为这是一个资产结构的调整过程。第一，超过意愿持有的货币余额要么用于购买金融资产，要么用于购买非金融资产，甚至是用于人力资本的投资。第二，不同取向的投资会引起不同资产相对收益率的变化。如果投资于金融资产过多，金融资产市值就会上涨，收益率相对下降，这就会刺激对非金融资产的投资，如产业投资等；产业投资增加，既可能引起产出增加，又可能促使物价上涨。第三，在资产结构的调整过程中，不同资产收益率的差距将趋于消失，并逐渐达到稳定状态。

最后会影响到名义收入 Y。名义收入是实际产出与物价水平的乘积，名义收入增加可能是由于实际产出水平的提高，也可能是由于物价水平的上涨，还可能是由于实际产出增加和物价水平上涨同时发生的结果。由于 M 作用于支出，导致资产结构调整，并最终引起收入 Y 的变动，但这一变动究竟在多大程度上反映了实际产量的变化，又在多大程度上反映了物价水平的变动？根据弗里德曼的分析，在短期内，货币供应量的增加会引起实际产出和物价水平同时增加；但就长期来说，货币供应量的增加只能引起物价水平的上涨。在短期内，货币供应量增加之所以能引起实际产出的增加，是因为在短期内公众还没有来得及调整他们的通货膨胀预期，从而预期通货膨胀率会低于实际发生的通货膨胀率。也就是说，在短期内，还存在着人们未预期到的通货膨胀，货币学派认为正是这一未预期到的通货膨胀，才可能引起实际产出水平的暂时增加。但是，从长期来看，人们会及时调整自己对通货膨胀预期的偏差，货币幻觉随之消失，于是实际产出水平就不会增加了，货币供应量的增加在长期内只能引起物价水平的增加。

三、后凯恩斯学派的货币政策传导机制理论

后凯恩斯学派的货币政策传导机制主要有两种思路：

（一）托宾的 q 理论

许多经济学家认为，货币政策会通过影响股票价格而影响投资支出。这里需要弄清楚的第一个问题是：货币政策的变动是如何影响股票价格的？按照凯恩斯学派的观点，货币供应量增加会降低市场利率水平，由于债券利率降低，投资于股票比投资于债券更加具有吸引力，从而股票需求增加，股票价格就会上涨。另一种思路认为，当货币供应量增加时，社会公众发现自己持有的货币量超过了意愿持有量，这时资产结构调整行为就会发生，增加对股票的购买也就自然而然了，由于社会公众对股票需求的增加，导致了股票价格的上涨。第二个问题是：股票价格变化是如何影响投资支出的？对于这个问题，托宾发展了一种关于股票价格与投资支出相关联的理论，人们把这一理论称为托宾的 q 理论。这里的 q 是指企业的市场价值与资本的重置成本之比。股票价格越高，q 值越大；股票价格越低，q 值越小。当 $q>1$ 时，企业的市场价值高于资本的重置成本，即意味着新厂房、新设备的成本要低于企业的市场价值。在这种情况下，企业就可以发行股票，并能在股票上得到一个比它们正在购买的设备和设施要高一些的价格。由于企业可以通过发行较少的股票而买到较多的新投资品，投资支出就会增加。反之，当 $q<1$ 时，企业的市场价值则低于资本的重置成本，企业就不会购买新的投资品，投资支出就会减少。将上述两个方面结合起来，我们便得到下面的货币政策传导机制：

$$M\uparrow \rightarrow Ps\uparrow \rightarrow q\uparrow \rightarrow I\uparrow \rightarrow Y\uparrow$$

当货币供应量 M 增加时，首先引起股票价格 Ps 的上升，托宾的 q 值增大，投资支出增加，最终总产出水平 Y 也将增加。

托宾的 q 理论对美国经济大萧条时期投资支出水平极低的现象作出了很好的解释。在大萧条时期，股票价格暴跌，1933 年的股票市值仅相当于1929 年底的十分之一左右，托宾的 q 值也降到了空前的水平，因而投资支出水平也降到了极低点。

（二）米什金的货币政策传导机制理论

米什金（Frederic S. Mishkin）认为，货币增加导致个人财富增加时，不一定会增加消费，特别是对耐用消费品的消费。因为当他需要流动性的时候，就只有卖掉耐用消费品，那他将很容易遭受损失。相反，如果他拥有金融资产，由于金融资产的流动性较强，他将不易遭受损失。因此，当人们的财富增加时，金融资产持有增加，发生财务危机的可能性下降。在这样的前提下，消费者会增加耐用消费品和住房的支出，从而导致全社会收入水平的增加。即：

$$M\uparrow\rightarrow V\uparrow\rightarrow D\downarrow\rightarrow C\uparrow\rightarrow Y\uparrow$$

其中，V 代表金融资产价值，D 代表发生财务危机的可能性，C 代表耐用消费品和住房的消费支出。

四、国际贸易传导机制

在开放经济条件下，净出口是构成一国总需求的重要组成部分。但是，净出口受汇率变动的影响较大。当外币升值、本币贬值时，本国的商品在国外市场上的价格会相应地降低，因此出口就会增加，进口则会减少。反之，当本币升值而外币贬值时，本国商品在国际市场上的竞争力就会减小，净出口则会下降。

货币政策的变化首先影响利率，利率变化接着会引起汇率的变化，汇率变化导致净出口发生变化，支出相应变化。以扩张性货币政策为例，当中央银行采用扩张性货币政策时，国内的利率水平将会下降，在国外利率没有相应调整时，国内利率与国外利率的利差就会扩大。根据利率平价理论，这时，本币汇率 E（直接标价法）就会上升，外币升值，本国净出口扩大。用 NX 表示净出口，通过国际贸易的货币政策传导机制可以表述如下：

$$M\uparrow\rightarrow i\downarrow\rightarrow E\uparrow\rightarrow NX\uparrow\rightarrow Y\uparrow$$

第四节　货币政策效果

货币政策效果是指中央银行操作货币政策工具后，社会经济运行所作出的现实反应，或货币政策最终目标的实现程度。货币政策效果与货币政策目标是不同的，货币政策目标是一种主观变量，而货币政策效果则是一种客观变量，就一般意义而言，货币政策目标都是好的、积极的，而货币政策效果则可能既有好的和积极的一面，又有坏的和消极的一面。从各国中央银行运用货币政策的实践来看，货币政策的效果有收效迟早与效力大小之分。

一、影响货币政策效果的因素分析

（一）货币政策时滞

货币政策时滞也称为货币政策作用时滞，它是指货币政策从研究、制定到实施后发挥实际效果的全部时间过程。按照货币政策时滞发生的性质分类，可以分为内部时滞和外部时滞两大类。

1. 内部时滞

货币政策内部时滞是指从经济形势发生变化，需要中央银行采取行动到中央银行实际制定政策所需要的时间。内部时滞又可以细分为认识时滞和行动时滞。所谓认识时滞是指从确实有实行某种货币政策的需要到货币当局认识到存在这种需要所耗费的时间。这段时滞的存在一是由于搜集各种信息资料需要花费一定的时间；二是对各种复杂的经济现象进行综合分析，作出客观、符合实际的判断需要一定的时间。所谓行动时滞是指从认识到需要改变政策，到提出一种新的政策所需耗费的时间。这种时滞的长短取决于中央银行占有的信息资料和对经济形势发展的预见能力。

内部时滞的长短主要取决于中央银行对经济形势变化和发展的敏感程度、预测能力以及中央银行制定政策的效率和采取行动的决心，并与决策人员的素质、中央银行独立性的大小以及经济体制的制约程度等问题紧密地联系在一起。

2. 外部时滞

货币政策外部时滞是指从中央银行采取行动开始到对货币政策目标产生影响为止的时间间隔。外部时滞又可细分为操作时滞和市场时滞两个阶段。所谓操作时滞，是指从中央银行调整货币政策工具到对货币政策中介目标发生作用所需要的时间距离。这段时滞的存在，是因为无论使用何种货币政策工具，都要通过影响中介目标才能起作用。

货币政策究竟能否生效，主要取决于商业银行及其他金融机构对中央银行货币政策的态度、对政策工具的反应以及金融市场对货币政策的敏感程度。所谓市场时滞，是指从中介目标发生反应到货币政策对最终目标产生作用所需要的时间距离。这是由于微观经济主体对中介目标变动的反应有一个滞后过程，而且投资或消费的实现也有一个滞后过程。

根据上文的分析可以看出，内部时滞是可以通过中央银行改变信息搜集和处理方式、提高决策水平等途径缩短的，而外部时滞则主要取决于货币政策的操作力度和金融部门、企业部门对政策工具的反应大小，它是一个由多种因素综合决定的复杂变量，因而中央银行往往很难对外部时滞的长短进行控制。货币政策各种时滞之间的相互关系见图 11 –4。

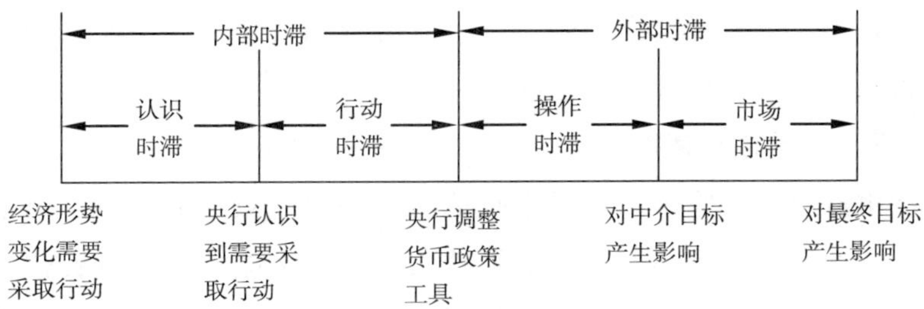

图 11 –4　货币政策时滞分布

时滞是影响货币政策效果的重要因素。如果货币政策能较快地作用于经济运行，中央银行就能够根据对经济形势的判断和预测，及时对货币政策的方向和力度进行必要的调整，从而使货币政策能更好地发挥作用，实现预期的政策目标。但如果货币政策的时滞有很大的不确定性，如对时滞不能进行很好的预测和把握，则货币政策就有可能在错误的时间发生作用，反而会使经济和金融运行出现不利变化。如果货币政策的时滞太长，货币政策的作用效果就很难考察了。

（二）微观主体预期

微观经济主体的预期是影响货币政策效果的又一重要因素。以美国经济学家卢卡斯为代表的理性预期学派认为由于理性预期的存在，货币政策往往是无效的。例如，当政府计划推行扩张性货币政策促进经济增长时，社会公众会通过各种信息渠道预期到社会总需求将会增加，物价也会上涨，这时工人就会通过工会组织要求雇主提高工资，企业预期的成本就会增加，这样企业就不愿意扩大生产，扩张性货币政策的实施结果就只有物价的上涨而没有产出的增长。由于预期的存在，似乎只有在政策的取向和力度没有或没有完全为公众所知晓的情况下，货币政策才能生效或达到预期效果。但这样的可能性并不大，货币当局不可能长期不让社会公众知道它所要采取的政策。即使采取非常规的货币政策，旨在不让公众预期到，但微观经济主体的行为也会发生异常变化，并会使经济陷入混乱之中，这是中央银行并不愿意看到的结果。实际的情况是，即使社会公众的预期是相当准确的，但要采取具体对策或者是这些对策要发生作用也会有一定的时滞，也就是说，货币政策在现实生活中还是可以奏效的，公众的预期只是使货币政策效果打了一个折扣。

（三）货币流通速度

货币流通速度的变化对货币政策的效果也有较大的影响。对于货币流通速度的一个较小变动，如果政策制定者未能预料到或者估算时出现差错都可能使货币政策的效果受到影响，严重时甚至会使本来正确的货币政策走向反面。例如，货币当局预计下一年度的 GDP 增长 20%，根据以往的货币资料以及操作经验，如果包括货币流通速度在内的其他因素不变，货币供应量只要等量增加就可满足 GDP 增长对货币的追加需求。而如果货币流通速度在预测期内加快了 10%，不考虑其他条件的变化，货币供应量只需增加 9.1% （$\frac{1+20\%}{1+10\%}-1$） 即可。但如果货币当局没有预见到货币流通速度的变化，而是按流通速度不变时的考虑增加货币供应 20%，那么过多的货币投放量必将成为经济过热的因素。当然，在现实生活中，由于影响货币流通速度的因素有很多，对货币流通速度变动的估算不可能做到准确无误，正因为如此，货币政策的实施效果也受到了影响。

（四）金融改革与金融创新

金融改革与金融创新的出现对各国中央银行货币政策的制定和实施带来了重大影响。一方面，以“自由化”为特征的金融改革和金融创新在一定程度上提高了货币当局调控货币运行的能力；另一方面，利率自由化、金融工具的多样化以及金融市场一体化又在一定程度上影响了货币政策的制定、实施和效果。第一，利率自由化后，由于影响利率水平变化的因素太多且相当复杂，而货币当局对利率的控制力有限，利率的波动将更加频繁并且更加剧烈。第二，各种新型金融工具特别是衍生金融工具的推出，使货币政策效果大打折扣。比如在中央银行采取紧缩性货币政策时，由于许多金融工具可以替代货币的交易媒介和贮藏手段职能，就会使货币政策的紧缩效果不一定见效。第三，金融市场的国际化和全球经济一体化的不断推进，使得各国之间的经济联系越来越紧密，国际资本的跨国流动越来越频繁，一个国家的货币政策往往会受到来自国外经济冲击的影响，这也会弱化货币政策的作用效果。

（五）政治性因素

任何一项货币政策的实施都会给不同的阶层、集团、部门或地方的利益带来一定的影响。如果这些利益主体在自己利益受到影响时作出强烈的反应，就会形成一定的政治压力，这些政治压力会通过种种渠道影响中央银行的货币政策制定和实施，除非货币政策的调整符合这些利益集团的利益。但符合特殊利益集团利益的政策往往并不符合大多数公众的利益。

此外，在西方国家，货币政策还会受到政治性经济周期的影响。一般来说，执政党在大选之前为迎合选民的心态，通常会采取各种措施刺激经济，而到大选之后新政府则会及时采取收缩政策，以使经济运行趋于平稳，这就形成了“政治性经济周期”。由于大多数西方国家中央银行理事会成员的任期与政府首脑不一致，因此，在大选之前就会出现货币政策与财政政策大相径庭的局面。总统总是力主刺激经济、降低失业率，而中央银行却力图稳定经济运行、抑制通货膨胀。所以，政治性经济周期的存在也会在一定程度上影响货币政策的效果。

二、货币政策效果的衡量

衡量货币政策效果，一是看货币政策发挥作用的快慢，前文关于货币政策时滞的分析已经论及。二是看货币政策的数量效果，即政策的强度如何，这一点应该是更重要的。

货币政策是通过若干中间变量的连锁反应对经济运行发生作用的，通常首先影响准备金的数量，进一步再影响到货币供应量，而后引起市场利率的波动，最终影响产出水平。货币政策的强度与货币需求的利率弹性以及真实资产需求的利率弹性成正比。利率弹性大，很小的利率变化也会引起经济主体进行资产调整，货币政策的强度就大；利率弹性小，即使利率水平发生较大变化，也不一定会引起资产调整，货币政策的强度就小。

对货币政策数量效果的判断，一般是考察实施货币政策所取得的效果与预期所要达到的目标之间的差距。我们以评估紧缩性货币政策为例，如果通货膨胀是由社会总需求大于社会总供给造成的，货币政策的实施正是要纠正这种失衡，对货币政策是否有效的判断可以从以下几个方面进行：第一，如果通过货币政策的实施，紧缩了货币供应量，阻止了物价水平的上涨，或者是价格水平回落，同时又没有影响产出的增长，我们就可以说这项紧缩性货币政策是非常有效的。第二，如果紧缩的货币供应量在平抑物价水平上涨或促使价格水平回落的同时，也抑制了产出的增长，对这一政策效果的衡量就要通过对比价格水平变动率与产出变动率而定。若产出数量的减少小于价格水平的降低，货币政策可视为是有效的；若产出数量的减少大于价格水平的下降，则紧缩性货币政策的效果较差。第三，如果货币量紧缩无助于抑制价格水平的上涨或促使价格回落，反而抑制了产出的增长甚至使产出出现负增长，则可以说货币紧缩政策是无效的。

第五节　货币政策与财政政策的配合

货币政策和财政政策是现代市场经济条件下政府进行宏观经济调控的两大政策手段，共同作用于一国宏观经济。在实际操作中，货币政策和财政政策既可以相互替代，又可以相互补充。如果二者配合得当，就可以很顺利地实现宏观调控目标。

一、货币政策与财政政策的共性与区别

（一）货币政策与财政政策的共性

货币政策和财政政策的共性表现在：一是他们共同作用于本国的宏观经济；二是他们都是需求管理政策，即着眼于总需求，使之与总供给相适应；三是他们追求的目标具有一致性，即都服从并服务于政府的宏观经济总目标。

（二）货币政策与财政政策的区别

1. 政策的制定者不同

财政政策是由国家财政机关制定的，必须经全国人大或其常委会通过，而货币政策是由中央银行在国务院领导下直接制定的。

2. 政策工具不同

凡有关财政收入和财政支出的政策，如税率、发行国库券、国家规定按较高的保护价收购粮食、政府对公共工程或商品与劳务的投资的多少等都属于财政政策。其中，政府直接投资、采购、转移支付、补贴属于财政支出政策，差别税率和税收减免则属于财政收入政策。而和银行有关的一系列政策，如信贷政策、利率政策、外汇政策、银行准备金率政策、央行贴现率政策和公开市场操作则属于货币政策。

3. 政策的作用过程不同

货币政策的直接对象是货币运动过程，通过对货币供给的数量和结构调整，进而影响社会经济生活，这一政策主要是借助各种经济、法律等间接的手段来进行调控；财政政策的直接对象是国民收入再分

配过程，通过改变国民收入再分配的数量和结构，进而影响社会经济生活，这一政策主要是借助国家权力进行的，带有很强的行政色彩，调控更为直接。

4. 政策的时滞不一样

一般来说，财政政策有关动议的变动需要立法机关进行讨论、审批等相关程序，耗时比较长，所以内部时滞较长。但一旦动议通过，则是借助行政手段执行，外部时滞比较短。货币政策正好相反，对于具有相对独立性的中央银行而言，能根据宏观经济形势、金融形势的判断分析，自行决定何时采取何种政策，因而内部时滞比较短。但由于货币政策的调控主要采用非指令性的间接调控手段，其政策产生效果的时间长短要受到金融机构、企业、家庭等受控对象自身行为的影响及金融市场因素的影响，因而外部时滞比较长。

二、货币政策与财政政策的配合

财政政策的特点决定了其具有迅速启动投资、拉动经济增长的作用，但容易引起过度赤字、经济过热和通货膨胀，因而，财政政策发挥的是经济增长引擎作用，对于大的且持久的经济衰退，其只能作短期调整，不能长期大量使用。货币政策通过货币供应量和信贷量进行调节和控制，具有直接、迅速和灵活的特点，使其主要以微调为主，在启动经济增长方面明显滞后，但在抑制经济过热、控制通货膨胀方面具有长期成效。因此，两种政策应取长补短、搭配使用，才能取得最佳的调控效果。货币政策和财政政策的搭配方式主要有以下四种。

（一）松财政、松货币

当经济出现大萧条时可以采用扩张性货币政策和扩张性财政政策的搭配。这一政策搭配能使总产出在短时间内大幅度增加，对经济产生巨大的刺激作用。但是，在扩张性财政政策导致利率上升的同时，扩张性货币政策又具有把利率水平拉低的效应，因此利率上升的幅度不会很大。双松政策的这一效果，正是凯恩斯实行扩张性财政政策和扩张性货币政策的依据，然而在实践中，这种政策搭配带来的产出增长往往以通货膨胀为代价。

（二）紧财政、松货币

紧缩性财政政策和扩张性货币政策相配合时，紧缩的财政政策能有效抑制社会总需求，并改善政府的财政收支状况，而扩张的货币政策可以保持经济适度的增长。两者搭配的综合效果使利率水平显著下降，经济萎缩的状况得到一定程度的改善。这种搭配比较适合用于经济出现通胀但不太严重，且政府财政收支状况不理想的情况。

（三）松财政、紧货币

扩张性财政政策和紧缩性货币政策相配合时，扩张的财政政策能刺激社会总需求，而紧缩性的货币政策可避免过高的通货膨胀率。这一政策搭配一般是在经济出现下滑但又不太严重时使用。但这一搭配将不可避免地提高利率水平，造成金融市场的不稳定，并且会积累巨额的财政赤字。

（四）紧财政、紧货币

紧缩性财政政策与紧缩性货币政策相配合时，一方面紧缩性的财政政策从需求方抑制了通货膨胀，另一方面紧缩性的货币政策从货币供给量方面控制了通货膨胀。这一政策搭配对付恶性通货膨胀有“立竿见影”之效，但经济萎缩的代价往往也是很大的。

本章小结

货币政策是指中央银行为实现既定的经济目标运用各种工具控制、调节和稳定货币供应量和利率水平，进而影响宏观经济的方针和措施的总和。货币政策作为宏观需求管理政策，在整个国民经济宏观调控体系中居于十分重要的地位。货币政策通常包括三个方面的内容：一是货币政策的目标；二是实现货币政策目标的操作工具和手段，也称为货币政策工具；三是执行货币政策所达到的政策效果。

货币政策目标包括货币政策的最终目标和中介目标，前者一般是一国宏观经济的目标，后者则是为实现货币政策的最终目标而设置的可供观察和调整的指标。货币政策的最终目标主要有四个方面：稳定物价、充分就业、经济增长和国际收支平衡。中介目标按其所处环节、地位和时空约束条件，又可分为近期中介目标（也称为操作目标）和远期中介目标。近期中介目标主要有基础货币和短期利率等，远期中介目标主要有货币供应量和长期利率。

货币政策目标的实现是通过货币政策工具的运用来完成的。货币政策工具大致可分为一般性货币政策工具（存款准备金政策、再贴现政策和公开市场操作）、选择性货币政策工具和其他货币政策工具三大类。

货币政策传导机制是指货币当局（中央银行）从运用一定的货币政策工具到实现其预期的最终目标的途径或所经过的具体的过程。也就是说，从货币政策工具的运用到最终目标的实现将有一个过程，在这一过程中，货币政策工具的运用将首先对某些货币政策中介目标产生一定的影响，再通过这些中介目标来影响实际经济活动，从而实现货币政策的最终目标。

货币政策效果是指中央银行操作货币政策工具后，社会经济运行所作出的现实反应，或货币政策最终目标的实现程度。衡量货币政策效果，一是看货币政策发挥作用的快慢，二是看货币政策的数量效果，即政策的强度如何。

货币政策和财政政策是现代市场经济条件下政府进行宏观经济调控的两大政策手段，两者有其共性，但在功能上也有很大的差异。因此，在实践中，二者应适当配合以实现宏观调控目标。

重要概念

货币政策　货币政策最终目标　货币政策中介目标　充分就业　存款准备金政策　再贴现政策　公开市场操作　窗口指导　货币政策传导机制　货币政策效果　货币政策时滞　内部时滞　外部时滞

第十二章 金融监管

金融是影响现代经济发展的重要因素。它已从简单的资金媒介，发展为能够在一定程度上优化资源配置，并通过自身的扩张与收缩推动经济发展的“现代经济的核心”。但金融运行本身存在着脆弱性，一旦某一环节发生断裂，往往会引发连锁反应，产生金融动荡乃至危机。近年来，随着经济全球化、金融自由化的不断发展，金融动荡乃至危机频频发生，给世界各国的经济发展带来了很大的负面影响。因此，通过金融监管保证金融业的稳健运行就越来越成为各国经济与社会发展的关键。本章主要介绍金融监管的含义、目标、原则、内容、体制、发展趋势和中国金融监管体制等内容。

第一节 金融监管概述

金融监管是维护金融体系安全和高效运作的重要保证。虽然金融监管的产生早于中央银行制度，但长期以来，大多数国家都将金融监管作为本国中央银行的一项重要职能。

一、金融监管的含义

金融监管是一个复合概念，内含金融监督与金融管理的双重属性。其中，金融监督主要指一国或地区金融主管当局对金融机构和金融市场进行检查和督促，以保证金融业的稳健经营和安全、健康发展。金融管理则是金融主管当局按照有关法律对金融体系的构成及其行为活动进行管理、协调与控制，以维护金融体系的安全稳定并对客户提供公平、有效的服务。在世界各国金融业发展史中，最低限度的金融管理始终存在，最初、最直接的管理是对银行开业的注册登记和发照管理。20 世纪 90 年代以来，人们一般不再区别这两个词之间的差别，而广泛地采用金融监管的说法。

现代金融监管有狭义和广义之分。狭义的金融监管是指金融监管当局依据国家法律法规的授权对整个金融业实施监管。广义的金融监管还包括金融机构的内部控制和稽核、同业自律性组织的监管、社会中介组织的监管等等。本章定义的金融监管主要是广义的金融监管。

二、金融监管的必要性

由于金融业与国民经济各部门有着极为密切的联系，所以金融业自身的生存与兴衰也极大地影响着国民经济的稳定和发展。如果金融业不能正常运营，损害了支付链条和阻碍了融资过程，经济中交易成本和信息成本将极大地阻碍经济的正常运行。若局部金融问题转化为金融危机，还可能进一步影响到政局的稳定。因此，为了避免金融业的潜在风险产生不良后果，世界各国无不对金融业实施严格的监管。进入 20 世纪 90 年代以来，世界经济和国际金融市场发生了极大变化。1994 年爆发的墨西哥金融危机，1995 年美元汇率的暴跌、英国巴林银行的倒闭，以及 1997 年开始的东南亚金融危机等，使得金融监管的必要性问题显得更加突出了。从金融业本身的特点看，金融监管的必要性主要体现在以下几个方面：

（一）外部性

外部性是指在提供一种产品或服务时社会成本、社会收益与私人成本、私人收益之间存在偏差，也即一些经济主体在其生产、消费过程中对其他经济主体所产生的附加效应。这种效应可能是正的，即外部经济；也可能是负的，即外部不经济。人们以各种加强管制的办法来消除外部效应，尤其是消除负的外部效应。

金融领域中负的外部性主要表现在单个银行的破产可能会殃及那些经营状况比较良好的银行，引发对后者的挤兑，从而导致大批银行陷入流动性困境和破产。在资本市场中，一家上市公司的财务造假案会引发投资者对其他财务状况健全的上市公司的信心危机，从而造成股票和债券市场价格的大幅下跌。为减少负的外部性，对金融业进行监管是必要的。

（二）信息不对称

信息不对称是指一方拥有相关的信息而另一方没有这些信息，或者后者拥有的信息没有前者多，从而对信息劣势者的决策及利益造成很大影响。信息不对称可能产生道德风险和逆向选择问题。逆向选择是事前的，如潜在的不良贷款来自于那些积极寻求贷款的人。如果发生了逆向选择，信贷资源就没有得到有效配置，一旦贷放出去，将可能形成不良资产，从而影响到金融体系的稳定。道德风险是在交易后发生的，贷款者发放贷款之后，将面对借款者从事那些贷款者所不希望进行的活动，因为这些活动可能使贷款难以归还。一旦这些活动失败，将形成银行的不良债权，恶化银行的资产质量，也会影响金融体系的稳定。

（三）脆弱性

由于商业银行面临着流动性风险及其资产负债结构的特点，从而具有很高的脆弱性。商业银行的功能之一就是通过吸收资金和发放贷款，把对零星储户的流动性负债转化为对借款人的非流动性债权。根据大数原理，如果存款者提款是随机发生的，则商业银行的资金流量就是稳定的。但是，当储户对商业银行失去信心时，他们就会纷纷提取自己的存款，尽管他们知道，提款继续下去的结果，必然是商业银行被迫提前出售流动性低的资产来满足储户提款的要求，商业银行蒙受损失将使排在挤兑大军后面的储户很可能收不回全部存款，最终结果将导致商业银行流动性严重不足，甚至破产。挤兑还会殃及那些经营状况本来比较健康的银行，即使人人都明白不挤兑更有利于整体的利益，但出于对自身利益的考虑，还是不可避免地会发生挤兑，从而带来银行危机甚至金融危机。此外，商业银行的高负债经营特点也使其具有很高的脆弱性。商业银行的自有资本只占其资金来源的很小比例，其净值越小，从其错误决策中可能招致的损失也就越小，因而银行从事高风险贷款的可能性就越大。

金融市场也具有脆弱性。金融市场的脆弱性是指当一个意外事件的冲击导致人们信心丧失时，易引发金融市场尤其是股票市场价格的急剧下跌，从而严重扰乱经济金融秩序。事实上，人们在判断金融资产的价格时，往往具有一定的盲目性，这就导致了人们在进行金融资产投资时具有“羊群效应”，即金融资产投资时具有跟风操作的现象，这将导致股票价格大起大落。金融市场交易的一些技术特征也加剧了市场的波动，如投资者可通过保证金交易从事规模很大的金融交易，从而推动市场价格急剧变化。金融市场脆弱性的最大表现是市场泡沫的崩溃。当金融市场投机达到一定程度后，人们对金融市场的信心开始动摇，某个平常看来微不足道的小事件都可能会引发股市崩溃，并在以后相当长一段时间里维持非常低迷的行情。

三、金融监管的一般理论

金融监管理论是在人们对实践总结的基础上逐步发展起来的，主要有社会利益论、社会选择论、特殊利益论、追逐论、管制新论等。

（一）社会利益论

社会利益论是在20世纪30年代大危机后提出的。大危机之前，西方国家推崇自由经济理论，认为经济具有自动走向充分就业的内在调节机制。大危机后，“凯恩斯革命”主张政府采取行动对经济进行积极干预。在这样的背景下，社会利益论提出，纯粹自由的金融体系因外部性、信息不对称等问题会导致资源错误配置和社会福利损失，这就要求政府作为社会利益代表者实施管制以纠正市场缺陷。若没有管制，单个银行的风险要由储户、整个金融体系甚至全社会来承担，从而社会公众的利益就会受到极大损害；而管制则有利于整个社会，且管制成本由社会的极小部分人承担。

（二）社会选择论

该理论认为管制存在的理由和根源是：自由市场机制存在着自身无法克服的缺陷，为保证经济体系的有效运行，必然要求某种程度的外部管制。该理论从公共选择的角度来解释政府管制，认为管制制度作为一种公共品，只能由代表社会利益的政府来提供和安排，各利益主体则是管制制度的需求者。政府并不是被动地反映任何利益集团的管制要求，而应坚持独立，努力使自己的目标与整个社会福利保持一致。

（三）特殊利益论

该理论认为政府管制表面上是为了公共利益，实际上成为一些特殊利益集团的工具。政府管制仅保护了一个或几个特殊利益集团的利益（因政府官员是在其帮助下当选的，当选后当然要予以回报）。特殊利益集团（特别是财力雄厚、有能力帮助政治家当选的大企业集团）因政府的保护而得到格外多的回报。对整个社会来说，管制产生了巨额成本，有害于社会公共利益。

（四）金融风险论

该理论认为金融业是一个特殊的高风险行业，需对其实施严格的金融监管。金融业面临着各种各样的风险：信用风险、流动性风险、利率风险、汇率风险、经营风险、操作风险等等。金融业的高风险一方面表现在其特殊的经营对象——货币资金上，另一方面表现在金融风险的连带性上，一家金融机构陷入危机，易导致整个金融体系都陷入危机。因此，为控制金融业的各种风险，需对其实施严格的监管。

（五）保护债权论

这里的债权人主要指存款人、证券持有人、投保人等。该理论认为，由于金融机构拥有比债权人更有利的条件和更充分的信息，它们就可将金融风险转嫁给债权人。为有效保护债权人的利益，需进行严格的金融监管来约束金融机构及金融市场行为。

（六）追逐论

追逐论者认为，管制者与被管制者之间恰如“猫鼠追逐”。最初被管制者可能会反对管制，但是当他们变得对立法和行政程序极为熟悉后，他们就试图影响管制者，通过立法和行政机构给他们带来更高的收益。追逐论者认为，管制的目的是为了生产者的利益而非消费者的利益，且被管制者可以通过疏通的办法让管制为他们增加福利，因而管制就失去了其原本应该存在的理由。该理论在一定程度上得到了现实的支持，但也忽视了普通大众确实能够从某些保护消费者的管制中得到好处的事实。

（七）管制新论

管制新论把管制看作是存在需求和供给的商品：不同的集团出于自身的利益，存在着对管制的不同需求；政治家和官僚提供管制是为了得到更多的竞选捐助、选票和办公津贴。管制可为不同的利益集团所利用，但究竟谁是最后的胜者，取决于不存在管制时谁更生死攸关、各自的政治实力以及市场份额等情况。

管制新论认为，在某些情况下，管制有利于生产者和消费者双方；但同时也承认，管制对少数生产者的所得有较大的影响，而对多数消费者的利益只产生较小影响，因此，管制对生产者的影响是主要的。关于管制的社会利益，管制新论认为，管制当局具有过度管制以回避个人责任的动机。有些学者还呼吁，管制机构之间的竞争可避免过度管制。然而，管制者之间的竞争又会导致管制的失败，这是因为管制者所受到的竞争压力可能最终导致管制标准的降低。

四、金融监管的发展趋势

金融自由化和金融全球化的出现、金融创新的加快以及金融监管理论的发展，深刻影响着人们的金融监管理念和实践。从目前看，世界很多国家正在从以下几个方面调整与完善本国的金融监管：①

（一）努力提高金融监管的激励相容性

所谓激励相容的金融监管，实际上就是在金融监管中更多地引入市场化机制，使金融监管不再仅仅从监管目标出发设置监管措施，而是同时参照金融机构自身的经营目标，将金融机构的内部管理和市场约束纳入监管的范畴，引导这两种力量来支持金融监管目标的实现。简单说，激励相容的金融监管就是在诱导金融机构实现自我利益的同时，有效率地实现监管目标。例如，在1988年的《巴塞尔协议》中，

① 丁邦开、周仲飞主编：《金融监管学原理》，北京大学出版社2004年版，第18—23页，有修改。

巴塞尔银行监督管理委员会只是笼统地提出了单一的8%的资本充足率监管要求，但在1999年的《巴塞尔协议》（即现在著名的《新资本协议》）中则提供了可供金融机构选择的、难度不同的风险管理体系，对那些选择难度大的风险管理体系的金融机构，其所需要配置的资本金一般要求较少，从而能在金融市场竞争中更为主动。这种做法显然能更好地协调金融机构的经营目标和监管目标，因此属于一种典型的激励相容性金融监管。

（二）对金融创新鼓励和监管并重

金融创新是一柄双刃剑，它在促进金融市场繁荣和发展的同时，也给市场带来了新的风险，同时增加了金融监管的难度。以金融衍生产品为例，它产生于20世纪70年代，90年代获得大发展，以致英国的《金融时报》将20世纪90年代称为金融衍生产品时代。由于交易品种繁多，金融衍生产品市场也一跃而成为与传统货币市场和资本市场并驾齐驱的第三大类金融市场。金融衍生产品的产生既为金融机构的资产负债管理提供了诸多有效的套期保值、降低风险的工具，又拓展了其获取收益的渠道。但由于金融衍生产品交易的高杠杆性、高度技术性和复杂性，它也容易放大金融风险，并对金融监管提出挑战。据调查，无论是1987年美国股市的大雪灾，还是20世纪90年代世界范围的金融危机，所有事件都直接或间接与金融衍生产品所产生的风险相关。正因为此，在对金融创新的态度上，成熟市场经济国家实际上经历了一个从严格抑制到积极鼓励、再到鼓励与监管并重的曲折过程。

（三）日益注重金融监管的成本收益分析

传统金融监管往往容易忽视对金融监管成本的衡量，或者容易夸大监管的收益而低估监管的成本。实际上，金融监管既可能会引起直接资源的耗费，又可能会造成效率的下降。前者主要包括监管机构执行监管过程中所耗费的资源和被监管者因遵守监管条例而耗费的资源。后者则可分为三种具体成本：一是所谓的道德风险，即由于制度方面或其他方面的变化而引起的私人部门行为的变化，进而产生消极的、而且往往是有害的作用；二是由增加风险和降低效率等原因所可能带来的经济福利损失；三是监管有时可能起着保护低效率的生产结构的作用，由此会成为管理和技术创新的障碍，造成动态经济效率的下降。金融监管的主要收益是维护金融体系的安全和稳定，纠正信息的不对称问题，增强公众信心，从而促进金融业的发展。不同的金融监管措施，其成本收益可能存在较大的差异。只有当监管的预期净收益达到最大时，才可谓达到了理想的监管均衡强度。因此，金融监管并不是越严越好，而应是成本收益相权衡的结果。

基于这一思想，英国《金融服务与市场法》提出了“好监管”的六条原则，要求在实施金融监管时必须予以同时考虑并作为新监管方式的指南。这六条原则是：（1）使用监管资源的效率和经济原则；（2）被监管机构的管理者应该承担相应的责任；（3）权衡监管的收益和可能带来的成本；（4）促进金融创新；（5）保持本国金融业的国际竞争力；（6）避免不必要的对竞争的扭曲和破坏。

（四）日益强调金融监管的技术性和科学性

金融监管的技术性和科学性主要体现在以下方面：（1）电子计算机监管系统的运用，以处理众多的金融数据信息，实现非现场监管的电子化；（2）计量模型的运用，如银行评级模型、总体风险计量模型、单一风险评估模型、综合风险评估矩阵模型、对比模型、过滤模型等；（3）分部报告的运用，如国际业务部报告、房地产部报告、信用卡部报告等；（4）常规评级制度以及迅速纠正行动机制；（5）综合素质、危机与预警测试的运用；（6）建立并完善退出机制。

（五）日益倾向宏观慎慎监管

无论是发生在20世纪80年代的美国储贷危机，还是1997年的亚洲金融危机，都显示出宏观审慎监管缺位的问题；而始于2007年的次贷危机引发的全球金融危机更进一步凸显了宏观审慎监管的重要性。广义的宏观审慎监管是指对系统性风险的监管；狭义的宏观审慎监管则主要关注四方面的内容：金融体系不稳定对实体经济的影响程度、具有系统影响力的内容、内生性风险，以及金融体系与实体经济的相互关系和作用。从当前国际金融发展趋势来看，宏观审慎监管是未来金融监管的发展方向。

进入21世纪以来，全球金融体系联系日益紧密，一国金融体系的稳定性易受到境外国家监管政策措施或经济政策的影响。首先，全球经济一体化造成了金融全球化以及金融机构的国际化，发生在一个国家的金融危机很容易通过金融市场、机构、产品等渠道传到另一个国家；其次，金融创新日新月异，如信用违约互换等，使得风险传递更为隐蔽，不易为有关金融监管机构所察觉；最后，经济运行的亲周期性特征导致资产价格不断上涨、居民信用消费日益膨胀，金融资本的市场配置出现偏差，系统性风险逐渐积累。由于存在全球金融监管结构的分割和信息共享的障碍，一些国家的金融监管部门没有采取有效行动遏制过度的冒险行为，没有重视受管制与不受管制的机构以及资本市场与借贷市场等不同市场之间的相互联系，使得金融危机一旦爆发就具有很强的国际破坏力。基于此，2009年6月29日国际清算银行发布年报，呼吁各国及国际社会采取宏观审慎的原则，以减少经济体系的亲周期性特征所造成的负面影响。

为了抑制金融体系中风险的过度累积，国际社会提出，建立一个全球宏观审慎金融监管体系，并将其作为目前微观审慎监管和市场一体化监管的重要补充。2009年4月，二十国集团峰会宣布成立金融稳定委员会（FSB）作为全球金融稳定的宏观审慎监管国际组织，该组织将评估不同金融体系的脆弱性，推动不同监管机构之间的协调和信息交换，监测市场发展及其对监管政策的影响并提出建议，对国际监管标准制定机构的标准制定工作进行联合战略评估，对具有系统重要性的大型跨境金融机构提供监管团指导和支持，支持跨境危机管理的应急预案，并与国际货币基金组织共同开发金融体系的早期预警系统。金融稳定委员会的成立对于在全球层面加强宏观审慎监管的合作与协调具有重要意义。

2009年6月，美国政府公布了金融监管改革白皮书，计划通过新设立一个包含主要金融监管机构成员在内的“金融服务管理理事会”（FSOC）来负责美国金融体系的宏观审慎监管。紧接着，欧盟委员会也宣称要成立由成员国中央银行行长以及欧盟银行、保险和证券三大金融行业监管者组成的“欧洲系统性风险委员会”（ESRB），主要负责监测整个欧盟金融市场上可能出现的宏观风险，及时发出预警，并在必要情况下建议应采取的措施。

为维护金融体系稳定，我国除继续在微观领域加强审慎监管外，还应进一步完善宏观审慎监管体制，开发合理的宏观审慎监管工具，以监测和预警金融体系积累的风险。

（六）金融监管框架日益全球化

从全球范围来看，经济金融环境的剧烈变化迅速改变了金融业的经营环境。全球经济的日益一体化，金融创新日渐活跃，跨国银行业务迅猛增加，放松管制成为普遍趋势。这些都加大了各国金融业的经营风险，金融危机传染的可能性也增大。因此，仅加强金融业的国内监管是不够的，还需要加强金融业的国际监管合作与协调。金融监管框架全球化的一个显著标志是，越来越多的国际性金融监管组织，如巴塞尔委员会、国际证券委员会、保险业国际监管组织、国际货币基金组织等都纷纷采取行动，以加强金融监管的国际合作，而这些组织制定的各种金融监管准则，也日益发挥着越来越大的影响力。

第二节　金融监管的目标与原则

要实施金融监管，首先必须明确金融监管的目标和原则。经过长期的实践，各国金融监管当局在有关金融监管的目标和原则方面已形成了一些基本共识。

一、金融监管的目标

金融监管的基本目标是保证金融业的健康与稳定，提高金融体系的效率，促进经济发展。金融监管的具体目标体现在三个方面：第一，经营的安全性，即保证金融机构的正常经营活动和金融体系的安全；第二，竞争的公平性，即创造公平竞争的环境使金融业提高效率；第三，政策的一致性，即确保金融机构的经营活动与金融监管当局的政策目标保持一致。从本质上来说，金融监管就是力争在鼓励金融机构提高服务质量、激发竞争活力与维持该行业的清偿力与稳定性之间寻求一种最优的权衡。世界上大多数国家的具体监管目标多体现在中央银行法或银行法上，由于各国历史、经济、文化等背景不同，因而各国的具体监管目标各有侧重。

根据美国1913年《联邦储备法》及有关法规，银行监管的具体目标有四个：维持公众对一个安全、完善和稳定的银行系统的信心，为建立一个有效的和有竞争的银行系统服务，保护消费者利益，允许银行体系适应经济的变化而变化。英国自2001年12月1日起，以《2000年金融服务和市场法》取代原来监管金融业的种种法规。根据该法，金融监管的目标和任务是：保持公众对英国金融系统和金融市场的信心；向公众宣传，使公众能了解金融系统及与特殊金融产品相连的利益和风险；确保为消费者提供必需的保护；为实现阻止金融犯罪提供帮助。可见，相对于其他国家而言，美国和英国的监管目标更侧重于保护消费者的利益，也更适合于银行的特性和时代的要求。

日本、德国、法国、加拿大、新加坡等国则侧重于维护商业性银行体系的正常运转，以促进国民经济的发展。《日本国普通银行法》第一条阐明，监管是以“商业性银行业务的公正性为前提，以维护信用，确保存款人的权益，谋求金融活动的顺利进行，并为商业性银行业务的健全而妥善的运营，有助于国民经济的健全发展为目的”。《德国银行法》第六条授权联邦金融管理局“监管所有的信贷机构，以保证银行资产的安全、商业性银行业务的正常运营和国民经济运转的良好结果”。

在我国，由2003年12月27日第十届全国人民代表大会常务委员会第六次会议通过的《中华人民共和国银行业监督管理法》第三条规定：“银行业监督管理的目标是促进银行业的合法、稳健运行，维护公众对银行业的信心。银行业监督管理应当保护银行业公平竞争，提高银行业竞争能力。”具体说来，监管目标有四个：第一，通过审慎有效的监管，保护广大存款人和金融消费者的利益；第二，通过审慎有效的监管，增进市场信心；第三，通过金融、相关金融知识的宣传教育工作和相关信息的披露，增进公众对现代金融的了解；第四，努力减少金融犯罪，维护金融稳定。表12－1概括了部分国家的金融监管目标及其相关法律。

表 12－1 部分国家金融监管目标及其相关法律

国家	法律	监管目标
美国	联邦储备法	维护公众对银行系统的信心；为建立有效率、有竞争的银行系统服务；保护消费者；允许银行体系适应经济变化而变化
日本	新日本银行法	维护信用、确保存款人利益；谋求金融活动顺利进行，经济健全发展
韩国	金融监督机构设置法	增进银行体系健全运作；促进经济发展，有效利用资源
英国	金融服务与市场法	维护市场信心；促进公众对金融体系的了解；保护消费者利益；减少金融犯罪
加拿大	加拿大银行法	规范货币与信用，促进经济与金融发展
德国	德国银行法	保证银行资产安全和银行业务运营正常
法国	法兰西银行法	确保银行体系正常运作
新西兰	新西兰储备银行法	保持金融体系效率及健全
中国	中华人民共和国中国人民银行法、中华人民共和国银行业监督管理法	防范和化解金融风险，维护金融稳定；防范和化解银行业风险；保护存款人和其他客户的合法权益；促进银行业健康发展

二、金融监管的基本原则

1997 年 9 月，世界银行和国际货币基金组织在香港年会上通过了由巴塞尔委员会提出的《有效银行监管核心原则》（以下简称《核心原则》）。《核心原则》是银行监管领域近百年经验和成果的总结，为各国创建有效银行监管体系提供了基本依据。自发布和实施以来，它已成为各国在审慎监管领域共同遵守的准则。

（一）监管主体的独立性原则

《核心原则》提出："在一个有效的银行监管体系下，参与银行监管的各个机构要有明确的责任和目标，并应享有操作上的自主权和充分的资源。”有效的监管还需要一些先决条件，如稳健且可持续的宏观经济政策，完善的公共金融基础设施，高效率解决银行问题的程序，提供适当系统性保护的机制等。

近年来，不断有国家发生金融危机，这些国家总结经验教训，努力进行金融体制改革，其中加强监管主体独立性是重要的改革内容之一。如1998年修改后的《日本银行法》使日本银行与政府（大藏省）之间的关系发生了根本性变化，将长期以来一直为政府（大藏省）所拥有的业务指令权、日本银行高级职员的罢免权等统统废除，日本银行的独立性大大增强。

（二）依法监管原则

虽然各国金融监管的具体做法不同，但在依法监管这一点上却是相同的。金融业的特殊地位决定了其必须接受金融监管当局的监管，同时，还必须保持金融监管的权威性、严肃性、强制性和一贯性。此外，金融法规的不断完善也是必不可少的。

（三）“内控”与“外控”相结合的原则

尽管美国强调外部监管，英国等西欧国家注重诱导劝说基础上的自我约束、自我管理，但无论是以“外控”为主还是以“内控”为主的国家，都需要“外控”和“内控”的有机结合。若监管对象不配合，外部监管再严格也难以收到预期效果；若完全寄希望于金融机构的“内控”，则个别金融机构的冒险行为将可能危及整个金融系统。因此，“外控”和“内控”相结合是非常必要的。

《核心原则》指出，“内部控制的目的是确保一家银行的业务能根据银行董事会制定的政策以谨慎的方式经营。只有经过适当的授权才可进行交易，资产得到保护而负债受到控制，会计及其他记录能提供全面、准确和及时的信息，而且管理层能够发现和评估业务的风险。”内部控制包括三方面的主要内容：组织结构（职责的界定、贷款审批的权限分离和决策程序）、会计规划（对账、控制率、定期测算等）、“双人原则”（不同职责的分离、交叉核对、资产双重控制、双人签字等）。

（四）稳健运行与风险预防原则

稳健运行是金融监管工作的基本目标，要达到这一目标，就必须进行风险监测与管理，因而所有的监管技术手段都应着眼于金融业的风险预防管理。《核心原则》指出，“银行监管者必须掌握完善的监管手段，以便在银行未能满足审慎要求（如最低资本充足率）或当存款人的安全受到威胁时采取纠正措施。”在极端情况下，若某一金融机构已不具备继续生存能力，监管者可参与决定该机构被另一家健康机构接管或合并。当所有办法都失败后，监管者必须关闭或参与关闭不健康的金融机构以保护整个金融体系的稳定。

（五）母国与东道国共同监管原则

在当今金融国际化的背景下，仅加强国内金融监管是不够的，还需要加强金融监管的国际合作。《核心原则》指出，母国监管者的责任是：“银行监管者必须实施全球性并表监管，对银行在世界各地的所有业务进行充分的监测并要求其遵守审慎经营的各项原则，特别是其在外国的银行、附属机构和合资机构的各项业务”；东道国监管者的责任是：“银行监管者必须要求外国银行按东道国国内机构所同样遵循的高标准从事当地业务，而且从并表监管的目的出发必须有权分享其母国监管当局所需的信息。”

母国与东道国必须建立密切的联系，以共同完成对国际金融活动的监管。在东道国的监管当局发照之前要征求其母国监管当局的意见。在一些情况下，有些国家监管当局之间已经达成了双边协议，这些协议可以帮助确定分离信息的范围和一般情况下分享信息的条件。

在我国，《中华人民共和国银行业监督管理法》第四条规定：“银行业监督管理机构对银行业实施监督管理，应当遵循依法、公开、公正和效率的原则。”第五条规定：“银行业监督管理机构及其从事监督管理工作的人员依法履行监督管理职责，受法律保护。地方政府、各级政府部门、社会团体和个人不得干涉。”第七条规定：“国务院银行业监督管理机构可以和其他国家或者地区的银行业监督管理机构建立监督管理合作机制，实施跨境监督管理。”2003 年 12 月 8 日，中国银监会主席刘明康与美国货币监理署署长霍克签署了《监管信息交换协议》，就两机构间监管信息交换达成一致意见。在此之前，中国银监会已于2003年8月22日和25日分别与香港金融管理局、澳门金融管理局签署了《双边监管谅解备忘录》，今后还将与英国、韩国、新加坡等国监管当局磋商。可见，我国在金融监管的国际合作方面已经迈出了可喜的步伐。

第三节　金融监管的内容与方法

作为政府对金融市场和金融机构的管理和约束规范，金融监管的内容和方法是随着社会经济发展和金融业本身的变化，而不断地进行主动或被动的调整与修正的。从目前看，金融监管的内容与方法已十分丰富多彩。

一、金融监管的内容

金融监管的目标决定金融监管的内容。金融监管的内容可按照不同标准进行不同的分类，常见的分类有三种：第一，按金融监管范畴可划分为金融行政监管和金融业务监管，前者是对各类金融机构的设立、撤并、升格、降格、更名、迁址、法人资格审查、证章牌照管理、业务范围界定、资本金年审等的监管，后者是对银行存贷款利率、结算、信贷规模、资产负债比例、现金、信贷资产质量、经营风险、账户开立、银行业务咨询、存款准备金等的管理、监测和检查。第二，按金融监管性质可划分为合规性金融监管与风险性金融监管，前者是指金融机构的审批、信贷资金管理、中央银行基础货币监管、结算纪律监管、账户管理的监管、外汇外债监管、金融市场监管、社会信用监控、金融创新规范化监管、章证牌照真实性检验等，后者是指监测金融机构的资本充足性、资产流动性、资产风险性、经营效益性等。第三，按金融监管的主要内容或范围分类，主要分为市场准入监管、市场运作监管和市场退出监管三个方面。① 本节主要介绍第三种分类

① 孟钊兰主编：《中央银行学》，西安交通大学出版社2007年版，第266页。

方法。

（一）市场准入监管

市场准入是一国金融监管当局对拟设立的金融机构采取的限制性措施。监管当局在实施市场准入监管时所普遍遵循的原则有：第一，是否符合经济发展的需要。理论和实践都表明，一国或一地区的金融机构并不是越多越好，多了只会导致不良竞争和资源浪费。第二，是否符合规定的最低资本数额。如在韩国，设立一家全国性商业银行，要求实收资本最低限为1000亿韩元；设立一家区域性商业银行，实收资本最低为250亿韩元；外国银行在韩国设立一家分行，其实收资本最低为30亿韩元。我国新《商业银行法》第十三条规定："设立全国性商业银行的注册资本最低限额为十亿元人民币。设立城市商业银行的注册资本最低限额为一亿元人民币，设立农村商业银行的注册资本最低限额为五千万元人民币。注册资本应当是实缴资本。国务院银行业监督管理机构根据审慎监管的要求可以调整注册资本最低限额，但不得少于前款规定的限额。"

除以上两原则外，各国对于金融机构的设立还有着不同于一般企业设立的特殊要求，如要有具备任职专业知识和业务工作经验的董事、高级管理人员，要有健全的组织机构和管理制度，需要有符合要求的营业场所、安全防范措施和与业务有关的其他设施等。在德国，凡是申请开业银行的经理人员，必须是在德国一家中等规模以上的银行从事过3年以上银行工作的有经验人员，申请开业银行的经理人员中至少有两人是全日负责工作，即实行"四只眼原则"，否则拒发执照。我国《银行业监督管理法》第九条规定："银行业监督管理机构从事监督管理工作的人员，应当具备与其任职相适应的专业知识和业务工作经验。"

（二）市场运作监管

市场运作监管是指金融机构成立后，对其日常的市场经营运作所进行的监管。就目前而言，市场运作监管主要包括以下几个方面：

1. 资本充足率监管

资本状况是金融机构抗风险能力的重要标志。近年来，由于金融危机，许多银行破产，有问题的贷款大量出现，使银行资本问题越来越受到重视，各国金融监管当局纷纷要求金融机构增加资本，以有效地保护存款人的利益和维护金融体系的安全运行。在统一国际银行业的资本标准以解决各国不公平竞争问题方面，巴塞尔委员会做出了不可磨灭的贡献，出台了一系列重大协议。1988年《巴塞尔协议》关于核心资本和附属资本与风险加权资产为8%的比率规定，已被世界各国普遍接受，作为对银行监管中资本充足率的最重要、最基本的标准。

针对我国银行业资本充足比率普遍偏低的困境，2003年12月8日，我国银监会发布了《境外金融机构投资入股中资金融机构管理办法》，允许境外金融机构按照自愿和商业的原则，参与中资银行业金融机构的重组与改造。同时，银监会还发布了《关于将次级定期债务计入附属资本的通知》，决定增补我国商业银行的资本构成，将符合规定条件的次级定期债务计入银行附属资本。这些都是推进我国银行业对外开放、与国际接轨的重要举措。

2. 最低实收资本金监管

金融监管当局进行风险监管的重要任务之一，就是要监督、测算金融机构最低实收资本金是否达到规定的标准，确保金融机构开业运营后有相应的资本实力。这里所说的最低实收资本是指核心资本。核心资本是金融机构应对亏损、降低风险的第一道防线，实施最低实收资本金监管有利于金融机构的稳健经营。

核心资本的计算公式为：

$$核心资本 = 金融机构总资本 - 金融机构附属资本$$

核心资本充足率的计算公式为：

$$核心资本充足率 = 核心资本额/风险加权资产总额$$

3. 流动性监管

流动性是指金融机构随时满足存款人提现需求或借款人正当贷款需求的能力。若金融机构不能满足客户的流动性需求，则将面临流动性风险。一般地，可用金融机构所持有的现金及随时可变现的资产占全部资产的比重来衡量其流动性大小。

对于流动性监管，各国做法不尽相同。有的国家对金融机构的资产、负债分别设计多种比例，来监督其清偿能力；有的国家虽未正式规定流动性的具体要求，但经常予以检查监督；有的国家对吸收短期存款进行长期投资的金融机构单独进行管理；还有的国家规定发放中长期贷款要有一定比例的中长期资金来源作担保。目前，对金融机构流动性监管的总趋势是在考核其资产负债及利率结构是否合理的基础上，同时考虑各金融机构的具体特点和实际情况，即在进行系统评价的同时，提高针对性和灵活性。

4. 业务范围监管

一国监管当局对金融机构业务范围的规定，不仅与该国的经济金融发展状况、金融监管水平、历史传统有关，还可能受时代背景的影响。在德国，商业银行可经营任何金融业务。美国在大危机之后，《格拉斯—斯蒂格尔法》将商业银行业务与投资银行业务分开，但 1999 年《金融服务现代化法案》的颁布打破了商业银行与投资银行之间的“金融防火墙”，它们之间的传统界限被取消。在当今经济金融化、金融一体化、金融创新层出不穷的形势下，全球银行业正在朝着混业经营和全能银行迈进。

我国新《商业银行法》第四十三条规定：“商业银行在中华人民共和国境内不得从事信托投资和证券经营业务，不得向非自用不动产投资或者向非银行金融机构和企业投资。”由于金融市场发展不健全、金融监管能力低、市场法规建设滞后等原因，我国仍实施严格的分业经营。

5. 资产质量监管

资产质量好坏关系到金融机构的生存与发展，整个社会金融资产质量的优劣关系到国家金融业的兴衰。因此，风险监管工作必须重视对金融机构资产质量的监管。金融机构资产质量监管的重点是金融机构业务经营中的资产流动性、资产安全性和有问题贷款所占比例，以确保金融机构具有足够的清偿能力、承担风险能力和正常的运转能力。2002 年以前，我国对有问题贷款的监控测算、分类方法基本上沿袭财政部 1988 年《金融保险企业财务制度》中的规定，把贷款划分为正常、逾期、呆滞、呆账，后三类合称有问题贷款或不良资产（简称为

“一逾两呆”）。这种传统的监管测算和分类方法已经不适应市场经济条件下金融监管工作和商业银行信贷管理工作的需要。2002年以后，我国根据《贷款风险分类指导原则》，开始实行符合国际惯例的贷款风险五级分类方法，即把贷款分为正常、关注、次级、可疑、损失五类。其目的是准确把握贷款归还的可能性，从制度上增强银行抵御风险的能力，加强对商业银行的资产质量监管。

6. 贷款风险监管

追求利润最大化是金融机构的目标，因而金融机构总是尽可能地将资金投放于高收益的项目，但高收益意味着高风险，因而大多数国家的监管当局都加强对贷款风险的管理，尤其是限制贷款风险的集中。通常的做法是限制一家金融机构对单个借款者、某一行业或某一地区提供过多贷款，以分散风险。因而，分散风险既是金融机构的经营战略，也是金融监管的重要内容。如对单个客户的贷款，意大利规定不得超过金融机构自有资本，美国规定不得超过自有资本的10%，日本规定不得超过20%，德国规定商业银行对任一客户的贷款超过其自有资本15%的应立即向监管当局报告。西方国家对与银行有关人员贷款的监管也非常严格。美国规定银行不得以优惠条件向其董事、职员提供贷款，不得以优惠利率支付他们的存款利息。德国规定非经所有银行经理一致同意，银行不得对与银行有关的人员发放贷款。此外，各国监管当局还关注各类风险之间的相互联系和相互影响，以及表外业务风险。

我国新《商业银行法》第三十五条规定：“商业银行贷款，应当对借款人的借款用途、偿还能力、还款方式等情况进行严格审查。商业银行贷款，应当实行审贷分离、分级审批的制度。”第三十九条规定：“商业银行贷款，应当遵守下列资产负债比例管理的规定：……贷款余额与存款余额的比例不得超过百分之七十五；……对同一借款人的贷款余额与商业银行资本余额的比例不得超过百分之十。”第四十条规定：“商业银行不得向关系人发放信用贷款；向关系人发放担保贷款的条件不得优于其他借款人同类贷款的条件。”

7. 外汇风险监管

对于经营外汇业务的金融机构，金融监管当局还需进行外汇风险的管理。美国、法国、加拿大等国对外汇的管制较松，而英国、日本、荷兰、瑞士等国家的管制较严格。如英格兰银行对所有在英国营业的银行的外汇头寸进行监控，要求任何币种的交易头寸净缺口均不得超过其资本基础的10%，各币种的净空头寸之和不得超过其资本基础的15%。对于外国银行分支机构，英格兰银行要求其总部和母国监管当局要对其外汇交易活动进行有效控制。日本要求持有外币的银行在每个营业日结束时，其外汇净头寸（包括即期和远期）不得突破核准的限额。德国规定任一银行的外汇与贵金属交易净额不得超过银行资本的30%。荷兰、瑞士对银行持有的未保险的外币存款要求增加相应的资本。

8. 准备金监管

金融机构的资本充足性、流动性与其准备金之间有着密切的内在联系，因此，金融监管必须考虑准备金因素。监管当局的主要任务是确保金融机构的准备金是在充分考虑谨慎经营和真实评价业务质量的基础上加以提取。各国监管当局已经普遍认识到，准备金政策和方法的统一是国际金融体系公平竞争和稳健发展的一个重要因素。

（三）市场退出监管

金融机构市场退出的原因有两种：一是因分立、合并或出现公司章程规定的事由需要解散，因此而退出市场，这属于主动性退出；二是由于破产、严重违规或资不抵债等原因，而由中央银行将金融机构依法关闭，取消其经营资格，这属于被动性退出。金融机构无论是主动性退出还是被动性退出，都会具有很高的负外部性，因此必须经监管部门审查批准。所谓市场退出监管就是指金融监管当局对金融机构因分立、合（兼）并、变更、解散、破产倒闭或严重违规等原因退出金融业而实施的监督管理。与此对应，市场退出监管可具体分为三种情况：

1. 对金融机构分立、合（兼）并、变更、解散的监管

为了对社会和客户负责，维护金融体系的信誉，当金融机构分立、

合（兼）并、重新变更、出现章程规定的解散事由需要解散时，金融监管部门必须对金融机构进行债务清偿和相关过程实施监督管理，以确保这些金融机构顺利完成市场退出，避免社会经济、金融震荡。

2. 对金融机构破产倒闭的监管

当金融机构因经营管理不善而出现严重亏损或资不抵债时，金融监管当局将对其实施关闭处理的监管。例如，我国规定，当金融机构出现连续3年亏损额占资本金的10%或亏损额已占资本金的15%以上等情况时，监管部门应当令其关闭。为了树立公众对金融业的信心，保证向社会和客户提供金融服务的连续性，金融监管当局对于关闭的金融机构实施经营管理权接管，当接管期两年结束后，经营管理水平提高则恢复其继续营运，否则，可由法院依法宣告破产，并在监管部门及有关部门的同意、监督下依法进行清算，缴回经营金融业许可证，通知工商局注销，并在指定的报纸上公告。

3. 对违规者的终止经营监督

金融监管当局对于那些严重违反法律法规和金融政策的金融机构有权作出停业整顿的监管决定。停业后，金融监管当局有权对该金融机构的资产负债情况、高级管理人员素质及构成、各项业务开展情况等进行审查、核准，并制定处理措施。处理措施主要包括三种：一是纠正错误，恢复正常经营；二是难以挽救，注销该机构，按破产倒闭机构的程序办理；三是对主要责任人按规定予以处罚。

二、金融监管的方法

金融管理当局实施金融监管的依据是国家法律法规。从操作的角度看，金融监管的一般方法通常包括以下几种：

（一）现场检查

现场检查是由监管当局派出检查小组，到各银行实地检查，以达到全面评价的目的。在检查过程中，检查小组有关人员要判断银行活动是否安全、合法；检查银行各项业务活动的政策、做法和程序；判断银行内部管理状况；评价银行贷款、投资的质量；检查存款及其他负债的构成情况；评估管理机构的能力和胜任程度等。现场检查若采取突击方式，效果较好。

（二）报表稽核

金融稽核是监管当局根据国家规定的稽核职责，对金融业务活动进行的监督与检查。报表稽核是指由稽核部门通知被稽核单位，将有关报表、凭证、账簿等资料如期送达稽核部门进行稽核。这些资料提供了货币供应和未偿还信贷总额等关键性数据，以及大量有关银行财务状况的信息。通常采用两种分析法：一是趋势分析法，即对同一家银行不同时期增长或下降比率进行分析比较，用以观察并预测该银行在一个时期内的变化及趋势；二是对比分析法，即在同类金融机构之间进行资产质量、收益、流动性等方面的比较，以寻找差距并分析原因。

（三）加强监管对象的内部控制

各国监管当局一般都要求各金融机构根据法律加强自我约束，建立、健全内部控制制度。金融机构的内部控制制度是金融机构对内部各职能部门及其工作人员所从事的业务活动所实施的风险管理和控制的一系列方法、措施和程序。完善的内部控制是规范金融机构经营行为、有效防范风险的关键，也是衡量金融机构经营管理水平的重要标志。

（四）内外部审计结合法

银行内部审计的责任是向股东大会负责，审查重点是银行的盈利状况。同时，还必须建立外部审计制度，由具有独立性的社会审计部门定期对金融机构进行系统审查以及时发现问题。很多国家要求银行定期由社会审计机构审查其财务报表。

（五）其他手段

当监管当局发现某一银行的经营行为不符合法规规定、经营管理状况出现问题并有危害公众利益的倾向时，可按不同情况采取以下措施：提醒高级管理人员注意、命令银行整顿或撤消某项业务、任命专门小组监管、撤消其董事或监事、吊销营业执照等。

第四节　金融监管体制

金融监管体制是指金融监管的职责和权力分配的方式和组织制度。由于各国经济金融的发展历史、政治、法律及文化传统各异，因而各国的金融监管体制也有所不同。金融监管体制可按两种方法划分：一种是按监管主体即对金融机构实施监管的机构类型来分类，目前各国商业银行的监管主体主要是财政部、中央银行或另设一专门监管机构；另一种划分方法是按照监管的业务范围来划分，可分为集中监管体制与分业监管体制。

一个科学合理的监管体制应具有前瞻性、有效性、灵活性等方面的特点。[①] 前瞻性是指能估计到未来相当一段时间内金融业的变化，并能在不断变化的环境中保持有效监管，不至于经常变换政策，或经常更换监管体制的安排。有效性是指监管体制的安排能够使金融监管当局以最低成本实现既定的监管目标。体制安排不仅要考虑技术上的可行性，还要考虑经济上的可行性。灵活性是指监管体制在不断变化的环境中能够自我调整、自我适应，既要防止监管松懈和对问题机构的过度宽容，又要避免不计成本的严厉管制带来的各种副作用，还要充分考虑未来监管的发展趋势。

在国际上，金融监管体制经历了从统一监管向分业监管，又从分业监管向统一监管过渡的发展过程。在金融发展的早期，由于金融业发展水平较低，各国大体上是实行统一监管。20 世纪 30 年代大萧条之后，美国率先实行分业经营，以此作为防范金融风险的重要手段。此后，其他国家也纷纷效仿，采取分业经营形式。为了适应专业化及行业管理的需要，相应地也实行分业监管体制。到了 20 世纪 80 年代后期，银行、证券、保险之间资金和业务往来的日益密切以及业务的混合削弱了分业监管的基础。为了适应金融创新和金融发展的需要，一

① 彭兴韵：《金融学原理》，三联书店 2003 年版，第 481 页。

些国家的监管体制呈现出由分业走向集中的趋势。

一、集中监管体制

由统一的监管主体对从事银行、保险、证券等不同类型业务的金融机构实施统一监管便称为集中监管体制。实行集中监管体制有多方面原因，如金融机构的多元化发展、金融监管水平的提高、金融自由化和金融创新的发展等。实行集中监管体制的国家主要有：

（一）英国

英国的金融服务业非常发达，从业人员有一百多万。20 世纪 80 年代以来英国金融业发生了巨大变化：银行业、保险业、投资业彼此渗透，越来越多的非金融机构经营金融产品和服务；金融机构之间或与其他非金融机构之间的兼并常伴随业务的重整和扩展；IT 业的发展带来了金融业的技术革命；英国政府也逐渐放松对金融领域的限制以引入竞争，为消费者提供更多选择，保持和强化英国金融业的竞争力。

1998 年 6 月 1 日之前英国实行的是分业监管：英格兰银行监督与管理委员会监管银行业，证券与期货管理局监管证券公司，财政部保险业董事会监管保险公司，投资监管局监管投资经理及基金经理，私人投资监管局监管退休基金顾问。因此，这一时期的英国金融监管体制是典型的多元化体制，金融立法体系相当复杂，在不同的法律框架下设置不同的监管机构，形成专业化的监管分工。然而，随着 20 世纪 80 年代以来英国金融业的持续变革，银行、证券、保险等金融部门日益显现出相互融合、相互渗透的趋势。它们业务范围的界限变得越来越模糊，使得原来由不同机构分别监管不同业务领域的多元化监管体制越来越不适应金融结构的变动要求，不但造成监管效率低下，而且给金融机构带来许多不必要的负担。特别是 1986 年英国金融“大爆炸”改革以后，这种矛盾更加突出。为了适应金融结构的变化，1997 年 5 月 20 日英国财政大臣公布了金融服务业监管体制改革方案，分拆英格兰银行，从英格兰银行中分离出银行监管职能，将银行业监管和投资服务业监管并入当时的“证券与投资委员会”。1997 年 10 月该委员会与原来的其他 8 个金融监管机构合并，更名为“金融服务管理局”

（Financial Service Authority，简称FSA），统一负责对银行、证券、保险以及其他非银行金融机构的监管（如图12－1）。

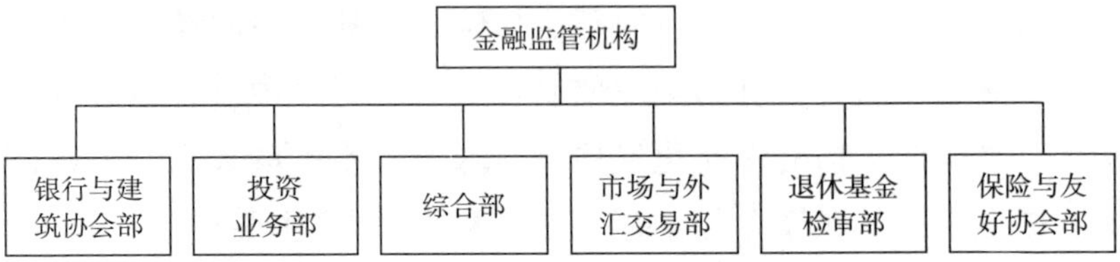

图12－1　英国金融服务监管局结构示意图

金融服务管理局的运作非常成功。2000年6月14日，《金融服务和市场法》在英国下议院获得通过，该法确认成立英国唯一的金融监管机构——金融服务监管局。2001年12月1日，原有的监管机构一律停止运作，金管局开始全面行使其职能。《金融服务和市场法》是英国金融业的基本法，该法以法律形式确定了金融服务监管局是英国唯一独立的、对金融业实行全面监管的执法机构，明确了金融服务监管局以及被监管者的权力、责任及义务，统一了监管标准，规范了金融市场的运作。该法对英国金融业乃至世界金融业都产生了深远影响。

根据《金融服务和市场法》，金融服务监管局的监管理念是：（1）运用谨慎的规则来监管，而非以控制为基础去实现监管；（2）大量运用在“外部”的、保持一定距离的监管，而不是以到银行内部调查为基础去实现监管；（3）在监管中充分重视被监管者的会计报告；（4）发挥专业人员的作用进行监管。

在新的环境下，英格兰银行、财政部、金融服务监管局三者仍然密切合作，但其分工亦很明确：英格兰银行负责英国金融体系和货币体系的整体稳定及其基础设施（如支付系统）的特殊支持；财政部负责法规和制度的整体框架建设和支持；金融服务监管局负责对金融机构、金融市场及服务于该市场的专业机构和个人、清算和支付系统、有问题的金融案例进行谨慎的监管。金融服务监管局现有2200名雇员，70%来自于原英格兰银行的监管部门，其余来自其他监管机构。

金融服务监管局是一个非营利性机构，经费来源完全靠收费，有很大独立性。

（二）日本

以1998年《日本银行法》为起点，日本开始对其金融监管体制进行大幅度的机构调整和改革。2001年1月，在全面推行政府机构改革时，日本撤消了金融再生委员会，并将金融厅升格为内阁府的外设局，独立地全面负责金融监管业务，其中包括：对金融机构的检查和监督、金融制度改革的重大决策、制定与民间金融机构的国际业务相关的金融制度（含金融破产处置制度和危机管理制度）、检查企业财务制度以及金融再生委员会的遗留工作，同时，协助财务省（原大藏省）共同对存款保险机构进行监督。

此外，日本在此次金融监管体制改革中，一方面注意缩小行政监管部门的监管权限和范围，将其权限限定在金融制度（宏观政策和法律法规）的完善，以及对金融机构的行为合规性和风险度方面的监管等领域，不再干预金融机构的具体业务，金融厅的监管方式也由过去的行业监管改为职能监管，在职能监管部门之下再细分行业进行检查和监督；另一方面，努力强化市场的约束机能，规范金融机构的信息披露制度，提高金融机构的透明度，完善企业会计制度准则，加强会计师事务所等中介服务机构在社会监督中的作用。至2001年底，一个以金融厅为核心、独立的中央银行和存款保险机构共同参与、地方财务局等受托监管的新的金融监管体制基本框架已经初步形成。

（三）韩国

1997年金融危机爆发后不久，韩国随即对其金融监管体制进行了大幅调整和改革，在加强韩国中央银行独立性的同时，先后成立了金融监督委员会（FSC）和金融监督院（FSS），并将以往分别属于韩国中央银行、财经院、保险监督院、证券监督院等部门的各种金融监管职能统统转移至金融监督委员会及其下属机构金融监督院，实施集中统一监管。

金融监督委员会的主要职责有三个：一是对有关金融监管的法律法规进行解释；二是负责所有金融机构（包括在韩外资机构）营业执

照的发放和吊销；三是检查、指导下属金融监督院的日常监管活动。金融监督院是由各金融机构共同出资兴办的民间公益性机构，其主要使命是依照金融监督委员会的指令，负责实施具体的金融监管和检查活动，其内部机构则按照监管对象划分。

（四）匈牙利

素有“东欧国家改革之先驱”称号的匈牙利在2000年4月1日成立了匈牙利金融监管局（HFSA），原来的银行监管部门、资本市场监管部门等宣布解散，金融监管局成为它们的唯一法定继承人。此举标志着匈牙利从分业监管转向了统一监管，对银行业、证券业、保险业、基金业等所有金融机构、金融市场、金融产品和服务进行统一监管。金融监管局在国会指导下运作，进行独立经济核算，总部在布达佩斯。

目前，实行集中监管体制的国家还有澳大利亚、卢森堡、奥地利、比利时、荷兰、新西兰、瑞士等国。

二、分业监管体制

分业监管体制是根据金融业内不同的机构主体及其业务范围的划分而分别进行监管的体制，一般由多个金融监管机构共同承担监管责任。实行分业监管体制的国家有美国、加拿大、法国、西班牙、芬兰等发达国家以及大多数发展中国家。

（一）美国

美国金融监管是由多个机构进行的。从监管范围看，各监管机构虽有交叉，但都有各自的侧重点，基本属于分业监管体制。由于历史原因，美国的监管体制分为联邦和州两级，称为双线监管体制。联邦一级的监管机构有：（1）联邦储备体系，负责监管联储会员银行及银行持股公司，所有国民银行（指依照联邦法律登记注册的银行）都必须加入联邦储备体系成为会员银行，而州立银行（指依照各州法律登记注册的银行）可自由选择是否加入。（2）货币监理署，负责审批和检查国民银行，侧重于检查银行内部是否有建立在风险管理基础上的完善的内部控制体系。（3）联邦存款保险公司，主要监督参加保险的非会员银行及州注册储蓄银行。（4）国家信用合作管理局，管理和监督信用合作社和协调各管理机构之间及同各州监督官员之间的关系。（5）证券交易委员会，是根据 1934 年《证券交易法》所设立的专门的证券管理机构，代表政府发布并解释有关证券的行政命令、决议和规定，并组织贯彻实施，对证券市场及证券交易进行管理，收集并传送信息。另外，在州这一级，50 个州都有自己的银行立法和银行监管机构。双线监管体制造成联邦政府与州政府在监管方面形成了既重叠又竞争的关系，极大地影响了整个金融监管的效率。为解决这一问题，1978 年美国成立了联邦金融机构检查委员会，该委员会成员由货币监理署、联邦存款保险公司、储蓄监管办公室、国家信用合作管理局的第一把手和美联储的一位理事组成，各家轮流担任主席，下设专职办公室和几个工作组，负责协调和统一联邦级监管机构的政策和活动。

1999 年美国通过了《金融服务现代化法案》，取消了分业经营法案。《金融服务现代化法案》对美国的监管体制产生了重大影响，主要表现在：第一，新法案加强了多头监管的沟通协调，强调各监管机构在执行各自任务时，相互之间要互通信息与加强合作。新法案规定，存款性金融机构的监管部门不变，联邦储备体系有权制定统一规章，但日常监管却需要多家机构共同工作。美联储作为综合监管者比其他监管者有优先监管权，对金融控股集团实行整体监管，但若分业监管机构不同意美联储的监管内容时，他们也具有裁决权。第二，统一了监管理念和目标。过去，美国各领域的监管目标是不一致的，证券监管机构的目标是维护市场的公平与秩序，强调证券发行人和经纪人充分披露信息，不得有欺诈行为；银行监管关注银行系统的安全与稳健运营，监管者作为最后贷款人或作为存款保险的信用支持者对银行系统的监管深入到银行经营的各个方面；对保险业的监管主要体现在稳健经营与被保险人的利益方面，关注的是各保险公司的偿付能力。由于出发点、监管指标体系和操作方式不同，各监管机构对同一实体的不同业务乃至总体状况所作出的判断结论可能存在较大差异。在新法案基础上，不同监管机构和不同理念基本达到了统一。

（二）加拿大

加拿大是由 10 个省、2 个地区组成的联邦制国家，联邦和省的立法机构对金融机构管理部分立法，双线管理。具体说来，联邦财政部银行检查总监负责监管特许银行（即商业银行），联邦保险部、加拿大保险局及各省机构负责监管保险业，各省政府及证券委员会监督检查证券公司，联邦和各省的保险总监负责监管信托公司。

三、金融监管体制发展的新趋势

20世纪80年代以来，金融自由化和金融创新的迅猛发展，打破了传统的金融机构经营体制，与此对应，金融监管体制也发生了变化，呈现出两大明显趋势：功能型监管趋势和银行监管职能从中央银行分离趋势。

（一）功能型监管趋势

功能型监管是相对于机构型监管而言的。机构型监管又称“部门监管”，是指按照金融机构的类型设立监管机构，不同的监管机构分别管理各自的金融机构，但某一类型金融机构的监管者无权监管其他类型金融机构的金融活动。各监管机构的监管高度专业化，其业务的划分只根据金融机构的性质（银行、证券公司、保险公司），而不论其从事何种（混合）业务。传统上，各国金融监管体制就是基于机构监管的原则而设立的。典型的机构型金融监管体制如图12－2所示。机构型监管的出发点在于对各类型金融机构性质差别的认识，这在金融分业经营条件下，或者在金融业各部门分工比较明确、界线比较清楚的

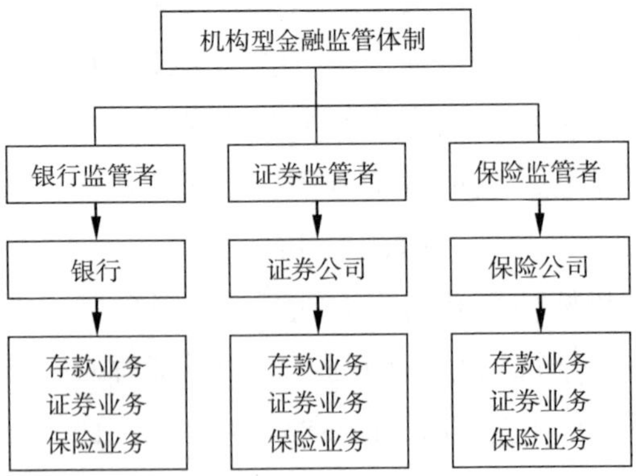

图12－2　典型的机构型金融监管体制

条件下，效果非常明显。机构型监管体制由于关注于单个机构的状况，因而特别适合审慎监管；由于每家金融机构只由一个监管者负责，这样还可以避免不必要的交叉监管。

所谓功能型监管，即指依据金融体系基本功能而设计的金融监管体制，即一个给定的金融活动由同一个监管者进行监管，而无论这个活动由谁来从事。功能型监管强调金融产品所实现的基本功能，按照金融业务而非金融机构来确定相应的监管机构和监管规则，以减少监管职能的冲突、交叉重叠或监管盲区。功能型监管是混业经营环境下金融监管体制变化的一个新趋势，其基本结构如图 12－3 所示。

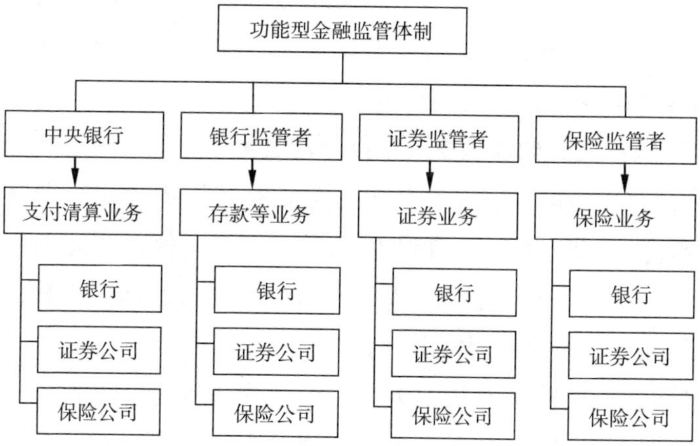

图 12－3　典型的功能型金融监管体制

功能型监管理念源自罗伯特·默顿（R. Merton）和兹维·博迪（Z. Bodie）于 1993 年提出的基于功能观点的金融体系改革理论。他们认为，可将金融体系的功能分为以下六种：清算和支付结算功能、聚集和分配资源功能、在不同时空之间转移资源的功能、管理风险的功能、提供信息的功能、解决激励问题的功能。他们提出了两个独到的见解：一是金融功能比金融机构更稳定，即随着时间的推移和区域的变化，金融功能的变化要小于金融机构的变化；二是金融功能优于组织机构，即金融机构的功能比金融机构的组织结构更重要，只有机构不断创新和竞争才能最终导致金融体系具有更强的功能和更高的效率。

他们认为，重要的不是哪种金融机构，而是金融机构具有什么功能。博迪曾专门提到，正处于金融体制改革中的中国可以跨越一步，避免重蹈美国20世纪80年代储蓄贷款协会危机和日本金融危机的覆辙，利用最有利的技术建立一个有效配置资本资源的整体架构，改革的重点是建立提供金融功能的机制，而不必模仿西方国家。功能观点的提出为金融混业经营提供了最为有力的理论证据。功能型监管更能适应混业监管的趋势，而且基于相对稳定的金融功能设计的监管体制也相对更为稳定和连续，有利于金融机构形成稳定的监管预期。因此，功能观点一经提出，立刻得到了学术界的认可，并为监管部门援引，提出了功能监管的概念。在美国《金融服务现代化法案》的名称中，不提银行，而改称金融服务，就是要涵盖所有功能的银行业和非银行业的全部金融活动。

（二）银行监管职能从中央银行分离趋势

长期以来，金融监管尤其是银行监管是各国中央银行拥有的一项重要职能。但自20世纪80年代后期以来，一个值得注意的趋势是部分发达国家进行银行监管职能从中央银行分离的改革，将其交给别的机构来承担，对金融监管体制进行重构。

首开将银行监管职能从中央银行分离之先河者是英国。1998年6月，英格兰银行完成了与金融服务管理局之间有关银行监管职能的移交事宜。金融服务管理局已成为综合性的超级金融监管机构，负责对各领域金融活动的监管。经过两年多的改革，在1999年《金融服务与市场法》颁布后，金融服务管理局已“成为世界上监管范围最广的金融管理者”。英格兰银行分离银行监管职能的改革在国际上产生了很大的影响。随后，除韩国以外，澳大利亚、卢森堡、匈牙利和日本等国先后进行了类似的改革。德国、爱尔兰、芬兰、奥地利、以色列和南非等国，以及诸如泰国和墨西哥等一些新兴市场国家也正在就这一问题进行讨论。德国进行的金融监管体制改革就提出了把“德联邦贷款监督局”、“德联邦股票交易监督局”、“德联邦保险监督局”三者进行合并的改革方案。一时间，将银行监管职能从中央银行分离出来并成立专门的综合性金融监管机构，已经成为部分国家重新构建金融监管体制的一种趋势。

不过，在银行监管职能是否应该从中央银行分离这一问题上，经济学界仍存在较大争议。赞成者认为：首先，将银行监管职能和货币政策职能集于中央银行一身会引起利益冲突。货币政策的主要目标是稳定币值，属宏观经济范畴；而银行监管的主要目标是保持银行机构的安全与稳健经营，属微观经济范畴。两者虽然在本质上具有一致性，但在具体实施过程中可能存在利益冲突。例如，在通货膨胀时期，从货币政策角度看应提高利率，但利率提高会伤害银行。出于后一考虑，中央银行提高利率的动机将会被削弱。同时，货币政策直接影响的是社会公众的利益，而银行监管则对银行部门的利益产生直接影响。一般说来，银行部门比社会公众与中央银行的关系更为直接，因而更可能对中央银行的货币政策决策施加影响，即所谓的“管制捕获”，使得货币政策的制定和实施更多地将银行部门的利益放在首位，而社会公众的利益则退居其次，甚至为保护前者而牺牲后者。另外，货币政策对实体经济的影响较为间接，影响货币政策效果的因素也很多，因此其成败往往很难归因于一个机构，但银行监管对银行部门的影响则是直接的，银行监管目标是否实现容易直接成为评价监管者绩效的较为明确的指标。这样，当中央银行身兼两职时，往往不愿实施那些可能使银行部门经营业绩糟糕的货币政策，相反会有动机实施有助于提高银行部门盈利水平的政策，但这些保护银行部门的政策也许不是最优的货币政策。其次，将银行监管职能和货币政策职能集于中央银行一身存在道德风险。身兼两职时，中央银行有能力，且很方便通过货币发行来弥补其监管的失败，由此有可能诱发道德风险：第一，有了中央银行援助或援助预期，银行部门会减少内部风险控制的努力，并从事高风险投资活动，且银行规模越大，这种道德风险的可能性也越大。第二，同样，有了中央银行援助或援助预期，银行客户和股东会降低对银行经营管理活动的监督，从而弱化银行部门的市场约束。最后，将银行监管职能和货币政策职能集于中央银行一身不符合成本效率原则。这是因为，一方面，从效率上看，中央银行身兼两职既无法发挥专业化分工的优势，又会由于道德风险导致货币政策效率和银行监管效率下降，同时高度集权不利于竞争和监督，且容易受利益集团的干扰；另一方面，从成本上看，身兼两职的中央银行容易因银行倒闭而声誉下降，由此带来声望成本。同时，银行监管职能分离会迫使中央银行更认真地思考所需要的确切信息，这会带来信息成本的节约。

反对者则对赞成者的上述理由进行了一一反驳：首先，尽管中央银行身兼两职有可能存在利益冲突，但利益冲突并不明显；相反，却有利于信息的交流和政策的协调，有利于中央银行权威性的提高，有利于中央银行从全局利益出发制定和实施货币政策与银行监管政策。其次，尽管最后贷款人手段容易产生道德风险，但并没有其他更好的机制来防范系统性风险并消除道德风险。相反，将银行监管职能分离出来并将其交给综合性金融监管机构，会模糊社会公众对各金融机构风险差别的认识，造成金融安全网的外溢效应，这同样会诱发道德风险。最后，银行监管职能分离并不能提高效率，且可能加大成本。这是因为，银行监管职能分离会造成信息流失，使货币政策的制定缺乏微观信息支持，这会加大货币政策实施的难度和成本。支付清算系统是收集银行部门日常经营管理信息的重要渠道，将银行监管职能从中央银行分离后，会增加银行监管部门信息收集难度和成本。另外，身兼两职虽会带来中央银行权力的过于集中问题，但成立综合性金融监管机构并由其统一负责对金融业的全面监督，同样会带来监管部门的权力过于集中问题。

第五节　中国金融监管体制

新中国成立后，我国在经历了极短暂的市场经济后就转入了高度中央集权的计划经济时期。1950 年 11 月，经政务院批准的《中国人民银行试行组织条例》明确规定，中国人民银行受政务院领导，与财政部保持密切联系，主管全国货币金融事宜，其任务之一是“掌握金融行政，监管私营、公私合营及外商金融业，管理金融市场”。这表明中国人民银行是我国的金融监管机关。从 1952 年至 1969 年，我国实行集中统一的计划经济管理体制，与此相适应，也建立和加强了集中统一的金融管理体制，实行大一统银行体制。这一阶段，中国人民银行既行使中央银行职能，又从事商业银行业务，没有对金融机构监管的内容。“文革”时期，明文宣布废除金融法规，并将中国人民银行与财政部合并，这时已经谈不上金融监管问题。

我国的金融监管体制是在改革开放后，伴随着金融体制改革和金融体系的形成逐步建立和完善的。1984 年 1 月，中国工商银行成立，专门办理工商信贷和城镇储蓄业务，同时，中国人民银行专门行使中央银行职能。由于政府的行政干预过多，中央银行缺乏足够的独立性，中央银行的金融监管困难重重，力不从心，不仅危及金融业的安全，也阻碍了国民经济的发展。

我国从 1994 年开始进行金融体制改革，改革的重点是加强中央银行独立性、专业银行商业化、整顿金融秩序和规范业务领域等。1995 年 3 月 18 日，第八届全国人民代表大会第三次会议审议通过了《中华人民共和国中国人民银行法》。该法赋予了中国人民银行依法监督全国金融业的职责。该法第 30 条规定：“中国人民银行依法对金融机构及其业务实施监督管理，维护金融业的合法稳健运行。”1998 年，国家对中央银行组织体制进行改革，成立跨省大区分行，这在一定程度上制约了地方政府对中央银行货币政策的干预，而且，大区分行掌握更多地区的实际情况，有利于中国人民银行因地制宜地推行结构性货币政策。同年，中国人民银行进一步对金融监管体制进行了改革，新体制体现了“本外币一体化，境内境外一体化，现场与非现场监控一体化”原则，改变了原来的监管模式，手段和方式更加科学，监管效果也明显提高。

1992 年底，中国证券管理委员会在北京成立，负责证券发行市场和证券流通市场的监管。当时，由中国人民银行负责证券经营机构的审批和其业务范围的监管。1998 年 5 月 18 日，中国证券监督管理委员会（简称证监会）正式挂牌成立，将对证券经营机构的监管职能从中国人民银行转移到证监会，同时撤消中国证券管理委员会，地方证券管理部门改由中央统一领导。1999 年 7 月 1 日，《中华人民共和国证券法》实施，为证券业的监管提供了法律依据。此外，中国保险监督管理委员会（简称保监会）于1998年11月18日成立，为国务院直属事业单位，是全国商业保险的主管机构，原中国人民银行将依法监管保险业的职能移交给保监会。

2003年4月26日，十届全国人大二次会议决定中国银行业监督管理委员会（简称银监会）履行原由中国人民银行履行的监督管理职责，依法对银行、金融资产管理公司、信托公司以及其他存款类机构实施监督管理，而中国人民银行则负责对同业拆借市场、银行间债券市场、黄金市场和外汇市场的监督和管理。2003年4月28日，银监会正式挂牌。银监会的成立是我国金融体制改革中极其重要的一步，是完善宏观调控体系、健全金融监管体制的重大决策。它的成立，标志着中国人民银行集宏观调控与银行监管于一身的管理模式的结束，必将有利于促进我国经济和金融业的稳定、健康发展。首先，将银行监管职能从中国人民银行分离出来，有利于中国人民银行全心全意履行宏观调控职能，克服以往在执行货币政策过程中与监管职能之间的矛盾，保证其独立性；其次，有利于银行监管专业化，强化银行监管职能，规范我国银行业监管，提升其国际竞争力；再次，银监会的设立使我国分业经营、分业监管体制得到进一步健全。

另外，考虑到财政部负有制定和监督各类工商企业和金融机构的财务会计、税收等工作的职责，因此，在一定程度上财政部也是一个金融监管部门。同时，我国还根据本国金融业的特点设立了很多具有官方性质的行业自律组织，它们在金融监管中也可发挥一定的作用。综合起来看，中国当前实行的金融监管体制是一种在国务院统一管理下的分业监管体制，如图12-4所示。

表12-2对图12-4中主要金融监管机构的职权划分情况进行了简单概括。

表 12－2　中国各金融监管机构的监管对象与具体职责

监管机构	监管对象	具体职责
财政部	各类金融机构	负责监督管理财务会计、税收等
证监会	证券类金融机构	负责监督证券市场运行
中国人民银行	银行类金融机构、国家外汇管理局	负责商业银行审批、法定存款准备金率等；监督外汇市场及相关机构
保监会	保险类金融机构	负责监督保险业运行
银监会	银行类金融机构	负责监督银行类金融机构运行

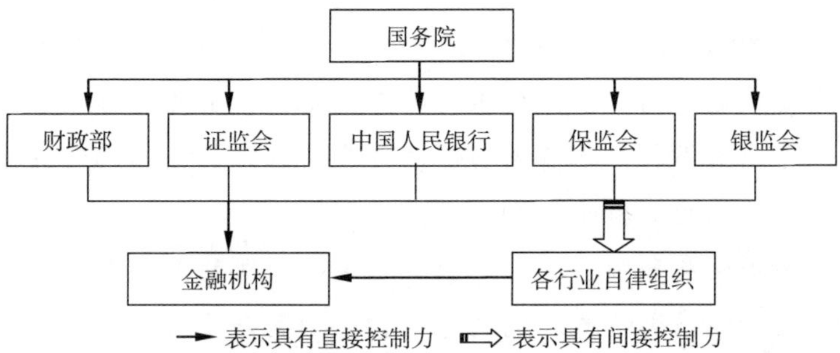

图 12－4　中国金融业分业监管体制

在分业监管格局下，我国应尽快构建各大监管机构之间有效的协调机制。首先，应当建立统一的金融信息中心。一方面使监管当局能够及时、准确、全面地获取金融运行的第一手资料，提高决策的科学性，增强金融监管的针对性；另一方面，可避免分业统计可能产生的问题，防止金融机构从规避监管出发违规操作，随意转移资产。其次，还应当建立一定的协调机制。如建立联席会议制度，几大监管机构可定期就金融政策、金融运行的重大问题进行磋商。

由于目前我国金融机构内部控制能力较弱，资本市场发育不成熟，金融风险防范监控体系不严密，金融监管水平低，金融立法滞后等原因，我国当前坚持分业经营、分业监管还是必要的。但随着金融自由化和金融创新的发展，混业经营和集中统一监管乃是大势所趋，我国应积极创造条件，适应国际金融监管的发展方向。

本章小结

金融监管是金融监督与金融管理的总称，有狭义和广义之分。金融监管制度的建立最早始于20世纪30年代大危机之后的美国。金融监管的必要性源于金融业负的外部性、信息不对称问题以及金融体系自身的脆弱性。金融领域中负的外部性表现在单个银行的破产可能会殃及那些经营状况本来比较良好的银行，引发对这些银行的挤兑，从而导致大批的银行陷入流动性困境和破产。信息不对称可能会产生道德风险和逆向选择问题，信息不对称与信息不完全还会引起不公平的交易。由于商业银行面临着流动性风险及其资产负债结构的特点，从而使其具有很高的脆弱性。

金融自由化和金融全球化的出现、金融创新的加快以及金融监管理论的发展，深刻影响着人们的金融监管理念和实践，当前金融监管呈现出五大发展趋势：一是努力提高金融监管的激励相容性，二是对金融创新鼓励和监管并重，三是日益注重金融监管的成本收益分析，四是日益强调金融监管的技术性和科学性，五是金融监管框架日益全球化。

金融监管的基本目标是保证金融业的健康与稳定，提高金融体系的效率，促进经济发展。金融监管的具体目标体现在三个方面，即经营的安全性、竞争的公平性和政策的一致性。由于各国历史、经济、文化等背景不同，各国的具体监管目标各有侧重。

按金融监管的主要内容或范围分类，金融监管分为市场准入监管、市场运作监管和市场退出监管三个方面。从操作的角度看，金融监管的一般方法主要有以下几种：现场检查、报表稽核、加强监管对象的内部控制、内外部审计结合法及其他手段。

金融监管体制是指金融监管的职责和权力分配的方式和组织制度。由于各国经济金融的发展历史、政治、法律及文化传统各异，因而各国的金融监管体制也有所不同。集中监管体制是指由统一的监管主体对从事银行、保险、证券等不同类型业务的金融机构实施统一监管的一种制度。分业监管体制是根据金融业内不同的机构主体及其业务范围的划分而分别进行监管的体制，一般由多个金融监管机构共同承担监管责任。实行集中监管体制的国家大多实行混业经营，而分业监管体制则多与分业经营有关。20世纪80年代以来，金融监管体制呈现出两大发展趋势：一是功能型监管趋势，二是银行监管职能从中央银行分离趋势。

尽管当前国际金融领域的混业经营、集中监管趋势越来越明显，但由于我国金融机构内部控制能力较弱，金融市场发育不成熟，金融监管水平低，金融立法滞后等原因，我国目前坚持分业经营、分业监管还是必要的。

重要概念

金融监管　社会利益论　社会选择论　金融风险论　追逐论　管制新论　现场监管　非现场监管　市场运作过程监管　市场退出监管　资本充足率　流动性　集中监管体制　分业监管体制　功能型监管　机构型监管

第十三章　金融创新与金融发展

“创新”一词最初由约瑟夫·熊彼特（J. A. Schumpeter）于1912年提出，用以解释企业家精神引起的创新对商业周期波动的影响。熊彼特认为，“创新”即生产要素的重新组合，包括新产品的创造，新的技术或新的生产方法的采用，新市场的开辟，新的原材料的开发和使用，以及新的生产组织的出现。而“经济发展”就是整个社会不断地实现这种“新组合”，或者说社会经济发展就是这种不断创新的结果。金融业和其他行业一样，通过出售其金融产品和服务来获取利润，当金融市场出现某种新的需求时，金融业将会通过对各种金融要素的重新组合，开发出某种产品去满足客户的需要，以期获得更多的利润，这就是金融创新。当新的金融工具不断出现，融资技术不断进步，交易手段和交易过程不断改进，新的金融组织和市场不断创立，并在此基础上改进了经济体系的效率，也就实现了金融发展。

第一节　金融创新

20世纪60年代开始，新一轮的金融创新出现了，到70年代中期，金融创新的浪潮已经在西方主要发达国家迅速扩张、蔓延。随着20世纪80年代金融管制的放松，金融创新演进为全球性的金融变革趋势。21世纪以来，金融创新在全球范围内仍然如火如荼地展开着，在这股金融创新浪潮中，不仅有银行传统业务的创新，也有其表外业务的创新；不仅有金融机构业务的创新，也有金融机构自身组织结构的创新，在发达国家特别表现为衍生工具的大量出现。一方面，金融创新是全球金融领域所发生的一场革命，无论是从技术角度还是从市场角度来看，它都极大地促进了各国金融深化的进程；另一方面，金融创新也带来了消极的经济影响，2007 年由美国开始蔓延到世界的金融危机，在很大程度就是由于金融衍生工具的过度创造，而同时监管没有跟上引起的。

一、金融创新

一般来说，金融创新是指在金融领域各种要素的重新组合，出现了有别于以往的新工具、新业务、新技术、新机构、新市场和新的制度安排的总称。金融创新的动力来自于金融业的参与者对利润最大化的追求，保证自己金融资产的流动性与安全性。金融创新可以分为狭义的金融创新和广义的金融创新。

（一）狭义的金融创新

狭义的金融创新仅仅指金融工具的创新。1961 年，以美国花旗银行首次推出的大额可转让定期存单为标志，金融工具的创新开始出现。20 世纪 70 年代之后，西方国家逐渐放松了金融管制，包括降低金融机构的进入门槛、放松或取消利率汇率管制、放松对银行的资产负债管理、允许银行和非银行金融机构之间的业务交叉等，这些措施直接导致了金融市场在全球范围内不断向广度和深度发展，金融机构之间的竞争加剧。为了取得竞争优势，获取新的利润增长点，各金融机构根据经济放贷和客户需求，不断推出新的金融产品。

（二）广义的金融创新

广义的金融创新不仅包括金融工具的创新，还包括金融机构、金融市场、金融制度、金融技术等金融领域发生的一切新要素和新组合的出现。从商业银行诞生的那天起，无论是其三大传统业务、支付与清算系统、资产与负债的管理，还是各类非银行金融机构、各类金融市场，直到国际货币制度；无论是交易技术的改进，还是监管手段的革新，都是金融创新的结果。整个金融业的发展史就是一部金融不断创新的历史，金融体系的功能也在金融创新中不断完善，金融体系自身也在金融创新中不断成长。

二、金融创新的动因

在国际经济环境变化的情况下，实体经济对金融创新有着巨大的需求。在需求的推动下，包括金融当局、银行和非银行金融机构在内的经济主体，在增加利润、规避风险、实现流动性的考虑下，进行了一系列的创新。下面对金融创新的主要动因加以介绍。

（一）技术进步论

近20多年来，新技术特别是计算机技术和网络通讯技术等在国际金融领域的广泛应用，促使金融业和国际金融市场发生了深刻的变革，成为促进金融创新的重要推动力。20世纪初，国际金融业务还处在十分落后的水平，国际经济交往中的借贷和结算只能通过原始的交通工具来完成。当时瑞典经济学家魏克塞尔认为，货币运行的速度不可能超过邮政火车或轮船这些用来运送货币的交通工具的速度。而在今天，国际间债权债务关系无论多么遥远，都可以在几分钟甚至更短的时间内完成，不但提高了经营效率，而且大幅度降低了金融交易的成本。

技术进步，尤其在电信和信息处理过程方面的技术进步，使得在全球范围内建立不同的国内市场间的联系成为可能，并从而创造了一个全球金融市场。另一方面，全球化的发展使得要素在不同国家间的流动成为可能，技术这一重要的要素也不例外。这就鼓励了投资者、借款者和金融机构在世界范围内寻求利润机会。此外，在利用廉价的计算机设备减少新竞争者的进入成本方面，技术也发挥了极大的作用，而且技术还大大降低了金融交易的成本，使得金融机构能够利用消费者数据库，更加快捷地、有效地将创新产品销售给特定的目标群体。信用卡就是最好的例子。美国在20世纪60年代成功地推出了信用卡计划，正是基于技术进步这一前提条件。当时，计算机技术的改进，使得提供信用卡服务的交易成本降低，银行因此获得了巨额的利润。

技术进步因素导致的金融创新的意义主要表现为：一是能增加社会总效益。金融机构能够运用先进技术来减少支付和清算成本，提高交易速度和管理效能，从而增加经营利润，投资者也能运用这些先进技术降低其投资成本从中获益。这表明技术进步导致的国际金融创新使从事金融交易双方的交易成本减少，效率提高，从而增加了社会的总效益。二是鼓励市场竞争。技术进步使得金融机构进入国际金融市场的成本减少，扩展了金融业规模经济的潜力，这吸引着越来越多的金融机构和跨国企业进入国际金融市场并不断扩展其国际金融活动，从而削弱了国际金融市场的垄断力量。

（二）竞争趋同论

竞争是市场经济的基本规律之一，随着经济的一体化，金融市场全球化发展迅速。随着金融机构种类与数量的急剧增加，金融资本出现集中的趋势，并且大力开拓国外市场。随之而来的是金融机构间的竞争也日趋激烈，为获取超额利润，规避市场风险，一部分金融机构率先进行产品和服务以及组织等方面的创新，从而获得了竞争中的优势。由于金融产品、服务以及组织等方面的创新相对比较容易模仿，其他机构会竞相模仿，最后导致产品和服务以及组织的供给趋同，从而超额利润消失。接下来新的创新开始，形成一个不断向上的创新循环。

（三）风险规避论

随着金融市场规模和范围的扩大，当代金融市场上一些基本条件的变化导致金融市场风险增大，为了规避或分散金融风险，出现了大量的金融创新。20 世纪七八十年代之后的利率市场化改革，汇率可以自由浮动，通货膨胀现象不时出现，国际资本跨国大量流动，以及以南美为代表的国家债务危机，使得投资回报的不确定性增加，贸易条件不再稳定。金融环境的这种变化，增加了对具有降低风险功能的金融产品和服务的需求，也刺激了金融机构寻求满足这种新需求的有利可图的创新，并刺激创造出能够降低利率、汇率风险，规避通货膨胀风险等各种风险的工具，其后金融业的创新证实了这点。如为防范利率和汇率风险，利率汇率期货、利率与货币互换、利率上限和下限工具等的推出，为了防范通货膨胀风险，浮动利率金融工具的出现，体现了新形势下规避风险的努力。

（四）规避管制论

美国经济学家凯恩（E. J. Kane）认为金融创新是金融业逃避严格管制的一种手段。所谓“规避”就是指对各种规章制度的限制性措施进行的回避，“规避创新”则是指回避各种金融控制和管理的行为。它意味着，当外在的市场力量和市场机制与机构的内在要求相结合，在回避各种金融控制和规章制度时，就产生了金融创新行为。各种形式的经济立法和规章制度，从宏观上可视为保持均衡和稳定的基本措施。微观经济主体寻求规避，实际上反映了代表公众利益的国家实行法制和以利润最大化为基本原则的经济主体之间的经济法律关系，也表明了在市场机制约束下和国家法律约束下经济主体寻求最大利润的过程。经济主体为了追求自身利益，通过有意识地寻求绕开政府管制的方法来对付政府的约束，从而获取最大利润。“规避管制”理论认为，政府管制是有形的手，规避则是无形的手。许多形式的政府管制与控制实质上等于隐含的“税收”，阻碍了金融业从事已有的赢利性活动和利用管制以外的利润机会，因此，金融机构会通过创新来逃避政府的管制。金融企业具有很强的适应各种规章制度的能力，因为需求增长促进货币供给，而扩大货币供给的过程可以采取许多“替代品”（即新金融工具）的形式来完成。但当金融创新危及金融稳定和货币当局的预定目标时，政府和金融当局又会加强管制，管制又将导致新一轮的创新。因此，管制与规避引起的创新总是不断地交替，形成了一个“管制—创新—再管制—再创新……”的循环过程。以上两者相互作用的过程虽然具有“时滞性”，但在这个阶段中，被管制者的适应能力增强，随之金融创新的效率提高。这主要归因于现代科学技术进步所引起的被管制对象能力的提高和这些金融企业对于通货膨胀以及其他的经济环境变异所产生的不稳定变得更加警觉。

除了上面的解释外，还有比较多的学者从不同的视角给出了金融创新动因的不同解释。如以戴维斯、塞拉和诺思等为代表的制度学派认为，作为经济制度的一个组成部分，金融创新应该是一种与经济制度互相影响、互为因果关系的制度改革，实际上受管制的市场经济制度是促成金融创新的主要因素；希克斯和尼汉斯则从交易成本角度，提出“金融创新的支配因素是降低交易成本”；等等。

三、金融创新的内容

金融创新的内容十分广泛，可以大致将其分为三个类别：金融工具创新、金融机构创新和金融制度创新。

（一）金融工具创新

金融工具创新是金融创新中最为活跃和引人注目的一类。从20世纪60年代开始，经济运行的环境发生了巨大的变化：通货膨胀率和利率迅速上升，对未来的变化难以准确预测，这改变了金融市场的需求状况；计算机通讯技术的快速发展改变了过去的供求状况；另外，针对变化的监管加强，也使得金融机构承受着巨大的压力。传统的金融工具不再受到投资者的青睐，它们面临卖不出去的风险，而金融产品无法售出，金融中介将无法有效获得资金，出现所谓的“脱媒现象”，失去资金来源的金融中介将面对倒闭的风险。因此，为了在新的经济环境下生存，金融机构需要根据市场的变化创造出适合市场的新的金融产品和服务。

1. 商业银行的工具创新

由于经济环境的变化，为了获得更大的利润，同时规避风险，增强流动性，金融机构在金融工具的创新中充当着主力军的作用。一方面，这种创新是为了顺应需求状况的变化，如为了满足市场对规避利率波动风险的需求而创造的可变利率抵押贷款；另一方面，技术的进步也推动了金融机构在金融工具方面顺应供给状况变化的创新，如结算技术、信用卡等的推出。由于商业银行在金融机构中占据着重要的地位，因此，这里以商业银行为例来分析金融机构的工具创新。商业银行的创新主要表现在资产业务创新、负债业务创新和中间业务创新。

商业银行的资产业务创新主要表现在贷款业务方面，包括：第一，贷款结构的创新。在贷款的期限、投向上出现了很多新的变化，以前被认为不宜开展的业务，如消费贷款、住房按揭贷款等得到大力推行。第二，贷款证券化。贷款证券化是商业银行将具有相同特征的、流动性相对较差的贷款、应收账款等资产项目集中打包，转变为具有投资特征的、可以销售的证券的过程。这个过程也是商业银行贷款业务与证券市场紧密结合的产物，是近年来商业银行贷款业务创新的重要方面。第三，规避市场利率风险的贷款创新大量出现。20世纪80年代后利率管制的放松，使得利率波动幅度加大，不仅会造成实质性的资本利得或损失，也会造成投资回报的更大不确定性，客观上要求商业银行在贷款方面进行创新，将贷款利率与市场利率紧密联系并随之变动。具体的形式包括浮动利率贷款、可变利率抵押贷款、可调整抵押贷款等。第四，部分资产业务的表外化。具体包括票据发行便利、信贷限制、备用信用证等。

商业银行负债业务的创新主要表现在其资金筹集业务上，包括：第一，存款账户的创新。商业银行的新型存款账户迎合了市场不同客户的需求，具有个性化的特点，如可转让支付命令账户（NOW）、超级可转让支付命令账户（Super NOW）、自动转账服务账户（ATS）、货币市场存款账户（MMDAs）等。第二，存款的证券化。改变存款那种固定的债权债务模式，代之以可以在二级市场自由转让流通的有价证券形式，如大额定期存单（CDs）等。第三，创新其他资金来源的形式。商业银行各类借入资金形式以前是作为临时性短期资金调剂形式，但是现在日益成为商业银行重要的资金来源，成为弥补商业银行资产流动性不足、提高收益、降低风险的重要工具，比如各种金融债券的发行、回购协议、境外借款等。

中间业务创新改变了商业银行传统的业务结构，极大地增强了商业银行的竞争能力，创造了新的利润增长点，对商业银行的发展起到了重大的推动作用。商业银行中间业务的创新主要表现在：第一，结算业务的创新，表现为日益向电子化方向发展，资金的结算不再是现金、支票、汇票等，而是通过计算机及其网络系统办理。第二，信托业务与私人银行业务的创新。资本主义经济经过几百年的发展，中产阶级成为社会的主流，他们对专业的理财有巨大的需求。伴随着自由化和金融管制的放松，商业银行信托业务与传统的存贷、投资业务逐步融为一体，并大力拓展私人银行业务，如各种信托基金，通过向客户提供极具个性化的理财和其他金融服务，争夺“高端客户”，改善银行盈利结构，拓展银行的业务范围，提高银行的竞争力。第三，现金管理业务的创新。利用信息技术，为企业提供现金管理服务，既包括协助客户减少闲置资金余额并进行短期投资，还包括为客户提供电子转账服务、账户信息服务、决策支持服务、账务管理等多种服务。

2. 金融市场的工具创新

近二三十年来，金融市场工具的创新主要表现在金融衍生工具的创新上，如金融远期合约、金融期货、金融期权合约、金融互换协议等。各种金融衍生工具的出现，对当代金融市场的发展有划时代的意义。它不仅提供了资产保值增值的手段和套期保值等规避风险的工具，还由于其很强的杠杆功能，可以在投资中起到“以小搏大”的作用。衍生金融工具同时又是一把“双刃剑”，在合理与适当运用的情况下，可以对金融发展以及经济发展带来很多的好处，比如可起到传统金融工具无法起到的保值和盈利作用；但是如果不恰当的过度使用，又将会给金融和经济发展带来不利的影响。比如 2007 年美国的次贷危机引起的世界性的金融危机，很大程度上是由于华尔街投资银行对金融衍生工具的过度使用。

（二）金融机构创新

近 30 多年来，金融领域内出现了大量新型的金融机构，它们的出现丰富了金融体系，也对实体经济的发展起到了重要的推动作用。金融机构的创新主要表现如下：

1. 大量非银行金融机构的出现

20 世纪 30 年代西方世界的经济大萧条，加上两次世界大战，使世界各国的经济遭到严重破坏。为了恢复经济，各国对金融体系的依赖日益提高，在原有金融体系的基础上，加速了各种非银行金融机构的设置，非银行金融机构迅速发展，门类也越来越多样化，典型的包括保险公司、养老基金、信用合作机构、金融公司、基金公司、金融公司等。20 世纪 90 年代以来，随着以美国为代表的西方国家新经济的发展，随之而来的是风险投资公司、对冲基金等涉足风险投资、衍生品投资交易的新型金融机构。

2. 金融机构集团化和跨国发展

在竞争激烈的国际金融市场上，为了增强自身实力，以取得竞争优势，获取丰厚的利润，很多大的金融机构通过收购、兼并、合作等方式，形成金融控股公司或金融集团公司。这类公司往往同时控股商业银行、投资银行、信托机构、保险公司，甚至还包括非金融企业，形成了提供综合性服务的“金融超市”。同时，随着金融业的日益国际化，大型金融集团不仅在国内发展业务，也将其经营扩展到世界各地，产生了大批的跨国金融机构。由于这些大型的金融混合企业的范围经济以及规模经济效应，它们在整个金融部门的影响也越来越大，成为未来金融发展的方向，在提高资金全球配置效率，实现金融技术共享性的同时，为金融监管带来了很多挑战。

（三）金融制度创新

金融制度创新是指金融管制相关法律法规的变革，以及由于这种变革带来的金融体系与结构的变化，既包括制度理论方面的创新，又包括体制实务方面的创新；既包括国际货币体制的创新，又包括监管制度的创新、商业银行组织制度的创新。当代金融制度创新的两条主线是：一条是金融监管当局适应形势的变化，在一定程度上放松金融管制；另一条是根据金融结构的变化，改进监管手段和方法，以获得新环境下更为有效的金融监管效果。

1. 金融管制的放松

20 世纪 80 年代以来，世界经济一体化的发展，资本在各国之间大量流动，刺激了国际金融市场的发展。为了促进本国经济发展，规范本国金融市场以适应国际金融市场的发展，各国的监管首先表现为对金融业务管制的放松。20 世纪 30 年代的大危机之后，西方的主要发达国家为了稳定金融体系，防止金融机构大量破产倒闭，先后制定了一系列的法律法规，对金融机构的业务范围和经营领域进行严格的限制，实行较为严格的分业经营制度。20 世纪 70 年代起，为打破金融业的垄断和不平等竞争，监管部门放松和取消金融机构业务范围和经营领域的限制。其次，取消对利率和汇率的管制。20 世纪 80 年代起，从美国、日本、德国开始，西方各国相继不同程度的取消了利率和汇率管制，实现利率市场化、银行业务自由化、金融市场国际化。

2. 金融监管的加强与技术的改进

金融管制的放松，促进了金融自由化的发展，活跃了金融市场。但是，由此引起的金融创新也带来了很多新的问题，如很多的创新规避了监管，脱离监管的机构与工具无形中增加了投资的风险；而跨国银行业的发展，也使金融机构经营风险增加。为此，各国监管方面加强和改进了金融企业信息披露的透明度和质量，以促进投资风险的控制与市场的公平；针对金融发展的国际化趋势，国际银行业以控制风险为主要内容的跨国监管不断加强。典型的就有 1988 年 7 月国际清算银行巴塞尔委员会通过的《巴塞尔协议》，1997 年 9 月通过《有效银行监管的核心原则》，2003 年 4 月通过的《巴塞尔新资本协议》以及 2010 年 9 月达成一致的《巴塞尔协议Ⅲ》等一系列的国际银行业监管参照标准，为金融国际化的健康发展以及完善的国际金融市场创造一个公平、安全、有序的环境。

四、金融创新的影响

金融创新不仅极大地促进了所在国的金融深化和金融制度的变革，为这些国家的经济发展注入了持续的动力；同时，也加大了金融机构和金融市场的风险，引发国际金融市场的剧烈动荡，使监管难度增加，冲击实体经济的稳定发展。由于金融创新的目的既体现了微观主体在创新过程中的利益追求，又体现了创新活动对宏观经济发展的交互作用。因此，下面从宏观效应和微观效应两个方面对金融创新效应进行分析。

（一）金融创新的宏观效应

1. 金融创新更好地满足了社会对金融发展的多种需求

金融创新为社会提供了更多的金融产品和服务，丰富了金融工具的种类和层次，更好地满足了现代社会多样化、个性强的金融需求。某种程度上，金融创新就是在需求的引导下进行的，为了应对经济金融环境的变化，客观上会产生对新的金融工具、金融机构、金融制度等的需求，为了满足这种需求，金融机构和监管当局等会进行相应的创新。在满足需求的基础上，金融创新也提高了金融的效率，降低了交易费用。

2. 金融创新促进了实体经济的发展

金融创新加强了金融部门与实体经济之间的联系，在以下几个方面促进了实体经济的发展：第一，通过金融创新，实现金融体系的风险管理功能，能够实现风险的转移、规避、分散，从而促进经济发展；第二，通过金融创新，更有效地实现资源有效配置和转移；第三，金融创新还通过信息揭示来监督经理人，实施公司控制；第四，金融创新还可以通过降低交易成本，便利商品与劳务的交易；第五，金融创新能够更有效地动员储蓄，通过改变居民的储蓄水平影响一国或地区的潜在资本供给，对实体经济的发展起到促进作用。

3. 金融创新对金融全球化和金融业混业经营趋势的影响

金融创新对金融全球化和金融业混业经营趋势的影响主要体现在它们之间的相互促进上。一方面，当国内金融市场进行创新，开始对外国投资者、贷款者和金融中介机构开放时，各国均会相应取消税收管制、金融管制，采取金融自由化措施，这使金融市场的国别界限日益模糊，形成了金融市场国际化的动力。另一方面，金融市场的国际化，外资银行及其他金融机构的出现，使得国际性金融机构能在与法律不发生冲突的情况下，有效地采用新的技术和方法推出金融衍生工具或改善金融运作程序，这又将在一定程度上促进金融创新的发展。随着金融创新步伐的加快，金融衍生市场的全球化和一体化趋势正在日益加剧。目前，在票据贷款和多元贷款方面，国际市场统一实行借款期权，实际上已经实现了一体化，并且使各国的市场更紧密地联系起来。此外，金融创新还改变了金融机构的业务范围，打破其原有的分工格局，致使其业务彼此交叉。商业银行开始涉足于证券行业；反过来，一些非银行金融机构也开始办理支票存款这一商业银行的传统业务。如此，金融业务日益向着综合化、多样化的方向发展，大大地推动了全球金融业混业经营趋势的发展。鉴于此，各国金融业纷纷由“分业经营”向“混业经营”转变，并在此基础上进行金融创新，在客观上又推动了金融创新的发展。

4. 金融创新对货币政策效果的影响

金融创新对货币政策效果的影响表现在三个方面：第一，金融创新对货币政策工具的影响。金融创新在削弱中央银行存款准备金率和再贴现率的政策工具效力的同时，加强了中央银行通过公开市场业务来控制货币供应量的政策效果。第二，金融创新对货币政策中介目标的影响。金融创新使得利率与其他宏观经济变量的关系发生变化，中央银行对利率的可控性下降；使得其对货币供应量失去准确的控制，并使得对汇率和价格的预期变化不定，从而提高了实施独立货币政策的成本。第三，金融创新影响了国家货币政策的传导机制。金融创新使公众和金融机构通过派生信用的扩张满足其日益扩大的需求，加大了货币政策主体控制货币的难度，使中央银行难以判断既定的货币增长率的实际运行结果，使得存款准备金率传导机制部分失效；金融衍生工具出现之后，原有的货币供应量的概念发生了变化，需要修正货币总量的定义以反映金融衍生交易所产生的影响。与此同时，金融市场的创新（如欧洲货币市场的兴起），使得中央银行执行货币政策的难度加大；信息收集、储存和传递的技术进步推进了金融创新的过程，又使得中央银行通过货币数量控制货币和信贷增长的效率降低。通过上述三个方面的影响，金融创新在一定程度上削弱了国家货币政策作用的效果。

5. 金融创新对全球金融风险的影响

金融创新对全球金融风险的影响表现在可能实现风险的积累与传染。首先，金融创新工具“以小搏大”的杠杆作用可能为交易者带来较高收益，也可能带来巨额损失。在东南亚金融危机中，韩国金融机构和大企业就是高杠杆借贷的牺牲品，而 2007 年美国的金融危机也被认为是杠杆比率过高导致的结果。其次，金融创新工具具有“虚拟性”，其产生的市场后果是，金融创新市场的规模大大超过原生市场的规模，甚至远远地脱离原生市场。此外，由于金融创新所带来的交易方式的改变也会使金融机构面临一些经营风险。一是利率风险的增加。在金融自由化与创新过程中，金融机构的负债结构发生变化，“固定利率负债”比例不断下降，“变动利率负债”比例不断上升，从而使金融机构的利率敏感性提高。二是负债的增加。金融创新使金融机构所经营的业务范围扩大，许多新兴的表外业务不断出现。表外业务使银行等金融机构减轻了资本需求量的压力，但却增加了它们的负债，使银行等金融机构面临流动性风险。三是加大了支付风险。直接投资的兴起和“脱媒”危机的发生，使得银行等一些金融机构的资金成本上升。竞争又引起银行等金融机构的边际利润率下降，这些无不对它们的支付能力构成威胁。最后是投机所造成的风险增加。当代金融创新为投机活动创造出了大批先进手段，这些投机手段的使用加剧了金融风险的积累和传染。

（二）金融创新的微观效应

1. 金融创新对金融机构的影响

金融创新对金融机构的影响首先表现在促进金融机构业务的多元化，从而提高了金融机构的竞争力，拓展了金融机构的盈利能力。以现代信息技术为基础的金融创新，极大地提高了金融机构的支付清算能力，提高了资金的流动速度和使用效率，使金融机构的业务能力得到很大的拓展，节约了流通费用，也提高了金融机构的盈利能力；在金融机构负债业务方面创造了一系列的兼具安全性、流动性、收益性的金融工具，也很好地解决了20世纪60年代出现的“脱媒”现象，使得资金重新流回，在资金的运用方面，也不再局限于传统的业务，而是向证券、保险、租赁、信托等领域拓展，将自身与金融市场紧密的联系起来。其次，金融创新对金融机构的影响还表现在增强了金融机构的风险抵御能力。金融机构的业务具有风险性的特征，为了降低风险，金融机构会自己创造或选择市场上的合适的创新工具，如期货、期权、互换，通过构建资产组合等进行风险分散和对冲。当然，一旦金融机构在创新和使用新型的金融工具时，过分追求高收益，忽视风险的控制，金融创新带来的结果又可能是金融机构经营风险的增加。

2. 金融创新对投资者的影响

金融创新提供了大量的新型的金融工具和金融服务，因此对于投资者而言，金融创新首先是扩大了他们的投资范围，拓展了他们的投资空间，从而可以选择更适合自己的金融产品和服务，在增强自己金融资产安全性和流动性的基础上，提高投资的收益率。金融创新对投资者的第二个影响是在风险控制方面。很多创新的金融衍生工具的出现，为投资者提供在复杂市场环境下通过资产组合转移和分散风险的手段。但是，如上面所提及的，这些工具在提高避险手段的同时，如果操作不当，会带来相反的结果，即不仅不会规避风险，反而会放大风险。

3. 金融创新对金融效率的影响

总体上看，金融创新提高了金融效率。表现在：第一，金融创新提高了金融机构的运作效率。金融创新所提供的大量的新金融工具、金融服务、交易方式或融资技术等成果从数量和质量两方面同时提高了需求者的满足程度，增强了金融机构的基本功能，从而间接提高了金融机构的运作效率；第二，电子计算机被引入各种金融新工具的交易过程中，提高了支付清算的速度和效率，这又使金融机构的运作效率上了一个新台阶。同时，金融创新提高了金融市场的运作效率。金融创新后呈现的全球金融市场一体化趋势，提高了各国金融市场间价格反应和信息传递的能力，并且通过提供更多种类可供选择的金融商品来满足投资者的各种需求，市场设备和交易清算的电子化以及市场组织创新等活动降低了交易成本，这些因素都在一定程度上促进了金融市场运作效率的提高。

4. 金融创新的价格发现功能

金融市场具有价格发现功能，而金融创新也具有一定的价格发现功能，这是在特定的条件下，包括金融市场具有有效性、透明度、公平性、竞争性的前提下，金融衍生工具的价格能反映出相关资产未来的价格水平和趋势。对于那些从特定资产中衍生出来的金融衍生工具来说，它的即期价格是对相关资产的未来某一确定时间的合理价格预期，因此，它能充分地反映相关资产价格的未来趋势，从而有利于厂商或消费者据此对未来的生产经营或消费做出合理的选择。金融创新的价格发现功能会直接促进金融资产定价有效性的提高。

第二节　金融发展与经济增长

根据熊彼特的观点，经济发展是创新的结果。运用到金融领域，金融创新也带来了金融的发展。20世纪60年代之前，西方主流的经济理论与金融理论是相互分离的，20世纪60年代之后，在雷蒙德·W.戈德史密斯为代表的经济学家的研究的启发下，金融发展理论逐渐受到理论与实践的重视。麦金农与肖等人的研究，更是为发展中国家的金融改革提供了理论上的支持，也推动了全球范围内的金融自由化运动。

一、金融发展的含义

对于金融发展含义的理解，目前并没有一致的看法。目前比较多的采用戈德史密斯的解释，认为金融发展是指金融结构的变化。而金融结构既包括金融工具的结构，又包括金融机构的结构，不同类型的金融工具与金融机构组合在一起，构成不同特征的金融结构。一般来说，金融工具的数量、种类、先进程度，金融机构的数量、种类、效率等的组合，形成了发展程度不同的金融结构，而金融发展程度越高，金融工具和金融机构的数量、种类就越多，金融体系的效率也就会越高。因此，结合上面的理解，根据熊彼特的发展观，对于金融发展的含义总结如下：金融发展是指在金融总量（金融工具、金融机构种类、数量）增长的基础上，金融体系的效率不断的提高，金融体系能够对经济增长和结构的优化起促进作用。

二、金融发展的衡量

根据金融发展的含义，衡量金融发展的指标可以分成两类，一是反映金融结构状况的数量指标；二是通过金融发展状况与实体经济之间的相互关系来衡量的指标。

（一）金融内部结构指标

金融发展的内部指标中，戈德史密斯进行了比较详细的总结，目前的研究也大部分是以此为基础来进行的。

1. 金融工具总额在各个组成部分中的分布，包括在短期证券、长期债券以及股票之间的分布；

2. 金融机构和非金融机构发行的金融工具比率，该指标可以反映金融发展过程机构化的程度；

3. 金融机构持有的非金融机构发行的金融工具在其未清偿总额中所占的份额，该比率可以更详细地展示金融发展的机构化情况；

4. 各类金融中介机构的相对规模，尤其是中央银行、商业银行、储蓄机构以及保险组织相对规模；

5. 各类金融机构资产之和分别占全部金融机构总资产的比率，这个比率也称为“分层比率”，用来衡量金融机构间的相关程度；

6. 主要的非金融部门的内源融资（主要来自于公司本身的资本积累）和外源融资（主要是通过金融市场和金融机构融入资金）的比率；

7. 外源融资中，国内主要部门（特别是金融机构）和外国贷款人在各类债券和股票中的相对规模。

（二）金融发展与实体经济之间关系的指标

1. 金融相关比率

金融相关比率是全部金融资产价值与全部实物资产价值的比率，这是衡量金融上层建筑相对规模的最广义的指标。这里的金融资产既包括非金融部门发行的金融工具，如股票、债券、各种信贷凭证等，也包括金融机构发行的金融工具，如中央银行、商业银行、保险组织等发行的各种存款、储蓄、保险单等；而实物资产由于在现实中难以统计，事实上人们关心的是国民收入水平，所以在统计中一般用国内生产总值来表示。

2. 货币化比率

货币化比率是衡量一个国家货币化程度的指标，是指一定经济范围内，通过货币进行产品与服务交易的价值占全部产品与服务的比重。在一个经济体中，一定时间内生产出的产品和服务可以分为两个部分，通过货币进行交易和不通过货币进行交易的，前者一般被称为货币经济，而后者则称为自然经济。随着商品经济的发展，使用货币进行商品和服务交易的范围将会逐渐扩大，这种现象表明整个社会的货币化程度不断提高，而这也意味着经济发展的专业化程度加深，经济发展向高级阶段行进。由于在现实中通过货币进行的商品和服务交易往往很难统计，因此，一般都以货币供给量与国内生产总值的比重来间接表示货币化程度。

除了上面的两个指标之外，研究者一般还会根据实际的研究需要构造相应的金融发展指标进行实证分析。比如，私人信贷比率，以分配给私人部门的信贷与国内生产总值的比重，来衡量信贷在私人部门与公共部门间的分配；股票市场发展比率，以股票市场的市值与国内生产总值的比重来表示资本市场发展的水平和股票市场在国民经济中的地位，等等。

三、金融发展与实体经济的关系

金融发展与实体经济之间的关系，在经济学界有比较大的争议，。琼·罗宾逊认为，“企业引导金融发展”，经济发展诱致了对特定金融安排的需求，金融体系是对这种需求的被动反应；诺贝尔经济学奖得主罗伯特·卢卡斯认为，金融发展是经济增长的反应，而金融发展对增长没有重要的影响，经济学家“过分强调了”金融因素在经济增长中的作用。但是，约翰·希克斯则认为金融体系在资本形成从而对工业化有非常关键的促进作用，而罗斯·莱文等，通过内生金融增长模型，从理论与实证方面力图证明金融发展在经济增长中有重要的作用。因此，金融发展与实体经济之间的关系需要从下面两个方面辩证的看。

（一）金融是现代经济发展的结果

1. 金融是商品经济发展的产物

金融是商品生产与交换发展的必然产物，并且随着商品经济的发展而发展。货币作为最基本的金融工具，是在以交换为基本关系的商品经济中，需要这种一般等价物来体现平等独立的商品生产者之间的等价交换原则而产生的，需要降低物物交换的巨大交易成本而出现的。

2. 商品经济发展的不同阶段对金融需求的不同，决定了金融发展的结构和规模

经济发展的不同阶段，对金融的需求是不同的，由此决定了金融发展在一个阶段的结构与规模。在经济发展的低级阶段，只有简单的金融需求，金融活动也只能解决货币流通、资金融通、支付结算等简单功能，金融机构的经营范围狭窄、金融工具种类很少，金融发展处于初级阶段。当经济发展进入发达阶段后，会有很多的复杂金融需求产生，金融规模也日益扩大，金融机构通过各种创新满足市场的需求，这时的金融机构经营范围扩大，市场上的金融工具繁多。在金融发展的这个阶段，市场风险增加，也对金融当局的宏观调控体系和监管体系提出新的要求，从而制度也在演进，金融发展也进入高级阶段。

（二）金融发展促进了经济增长

金融随着经济的发展而发展，反过来也对经济的增长起到重要的推动作用。金融发展对经济增长的促进作用表现在下面几点上。

1. 储蓄动员与投资转化功能

储蓄动员就是将分散的剩余资本通过储蓄集聚起来，形成比较大的资本，然后转化为投资。金融发展创造了各种各样的金融工具，使得家庭和其他经济单位从他们自己的储蓄和投资之间不可解开的魔咒中解放出来。如果没有金融工具，每个单位的储蓄就必须等于投资。金融工具一旦存在，一个单位的投资就可以大于或小于其储蓄，这就是货币金融工具的魅力所在，因为未投资于本单位的储蓄现在也能取得收益，这就为以积累无盈利的货币为形式来进行的储蓄提供了一种激励机制。小额的投资者通过持有这些分散化的证券来进行储蓄，创造证券的公司则有效地将小额资金集聚为大额的资本，实现有效率的投资。

2. 信息生产与资源配置功能

储蓄向投资的转化还需要解决信息和监管的问题。资金盈余者和资金短缺者之间的信息不对称使得储蓄向投资的直接转化不可能实现，但是中介和市场的出现解决了这个问题。从金融中介的角度看，贷款人可以将信息的收集和处理责任委托给中介，大大降低了成本。中介

发放的贷款是不公开流通的，它的投资活动一般不为投资者所把握，所以监督信息溢出较少，可以克服监督活动中收益增长的“溢出效应”，使监督的收益内部化，从而有效解决了搭便车问题，实现资金的有效配置。从市场的角度看，当股票市场逐步壮大，流动性逐渐提高时，市场的参与者可以通过信息的收集和处理获得收益，因此就会更有激励去获取公司的信息。越来越多的信息对资源配置效率的提高有显著的促进作用，因此可以促进经济增长。

3. 风险管理功能

在风险厌恶的世界里，投资者可能不愿意将自己的资产投放在不具有流动性的领域里，因为可能在该项投资产生回报之前，他将会需要动用自己的资产。而一些高回报的项目往往需要长期的资本投资，大的金融中介的出现则可以解决这个问题。中介可以向储蓄者提供流动性储蓄帐户，并将低收益和高流动的投资与高收益低流动项目进行组合，以同时满足借款人长期投资需要和储蓄者流动性的需要。在风险可控制的情况下，促进资本分配的平衡，通过消除流动性风险，可以增加高收益低流动项目的投资和支持来促进经济增长。资本市场的发展也降低了流动性风险，通过便利交易，股票市场降低了流动性的风险，股票的持有者在需要流动性的时候可以随时将持有的股票在市场上变现，而公司则可以获得永久使用的资本。随着资本市场的逐步发展，市场的交易费用也会逐渐下降，交易成本的降低可能通过风险分散，促进技术进步和经济增长。

4. 公司治理功能

现代企业的基本特点之一是企业的所有者（股东）和企业的经营者（经理人）之间的分离。由于信息不对称可能导致的道德风险和逆向选择，大公司的两权分离，股东虽保有对公司的所有权，但经理人员却实际控制公司，经理人员可能为自己的目标而损害股东的利益。所以必须对经理人的活动进行监督，以保证所有者收益的最大化，才能够保证人们的投资积极性。金融发展可以对公司治理起到积极的作用。金融中介的抵押与金融合同的安排可以有效降低监督与执行成本，减少对有效投资的阻碍。如果借款者必须从比较多的外部人那里获得资金，单个贷款人对项目进行监督成本非常高，只要通过中介就可以代替借款人实行监督，这种“代理监督”节约了总体的监督成本，有利于项目投资的实现，从而实现经济增长。金融市场也可以促进公司治理，在一个有效的股票市场中，公司股票公开交易可以反映公司的经营效益信息，所有者就可以将股票价格表现与管理权补偿联系起来，这样将经理人员与所有者的利益联系起来。另外，在一个功能健全和发展良好的股票市场，接管可以顺利进行，接管后的经理人员由于之前的业绩表现欠佳，往往会遭到解雇。因此，接管的威胁也会有助于将经理人员的利益与所有者的利益联系在一起。

5. 降低交易成本，便利交易的功能

货币作为金融工具的出现，其首要的作用是降低交易成本。在货币出现之前的经济中，物物交换需要在需求和时间上实现“双重耦合”，成本高，而效率低下。货币的出现大大的简化了交易的价格体系，降低了交易的成本。更为重要的是，金融体系便利交易的功能可以促进专业化和创新，从而促进经济发展。亚当·斯密认为，由于专业化比自给自足经济要求更多的交易，因此降低交易成本会允许更大的专业化。专业化的发展，可以使有创新精神的个体专心于创造和创新，这可以带来技术上的进步。金融安排可以在很大程度上降低交易的成本，为专业化服务，推动技术的创新，带来生产率的提高，推动经济的增长。

第三节　金融抑制与金融深化

20 世纪 70 年代，罗纳德·麦金农在其著作《经济发展中的货币与资本》（1973）中提出了“金融抑制”的概念，认为发展中国家广泛存在的金融抑制阻碍了这些国家的金融发展，从而制约了它们的经济增长。另一位经济学家爱德华·肖在同一年的著作《经济发展中的金融深化》中提出了“金融深化”的概念，认为发展中国家如果要实现有效的经济增长，就需要改变金融抑制状况，以金融深化作为发展政策的核心。

一、金融抑制与金融深化的含义

“金融抑制”包含着丰富的内容，要将这些内容全部融入到一个简单的定义中显然是十分困难的，目前金融学家与经济学家对于“金融抑制”的确切定义并未取得一致。麦金农在《经济自由化的秩序：向市场经济过渡时期的金融控制》中的观点是，当一种货币或金融体系被压制的时候，常常导致国内资本市场形成割裂的状况，同时对实际的资本积累的数量和质量造成严重的不利后果。

因此，金融抑制含义一般可以理解为，发展中国家存在的市场机制作用没有得到充分发挥、金融资产单调、金融机构形式单一、过多的金融管制和金融效率低下的现象。从金融结构角度看，金融抑制主要表现为下面几个方面：第一，金融工具形式单一，规模有限；第二，金融体系存在明显的“二元结构”，即城市的现代化金融部门与农村的传统金融部门并存；第三，金融机构单一，商业银行在金融活动中居于主导地位，而非银行金融机构则很不发达；第四，直接融资市场很落后，并且主要作为政府的融资工具而存在；第五，金融资产价格受到严格管制，无法有效地进行资源的配置。

由于发展中国家实施金融抑制政策，使得利率和汇率等金融价格严重扭曲，从而造成经济内部储蓄不足、资源配置效率低、金融系统脆弱性和风险性较大等不良影响，最终严重妨碍一国经济的健康发展；因此，麦金农和肖认为只有通过实施金融深化战略即金融自由化战略，包括取消利率限制，促进银行业竞争，提高名义利率和降低通货膨胀率等措施，使实际利率从负值转化为正值，才能鼓励国内储蓄和投资，提高投资效率，实现经济增长。

近年来，金融深化理论得到不断的拓展，金融深化的含义也进一步得到丰富。一般认为，金融深化是指政府放弃对金融市场体系的过多干预，使利率和汇率能充分反映资金与外汇市场的实际供求状况，从而促进实体经济发展的一系列政策和措施，其实质是经济的货币化过程。如通过有效的金融深化，金融体系特别是银行体系，一方面能以适当的利率来吸收大量储蓄资金，另一方面也能在适当的放款利率水平上满足实体经济各部门的资金需求，从而使得金融体系本身能够取得发展的同时，也能推动实体经济的增长。

二、金融抑制的主要内容

金融抑制实质上是针对发展中国家的实际提出的，很大程度上解释了发展中国家金融业乃至整个经济因金融抑制而不能得到有效发展的现象。因此以下金融抑制的主要内容是针对发展中国家的现状而言的。

（一）利率限制

发展中国家一般都会对贷款和存款的利率实施限制或控制，或者采取规定上限的形式，或者采用规定某一百分比的形式，从而使得利率通常低于市场均衡水平。这种低的或负的及不确定的存款利率，压制了社会对金融中介机构债权存量的需求。同时，这些措施使间接融资表层化，限制了这一金融过程提供用于投资的储蓄的能力。存在贷款低利率甚至负利率时，只能依靠信贷配额来消除对中介机构贷款的过高要求。中介机构的贷款利率水平往往偏低，某些利率还为特殊类别的借款人带来净补贴收益。

（二）信贷管制

由于低利率带来储蓄低下、投资膨胀，发展中国家往往面临巨大的资金缺口。加上发展中国家的货币市场缺乏效率，这给中央银行市场化调控带来困难，因此中央银行对贷款总额的直接控制就成为一项重要的货币政策工具，同时它还会设置一些特别的信贷机构以便于其实施金融抑制。这样中央银行就掌握了一些非常重要的资源，将廉价的信贷资源引向不同的特别信贷机构，其中多数为特别的银行机构。这些银行机构依次以非均衡的低利率将资金用于对小农户的信贷、促进出口以及政府想补贴的工业项目等等。例如泰国和菲律宾要求对农业实施信贷保证，韩国则要求对出口信贷予以保证，多数国家货币当局还要求金融机构购买政府发行的低利率公债，并以低利率贷款给政府愿意扶持的产业和部门。这样，这些金融机构就承担了部分政府功能，中央银行的信贷也可以直接流向财政部门，从而弥补政府的财政预算。

（三）对金融机构实行严格的控制

这种控制包括：高准备金率，要求商业银行将存款的很大比例部分作为不生息的准备金上缴到中央银行，贷款组合中另有很大一部分由中央当局直接指定；限制某些金融机构的发展；限制金融机构资金的流向；实行严格的准入制度，控制金融机构的进入；实施金融机构的国有化等。

（四）严格限制国际资本流动，高估外汇汇率

大多数发展中国家对国际资本市场流动实施了比较严格的限制，部分国家或地区限制居民购买外国金融资产，部分实施外汇管制。对于发展中国家来说，为了保持本币的稳定，往往将本币价值钉住一种坚挺的硬通货。然而，发展中国家的经济情况却无法同拥有硬通货的发达国家相比，在实际执行过程中，实施比较严格的国际资本流动的限制，一方面使得融资结构的扭曲和国际收支的失衡变得更加严重，另一方面往往导致出现本币价值的高估，汇率无法真实反映本币价值，国内商品的出口受到很大限制。于是，政府便采取出口补贴和出口退税等措施，鼓励国内企业扩大出口，而且这种出口往往也只是限定在政府规定的具有出口权的企业之中，更多的没有出口自主权的企业，则得不到这种补贴，只能将出口商品交给有出口自主权的企业，企业无法在同一水平上竞争。

三、金融抑制对经济发展的影响

金融抑制给一个国家经济增长带来巨大的负面影响，具体表现在以下一些方面：

（一）金融体系中的价格信号被扭曲，导致资源配置的低效率

利率和汇率水平是金融体系中的两个核心价格信号，对这两方面的管制是金融抑制的两个重要体现。下面就金融抑制如何扭曲价格信号以及降低资源配置的效率，分别从利率与汇率两方面介绍。

利率方面通过图13－1来加以解释。图中的 $S(g)$ 表示经济增长

率为 g 的储蓄曲线，是实际利率的增函数；当经济增长率提高时，储蓄曲线向右方移动。I 表示投资曲线，是实际利率的减函数。为了便于分析，假设储蓄可以全部转换为投资，这样在没有国外融资的情况下，储蓄等于投资。如果没有政府对金融的人为干预，投资曲线 I 和储蓄曲线 S 的交点 E 就是均衡点，均衡利率为 r_0，而与投资均衡的储蓄水平为 Q_0。FR 表示金融抑制线，即政府将利率人为控制在 r_1 水平，r_1 低于均衡利率 r_0，此时对应的经济增长率为 S（g_1），则投资被政府抑制政策限制在 Q_1。如果政府只对存款利率限制，而不对贷款利率限制，那么银行将会把贷款的利率定在 r_3 水平，投资者在这种情况下借款，银行体系可以获得（r_3-r_1）的利差收入，这是超过其正常利润的超额利润。而（Q_0-Q_1）则是超额的信贷需求，由于供给有限，政府往往会通过信贷配给措施来分配稀缺的信贷资金，这又导致了信贷资金配置的低效率，以及出现寻租等现象。

假如政府放宽利率限制，将利率由 r_1 提高到 r_2，以前可以投资的低利润项目将会被排除在外，总体的投资回报率将会提高，因此经济效率也将提高。在这个过程中，经济的增长率上升，储蓄曲线向右移动到 S（g_2），储蓄和投资水平将上升到 Q_1。如果完全放开对利率的管制，利率将达到均衡水平，同时储蓄与投资规模也将扩大，经济增长率提高；而经济增长率提高有引起储蓄资金来源增加，储蓄曲线向右移动，投资规模扩大，经济持续增长，由此形成经济增长的良性循环。

汇率方面，一是人为压低汇率，虽然可以使每单位本币兑换更多的外汇，从而节约本国企业进口机器设备的成本，以利于发展中国家经济发展初期实施赶超战略。但管制汇率严重偏离了市场汇率水平，这两个价格之间的巨大差距，是发展中国家长期以来外汇黑市异常发达的根源。黑市汇率价格和管制汇率价格并行，在一定程度上削弱了管制的效果，增加了微观经济主体买卖外汇的成本。二是严格限制对外汇的兑换，汇率制度严重缺乏灵活性。限制外汇兑换，一方面增加了进口企业兑换外汇的成本；另一方面，也降低了出口企业的收益（压低汇率使本币升值将导致本国出口竞争力下降），挫伤了企业扩大出口的积极性。此外，政府的外汇管制使得外汇日益成为一种稀缺的资源，政府利用这种稀缺性实施外汇配给制度，有些企业可以得到政府配给的外汇，而有些企业却得不到，这种歧视性的外汇配给不利于有限资源的有效配置，也不利于外贸企业之间的公平竞争。

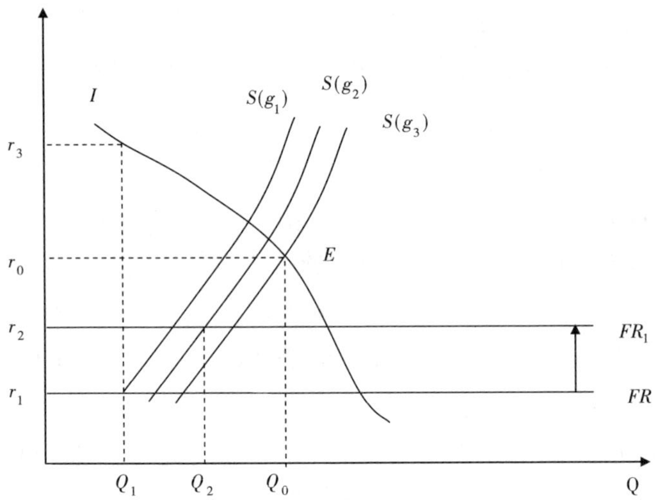

图 13－1　金融抑制下的投资和储蓄

（二）银行经营效率低下，金融系统脆弱性和风险性较大

在实施金融抑制的国家中，间接金融的比例往往占据主导，有些国家甚至不设置直接融资市场，因此间接金融机构尤其是银行部门通常在资金运转中担负重要使命，银行也因此合乎逻辑地受到政府的严格控制和保护。从短期看，银行的特殊地位有利于国家迅速筹集资金，实施赶超战略。但长期而言，这必然导致银行部门容易获得稳定的租金，进而缺乏积极搜寻资金来源和有效配置资金的激励，从而导致银行经营效率低下。此外，由于自身的特殊地位以及政府的保护，银行也缺乏对贷款实施严格有效的监督，从而使银行的不良资产增加，增加了金融体系的脆弱性和风险性。

（三）金融市场封闭，缺乏金融工具创新，金融体系竞争力弱

发展中国家金融抑制的重要特征是金融市场的封闭性，这种封闭虽然短期内能保证国内金融系统的稳定性，但长期看容易导致国内金融系统缺乏来自外部的竞争，也使得本国金融业很难与国际接轨。在金融抑制中还对金融工具进行限制，应用的金融工具被固定在少数的几个上，缺乏金融工具的创新。这种相对单一的金融工具势必造成如下结果：一是迫使财富所有者将资金投入到政府限定的投资方式上，抑制了其投资与储蓄欲望；二是使得财富所有者的投资决策单一化，缺乏多样性选择，从而不利于投资风险的分散，降低投资收益；三是对金融工具创新的抑制使金融体系处于僵化状态，资金流动性受到限制。此外，在金融抑制中严格隔离各业界，即限定银行业、证券业和保险业的经营范围和经营方式，虽然有利于监管，但大大阻碍了金融资产的多样化组合，破坏了金融业的风险分散机制，不利于金融业竞争机制的发挥，导致金融体系整体的竞争能力弱化。

（四）金融抑制还会导致二元经济的形成

存贷利率上限会导致收入分配的恶化，因为当利率低于均衡利率时，大多数资金会流向政府偏爱者或大借款人，而小企业或小借款人因为得不到优惠（因为如果小企业要想发展必须融通资金，在无法得到银行贷款条件下，它们不得不求助于昂贵的私人钱庄或高利贷者）的资金变得生产萎缩、产品丧失竞争力以及收入恶化等。这种资金流动机制促使了资本密集型企业的形成和发展，就业中非技术工人的需求比例减少。而发展中国家的实际状况是，家庭式的小企业普遍存在，非技术型劳动力比例较高。因此，这样的格局容易导致两个部门贫富差距增大，形成二元经济。

四、金融深化的主要内容

由于受到金融抑制的影响，发展中国家的市场价格信号严重扭曲，价格机制作用有限，市场通常缺乏统一性，从而无法实现资源有效配置的功能。爱德华·肖和罗纳德·麦金农一致认为金融深化的理论基础是“货币的导管效应”：即在分割经济条件下货币与实质资本之间的关系是互补的，货币对实际投资具有导管效应，而且这种导管效应通过促进实质资本的形成对实际经济增长具有正数效应。

由于金融深化的理论基础是在欠发达的发展中国家经济中，货币与实质资本的关系是互补的，因此金融深化的主要内容也就集中在如何提高人们的持币水平并以此来促进实质资本的形成和资本市场的统一上。

1. 放松利率管制

根据凯恩斯的理论，提高利率水平往往容易导致实际产出的下降，在发展中国家的工业化过程中，利率的提高使资金的使用成本上升，因此对于发展中国家来说，提高利率水平被认为是不利于工业化水平的提高。但是金融抑制的理论分析结果告诉我们，人为压低利率水平导致的结果只会使储蓄与投资规模下降，同时资金使用效率降低，而且容易产生普遍的寻租现象。放开利率的管制，让利率水平回复到市场的均衡水平虽然会增加资金的使用成本，但是会从两个方面来促进增长水平的提高：第一，实际利率的提高将吸引储蓄资金，增加了资本的来源，实际上扩大了社会投资水平；第二，实际利率的提高将低利项目排除在外，资金真正向效率高的部门流动，提高资金使用效率，从而实现社会经济效率的提高，也减少了寻租过程中形成的租金的耗散。

2. 降低金融业的准入门槛，促进金融业的竞争

发展中国家往往存在对金融机构的进入限制，不允许自由进入金融业，设置比较多的金融机构审批障碍。这种控制的结果必然导致金融供给水平低于意愿水平，导致资金的分配无法实现最优水平。同时，由于竞争不足，势必造成金融垄断，从而降低金融业的效率。因此，金融深化就需要降低金融业准入门槛，以促进竞争，提高效率，增加金融规模，从而扩大资金供应的来源。

3. 发展证券市场，扩大直接金融工具的供给

直接融资占外部融资比重的增加是金融发展的标志之一。因此，在放开利率管制，放宽金融准入的同时，金融深化的政策还包括大力发展证券市场，改善金融结构。具体包括：在完善有关证券法规的基础上，培育证券发行市场和流通市场；增加直接金融工具的供应；在适当的时候对外放开证券市场等。

4. 建立合理的税收结构，从而消除政府由于财政赤字而实行金融抑制的动力

根据麦金农的分析，欠发达国家金融深化进展迟缓的一个重要原因是由于政府面临财政赤字的压力。这是因为，欠发达国家的政府往往希望通过促进某些行业的优先发展来发展本国的经济，而为达到这一目的设计的税收结构是严重非中性的。也就是说，这些行业不仅是政府垄断的金融资源的主要受益者，而且政府往往还通过减免关税和其它各种税收来支持这些行业的发展。不过，政府实行这种税制的后果之一是它难以从经济发展中受益，原因是那些优势行业的发展无法为政府增加税收。但是政府为维系越来越大的经济规模却需要越来越多的开支，因此，为减轻财政赤字的压力，政府将倾向于从发行货币中攫取大量铸币税和压低银行的存贷款利率以便为政府的债券发行提供便利。政府的这些措施使得持有货币的实际收益和预期收益处于更低的水平，从而减少人们的意愿货币持有量。可见，在欠发达国家的现有税制结构下，经济发展带来的可能不是金融深化，而是金融抑制的进一步加强。为改变这种尴尬的境遇，麦金农认为在欠发达国家会计体系极不完善的情况下，可以实行包括关税在内的统一税率的增值税（关税应按目的地原则征收）。显然，这种税制下政府的税收收入将与经济增长同比例增长，从而解决政府财政收入的“税收无弹性”问题。在这种较宽松的财政环境中，政府将有可能放弃金融抑制战略，而采取促进金融发展的金融深化战略。

5. 放松利率管制的金融深化战略必须与汇率市场化改革相结合

由于欠发达国家的资本相对于发达国家是严重稀缺的，因此欠发达国家的均衡市场利率要远高于发达经济的均衡市场利率。这样，在资本项目开放和固定汇率（即使初始的汇率是均衡的）条件下提高利率所产生的后果是：外国短期资本必将以贸易信贷和购买国内金融资产等形式迅速涌入，这会构成对本国货币的升值压力。为保持汇率的稳定，政府当局将不得不抛售本国货币以买回多余的外汇，但这又会使基础货币供给过多，进而导致人们产生通货膨胀预期。由于这一预期会减少人们的货币意愿持有水平，因而将使金融深化的过程受挫。

为解决这一问题，麦金农指出，欠发达国家在提高国内金融市场利率的同时，一个权宜的办法是政府可以通过限制外国人购买国内金融资产，并严格限制进口商可以接受的贸易信贷来直接控制短期外资的涌入。不过，这一控制办法不应列入长期的金融深化之中。为此一个可行的长远解决办法是在国内金融改革的同时辅之以实行“滑行外汇平价”，即为了使国内外利率水平在扣除风险贴水以后持平，在国内利率提高到一定水平后，汇率应相应平稳地贬值（扣除一个适宜的风险补贴，风险补贴由国内名义利率与国外名义利率之差计算得到）。这样，在不能获得投机收益后，短期外资的进入就会维持一个正常的流量。

五、金融深化的效应

判断一个国家是否实现了金融深化，可以看下面几个方面：第一，通货膨胀是否得到有效的控制，从而实际利率表现为正数；第二，利率可以反映资金的供求状况，而政府不再对其进行严格的管制；第三，货币化程度得到实质性的提高，表现在用货币交易的产品和服务占总产品和服务的比重逐步增加；第四，国内金融体系的效率提高，储蓄动员能力和资金转化效率提高，因此，对国外资金的依赖下降；第五，汇率反映外汇市场的供求状况，可以在比较大的程度上自由浮动；第六，金融机构层次、种类多样化，竞争适度。如果实现了金融深化，将会对经济发展产生一系列的正效应，主要表现如下：

（一）储蓄效应

储蓄效应表现在：第一，取消利率管制后，随着实际利率的上升，鼓励了人们的储蓄行为，导致整个社会的储蓄倾向提高，第二，金融准入的放开，金融产品的供给增加，在金融深化引起实际国民收入增加情况下，总体储蓄水平也将上升；第三，发展中国家利率管制取消后，配合资本管制的适当放松，在资金较为短缺的情况下，如果实际利率高于发达市场的利率水平，将会引起资金的流入。

（二）投资效应

在利率以及金融业的其它一些管制政策取消后，政府的行政性资金分配减少，利率作为一种有效的市场价格取代信贷配给制，信贷资金将会更多地流向高收益投资项目，这一市场化的配置将会提高资金配置的效率。而对金融业的准入、业务等管制取消后，将会促进金融中介的发展与竞争水平的提高，金融中介的发展将会使企业以及个人能够在更大范围内更加容易获得资金来源，从而实现竞争程度和投资总额增加，投资效率也将随之提高。

（三）就业效应

由于金融抑制政策人为压低了资金的价格，资金的使用成本比较低，鼓励了产业发展中的资本对劳动力的替代，而发展中国家这种不符合产业发展规律，超前发展资本密集产业的重工业化优先的结果就是在工业化进程中，没有能够有效地吸收劳动力就业，加深了经济二元结构。放开资金价格，使其回复到市场供求决定的水平，将会引导产业发展遵循比较优势原则，进而劳动密集产业得到适当发展，有效吸收劳动力就业，加快城市化进程，改善二元结构。中国改革之前的重工业化战略就是一个例证。这个过程中，中国政府放弃了自己的比较优势，即由于劳动力数量比较多，劳动密集产业才是比较优势产业，而是在资本短缺的情况下人为压低资本的价格，优先发展资本密集的重工业，造成的结果就是靠政府政策扶持产生的资本密集型大企业往往缺乏自生能力，而由于资本密集型产业无法吸收大量的劳动力，经济增长的结果没有带来就业水平的上升，反而加剧了城乡二元分割状况。

（四）收入分配效应

金融深化的收入分配效应表现在可以在一定程度上促进收入分配的公平，这可以从以下几个方面看：首先，由于金融深化可以促进就业增加，吸收了传统产业的劳动力转向现代产业，增加了工资收入。其次，可以减少垄断、特权等收入，从而实现分配的公平。比如金融抑制时的银行可以获得垄断租金，少数进口商可以获得进口配额等。第三，金融深化带来资本积累，也会改变过去资本短缺情况下，很多发展中国家剥夺农业和农村作为工业化资金来源的资本积累方式，缩小城乡之间的差距。

本章小结

一般来说，金融创新是指在金融领域各种要素的重新组合，出现了有别于以往的新工具、新业务、新技术、新机构、新市场和新的制度安排的总称。金融创新的动因有技术进步、竞争趋同、风险规避、规避管制等。金融创新的主要内容包括金融工具创新、金融机构创新和金融制度创新等。金融创新的宏观经济效应体现在对社会需求的满足、实体经济发展的促进、金融全球化和混业趋势影响、货币政策效果以及金融风险等正反两方面影响上。其微观经济效应表现在对金融机构、投资者、金融效率以及价格发现等方面的影响上。

金融发展是指在金融总量（金融工具、金融机构种类、数量）增长的基础上，金融体系的效率不断提高，金融体系能够对经济增长和结构的优化起促进作用，其衡量指标可以分为金融内部结构指标和与实体经济的联系指标两个类别。金融发展是经济发展的结果，同时金融发展又会反过来促进经济的发展。

金融抑制一般可以理解为，发展中国家存在市场机制作用没有得到充分发挥、金融资产单调、金融机构形式单一、过多的金融管制和金融效率低下的现象。改变金融抑制的现象就需要实行金融深化的政策，金融深化是指政府放弃对金融市场体系的过多干预，使利率和汇率能充分反映资金与外汇市场的实际供求状况，从而促进实体经济发展的一系列政策和措施，其实质是经济的货币化过程。金融抑制的内容十分丰富，如利率限制、信贷管制、金融机构控制、汇率控制等。普遍制定赶超战略，是发展中国家实施金融抑制的根源。同时，金融抑制对经济发展有着深刻影响，如扭曲价格信号、金融系统风险性增大以及金融体系竞争力弱等。金融深化的内容包括放松利率管制、促进金融业竞争、发展证券市场、建立合理税制结构、汇率体制改革等。金融深化对经济的影响表现在储蓄效应、投资效应、就业效应和收入分配效应等方面。

重要概念

金融创新　技术进步论　竞争趋同论　风险规避论　规避管制理论　金融发展　金融相关比率　货币化比率　金融抑制　金融深化　利率管制　信贷管制　二元经济

附　录　各章词汇表

第一章　货币与货币制度

本位币 standard currency

跛行本位制 limping standard system

代用货币 representative money

电子货币 electronic money

电子货币转移系统 electronic money transfer system

法偿货币 legal tender money

复本位制 bimetallic standard

格雷欣法则 Gresham's law

货币 money

货币制度 currency system

价值尺度 measure of value

金本位制 gold standard

金币本位制 gold coin standard

金汇兑本位制 gold exchange standard

金块本位制 gold bullion standard

金属货币 metal money

流通手段 medium of exchange

平行本位制 parallel standard

实物货币 commodity money

世界货币 world currency

通货 currency

现金 cash

信用货币 credit money

一般等价物 general equivalent in value

银本位制 silver standard

支付手段 means of payment

纸币 paper currency

贮藏手段 store of value

第二章 信 用

本票 promissory note

出口信贷 export credit

高利贷 usury

公债 government debt

国际信用 international credit

国家信用 state credit

国库券 treasury bills

回购协议 repurchase agreements

汇票 bill of exchange

基金券 fund

借贷资本 loan capital

商业票据 commercial paper

商业信用 commercial credit

收益 yield

消费信贷 consumer loans

消费信用 consumer credit

信用 credit

信用工具 instrument of credit

信用卡 credit card

信用证 letter of credit

银行票据 bank note

银行信用 bank credit

支票 cheque

票据贴现 discount of bill

社会融资规模 social financing scale

专项债券 special bond

民间信用 private credit

国际信用 international credit

第三章　利息与利息率

IS-LM 模型 IS-LM model

长期利率 long-term interest rate

单利 simple interest

到期收益率 maturity yield

短期利率 short-term interest rate

费雪效应 Fisher effect

分割市场理论 market segmentation theory

风险 risk

风险升水 risk premium

浮动利率 floating interest rate

复利 compound interest

公定利率 public rate

古典利率理论 classical interest rate determination theory

固定利率 fixed interest rate

官定利率 official rate

交易性货币需求 transaction demand for money

可贷资金利率理论 loanable funds theory of interest

利率的风险结构 risk structure of interest rates

利率的期限结构 term structure of interest rates

利息 interest

利息率 interest rate

流动性 liquidity

流动性偏好 liquidity preference

流动性升水 liquidity premium

流动性陷阱 liquidity trap

名义利率 nominal interest rate

期限 term

期限升水 term premium

实际利率 real interest rate

市场利率 market interest rate

收益资本化 capitalization of income

投机性货币需求 speculative demand for money

优惠利率 prime rate

预防性货币需求 precautionary demand for money

预期假说理论 expectation hypothesis theory

剩余价值 surplus value

基准利率 benchmark interest rate

通货膨胀预期 inflation expectation

国际收支 international balance of payment

利率管制 interest rate control

利率市场化 interest rates liberalization

同业拆借利率 inter-bank offered rate

伦敦银行间同业拆借利率 London Inter-bank Offered Rate（LIBOR）

第四章 金融市场

大额可转让定期存单 large-denomination negotiable certificates of time deposit

担保 guarantee

抵押 mortgage

第三市场 the third market

第四市场 over-the-counter market

二级市场 secondary market

公募 public placement

股票 stock

黄金市场 gold market

汇率 foreign exchange rate

货币市场 monetary market

间接金融 indirect finance

金融工具 financial instrument

金融市场 financial market

金融衍生工具 financial derivative instrument

金融资产 financial assets

可转换债券 convertible bond

普通股 common stock

期货交易 future trading

期货市场 futures market

期权交易 options trading

期权市场 options market

私募 private placement

贴现 discount

贴现率 discount rate

同业拆借 inter-bank lending

外汇 foreign currency

外汇市场 foreign exchange market

无形市场 intangible market

现货交易 spot transaction

现货市场 spot market

信用交易 trading on credit

一级市场 primary market

优先股 preferred stock

有形市场 tangible market

再贴现 rediscount

债券 bond

证券交易所 stock exchange

证券投资基金 securities investment fund

直接金融 direct finance

转贴现 inter-bank discount

资本市场 capital market

逆回购 reverse repurchase

风险 risk

利息税 interest tax

加权股票价格指数 weighted stock price index

道·琼斯股票价格指数 Dow Jones stock price index

场内交易市场 floor trading market

场外交易市场 OTC market

杠杆比例 leverage

远期利率 forward interest rate

远期外汇合约 forward foreign exchange contracts

升水 premium

贴水 discount

平价 parity

浮动汇率制 floating exchange rate system

套期保值 hedging

价格发现 price discovery

金融期权 financial options

期权费 option premium

协定价格 agreed price

有效期限 expiration

欧式期权 European option

美式期权 American option

金融互换 financial swap

货币互换 currency swap

利率互换 interest rate swap

金融时报 Financial Times

第五章　金融机构

保险公司 insurance company

财务公司 finance company

非银行金融机构 non-banking financial institutions

封闭式基金 closed-end fund

金融机构 financial institutions

金融机构体系 the system of financial institutions

开放式基金 open-end fund

商业银行 commercial bank

投资基金 investment fund

信托投资公司 trust and investment company

信用合作社 credit cooperative

养老基金 pension fund

银行金融机构 banking financial institutions

证券公司 securities company

政策性银行 state policy-related bank

中央银行 central bank

资产管理公司 asset management company（AMC）

租赁公司 leasing company

城市商业银行 city commercial bank

股份制商业银行 joint-stock commercial bank

大型国有商业银行 large state-owned commercial bank

信托 trust

农村商业银行 rural commercial bank

农村合作银行 rural cooperative bank

第六章 商业银行

安全性 stability

巴塞尔协议 The Basle Accord

表外业务 off-balance sheet business

储蓄 saving

存款 deposit

贷款 loan

单一银行制 unit banking

定期存款 time deposit

分支行制 branch banking

风险管理 risk management

负债管理 liability management

负债业务 liability business

附属资本 tier-2 capital

核心资本 core capital

活期存款 current deposit

可转让支付命令 negotiable order of withdrawal（NOW）

利率风险 interest rate risk

票据贴现 discount on notes

网上银行 on-line banking

信用创造 credit creation

信用贷款 credit loan

信用风险 credit risk

信用中介 credit intermediary

银行控股公司制 bank holding company system

盈利性 profitability

支付中介 medium of exchange

中间业务 intermediary business

资产负债表 balance sheet

资产管理 asset management

资产业务 asset business

自偿性贷款 self-liquidating loan

金融服务 financial services

金融监管 financial regulation

代理类业务 agency business

信用卡 credit card

商业性贷款理论 commercial loan theory

资产转换理论 asset conversion theory

预期收入理论 anticipated-income theory

票据发行便利 note issuance facilities（NIFs）

第七章　中央银行

存款准备金制度 policy of reserve requirements

单一型中央银行制度 unit central bank system

发行的银行 bank of issue/bank of circulation

发行准备 monetary reserve

复合型中央银行制度 compound central bank system

公开市场操作 open market operations

管理性业务 administrative and business activities

跨国中央银行制度 multinational central bank system

全额实时清算 real time gross system

银行的银行 banker's bank

银行性业务 banking business

政府的银行 bank of government

支付清算 payment

中央银行贷款 central bank loan

中央银行独立性 independence of central bank

准备金 reserve

准中央银行制度 quasi central bank system

最后贷款人 lender of last resort

第八章 货币需求

费雪方程式 equation of Fisher

恒久性收入 permanent income

宏观货币需求 macro-demand for money

货币数量论 quantity theory of money

货币需求 money demand

剑桥方程式 equation of Cambridge

名义货币需求 nominal demand for money

实际货币需求 real demand for money

微观货币需求 micro-demand for money

金融创新 financial innovation

流动性陷阱 liquidity trap

流动性偏好理论 theory of liquidity preference

交易价值 exchange value

风险偏好 risk preference

风险中立 risk neutral

风险规避 risk aversion

投资机会曲线 investment opportunity curve

现金交易学说 cash transaction theory

现金余额学说 cash balance theory

第九章 货币供给

超额准备金 excessive reserve

存款创造 deposit creation

法定存款准备金 reserve requirements

高能货币 high powered money

货币乘数 money multiplier

货币供给 money supply

货币供给的内生性 the endogeneity of money supply

货币供给的外生性 the exogeneity of money supply

货币流通速度 velocity of money
基础货币 monetary base
派生存款 derivative deposit
现金漏损率 loss rate of cash
原始存款 primary deposit
准备金政策 reserve policy
准货币 quasi-money
再贴现率 rediscount rate
部分准备金制度 fractional reserve system
货币控制 monetary control
存款创造乘数 deposit creation multiplier
货币乘数模型 money multiplier model
通货比率 ration of currency

第十章　通货膨胀和通货紧缩

不可预期的通货膨胀 unanticipated inflation
成本推动型通货膨胀 cost-push inflation
恶性通货膨胀 hyperinflation
隐性通货膨胀 hidden inflation
菲利普斯曲线 Phillips curve
供求混合推进型通货膨胀 demand and supply jointly pushed inflation
国民生产总值或国内生产总值平减指数 GNP/GDP deflator
结构性通货膨胀 structural inflation
可预期的通货膨胀 anticipated inflation
爬行的通货膨胀 creeping inflation
拉氏物价指数 Laspeyres price index
派氏物价指数 Paasche price index
批发物价指数 wholesale price index
通货紧缩 deflation
通货膨胀 inflation

温和的通货膨胀 mild inflation

奔腾的通货膨胀 galloping inflation

消费物价指数 consumer price index

需求拉上型通货膨胀 demand-pull inflation

一般物价水平 general price level

公开型通货膨胀 open inflation

不平衡增长模型 unbalanced growth model

适应性预期 adaptive expectations

工资管制 wage control

债务—通货紧缩 debt-deflation

第十一章 货币政策

财政政策 fiscal policy

充分就业 full employment

窗口指导 window guidance

存款准备金政策 deposit reserve policy

道义劝告 moral suasion

国际收支平衡 balance of international payments

货币政策 monetary policy

货币政策传导机制 transmission mechanisms of monetary policy

货币政策的效果 effects of monetary policy

货币政策工具 monetary policy instrument

货币政策时滞 time lag of monetary policy

货币政策中介目标 the intermediate targets of monetary policy

货币政策最终目标 the ultimate targets of monetary policy

价格稳定 price stabilization

紧缩性货币政策 tight monetary policy

经济增长 economic growth

扩张性货币政策 expansionary monetary policy

内部时滞 inside lag

托宾的 q 值 Tobin's q value
外部时滞 outside lag
选择性货币政策工具 optional tools of monetary policy
一般性政策工具 general tools of monetary policy
再贴现政策 rediscount policy
直接信用控制 direct control over credit
通货膨胀目标制 inflation targeting
滞涨 stagflation
再贴现率 rediscount rate
公开市场操作 open market operations
逆回购 reverse repurchase
量化宽松 quantitative easing
扭转操作 operation twist
流动性比率 liquidity ratio
可测性 measurability
可控性 controllability
相关性 relativity

第十二章　金融监管

金融监管 financial supervision
社会利益论 public interest theory
社会选择论 theory of social choice
金融风险论 theory of financial risks
追逐论 capture theory
管制新论 new economic theory of regulation
宏观审慎监管 Macro-prudential supervision
现场监管 spot supervision
非现场监管 off-spot supervision
市场运作监管 supervision of market operation
市场退出监管 supervision of market exit

资本充足率 capital adequacy ratio
集中监管体制 unified financial supervision system
分业监管体制 separated financial supervision system
功能型监管 functional-form financial supervision
机构型监管 institutional regulation and supervision
金融服务管理局 Financial Service Authority

第十三章　金融创新与金融发展

金融创新 financial innovation
导管效应 tube effect
货币化比率 monetarization ratio
金融全球化 financial globalization
金融集团 financial conglomerates
金融控股公司 financial holding companies
金融发展 financial development
金融相关比率 financial interrelations ratio（FIR）
金融抑制 financial repression
信贷管制 credit control
金融深化 financial deepening
金融自由化 financial liberalization
实体经济 real economy
脱媒 disintermediation
自动转账服务 automatic transfer service（ATS）
超级可转让支付命令帐户 Super NOW
货币市场存款帐户 MMDAs

参 考 文 献

1. ［美］戈德史密斯：《金融结构与金融发展》，上海三联书店1994年版。

2. ［美］费雪著：《货币的购买力》，商务印书馆1934年版。

3. ［美］肯特、莱文：《金融结构与经济增长：银行、市场和发展的跨国比较》，中国人民大学出版社2006年版。

4. ［美］麦金农：《经济发展中的货币与资本》，上海三联书店1997年版。

5. ［美］米什金著：《货币金融学》，中国人民出版社2011年版。

6. ［美］托宾著：《经济学论文集》第1卷，北荷兰出版公司1971年版。

7. ［美］熊彼特：《经济发展理论》，商务印书馆2000年版。

8. ［英］凯恩斯著：《货币论》，商务印书馆1986年版。

9. ［英］马歇尔著：《经济学原理》，商务印书馆1983年版。

10. ［英］希克斯著：《凯恩斯经济学的危机》，商务印书馆1979年版。

11. 白钦先、郭翠荣主编：《各国金融体制比较》，中国金融出版社2008年版。

12. 曹龙骐主编：《货币银行学》，高等教育出版社2000年版。

13. 陈野华著：《国外货币学说研究》，西南财经大学出版社1992年版。

14. 戴国强主编：《货币金融学》，上海财经大学出版社2006年版。

15. 丁邦开，周仲飞主编：《金融监管学原理》，北京大学出版社

2004 年版。

16. 范从来、姜宁编著：《货币银行学》，南京大学出版社 2003 年版。

17. 胡援成主编：《货币银行学》，中国财政经济出版社 2011 年版。

18. 黄达主编：《货币银行学》，中国人民大学出版社 2009 年版。

19. 黄达主编：《金融学》，中国人民大学出版社 2012 年版。

20. 姜旭朝主编：《货币银行学》，经济科学出版社 2004 年版。

21. 李振仲、张水军著：《通货紧缩的理论与现实》，中国经济出版社 2000 年版。

22. 刘立平主编：《现代货币银行学》，中国科学技术大学出版社 2003 年版。

23. 马克思著：《资本论》，人民出版社 1975 年版。

24. 孟钊兰主编：《中央银行学》，西安交通大学出版社 2007 年版。

25. 彭兴韵著：《金融学原理》，生活、读书、新知三联书店 2013 年版。

26. 彭兴韵：《金融发展中的路径依赖与金融自由化》，上海三联书店 2002 年版。

27. 钱小安著：《通货紧缩论》，商务印书馆 2000 年版。

28. 任碧云主编：《货币银行学》，中国财政经济出版社 2005 年版。

29. 盛松成、施兵超、陈建安著：《现代货币经济学》，中国金融出版社 1992 年版。

30. 万解秋主编：《货币银行学通论》，复旦大学出版社 2007 年版。

31. 汪祖杰主编：《现代货币金融学》，中国金融出版社 2007 年版。

32. 王广谦主编：《中央银行学》，高等教育出版社 2011 年版。

33. 王建国主编：《衍生金融产品》，西南财经大学出版社 1997 年版。

34. 伍海华著：《西方货币金融理论》，中国金融出版社 2002 年版。

35. 颜鹏飞、张彬著：《凯恩斯主义经济政策述评》，武汉大学出版让 1999 年版。

36. 易纲、吴有昌著：《货币银行学》，上海人民出版社 2006 年版。

37. 殷孟波主编：《西方货币银行学原理》，西南财经大学出版社1989年版。

38. 殷孟波、曹廷贵主编：《货币金融学》，西南财经大学出版社2007年版。

39. 郑道平、龙玮娟主编：《货币银行学原理》，中国金融出版社2009年版。

40. 郑先炳著：《西方货币理论》，西南财经大学出版社2001年版。

41. 周建松主编：《现代货币银行学》，浙江大学出版社2003年版。

42. 周骏、王学青主编：《货币银行学原理》，中国金融出版社2002年版。

43. 周延军著：《西方金融理论》，中信出版社1994年版。

责任编辑:陈　登

图书在版编目(CIP)数据

金融学/卞志村 主编. －2 版. －北京:人民出版社,2014.6(2018.7 重印)
(21 世纪高校金融学核心课程系列教材)
ISBN 978－7－01－013158－0

Ⅰ.①金…　Ⅱ.①卞…　Ⅲ.①金融学－高等学校－教材　Ⅳ.①F830

中国版本图书馆 CIP 数据核字(2014)第 022874 号

金　融　学

JINRONGXUE

(第 2 版)

卞志村　主编

徐筱雯　刘敏楼　毛泽盛　副主编

人民出版社 出版发行
(100706　北京市东城区隆福寺街 99 号)

环球东方(北京)印务有限公司印刷　新华书店经销

2014 年 6 月第 2 版　2018 年 7 月北京第 6 次印刷
开本:710 毫米×1000 毫米 1/16　印张:34.25
字数:490 千字　印数:21,501-24,000 册

ISBN 978－7－01－013158－0　定价:58.00 元

邮购地址 100706　北京市东城区隆福寺街 99 号
人民东方图书销售中心　电话 (010)65250042　65289539